구글 코랩으로 배우는
인공지능 기술 개정판

머신러닝·딥러닝·강화 학습으로 배우는
AI의 기초 기술

아즈마 유키나가 지음
김은철·유세라 옮김

시작하며

•

구글 코랩Google Colaboratory을 사용해서
다양한 인공지능 기술의 지식과 구현력을 배웁시다.

2024년 9월 좋은 날
아즈마 유키나가

이 책 내용에 관한 문의에 대해서

『구글 코랩으로 배우는 인공지능 기술 [개정판]』을 구입해주셔서 감사드립니다.
책 내용에 대한 독자 여러분의 문의에 적절히 대응하기 위해 다음의 가이드라인을 참고 부탁드립니다.

-질문 방법
　㈜AK커뮤니케이션즈 홈페이지에서 「고객센터」의 1:1문의를 이용해주십시오.
　http://www.amusementkorea.co.kr/

-답변에 대해서
　질문의 내용에 따라서는 답변에 며칠 혹은 그 이상의 기간을 요하는 경우가 있습니다.

-질문할 때의 주의
　이 책의 대상을 넘는 것, 기술 부분이 특정되지 않은 것, 또는 독자 고유의 환경에 기인하는 질문 등에는 대답할 수 없으므로 미리 양해 부탁드립니다.

※이 책에 기재된 URL 등은 예고 없이 변경될 수 있습니다.
※이 책의 내용에 대해서는 정확하게 기술하고자 노력했으나, 저자 및 ㈜AK커뮤니케이션즈는 내용에 대한 어떠한 보증을 하지 않으며, 내용이나 샘플에 의거한 어떠한 운용 결과에 관해서도 일체의 책임을 지지 않습니다.
※이 책에 게재되어있는 샘플 프로그램, 스크립트 및 실행 결과를 기록한 화면 이미지 등은 특정 설정을 기반으로 한 환경에서 재현되는 예입니다.
※이 책에 기재되어있는 회사명, 제품명은 모두 각 회사의 상표 및 등록 상표입니다.
※이 책의 내용은 2021년 8월 집필 시점과 번역 시점의 것입니다.

이 책 샘플의 동작 환경과 샘플 프로그램에 대해서

이 책의 샘플은 <표1>의 환경에서 문제없이 동작합니다.

<표1> 실행 환경

항목	내용
브라우저	Google Chrome : 버전, 126.0.6478.127(Official Build)(64 비트)
실행 환경	Google Colaboratory

-부록 데이터의 안내

(주)AK커뮤니케이션즈의 홈페이지 자료실에서도 완성 예제 코드 파일을 다운로드할 수 있습니다. 부록 데이터는 허가 없이 배포하거나 웹 사이트에 게재할 수 없습니다.
URL https://www.amusementkorea.co.kr/

-부록 데이터의 저작권

부록 데이터를 허가 없이 배포하거나 웹사이트에 게재할 수는 없습니다.

-주의 사항

부록 데이터의 제공에 있어서 정확하게 기술하고자 노력했으나, 저자 및 ㈜AK커뮤니케이션즈는 내용에 대한 어떠한 보증을 하지 않으며, 내용이나 샘플에 의거한 어떠한 운용 결과에 관해서도 일체의 책임을 지지 않습니다.

CONTENTS

시작하며 ii
이 책 내용에 관한 문의에 대해서 iii
이 책 샘플의 동작 환경과 샘플 프로그램에 대해서 iv

Chapter 0 서문

0.1 처음으로 ··· 002
   0-1-1 이 책의 특징 ·· 003
   0-1-2 이 책의 구성 ·· 003
   0-1-3 이 책으로 할 수 있는 것 ·· 004
   0-1-4 이 책의 대상 ·· 005
   0-1-5 이 책의 사용법 ·· 005

Chapter 1 인공지능, 딥러닝의 개요

1.1 인공지능의 개요 ··· 008
   1-1-1 인공지능, 머신러닝, 딥러닝 ···008
   1-1-2 인공지능이란? ··· 008
   1-1-3 머신러닝 ·· 009
   1-1-4 딥러닝 ··· 010
   1-1-5 생성 AI ··· 011

1.2 인공지능의 활용 예 ··· 011
   1-2-1 일상의 AI ·· 012
   1-2-2 이미지 및 동영상을 다룬다 ·· 013
   1-2-3 언어를 다룬다 ·· 014
   1-2-4 게임에서 활약하는 AI ··· 014
   1-2-5 산업상의 응용 ·· 015

1.3 인공지능의 역사 ·· 017
   1-3-1 제1차 AI 붐 ·· 017
   1-3-2 제2차 AI 붐 ·· 018
   1-3-3 제3차 AI 붐 ·· 019
   1-3-4 제4차 AI 붐 ·· 019

1.4 1장의 마무리 ··· 020

Chapter 2 개발 환경

2.1 Google Colaboratory 시작하는 법 — 022
- 2-1-1 Google Colaboratory 사전 준비 — 022
- 2-1-2 노트북의 사용법 — 023
- 2-1-3 파일 다루는 법 — 025

2.2 세션과 인스턴스 — 026
- 2-2-1 세션, 인스턴스란? — 026
- 2-2-2 90분 규칙 — 027
- 2-2-3 12시간 규칙 — 027
- 2-2-4 세션 관리 — 028

2.3 CPU와 GPU — 029
- 2-3-1 CPU, GPU, TPU — 029
- 2-3-2 GPU의 사용법 — 030
- 2-3-3 성능 비교 — 031

2.4 Google Colaboratory의 여러 가지 기능 — 034
- 2-4-1 텍스트 셀 — 034
- 2-4-2 스크래치 코드 셀 — 035
- 2-4-3 코드 스니펫 — 035
- 2-4-4 실행된 코드 기록 — 036
- 2-4-5 GitHub와의 연계 — 037

2.5 2장의 마무리 — 039

Chapter 3 Python의 기초

3.1 Python의 기초 — 042
- 3-1-1 Python이란 — 042
- 3-1-2 변수와 형 — 042
- 3-1-3 연산자 — 044
- 3-1-4 리스트 — 045
- 3-1-5 튜플 — 046
- 3-1-6 사전 — 047
- 3-1-7 세트 — 048
- 3-1-8 if 문 — 049
- 3-1-9 for 문 — 049
- 3-1-10 while 문 — 050
- 3-1-11 내포 표기 — 051
- 3-1-12 함수 — 052

- 3-1-13 변수의 범위 — 053
- 3-1-14 클래스 — 055
- 3-1-15 클래스의 상속 — 056
- 3-1-16 __call__( ) 메소드 — 057
- 3-1-17 with 구문 — 059
- 3-1-18 로컬과의 교환 — 060
- 3-1-19 Google 드라이브와의 연계 — 061

3.2 Numpy의 기초 — 062
- 3-2-1 Numpy의 도입 — 062
- 3-2-2 NumPy의 배열 — 062
- 3-2-3 배열의 연산 — 064
- 3-2-4 형태의 변환 — 066
- 3-2-5 요소로의 접근 — 068
- 3-2-6 NumPy의 배열과 함수 — 070
- 3-2-7 NumPy의 다양한 연산 기능 — 071

3.3 matplotlib의 기초 — 072
- 3-3-1 matplotlib의 임포트 — 073
- 3-3-2 linspace( ) 함수 — 073
- 3-3-3 그래프 그리기 — 074
- 3-3-4 그래프 장식 — 075
- 3-3-5 산포도 표시 — 076
- 3-3-6 이미지 표시 — 077

3.4 pandas의 기초 — 078
- 3-4-1 pandas 사용 — 079
- 3-4-2 Series의 작성 — 079
- 3-4-3 Series의 조작 — 081
- 3-4-4 DataFrame의 작성 — 082
- 3-4-5 데이터의 특징 — 083
- 3-4-6 DataFrame의 조작 — 085

3.5 연습 — 089
- 3-5-1 reshape로 배열 형태의 조작 — 089
- 3-5-2 3차 함수 그리기 — 090

3.6 해답 예 — 091
- 3-6-1 reshape로 배열 형태의 조작 — 091
- 3-6-2 3차 함수의 그리기 — 091

3.7 3장의 마무리 — 092

Chapter 4 간단한 딥러닝

4.1 딥러닝의 개요 ···094
- 4-1-1 신경 세포 ···094
- 4-1-2 신경 세포의 망 ···095
- 4-1-3 인공 뉴런 ···096
- 4-1-4 신경망 ···097
- 4-1-5 역전파 ···097
- 4-1-6 딥러닝 ···099

4.2 간단한 딥러닝의 구현 ···100
- 4-2-1 Keras란? ···100
- 4-2-2 데이터 읽어 들이기 ···100
- 4-2-3 데이터의 전처리 ···102
- 4-2-4 훈련 데이터와 테스트 데이터 ···103
- 4-2-5 모델의 구축 ···104
- 4-2-6 학습 ···106
- 4-2-7 학습의 추이 ···109
- 4-2-8 평가 ···110
- 4-2-9 예측 ···111
- 4-2-10 모델의 저장 ···112

4.3 다양한 신경망 ···113
- 4-3-1 합성곱 신경망 ···113
- 4-3-2 순환 신경망 ···114
- 4-3-3 GoogLeNet ···115
- 4-3-4 볼츠만 머신 ···116

4.4 연습 ···116
- 4-4-1 데이터 준비 ···116
- 4-4-2 모델의 구축 ···117
- 4-4-3 학습 ···119
- 4-4-4 학습의 추이 ···119
- 4-4-5 평가 ···120
- 4-4-6 예측 ···120

4.5 정답 예 ···120

4.6 4장의 마무리 ···121

Chapter 5 딥러닝의 이론

5.1 수학의 기초 — 124
- 5-1-1 시그마(Σ)를 사용한 총합의 표기 — 124
- 5-1-2 네이피어 수 e — 125
- 5-1-3 자연대수 log — 126

5.2 단일 뉴런의 계산 — 128
- 5-2-1 컴퓨터상에서의 신경 세포의 모델화 — 128
- 5-2-2 단일 뉴런을 수식으로 나타낸다 — 129

5.3 활성화 함수 — 130
- 5-3-1 스텝 함수 — 130
- 5-3-2 시그모이드 함수 — 132
- 5-3-3 tanh — 133
- 5-3-4 ReLU — 134
- 5-3-5 항등 함수 — 135
- 5-3-6 소프트맥스 함수 — 137

5.4 순전파와 역전파 — 139
- 5-4-1 신경망에서의 층 — 139
- 5-4-2 이 책의 층을 세는 법과 층의 상하 — 140
- 5-4-3 순전파와 역전파 — 141

5.5 행렬과 행렬곱 — 142
- 5-5-1 스칼라 — 142
- 5-5-2 벡터 — 143
- 5-5-3 행렬 — 144
- 5-5-4 행렬의 곱 — 145
- 5-5-5 요소별 곱(아다마르 곱) — 148
- 5-5-6 전치 — 150

5.6 층간의 계산 — 151
- 5-6-1 2층 간의 연결 — 151
- 5-6-2 2층 간의 순전파 — 152

5.7 미분의 기초 — 155
- 5-7-1 미분 — 155
- 5-7-2 미분의 공식 — 156
- 5-7-3 합성함수 — 157
- 5-7-4 연쇄 법칙 — 157
- 5-7-5 편미분 — 158
- 5-7-6 전미분 — 159

- 5-7-7 다변수의 합성함수를 미분하다 160
- 5-7-8 네이피어 수의 거듭제곱을 미분 161

5.8 손실 함수
- 5-8-1 오차 제곱합 161
- 5-8-2 교차 엔트로피 오차 163

5.9 경사 하강법
- 5-9-1 경사 하강법의 개요 165
- 5-9-2 경사 구하는 법 167

5.10 출력층의 경사
- 5-10-1 수식상 표기에 대해서 168
- 5-10-2 가중치의 경사 169
- 5-10-3 바이어스의 경사 170
- 5-10-4 입력의 경사 171
- 5-10-5 항등 함수+오차 제곱합의 적용 172
- 5-10-6 소프트맥스 함수+교차 엔트로피 오차의 적용 174

5.11 중간층의 경사
- 5-11-1 수식상 표기에 대해서 176
- 5-11-2 가중치의 경사 177
- 5-11-3 바이어스, 입력의 경사 178
- 5-11-4 활성화 함수의 적용 179

5.12 에포크와 배치
- 5-12-1 에포크와 배치 180
- 5-12-2 배치 학습 181
- 5-12-3 미니 배치 학습 182
- 5-12-4 온라인 학습 183
- 5-12-5 학습의 예 183

5.13 최적화 알고리즘
- 5-13-1 최적화 알고리즘의 개요 184
- 5-13-2 확률적 경사 하강법SGD 185
- 5-13-3 모멘텀 185
- 5-13-4 아다그라드 186
- 5-13-5 RMSProp 186
- 5-13-6 Adam 187

5.14 연습
- 5-14-1 출력층의 경사를 도출 188

5.15 해답 예 ... 189
5-15-1 가중치의 경사 ... 189
5-15-2 바이어스의 경사 ... 190
5.16 5장의 마무리 ... 190

Chapter 6 다양한 머신러닝 방법

6.1 회귀 ... 192
6-1-1 데이터셋의 읽어 들이기 ... 192
6-1-2 단순 회귀 ... 196
6-1-3 다중 회귀 ... 199
6.2 k 평균법 ... 202
6-2-1 데이터셋 읽어 들이기 ... 202
6-2-2 k 평균법 ... 207
6.3 서포트 벡터 머신 ... 210
6-3-1 서포트 벡터 머신이란? ... 210
6-3-2 데이터셋 읽어 들이기 ... 211
6-3-3 SVM의 구현 ... 216
6.4 연습 ... 220
6-4-1 데이터셋 읽어 들이기 ... 220
6-4-2 모델의 구축 ... 227
6.5 해답 예 ... 229
6.6 6장의 마무리 ... 229

Chapter 7 합성곱 신경망 CNN

7.1 CNN의 개요 ... 232
7-1-1 사람의 '시각' ... 232
7-1-2 합성곱 신경망이란? ... 232
7-1-3 CNN의 각 층 ... 233
7.2 합성곱과 풀링 ... 234
7-2-1 합성곱층 ... 235
7-2-2 합성곱이란? ... 235
7-2-3 여러 개의 채널, 여러 개의 필터에 의한 합성곱 ... 236
7-2-4 합성곱에서 이뤄지는 처리의 전체 ... 237
7-2-5 풀링층 ... 238
7-2-6 패딩 ... 239

| | 7-2-7 | 스트라이드 | 240 |
| | 7-2-8 | 합성곱에 의한 이미지 크기의 변화 | 241 |

7.3 im2col과 col2im — 242
	7-3-1	im2col, col2im이란?	242
	7-3-2	im2col이란?	243
	7-3-3	im2col에 의한 변환	244
	7-3-4	행렬곱에 의한 합성곱	245
	7-3-5	col2im이란	246
	7-3-6	col2im에 의한 변환	247

7.4 합성곱의 구현 — 248
| | 7-4-1 | im2col의 구현 | 248 |
| | 7-4-2 | 합성곱의 구현 | 251 |

7.5 풀링의 구현 — 253
| | 7-5-1 | 풀링의 구현 | 253 |

7.6 CNN의 구현 — 256
	7-6-1	CIFAR-10	256
	7-6-2	각 설정	258
	7-6-3	모델의 구축	260
	7-6-4	학습	263
	7-6-5	학습의 추이	265

7.7 데이터 확장 — 267
	7-7-1	데이터 확장의 구현	267
	7-7-2	다양한 데이터 확장	269
	7-7-3	CNN 모델	272
	7-7-4	학습	275
	7-7-5	학습의 추이	278
	7-7-6	평가	279
	7-7-7	예측	280
	7-7-8	모델의 저장	281

7.8 연습 — 283
	7-8-1	데이터셋 읽어 들이기와 전처리	283
	7-8-2	학습	285
	7-8-3	학습의 추이	286
	7-8-4	평가	287

7.9 7장의 마무리 — 287

Chapter 8
순환 신경망 RNN

8.1 RNN의 개요 — 290
- 8-1-1 순환 신경망이란 — 290
- 8-1-2 RNN의 전개 — 291
- 8-1-3 RNN에서 특히 현저한 문제 — 292

8.2 간단한 RNN의 구현 — 293
- 8-2-1 훈련용 데이터의 작성 — 293
- 8-2-2 RNN의 구축 — 295
- 8-2-3 학습 — 296
- 8-2-4 학습의 추이 — 299
- 8-2-5 학습한 모델의 사용 — 299

8.3 LSTM의 개요 — 301
- 8-3-1 LSTM이란? — 301
- 8-3-2 LSTM층의 내부 요소 — 302
- 8-3-3 출력 게이트 — 303
- 8-3-4 망각 게이트 — 304
- 8-3-5 입력 게이트 — 304
- 8-3-6 기억 셀 — 305

8.4 간단한 LSTM의 구현 — 306
- 8-4-1 훈련용 데이터의 작성 — 306
- 8-4-2 SimpleRNN과 LSTM의 비교 — 307
- 8-4-3 학습 — 310
- 8-4-4 학습의 추이 — 311
- 8-4-5 학습한 모델의 사용 — 312

8.5 GRU의 개요 — 313
- 8-5-1 GRU란? — 313

8.6 간단한 GRU의 구현 — 315
- 8-6-1 훈련용 데이터의 작성 — 315
- 8-6-2 LSTM과 GRU의 비교 — 317
- 8-6-3 학습 — 319
- 8-6-4 학습의 추이 — 320
- 8-6-5 학습한 모델의 사용 — 320

8.7 RNN에 의한 문장의 자동 생성 — 322
- 8-7-1 텍스트 데이터 읽어 들이기 — 322
- 8-7-2 정규표현에 의한 전처리 — 324
- 8-7-3 RNN의 각 설정 — 324

8-7-4	문자의 벡터화	325
8-7-5	모델의 구축	327
8-7-6	문장 생성용의 함수	329
8-7-7	학습과 문장의 생성	330
8-7-8	학습의 추이	334

8.8 자연어 처리의 개요 ························ 335
8-8-1	자연어 처리란?	335
8-8-2	Seq2Seq란?	336
8-8-3	Seq2Seq에 의한 대화문의 생성	337

8.9 연습 ························ 338
8-9-1	텍스트 데이터 읽어 들이기	338
8-9-2	정규표현에 의한 전처리	339
8-9-3	RNN의 각 설정	340
8-9-4	문자의 벡터화	340
8-9-5	모델의 구축	341
8-9-6	문장 생성용의 함수	342
8-9-7	학습	343

8.10 정답 예 ························ 344

8.11 8장의 마무리 ························ 344

Chapter 9
변분 오토인코더 VAE

9.1 VAE의 개요 ························ 346
9-1-1	생성 모델이란?	346
9-1-2	오토인코더란?	346
9-1-3	VAE란?	348

9.2 VAE의 구조 ························ 350
9-2-1	Reparametrization Trick	350
9-2-2	오차의 정의	351
9-2-3	재구성 오차	352
9-2-4	정규화 항	352
9-2-5	구현 기법	353

9.3 오토인코더의 구현 ························ 354
9-3-1	훈련용 데이터의 준비	354
9-3-2	오토인코더의 각 설정	356
9-3-3	모델의 구축	357

9-3-4	학습	359
9-3-5	생성 결과	362

9.4 VAE의 구현 ... 363
- 9-4-1 훈련용 데이터의 준비 ... 364
- 9-4-2 VAE의 각 설정 ... 365
- 9-4-3 모델의 구축 ... 366
- 9-4-4 학습 ... 372
- 9-4-5 잠재 공간의 가시화 ... 373
- 9-4-6 이미지의 생성 ... 375

9.5 한층 더 VAE를 배우고 싶은 분을 위해 ... 377
- 9-5-1 이론적 배경 ... 377
- 9-5-2 VAE의 전개 기술 ... 378
- 9-5-3 PyTorch에 의한 구현 ... 379
- 9-5-4 프레임워크를 사용하지 않는 구현 ... 379

9.6 연습 ... 380
- 9-6-1 Fashion-MNIST ... 380
- 9-6-2 해답 예 ... 381

9.7 9장의 마무리 ... 382

Chapter 10 적대적 생성망 GAN

10.1 GAN의 개요 ... 384
- 10-1-1 GAN이란? ... 384
- 10-1-2 GAN의 구성 ... 385
- 10-1-3 DCGAN ... 386
- 10-1-4 GAN의 용도 ... 387

10.2 GAN의 구조 ... 388
- 10-2-1 Discriminator의 학습 ... 388
- 10-2-2 Generator의 학습 ... 389
- 10-2-3 GAN의 평가 함수 ... 390

10.3 GAN의 구현 ... 391
- 10-3-1 훈련용 데이터의 준비 ... 391
- 10-3-2 GAN의 각 설정 ... 392
- 10-3-3 Generator의 구축 ... 393
- 10-3-4 Discriminator의 구축 ... 395
- 10-3-5 모델의 결합 ... 397

- 10-3-6 이미지를 생성하는 함수 ······398
- 10-3-7 학습 ······399
- 10-3-8 오차 및 정밀도의 추이 ······406

10.4 좀 더 GAN을 배우고 싶은 분을 위해서 ······408
- 10-4-1 이론적 배경 ······408
- 10-4-2 GAN의 발전 기술 ······409
- 10-4-3 GAN을 사용한 서비스 ······410
- 10-4-4 PyTorch에 의한 구현 ······411
- 10-4-5 프레임워크를 사용하지 않는 구현 ······411

10.5 연습 ······412
- 10-5-1 배치 정규화의 도입 ······412

10.6 정답 예 ······413

10.7 10장의 마무리 ······414

Chapter 11 강화 학습

11.1 강화 학습의 개요 ······416
- 11-1-1 인공지능, 머신러닝, 강화 학습 ······416
- 11-1-2 강화 학습이란? ······417
- 11-1-3 강화 학습에 필요한 개념 ······418

11.2 강화 학습의 알고리즘 ······421
- 11-2-1 Q 학습 ······421
- 11-2-2 Q값의 갱신 ······423
- 11-2-3 SARSA ······423
- 11-2-4 ε-greedy법 ······424

11.3 심층 강화 학습의 개요 ······425
- 11-3-1 Q-Table의 문제점과 심층 강화 학습 ······425
- 11-3-2 Deep Q-Network(DQN) ······426
- 11-3-3 Deep Q-Network의 학습 ······426

11.4 Cart Pole 문제 ······427
- 11-4-1 Cart Pole 문제란? ······427
- 11-4-2 Q-Table의 설정 ······428
- 11-4-3 신경망의 설정 ······429
- 11-4-4 데모: Cart Pole 문제 ······430

11.5 심층 강화 학습의 구현 ——————————————————— 431
- 11-5-1 에이전트의 비행 ——————————————————— 431
- 11-5-2 각 설정 ——————————————————————— 432
- 11-5-3 브레인 클래스 ——————————————————— 433
- 11-5-4 에이전트의 클래스 ———————————————— 435
- 11-5-5 환경의 클래스 ——————————————————— 437
- 11-5-6 애니메이션 ———————————————————— 438
- 11-5-7 랜덤한 행동 ———————————————————— 439
- 11-5-8 DQN의 도입 ———————————————————— 441
- 11-5-9 DQN의 테크닉 ——————————————————— 443

11.6 달 표면 착륙선의 제어 -개요- ————————————— 444
- 11-6-1 사용할 라이브러리 ———————————————— 444
- 11-6-2 LunarLander란? —————————————————— 445

11.7 달 표면 착륙선의 제어 -구현- ————————————— 446
- 11-7-1 라이브러리의 설치 ———————————————— 446
- 11-7-2 라이브러리의 도입 ———————————————— 447
- 11-7-3 환경의 설정 ———————————————————— 448
- 11-7-4 모델 평가용 함수 ————————————————— 448
- 11-7-5 동영상 표시용 함수 ———————————————— 449
- 11-7-6 모델의 평가(훈련 전) ——————————————— 450
- 11-7-7 모델의 훈련 ———————————————————— 452
- 11-7-8 훈련된 모델의 평가 ———————————————— 452

11.8 연습 ——————————————————————————— 454
- 11-8-1 각 설정 ——————————————————————— 454
- 11-8-2 브레인 클래스 ——————————————————— 454
- 11-8-3 에이전트의 클래스 ———————————————— 456
- 11-8-4 환경의 클래스 ——————————————————— 458
- 11-8-5 애니메이션 ———————————————————— 459
- 11-8-6 SARSA의 실행 ——————————————————— 459

11.9 정답 예 ————————————————————————— 461

11.10 11장의 마무리 ———————————————————— 463

Chapter 12
전이 학습

- 12.1 전이 학습의 개요 ... 466
  - 12-1-1 전이 학습이란? ... 466
  - 12-1-2 전이 학습과 파인 튜닝 ... 467
- 12.2 전이 학습의 구현 ... 468
  - 12-2-1 각 설정 ... 468
  - 12-2-2 VGG16의 도입 ... 469
  - 12-2-3 CIFAR-10 ... 471
  - 12-2-4 모델의 구축 ... 474
  - 12-2-5 학습 ... 475
  - 12-2-6 학습의 추이 ... 477
- 12.3 파인 튜닝의 구현 ... 479
  - 12-3-1 각 설정 ... 479
  - 12-3-2 VGG16의 도입 ... 480
  - 12-3-3 CIFAR-10 ... 482
  - 12-3-4 모델의 구축 ... 484
  - 12-3-5 학습 ... 485
  - 12-3-6 학습의 추이 ... 487
- 12.4 연습 ... 489
  - 12-4-1 각 설정 ... 489
  - 12-4-2 VGG16의 도입 ... 490
  - 12-4-3 CIFAR-10 ... 490
  - 12-4-4 모델의 구축 ... 492
  - 12-4-5 학습 ... 493
  - 12-4-6 학습의 추이 ... 494
- 12.5 정답 예 ... 495
  - 12-5-1 전이 학습 ... 495
  - 12-5-2 파인 튜닝 ... 496
- 12.6 12장의 마무리 ... 497

Appendix 좀 더 배우고 싶은 분을 위해서

AP.1 좀 더 배우고 싶은 분을 위해서 ... 500
- AP-1-1 '자유연구실 AIRS-Lab' ... 500
- AP-1-2 저자의 다른 저서들을 소개합니다. ... 500
- AP-1-3 NEWS! AIRS-Lab ... 502
- AP-1-4 온라인 강좌 ... 502
- AP-1-5 유튜브 채널 ... 502
- AP-1-6 저자의 X, 인스타그램 계정 ... 502

마지막으로 ... 503
찾아보기 ... 504

Copyright (c) 2015, NAVER Corporation (http://www.navercorp.com), with Reserved Font Name D2Coding.
Copyright (c) 2015, NAVER Corporation (http://www.navercorp.com), with Reserved Font Name D2Coding-Bold.
This Font Software is licensed under the SIL Open Font License, Version 1.1.
This license is copied below, and is also available with a FAQ at: http://scripts.sil.org/OFL

Chapter 0
서문

먼저 이 책의 도입으로서 다음을 설명합니다.

- 이 책의 특징
- 이 책의 구성
- 이 책으로 할 수 있는 것
- 이 책의 대상
- 이 책의 사용법

0.1 처음으로

인공지능AI은 우리 인류를 서포트하는 중요한 기술이 되고 있습니다. 많은 국가, 기업 혹은 개인이 AI의 동향을 주시하고 있으며, AI를 다룰 수 있는 인재의 수요는 나날이 늘어나고 있습니다.

이런 가운데 최근 특히 주목받고 있는 것이 "생성AI"입니다. 생성 AI란 대량의 데이터를 학습하여 새로운 콘텐츠를 생성할 수 있는 AI를 말합니다.

예를 들어, OpenAI가 오픈한 ChatGPT, 구글의 Gemini, Anthropic의 Claude와 같은 대규모 언어 모델은 자연스러운 대화와 문장을 생성할 수 있습니다.

사용자의 질문에 정확하게 대답하거나 지정된 주제에 맞는 문장을 작성할 수 있기 때문에 글쓰기 지원, 고객상담 등 다양한 용도로 활용되어가고 있습니다.

또한 StabilityAI의 Stable Diffusion, Midjourney 등으로 대표되는 화상 생성AI는 텍스트의 지시에 따라 사실적인 이미지를 생성할 수 있습니다. 일러스트나 사진의 작성, 디자인제안 등 창의적인 분야에서 활약하기 시작했습니다.

음성 합성, 동영상 생성 등 다른 영역에서도 생성AI의 연구개발이 활발하며, 우리 생활이나 비즈니스에 큰 변화를 가져오고 있습니다. 단순한 도구가 아니라 인간의 창의성을 확장하는 존재로서 생성 AI에 대한 주목도는 이후 점점 높아질 것입니다.

하지만 많은 사람에게 AI는 '손쉽게 진입할 수 있는 것'이라고는 말하기 어려운 것이었습니다. AI를 배우기 위해서는 선형 대수나 미분, 확률, 통계 등의 수학을 기반으로, 프로그래밍 언어를 사용해서 소스 코드를 작성해야 합니다.

이 책에서는 이 문제에 대해서 '구글 코랩Google Colaboratory'을 사용해 대처합니다. Google Colaboratory는 누구나 쉽게 사용할 수 있으며, 프로그래밍 언어 파이썬Python의 실행 가능한 코드나 문장, 수식을 손쉽게 기술할 수 있습니다. 환경 설정에 신경 쓰지 않고 언제든 즉시, 본격적인 코드를 실행할 수 있어서 AI를 처음 배우는 분에게도 추천하는 Python의 실행 환경입니다.

이 환경에서 딥러닝, 합성곱 신경망CNN, 재귀형 신경망RNN, 생성 모델, 강화 학습 등 이른바 '인공지능'이라는 것을 가능한 한 포괄적으로 기초부터 체험 기반으로 배웁니다. 다양한 인공지능의 기술을 순서에 따라 폭넓게 습득하고, 코드를 실행해서 결과를 확인합니다. 이 책을 마지막까지 끝낸 분은 AI를 매우 친숙한 기술로 느껴지게 되지 않을까요?

AI 기술은 앞으로의 세계에 큰 영향을 줄 기술의 하나입니다. 다양한 영역을 광범위하게 연결하는 기술이기도 하며, 어떤 분야의 분이든 이 기술을 습득하는 것은 헛되지는 않을 것입니다. 새로운 시대로 나아가기 위해서 함께 즐겁게 인공지능을 배워나갑시다.

0-1-1 이 책의 특징

개발 환경인 Google Colaboratory 및 프로그래밍 언어 Python의 설명부터 이 책은 시작하는데 챕터가 진행됨에 따라 CNN, RNN, 생성 모델 및 강화 학습, 전이 학습 등 유용한 인공지능 기술 습득으로 이어집니다. 프레임워크 케라스Keras를 사용해 CNN, RNN, 생성 모델, 강화 학습 등의 딥러닝 기술을 무리 없이 착실하게 배울 수 있습니다.

이 책에서는 각 챕터에서 때에 따라서는 수식을 섞어가며 AI 기술을 설명하며, Python을 사용해서 구현합니다. Python에 관해서는 챕터 한 개를 사용해서 이 책에서 필요한 범위를 설명합니다. 따라서 Python 미경험자라도 문제없이 이 책을 읽어나갈 수 있습니다.

이 책에서 이용하는 개발 환경인 Google Colaboratory는 Google 계정만 있으면 누구나 쉽게 사용하기 시작할 수 있습니다. 개발 환경 구축의 문턱이 낮기 때문에 AI를 처음 배우는 분도 순조롭게 학습을 시작할 수 있습니다. 또한, 그래픽스 처리장치GPU를 무료로 이용할 수 있기 때문에 코드의 실행 시간을 단축할 수 있습니다.

이 책을 통해 AI 기술을 포괄적으로 습득할 수 있습니다. 효율적으로 인공지능 기술을 습득할 수 있도록 여러 가지 궁리를 공들였습니다. AI를 순조롭게 배우는 기회를 제공하며, 가능한 많은 분이 AI를 배우는 것의 혜택을 받을 수 있도록 하는 것이 이 책의 목적입니다. 이 책을 다 읽은 분은 다양한 상황에서 AI를 활용하고 싶어지는 건 아닐까요?

0-1-2 이 책의 구성

이 책은 1장부터 12장까지로 구성되어있습니다.

먼저 1장에서는 인공지능, 딥러닝 개요에 대해서 설명합니다. 처음으로 여기에서 전체 과정을 파악합니다.

그리고 다음 2장에서는 개발 환경인 Google Colaboratory의 사용법을 설명합니다.

3장은 Python의 기초를 설명하는 챕터입니다. 학습에 필요한 준비가 여기까지로 갖추어집니다.

4장에서는 간단한 딥러닝을 구현합니다. 여기에서는 프레임워크 Keras의 사용법과 기본적인 모델의 구축 방법 및 훈련 방법을 배웁니다.

5장에서는 딥러닝에 대한 이론을 설명합니다. 수학을 일부 사용해서 딥러닝 기초가 되는 사고방식을 습득합니다.

딥러닝 이외의 머신러닝 기법에 대해서는 6장에서 몇 가지 소개합니다.

7장에서는 합성곱 신경망CNN을 학습합니다. CNN의 구조를 배우고, CNN에 의한 이미지 분류를 구현합니다.

재귀형 신경망RNN에 대해서는 8장에서 학습합니다. 간단한 RNN에 덧붙여 장단기 메모리LSTM, 게이트 순환 유닛GRU 등의 발전형도 배웁니다.

생성 모델을 다루는 것은 9장과 10장입니다. 각각 변이형 오토인코더VAE와 생성적 대립 신경망GAN의 구조와 구현에 대해서 설명합니다.

11장에서 설명하는 것은 강화 학습입니다. 강화 학습의 사고방식 및 구현에 대해서 배웁니다[1].

그리고 기존의 학습한 모델을 활용하기 위해서 12장에서는 전이 학습에 대해서 배웁니다.

많은 챕터의 마지막에는 연습이 있습니다. 여기에서 능동적으로 코드를 작성함으로써 더욱 이해가 깊어질 것입니다.

이 책의 내용은 이상입니다. 인공지능 기술을 포괄적으로 습득합시다.

0-1-3 이 책으로 할 수 있는 것

이 책을 마지막까지 읽은 분은 다음을 습득할 수 있습니다.

- AI에 관한 포괄적인 지식과 구현력을 습득합니다.
- AI를 학습하기 위해서 필요한 최소한의 Python과 수학의 지식을 습득합니다.
- Python으로 머신러닝의 코드를 읽고 쓰는 힘을 습득합니다.
- AI를 사용한 문제 해결력을 습득합니다.

또한, 이 책을 읽어가는 데 있어서 다음에 주의하세요.

- 이 책은 구현을 중시하기 때문에 학술 논문 수준의 이론 설명은 거의 하지 않습니다.
- Python 문법의 설명은 이 책에서 필요한 범위로 한정합니다. Python을 본격적으로 더

---

[1] 이 책의 오리지널인 유데미Udemy 코스에서는 이에 덧붙여 인공지능 웹 어플의 구축까지 실시하고 있습니다.

배우고 싶은 분은 다른 서적 등을 참고하세요.
- 무엇이든 프로그래밍의 경험이 있는 쪽이 바람직합니다.
- 고교 수학 이상의 수학을 일부 설명에서 다룹니다.
- Google Colaboratory를 사용하기 위해 Google 계정이 필요합니다.

0-1-4 이 책의 대상

이 책의 대상은 다음과 같은 분들입니다.

- 인공지능/머신러닝에 관심이 많은 분
- AI 기술 전반을 배우고 싶은 엔지니어
- AI를 비즈니스에서 다뤄야 하는 분
- 전문 분야에서 인공지능을 응용하고 싶은 연구자, 엔지니어
- 인공지능, 딥러닝 관련 자격증 취득에 흥미가 있는 분

0-1-5 이 책의 사용법

이 책은 가능한 한 많은 분이 AI를 배울 수 있도록, AI 기술을 차례대로 배울 수 있게 설계하였습니다. 또한, 다루는 프로그래밍 코드는 고도의 추상화보다도 직감적인 알기 쉬움을 중시하고 있습니다. 변수명이나 주석에도 신경을 써서 가능한 한 간단하고 가독성이 높은 코드를 작성하였습니다.

이 책은 일단 읽는 것만으로도 학습을 진행할 수 있으나, 가능한 Python 코드를 동작시켜 보면서 읽어나가는 것이 바람직합니다. 이 책에서 사용하는 코드는 웹사이트에서 다운로드할 수 있으나 이 코드를 기반으로 시행착오를 거듭해보는 것도 추천합니다. 실제로 직접 코드를 수정해봄으로써 알고리즘이 이해됨과 동시에 인공지능 전반에 대한 흥미가 더욱 솟아날 것입니다.

이 책에서는 개발 환경으로 Google Colaboratory를 사용하는데, 이 사용 방법에 대해서는 2장에서 설명합니다. 이 책에서 사용하는 Python 코드는 노트북 형식의 파일로 다운로드할 수 있습니다. 이 파일을 Google 드라이브에 업로드하면 이 책에서 설명하는 코드를 자신의 손으로 실행할 수 있고, 챕터 끝의 연습도 할 수 있습니다.

또한, 노트북 파일에는 마크다운Markdown 기법으로 문장을, 레이텍LaTeX 형식으로 수식을 적어넣을 수 있습니다. 가능한 한 노트북 내에서 학습이 완결되도록 하였습니다.

누구나 배울 수 있도록 조금씩 친절하게 설명하려고 노력하였으나, 한 번의 설명으로 알 수 없는 어려운 개념을 접할 수도 있을 거라고 생각합니다.

그럴 때는 절대 초조해하지 말고, 시간을 들여서 조금씩 이해할 것을 명심합시다. 때로는 어려운 수식이나 코드도 있을 수 있으나 이해가 잘 가지 않을 때는 차분히 해당 부분을 읽거나 웹에서 검색하고 검증용의 코드를 작성하거나 해서 해결해봅시다.

전문가뿐만 아니라 모든 사람에게 AI를 배우는 것은 큰 의의가 있는 것입니다. 호기심과 탐구심에 맡겨 가볍게 시행착오를 반복하며, 다양한 AI 기술을 익혀나갑시다.

Chapter 1
인공지능, 딥러닝의 개요

이 책의 도입으로서 인공지능, 딥러닝의 개요를 설명합니다. 이 장에서는 다음의 내용이 포함됩니다.

- 인공지능 개요
- 인공지능 활용 예
- 인공지능 역사

인공지능의 개요로서 AI와 머신러닝, 딥러닝에 대한 개념을 정리하며 각각에 대해서 설명합니다. 또한 인공지능의 활용 예로서 이미지 인식, 이미지 생성, 자연언어 처리, 이상 검지 등의 예를 들어보겠습니다. 또한 인공지능 역사를 제1차, 제2차, 제3차 AI 붐을 중심으로 설명합니다.
AI 기술은 앞으로 세계에 큰 영향을 줄 수 있는 기술의 하나입니다. 이 장을 통해 배우는 것으로 그 전체 과정을 파악합시다.
그럼, 이번 장을 꼭 기대해주세요.

1.1 인공지능의 개요

처음으로 인공지능의 개요에 대해서 설명합니다. 인공지능에 관한 여러 개념을 우선은 정리해 둡시다.

1-1-1 인공지능, 머신러닝, 딥러닝

인공지능, 즉 AI와 머신러닝, 딥러닝은 <그림1.1>과 같이 정리할 수 있습니다.

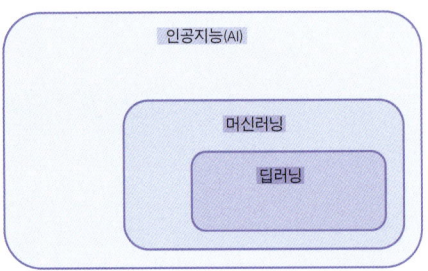

<그림1.1> 인공지능, 머신러닝, 딥러닝

이 중에서 가장 넓은 개념은 인공지능입니다. 인공지능은 머신러닝을 포함합니다. 더욱이 그 머신러닝 중의 한 분야로 최근 주목을 받고 있는 딥러닝이 있습니다.

1-1-2 인공지능이란?

다음으로 '인공지능이란 무엇인가?'에 대해서 설명합니다. 인공지능은 AI라고도 하는데 이것은 Artificial Intelligence의 약자입니다. 이 명칭은 1956년에 다트머스 회의에서 처음 사용하였습니다.

인공지능의 정의는 전문가에 따라서도 다소 차이가 있는데, 예를 들어 다음과 같은 정의의 방식을 들 수 있을 것입니다.

- 스스로 사고할 수 있는 컴퓨터 프로그램
- 컴퓨터에 의한 지적인 정보 처리 시스템
- 생물의 지능, 혹은 그 연장선상에 있는 것을 재현하는 기술
  기타 등등…

이 책은 이러한 정의에 따라, 인공지능 또는 AI라는 단어를 사용합니다.
또한 인공지능은 '범용 인공지능'과 '특화형 인공지능'이라는 개념으로 분류할 수도 있습니다.
범용 인공지능은 사람의 지능과 동등하거나 그것을 넘어서는 AI로 예를 들어, 도라에몽이나 무쇠팔 아톰 등의 상상 속의 AI는 범용 인공지능에 속합니다.
특화형 인공지능은 제한적인 문제 해결 및 추론을 위한 인공지능입니다. 체스나 장기의 AI, 이미지 인식 등은 특화형 인공지능에 속합니다.
현재 지구상에서 실현되고 있는 것은 특화형 인공지능뿐이며 범용 인공지능은 실현되지 않았습니다. 사람과 같은 지능을 가진 AI는 예를 들어 슈퍼컴퓨터라도 아직 실현되지 않았지만, 딥러닝 등을 이용해 극히 부분적으로 사람의 지능을 모방하는 것을 시도하고 있습니다.

1-1-3 머신러닝

인공지능이라고 하는 기술은 여러 가지가 있습니다. 다음에 몇 가지를 들겠습니다.
먼저 '머신러닝'입니다. 현재 인공지능이라고 하면 흔히 머신러닝을 가리킬 정도로 주가 되었습니다. 머신러닝에서는 마치 사람과 같은 컴퓨터가 학습과 예측을 실시합니다.
그리고 '유전적 알고리즘'은 생물의 유전자를 모방한 인공지능입니다. 알고리즘이 돌연변이 및 교배를 실시합니다.
또한, '군지능'은 생물의 무리를 모방한 인공지능입니다. 간단한 규칙에 준거해 행동하는 개체의 집합체가 집단으로서 고도의 행동을 합니다.
그 밖에도 '파지 제어'나 '엑스퍼트 시스템' 등, 인공지능이라 불리는 구조는 많이 있습니다.
이제부터는 상기의 내용 중 머신러닝에 초점을 맞춥니다. 머신러닝은 최근 여러 기술 계열의 기업이 특히 힘을 쏟고 있는 분야의 하나입니다. 머신러닝이라고 하면 신경망 기반의 딥러닝이 유행하고 있는데 사실은 머신러닝에는 다양한 알고리즘이 있습니다.
예를 들어 '강화 학습'은 보상이 가장 높아지도록 환경에 적응하여 행동이 결정됩니다.

'결정 트리'는 노드로부터 분기해서 데이터를 분류합니다. 트리 구조를 훈련해서 데이터를 적절하게 예측할 수 있게 됩니다.

'신경망 네트워크'는 사람 뇌의 신경 세포 네트워크를 모방한 것인데, 최근 큰 주목을 받고 있는 딥러닝의 기반이 되고 있습니다.

이 밖에도 머신러닝에는 '서포트 벡터 머신' 및 'k 평균법' 등 여러 알고리즘이 있습니다. 이 중 몇 가지는 6장에서 구현합니다.

1-1-4 딥러닝

머신러닝 중에서 특히 주목을 받고 있는 딥러닝을 설명합니다. <그림1.2>는 딥러닝에서 사용하는 다층 신경망의 예입니다.

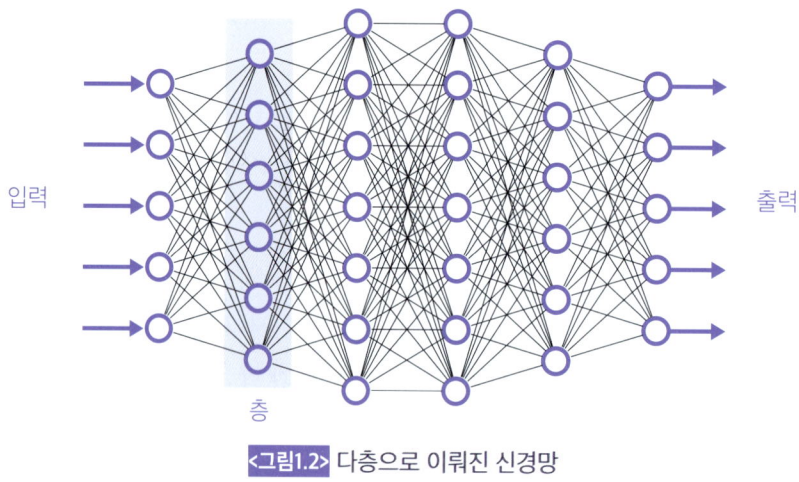

<그림1.2> 다층으로 이뤄진 신경망

여러 층으로 이루어진 네트워크에 입력이 있으며, 네트워크를 통해서 출력하는 것인데, 이 네트워크, 이른바 신경망은 마치 사람의 뇌처럼 유연하게 학습을 실시할 수 있습니다. 이 구조를 컴퓨터의 프로그램으로 함으로써 컴퓨터는 매우 고도의 인식, 판단 능력을 습득할 수 있습니다.

이 책은 이 딥러닝의 기술을 중심으로 전개합니다. 딥러닝의 자세한 내용에 관해서는 4장 이후에 다시 설명합니다.

1-1-5 생성 AI

최근 딥러닝의 발전과 함께 생성 AI 기술이 빠르게 발전하고 있습니다. 생성 AI는 기존의 데이터를 학습하여 새로운 콘텐츠를 창조하는 인공지능을 말합니다.

생성 AI는 텍스트, 이미지, 음성, 동영상 등 다양한 형식의 데이터를 생성할 수 있습니다. 예를 들어, 텍스트 생성 AI는 사람처럼 글을 쓰고, 이미지 생성 AI는 지시에 따라 새로운 이미지를 생성할 수 있습니다.

생성 AI의 기반 기술에는 주로 대규모 언어 모델(LLM), Transformer, 확산 모델 등이 있습니다. 대규모 언어 모델은 방대한 텍스트 데이터를 학습하여 인간과 같은 자연스러운 문장을 생성합니다. Transformer는 자연어 처리 작업에서 높은 성능을 발휘하여 텍스트 생성의 기반기술이 되고 있습니다. 확산 모델은 주로 이미지 생성에 사용되어 노이즈를 서서히 제거하는 과정을 통해 고품질의 이미지를 생성합니다.

생성 AI는 창조적인 작업 지원, 데이터 확장, 개인화된 콘텐츠 제공 등 다양한 분야에서 활용되고 있습니다. 예를 들어, 문장의 자동 생성, 이미지 편집, 음성 합성, 동영상 작성 등에 응용되고 있으며, 이 기술들은 나날이 발전하고 있습니다.

한편 생성 AI의 발전에 따라 저작권이나 윤리적 문제, 허위정도 확산 등의 문제도 대두되고 있습니다. 이러한 과제들을 해결하면서 생성 AI의 가능성을 최대한 활용하는 것이 앞으로의 중요한 과제가 되고 있습니다.

1.2 인공지능의 활용 예

AI는 사회에서의 다양한 상황에서 활약을 시작하고 있습니다. 이 절에서는 사회에서의 인공지능의 활용 예를 다음의 순서로 설명합니다.

- 일상의 AI
- 이미지 및 동영상을 다룬다
- 언어를 다룬다
- 게임에서 활약하는 AI
- 산업상의 응용

1-2-1 일상의 AI

AI는 이미 사회의 다양한 영역에서 활용하기 시작하였습니다. 그것을 실감하기 위해서 우리가 일상에서 느낄 수 있는 AI의 활용 예를 몇 가지 소개합니다.

먼저 일기예보의 예를 소개합니다. 이 분야에서도 AI는 이미 활용하기 시작했습니다. AI를 사용하면 지금까지와 같은 데이터에 덧붙어 구름의 색이나 형태로 날씨 예보를 할 수 있게 됩니다. 이로써 기존 일기 예보의 정밀도 향상을 기대할 수 있는데, 예를 들어 개개인이 스마트폰을 구름에 비춰봄으로써 국소적인 날씨의 동향을 예측하는 것도 언젠가 가능해질 것입니다. 또한, AI는 자신의 예보가 틀렸을 때에 그 틀렸다는 것 자체를 지도학습 데이터로 해서 다음 예보의 정밀도를 높일 수 있습니다. 자신의 예측 결과를 바탕으로 계속적으로 모델을 개선함으로써 예보는 계속적으로 개선되어나갑니다.

식품 산업에서도 AI를 활용하기 시작했습니다. 소비자의 미각을 만족시킬 수 있도록 AI가 성분을 조절한 과자나 음료 등을 이미 판매하고 있습니다. 또한, 사용자의 구매 이력 등에서 기호를 분석해서 기호에 맞춰 식품을 추천하는 시스템을 개발하고 있습니다.

또한, 스포츠 분야에서도 AI 도입을 진행하고 있습니다. 예를 들어, 야구에서는 방대한 배구配球나 주루 등의 데이터 축적이 있으므로 이러한 데이터를 효과적으로 분석할 수 있는 팀은 점점 유리해지고 있습니다. 실제로 후쿠오카 소프트뱅크 호크스는 AI에 의한 전략 계획 및 훈련 메뉴를 적극적으로 도입하려고 합니다. 야구에서 방대한 수의 불확실 요소에서 최적 해를 도출하는 것은 확실히 AI가 잘하는 부분입니다.

다른 경기, 골프나 농구, 체조 등에서도 AI는 이미 감독 및 코치로서 힘을 발휘하고 있습니다. AI 시대에는 사람은 AI로부터 조언을 얻거나 최적의 해를 받게 됩니다. 그러한 의미에서 AI는 명감독 그리고 명코치가 될 것입니다.

AI는 스포츠에서 심판으로서도 활약하기 시작했습니다. 특히, 피겨스케이트나 수중발레와 같은 사람만이 채점할 수 있다고 생각해온 경기에서도 AI에 의한 판정 시스템을 연구 개발하고 있습니다. 이러한 시스템이 확립되면 좀 더 공정한 심판을 할 수 있을 것입니다.

이상과 같이 AI는 이미 사회에 융화된 도구가 되고 있습니다. 앞으로도 더욱 많은 분야에서 다양한 AI 기술이 활용될 것입니다.

1-2-2 이미지 및 동영상을 다룬다

이미지 및 동영상에 대한 처리는 AI가 가장 잘하는 것입니다. 이미지에 무엇이 보여지는지를 판단하는 이미지 인식 업무는 딥러닝 등장 이전부터 집중해왔습니다. 최근 딥러닝은 이 분야에 브레이크스루(난관 돌파-역주)를 초래했습니다. 딥러닝에서는 특징량을 자동으로 추출할 수 있으므로 정밀도 높은 물체 인식을 할 수 있습니다. 이러한 딥러닝이 그 이전의 머신러닝 수법보다도 뛰어난 이유는 당초 잘 몰랐으나 최근은 그 이론적인 뒷받침이 서서히 진행되고 있습니다.

또한, 이러한 이미지 인식에는 7장에서 설명하는 CNN이 자주 사용됩니다. 이미지 인식의 구체적인 응용으로는, 예를 들어 얼굴 인증 기술은 스마트폰의 잠금 해제나 방범에 사용하고 있습니다. 여러분이 갖고 있는 스마트폰에서도 이미 얼굴 인증은 친숙한 기술이 되고 있지 않나요?

그 밖에도 클라우드 서비스나 스마트폰에서의 사진 분류나 구분, 웹 이미지 검색 등에서 이미지 인식을 활용하고 있습니다. 촬영한 사진함이 어느새 적절히 분류되어있는 것에 놀란 분도 많을 거라 생각합니다.

또한, 이미지 인식을 의료에 응용함으로써 병소부의 검출이나 온라인 진단을 할 수 있습니다. 특히, 병소부 검출에서 이미지 인식 기술은 큰 성과를 거두고 있습니다. 하나의 예로 국립암센터는 이미지 인식을 조기 위암 검출에 활용하고 있습니다. 조기 위암은 형상이 복잡하고 다양하여 전문가도 판단하기 어렵다는 문제가 있었습니다. 그래서 딥러닝에 의한 이미지 인식 기술을 이용함으로써 높은 정밀도의 검출 방법을 확립하였습니다.

그 밖에도 방대한 의료 데이터 활용 등 AI의 활용은 의료에 있어 큰 가능성을 내포하고 있습니다.

그리고 AI에 의한 이미지나 동영상의 생성도 행해지고 있습니다. 9, 10장에서 설명하는 VAE나 GAN 등의 AI 기술을 사용하면 현실에 없는 이미지나 동영상을 자동으로 생성할 수 있습니다. 이러한 데이터 생성 기술을 이용하여 모네나 고흐의 화풍을 학습시켜서 현실에 존재하지 않는 고흐풍의 집 그림을 그릴 수도 있습니다. 그 밖에도 선만으로 그린 그림이나 흑백 사진을 자동으로 착색하는 기술, 텍스트로부터 이미지를 생성하는 것과 같은 기술도 연구 개발하고 있습니다.

이와 같은 기술로부터 촬영하지 않은 동영상 콘텐츠를 생성할 수도 있습니다. 최근에는 기존 동영상 속의 물체를 교체하거나 모션 변경 등이 기술적으로 가능해졌습니다. 한편, 가짜 동영상과 음성을 생성하며 마치 진짜 정부 요인의 발언과 같은 동영상이 만들어진 적도 있으며, 악질적인 가짜 뉴스로서 문제가 되었습니다. 이러한 화제는 AI의 약진으로 새로운 가상현실의 개척자가 생겨나는 한편, 디지털 데이터가 진짜와 결부되어있는지를 판정하는 것이 매우 어려워진다는 것을 의미합니다.

1-2-3 언어를 다룬다

AI는 우리가 일상적으로 말하고 읽고 쓰는 언어를 다루는 데에 능숙합니다. 컴퓨터가 언어를 처리하는 것을 '자연어 처리'(Natural Language Processing, NLP)라고 합니다. 이전에는 재귀형 신경망(RNN)이 주류를 이루었지만, 최근 특히 주목받고 있는 것은 Transformer 아키텍처를 이용한 대규모 언어 모델입니다.

RNN은 시계열 데이터 처리에 적합하며, 오랜 기간 동안 자연어 처리의 중심 기술이었지만 긴 문맥 이해와 병렬 처리에 어려움이 있었습니다.

이에 반해 Transformer는 자기주의 메커니즘(Self-Attention)을 사용하여 더 긴 문맥을 효율적으로 처리할 수 있습니다. 또한 병렬 처리에도 뛰어나 대규모 모델 학습이 가능해졌습니다.

자연어 처리는 주로 문장 이해와 생성에 사용됩니다. 문장 이해의 예로는 스팸 메일 자동 판별, 음성 비서, 독해력 테스트 등이 있으며, 2018년 구글이 개발한 BERT라는 트랜스포머 기반 모델은 독해력 테스트에서 인간의 점수를 능가하는 결과를 얻었습니다.

문장 생성 분야에서는 생성 AI의 발전으로 큰 진전을 보이고 있습니다. 장문 요약, 창작 소설 작성, 그리고 고도의 챗봇 등이 실현되고 있습니다. 특히 GPT(Generative Pre-trained Transformer)와 같은 대규모 언어 모델을 이용한 생성 AI는 RNN 기반 모델을 크게 능가하는 성능을 보이며 인간과 같은 자연스러운 문장을 생성할 수 있게 되었습니다.

기계 번역 분야에서도 RNN에서 트랜스포머 아키텍처로의 전환함으로써 큰 진전을 보이고 있으며, 구글 번역을 비롯한 번역 서비스의 품질이 비약적으로 향상되어 보다 자연스럽고 정확한 번역이 가능해졌습니다.

생성 AI와 Transformer의 등장으로 자연어 처리의 가능성은 크게 확장되었습니다. 이 기술들은 문장의 이해와 생성 양면에서 인간에 가깝거나 인간을 능가하는 성능을 보여주고 있습니다. 그 결과, 기계와 인간 사이의 소통이 점점 더 원활해지고 다양한 분야에서 AI의 활용이 진행되고 있습니다.

1-2-4 게임에서 활약하는 AI

다양한 게임에서 AI를 사용하기 시작했습니다. 특히 11장에서 설명하는 강화 학습은 다양한 게임에서 활약하고 있습니다.

강화 학습은 '환경에서 가장 보상을 받기 쉬운 행동'을 학습하는 머신러닝의 일종입니다. 강화 학습은 로봇 제어 등에서 예전부터 많이 연구하고 있습니다. 엔지니어가 동작 방법을 모두 코딩하지 않아도 강화 학습을 사용하면 로봇이 자율적으로 행동을 배워갑니다. 이전에는 학습에 시간이 많이 걸리는 문제가 있었으나 하드웨어의 진화와 여러 유용한 알고리즘의 등장 덕분에 현실적인 학습 속도로 최적의 행동을 배울 수 있게 되었습니다.

또한 강화 학습을 딥러닝과 결합한 심층 강화 학습은 게임에서 이전에는 불가능했던 작업을 할 수 있게 했습니다.

그런 태스크의 하나로 딥마인드Deep Mind사의 알파고AlphaGo를 들 수 있습니다. AlphaGo는 지금까지 컴퓨터에는 어렵다고 여겨져 온 바둑 분야에서 톱 기사인 이세돌 9단을 이길 수 있었습니다. AlphaGo는 지금까지의 상식을 뒤엎는 한 수로 바둑의 세계를 경탄시켰는데, 그 이후 사람인 기사 쪽이 AI로부터 배우는 사례도 증가하고 있어 새로운 정석이 몇 가지 생겨나기 시작했습니다.

또한 장기의 세계에서도 AI의 성능은 향상되고 있어, 이미 프로 기사라도 톱인 AI를 이기는 것은 어려워지고 있습니다. 이에 따라 장기 연구에 AI를 이용하는 기사가 늘어나기 시작하면서 장기계에 급격한 변화가 일어났습니다.

AI에게 비디오 게임을 플레이하게 하는 연구도 진행하고 있습니다. 딥러닝을 이용하면 동영상 정보처리가 비교적 간단해짐으로 이것을 강화 학습과 조합해서 사람보다도 훨씬 능숙하게 게임을 플레이하는 AI를 개발하고 있습니다. 블록 깨기, 슈팅게임 등 다양한 게임에서 게임 화면의 동영상과 성공, 실패에 대한 보상을 통해 AI는 학습하며 마치 사람처럼 점점 향상됩니다. 또한 게임에서 캐릭터를 제어할 때도 AI 강화 학습이 활용됩니다. 이른바 논플레이어 캐릭터는 점점 영리해지고 때로는 사람 플레이어로 착각해버리기조차 합니다. 이처럼 게임의 세계는 AI의 실험장이기도 하며 응용의 장이기도 합니다.

1-2-5 산업상의 응용

AI 기술 중에서도 특히 산업과 직접 연결하기 쉬운 '이상 검지' 사례를 소개합니다. 이상 검지란 대량의 계측값을 머신러닝해서 복잡한 패턴에 이상이 있는지를 검지하는 기술입니다. 다양한 산업에서 부정한 거래의 검지와 공장에서 장비 고장 검지, 기기의 감시 등에 활용하고 있습니다.

머신러닝은 크게 지도 학습, 비지도 학습, 강화 학습 세 가지로 나눌 수 있는데, 이상 검지에는 이중 지도 학습과 비지도 학습을 주로 사용합니다. 지도 학습에는 딥러닝 등이 있는데 과거의 데이터나 패턴을 찾아내어, 미지의 데이터가 이상이 있는지 여부를 확률로서 나타냅니다. 충분히 과거의 데이터가 축적되어있는 경우는 이 지도 학습이 유효합니다. 하지만 공장의 장비 이상 등 그다지 빈번하게 발생하지 않는 일, 즉 충분하게 과거 데이터가 축적되어있지 않은 경우는 주성분 분석 등의 비지도 학습을 사용합니다.

이상 검지의 제조업에서의 활용 예인데, 산업기계 가동 상황에 이상이 없는지 감시하거나 이미지를 확인하여 비정상 제품을 검출하는 데 사용하고 있습니다. 또한, 구조물을 원격 감시하여 사고로 이어질 위험이 없는지 조기에 검지하는 시스템에서도 AI에 의한 이상 검지를 사용합니다.

비제조업에서는 예를 들어 금융 분야에서는 부정 검출에 이상 검지를 사용하고 있습니다. 실제로 미쓰이스미모토 파이낸셜 그룹 등은 부정 검지 알고리즘에 딥러닝을 채용하여 부정한 거래를 자동으로, 게다가 지금까지보다도 높은 정밀도로 검출하는 시스템을 개발했습니다. 또한, 방범 분야에서는 감시 카메라 동영상에서 침입자를 검지하는 시스템이 개발되어있으며, 의료 분야에서는 천식 발작 검지 등에 이상 검지를 사용하고 있습니다.

다음으로 '설계'에서의 활용 사례를 소개합니다. AI는 설계 분야에서도 활약하고 있습니다.

예를 들어, 비행기의 날개 설계에서는 강화 학습 등을 통해 최적의 양력을 얻을 수 있는 날개 형상의 최적화가 이뤄지고 있습니다.

건축에서는 3차원 모델링 기술에 따라 AI가 단시간에 여러 개의 시공 계획을 제안하는 기술을 연구하고 있습니다.

화학 분야에서는 고분자 화합물 설계에 AI를 사용합니다. 고분자 화합물은 형상이 복잡하기 때문에 의도한 것을 만드는 것은 매우 어려웠습니다. 그래서 이화학 연구소와 도쿄대학교 팀은 실제로 고분자 화합물을 AI로 설계시켜 원하는 특성을 가진 화합물 합성에 성공했습니다. 앞으로 이러한 AI에 의한 고분자 화합물 설계 기술이 발전하면 의료, 농업 등 다양한 분야에서 기술 혁신이 진행될 것입니다.

또한, 강화 학습 산업으로의 응용도 진행하고 있습니다. Deep Mind사의 데이터 센터의 전력 절감 사례가 유명합니다. 이 사례에서는 심층 강화 학습을 사용하는데 데이터 센터 설비의 가동 상태나 기후 등에 따라 냉각 설비의 설정을 최적화함으로써 냉각 설비의 소비 전력을 40퍼센트 삭감할 수 있었다는 보고가 있었습니다. 그리고 강화 학습의 금융으로의 응용도 연구하고 있습니다. 자산 관리나 실시간 트레이드 등, 현실 문제에 적용한 사례도 늘고 있습니다. 그러나 AI가 그렇게 행동을 선택하는 이유를 설명하기 어렵고, 알 수 없는 내부 알고리즘만으로 블랙박스화해 버리는 것이 난점이기도 합니다.

이상과 같이 AI는 여러 산업에서 사람을 대신할 가능성을 품고 있습니다. 앞으로도 많은 산업에서 AI의 활용이 모색되어가지 않을까요?

1.3 인공지능의 역사

인공지능의 역사를 간단히 설명합니다. 인공지능이 어떠한 흐름으로 발전했는지 그 흐름을 파악해둡시다. AI의 역사를 다음과 같이 4차에 걸친 AI 붐에 따라 설명합니다.

- 제1차 AI 붐(1950년대부터 1960년대까지)
- 제2차 AI 붐(1980년대부터 1990년대 중반까지)
- 제3차 AI 붐(2000년대부터 2021년까지)
- 제4차 AI 붐(2022년부터)

이처럼 AI는 지금까지 네 번의 붐이 있었습니다. 제1차, 제2차 AI 붐 사이, 제2차, 제3차 AI 붐 사이에는 AI의 겨울이라고 하는 AI가 부진한 시대가 있었습니다.

1-3-1 제1차 AI 붐

먼저 1950년대부터 1960년대까지의 제1차 AI 붐에 대해 설명합니다. 20세기 전반에서의 신경 과학 발전으로 뇌와 신경 세포의 움직임이 조금씩 밝혀졌습니다. 이에 따라 일부 연구자들 사이에서 기계로 지능을 만들 수 없는가 하는 논의가 20세기 중반에 시작하였습니다.
'인공지능의 아버지'라 불리는 인물은 두 명 있습니다(그림1.3). 한 명은 영국 수학자 앨런 튜링입니다. 튜링은 1947년 런던 수학 학회에서 인공지능 개념을 처음 제창했습니다. 또한, 1950년 논문에서 참 지성을 가진 기계를 창조해낼 가능성에 대해 논했습니다.
또 다른 인공지능의 아버지는 미국의 컴퓨터 과학자 마빈 민스키입니다. 민스키는 1951년 세계 최초의 신경망을 이용한 머신러닝 장치를 만들었습니다.
1956년의 다트머스 회의는 미국의 계산기 과학자 존 매카시가 개최한 AI에 대한 첫 회의인데, 여기에서 '인공지능'이라는 단어가 생겨나고, 인공지능은 학문의 새로운 분야로 창립되었습니다.
사람의 두뇌는 전기 신호이기 때문에 컴퓨터로 대체할 수 있다는 낙관적인 기대에서 인공지능은 일시적인 붐이 되었습니다. 하지만 이때의 열풍은 인공지능의 처리 능력의 한계를 지적

하는 소리에 의해 불과 10년 정도에 그치고 맙니다. 현재의 신경망의 원형인 퍼셉트론이 미국의 심리학자 프랭크 로젠블라트에 의해 제창된 것은 이 무렵입니다.

<그림1.3> 앨런 튜링(왼쪽): URL https://ko.wikipedia.org/wiki/앨런_튜링에서 인용(퍼블릭 도메인), 마빈 민스키(오른쪽): URL https://ko.wikipedia.org/wiki/마빈_민스키로부터 인용(CC BY 3.0)

1-3-2 제2차 AI 붐

다음으로 1980년대부터 1990년대 중반까지의 제2차 AI 붐에 대해 설명합니다.

제1차 AI 붐 20년 후 AI 붐은 재연됩니다. 엑스퍼트 시스템의 탄생으로 인공지능에 의료, 법률 등의 전문 지식을 도입하여 일부에서는 실제의 문제에 대해서도 전문가와 같은 판단을 내릴 수 있게 되었습니다.

현실적인 의료 진단 등을 할 수 있게 됨에 따라 인공지능은 다시 주목을 받았습니다. 하지만 엑스퍼트 시스템은 결국 허점을 드러내고 말았습니다. 사람인 전문가의 지식을 컴퓨터가 배우도록 하기 위해서는 방대한 양의 규칙 작성과 입력이 필요한 점, 애매한 사항에 극단적으로 약한 점, 규칙 외의 일에 대처할 수 없는 점 등입니다.

이러한 문제로 인해 제2차 AI 붐도 일시적인 것에 머무르고 말았습니다. 하지만 이 붐의 사이에 미국의 인지 학자 데이비드 루멜하트에 의해 역전파가 제창되었습니다. 이로써 신경망은 이후 점차 넓게 사용하게 됩니다.

1-3-3 제3차 AI 붐

2000년대부터 2021년까지의 제3차 AI 붐에 대해 설명합니다.

2005년 미국의 미래학자 레이 커즈와일은 지수함수적으로 고도화하는 인공지능이 2045년경에 사람을 능가하는 싱귤래리티라는 개념을 발표했습니다.

2006년 제프리 힌튼 등이 제안한 딥러닝의 약진으로 AI의 인기가 재현됐습니다. 이 딥러닝 약진의 배경에는 기술 연구가 진행된 점, IT 기술의 보급에 의해 대량의 데이터가 모이게 된 점 및 컴퓨터의 성능이 비약적으로 향상된 점이 있습니다.

2012년에는 이미지 인식 경연대회 ILSVRC에서 힌튼이 이끄는 토론토대학 팀이 딥러닝에 의해 머신러닝 연구자에게 충격을 줬습니다. 종래의 방법은 오류율이 26퍼센트 정도였지만, 딥러닝에 의한 오류율은 17퍼센트 정도까지 극적으로 개선시켰습니다. 그 이후, ILSVRC에서는 매년 딥러닝을 채용한 팀이 상위를 차지하였습니다.

2015년에 DeepMind사에 의한 'AlphaGo'가 사람인 프로 바둑 기사에게 승리해 딥러닝은 더욱 주목을 받고 있습니다. 실제로 세계 각지의 연구 기관 및 기업은 딥러닝에 강한 관심을 갖고 있으며, 개발을 위해서 방대한 자금을 쏟아붓고 있습니다.

또 우리의 일상생활에도 딥러닝은 조금씩 들어오고 있습니다. 음성 인식이나 얼굴 인증, 자동 번역 등은 생활을 좀 더 편리하게 하는 일상적인 도구가 되었습니다.

1-3-4 제4차 AI 붐

2022년부터 시작된 것으로 알려진 제4차 AI 붐은 생성 AI 기술의 폭발적인 발전과 보급이 특징입니다.

2022년 11월 OpenAI가 공개한 ChatGPT는 자연어 처리 분야에 혁명을 일으켰습니다. 고도의 대화 능력과 폭넓은 지식을 갖춘 이 AI 챗봇은 일반 사용자들에게도 AI의 가능성을 실감케 하는 존재가 되었습니다.

이미지 생성 AI 분야에서도 Stable Diffusion, Midjourney, DALL-E 2와 같은 모델이 등장하여 텍스트 지시를 통해 고품질의 이미지를 생성할 수 있게 되었습니다. 이는 크리에이티브 산업에 큰 변화를 가져오고 있습니다.

또한 GPT-4, Claude 3와 같은 대규모 언어 모델(LLM)의 등장으로 AI의 이해력과 생성 능력은 더욱 향상되었습니다. 이들 모델은 복잡한 문장 이해, 다국어 지원, 코드 생성 등 다양한 작업을 수행할 수 있습니다.

4차 AI 붐의 특징 중 하나는 AI의 민주화로, API와 오픈소스 모델의 보급으로 개인 개발자나 중소기업도 AI 기술을 활용할 수 있게 되었다는 점입니다. 이를 통해 다양한 산업에서 AI를 활용한 혁신적인 서비스와 제품이 탄생하고 있습니다.

한편, AI의 급속한 발전과 함께 윤리적 문제와 사회적 영향에 대한 논의도 활발해지고 있습니다. 저작권 문제, 허위 정보 확산, 고용에 미치는 영향 등 AI가 가져올 과제에 대한 대응도 진행되고 있습니다.

4차 AI 붐은 기술의 진화 뿐만 아니라 사회와 경제의 모습에도 큰 변화를 가져오고 있으며, AI와 인간의 공존, AI를 활용한 새로운 가치 창출 등 우리는 AI와의 관계를 모색하는 새로운 시대로 접어들었다고 할 수 있습니다.

이처럼 4차례의 붐을 거듭하며 발전해 온 AI는 우리 사회를 지탱하는 중요한 기술로 자리 잡고 있으며, 현재도 계속 발전하고 있습니다.

1.4 1장의 마무리

이 장에서는 인공지능의 개요, 인공지능의 활용 예, 인공지능의 역사에 대해 배웠습니다.

4회의 AI 붐을 포함하는 긴 역사를 거치며 발전해온 인공지능은 딥러닝의 등장에 따라 급격하게 우리의 사회를 지탱하는 중요한 기술이 되었습니다. 그 기술은 해마다 좀 더 다양한 영역에서 응용하고 있으며, 다양한 인공지능의 발전 기술이 생겨나고 있습니다.

이 책에서는 Google Colaboratory 환경에서 이러한 인공지능 기술을 배웁니다. AI를 배우는 것은 앞으로의 시대에 있어서 큰 의의가 있는 일입니다. 코드를 작성하면서 시행착오를 거듭하여 다양한 AI 기술을 습득해나갑시다.

그럼, 함께 인공지능의 세계를 탐험해봅시다.

Chapter 2
개발 환경

이 책에서 사용하는 개발 환경, Google Colaboratory의 개요와 사용법에 대해 설명합니다. Google Colaboratory는 빠른 성능의 GPU를 이용할 수 있음에도 불구하고 무료로 간단하게 시작할 수 있습니다.
이 장에서는 다음과 같은 내용이 포함됩니다.

- Google Colaboratory 시작하는 법
- 노트북 다루는 법
- 세션과 인스턴스
- CPU와 GPU
- Google Colaboratory의 각 설정과 다양한 기능

처음으로 Google Colaboratory상에서 코드나 문장을 기술할 수 있는 노트북을 다루는 방법을 설명합니다.
또한, 특히 시간이 걸리는 처리에서 중요한 CPU와 GPU, 그리고 세션과 인스턴스에 관해 설명합니다. Google Colaboratory를 능숙하게 사용하기 위해서는 이러한 개념을 알아 두는 게 중요합니다.
그 후에 Google Colaboratory의 각 설정과 다양한 기능에 관해 소개합니다.
Google Colaboratory는 인공지능 연구 및 학습에 매우 편리한 환경이므로 사용법을 익혀서 언제든 손쉽게 코드를 시험해볼 수 있도록 합시다.
그럼, 이번 장을 꼭 기대해주세요.

2.1 Google Colaboratory 시작하는 법

Google Colaboratory는 Google이 제공하는 연구, 교육용 Python 실행 환경으로 클라우드상에서 동작합니다. 브라우저상에서 아주 손쉽게 머신러닝의 코드를 시험할 수 있고, 게다가 GPU도 무료로 이용할 수 있어서 최근 인기가 많습니다.

또한, 이후 Google Colaboratory를 줄여서 'Colab'이라고 부르기도 합니다.

2-1-1 Google Colaboratory 사전 준비

Google Colaboratory를 사용하기 위해서는 Google 계정이 있어야 합니다. 없는 분은 다음의 URL에서 생성합시다.

- Google 계정 생성
    URL https://myaccount.google.com/

계정이 생성된 것을 확인한 후, 다음의 Google Colaboratory 사이트에 접근합시다.

- Google Colaboratory 사이트
    URL https://colab.research.google.com/

윈도가 표시되고 파일 선택이 요구되기도 하는데 일단 취소합니다.
<그림2.1>과 같은 도입 페이지가 표시되는 것을 확인합시다.

<그림2.1> Google Colaboratory의 도입 페이지

Google Colaboratory는 클라우드상에서 동작하므로 PC에 설치할 필요는 없습니다.
Google Colaboratory에 필요한 설정은 이상입니다.

2-1-2 노트북의 사용법

먼저 Google Colaboratory 노트북을 만듭시다. 페이지 왼쪽 위, '파일'(<그림2.2> ❶)에서 'Drive의 새 노트북'을 선택합니다 ❷.

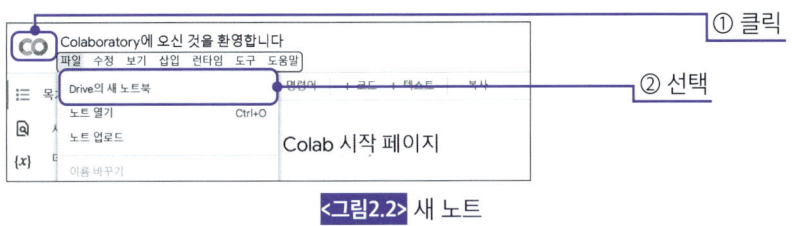

<그림2.2> 새 노트

노트북이 생성되어 새로운 페이지에 표시됩니다(<그림2.3>). 노트북은 .ipynb라는 확장자를 가지며, Google 드라이브의 'Colab Notebooks' 폴더에 저장됩니다.

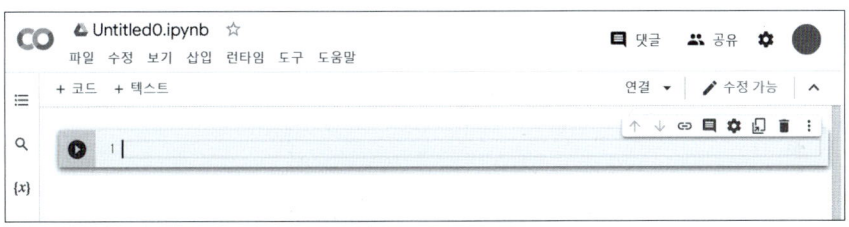

<그림2.3> 노트북의 화면[※1]

이 화면에서는 윗부분에 메뉴 등이 표시되어있고, 여러 가지 기능을 사용할 수 있습니다.
노트북의 이름은 생성 직후에는 'Untitled0.ipynb' 등으로 되어있는데 메뉴에서 '파일'→'이름 바꾸기'를 선택하면 변경할 수 있습니다.
'my_note.ipynb' 등과 같이 원하는 이름으로 변경을 해둡시다.

※1 여기에서는 셀에 행 번호를 표시합니다. 행 번호를 표시하려면 Google Colaboratory의 메뉴에서 [도구]→[설정]을 선택해서 [설정] 대화상자를 표시합니다. 왼쪽에서 [편집기]를 선택하면 편집기 설정을 할 수 있습니다. [행 번호 표시]에 체크를 하면 셀에 행 번호가 표시됩니다.

Python 코드는 화면 중앙에 위치하는 '코드 셀'이라는 곳에 입력합니다. <리스트2.1>과 같은 코드를 입력한 다음, [Shift]+[Enter] 키(mac OS의 경우는 [Shift]+[Return] 키)를 눌러봅시다. 코드가 실행됩니다.

<리스트2.1> 간단한 코드

In ▷ `print("Hello World!")`

<리스트2.1>의 코드를 실행하면 코드 셀의 아랫부분에 다음의 실행 결과가 표시됩니다.

Out ▷ `Hello World!`

Google Colaboratory의 노트북상에서 Python의 코드를 실행하였습니다. 코드 셀이 가장 아래에 위치하는 경우 새로운 셀 하나가 아래에 자동으로 추가됩니다<그림2.4>.

<그림2.4> 코드의 실행 결과

또한, 코드는 [Ctrl]+[Enter] 키로 실행할 수도 있습니다. 이 경우, 코드 셀이 가장 아래에 있어도 새로운 셀이 아래에 추가되지 않습니다. 같은 셀이 선택된 채입니다.
또한, 코드는 셀 왼쪽의 실행 버튼으로 실행할 수도 있습니다.
이상으로 Google Colaboratory에서 Python 코드를 실행하는 준비가 되었습니다. 개발 환경 구축에 거의 손이 가지 않는 것은 Google Colaboratory의 큰 장점 중 하나입니다.

2-1-3 파일 다루는 법

이 책에서 다운로드할 수 있는 코드는 .ipynb 형식입니다. .ipynb 형식의 파일은 한번 Google 드라이브에 업로드하면 오른쪽 클릭(<그림2.5> ❶)→'연결 앱'❷→'Google Colaboratory'를 선택하는 ❸ 등의 방법으로 열 수 있습니다.

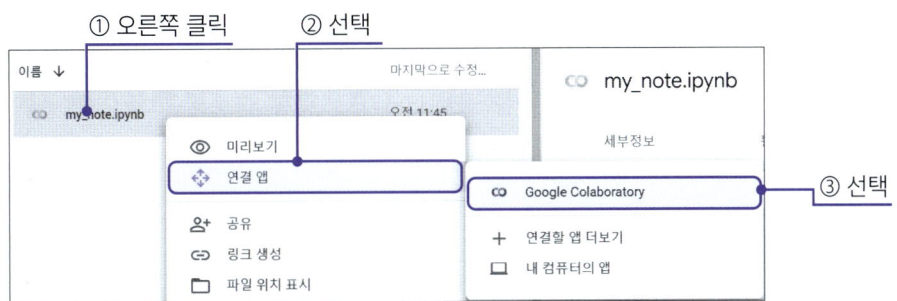

<그림2.5> Google 드라이브에서 노트북을 연다

또한, 외부 파일을 노트북에서 접근할 수 있는 형태로 업로드하기 위해서는 페이지 '파일' 아이콘을 클릭합니다(<그림2.6> ❶). 파일 리스트가 표시되고, 리스트 윗부분의 아이콘 3개 중에서 왼쪽 끝에 있는 아이콘을 클릭하면❷ 외부 파일의 선택 화면이 표시됩니다. 거기에서 파일을 지정하면 파일이 업로드됩니다❸.

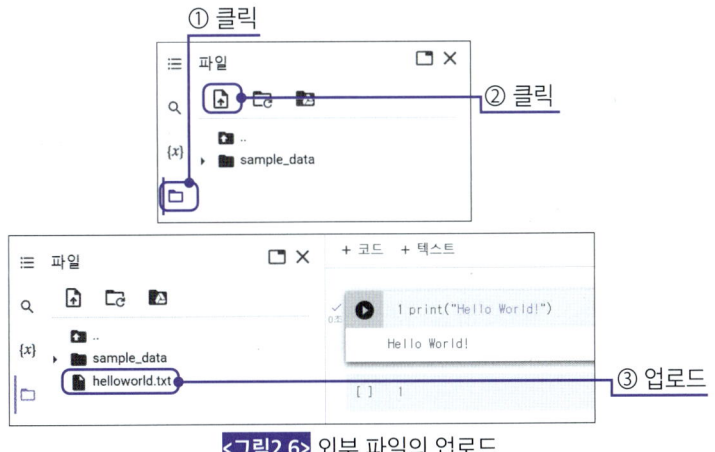

<그림2.6> 외부 파일의 업로드

또한, 노트북 코드에서 Google 드라이브에 연결해서 Google 드라이브에 있는 외부 파일을 사용할 수도 있습니다. 이것에 대해서는 3장에서 다시 설명합니다.

2.2 세션과 인스턴스

Google Colaboratory에 있어서의 '세션'과 '인스턴스'에 대해서 설명합니다. Google Colaboratory에는 세션과 인스턴스에 관해 90분 규칙과 12시간 규칙이라는 특별한 규칙이 있습니다. 학습이 오래 걸릴 때는 중요하므로 꼭 알고 있어야 합니다.

2-2-1 세션, 인스턴스란?

Google Colaboratory에서 자주 사용하는 세션과 인스턴스라는 용어에 관해서 설명합니다.
'세션'이란 어떤 활동을 계속해서 실시하고 있는 상태를 의미합니다. 인터넷에서는 세션은 접속을 확립하고 나서 끊을 때까지의 일련의 통신을 말합니다. 예를 들어, 어떤 웹사이트에 접속해서 그 사이트를 떠나거나 브라우저를 닫을 때까지 혹은 로그인에서 로그아웃까지가 하나의 세션입니다.

이처럼 세션은 어떤 활동을 계속하고 있는 상태를 말하며, 활동 종료와 동시에 세션도 종료되는데, 일정 시간 동안 활동이 중지되고 있으면 자동적으로 종료되는 경우도 있습니다.

또한, '인스턴스'는 소프트웨어로서 구현된 가상적인 머신을 실행한 것입니다. Google Colaboratory에서는 새로운 노트북을 열면 인스턴스가 시작됩니다.

또한, 객체 지향에서의 인스턴스와는 다르므로 주의하세요. 객체 지향에서의 인스턴스에 관해서는 3장에서 설명합니다.

Google Colaboratory에서는 개개인의 Google 계정과 결합한 인스턴스를 시작할 수 있어서 그중에서 GPU나 TPU를 이용할 수 있습니다.

2-2-2 90분 규칙

그림 이상을 근거로 90분 규칙에 관해 설명합니다. 90분 규칙이란 노트북 세션이 끊기고 나서 90분이 경과하면 인스턴스가 소멸되는 규칙을 말합니다.

여기에서 인스턴스가 소멸되는 과정을 설명합니다. Google Colaboratory를 시작하기 위해 새로운 노트북을 새로 열게 되는데 이때 새롭게 인스턴스가 시작됩니다. 그리고 인스턴스가 실행 중에 브라우저를 닫거나 PC가 대기모드에 들어가거나 하면 세션이 끊어집니다. 이렇게 해서 세션이 끊어지고 나서 90분이 경과하면 인스턴스가 소멸됩니다.

인스턴스가 소멸되면 학습을 다시 시작해야 하므로 90분 이상 학습하고 싶은 경우는 노트북을 항상 활성화로 유지하거나 학습 중인 파라미터를 Google 드라이브에 저장하는 등의 대책을 세워야 합니다.

2-2-3 12시간 규칙

다음에 12시간 규칙입니다. 12시간 규칙이란 새로운 인스턴스를 실행하고 나서 12시간이 경과하면 인스턴스가 소멸되는 규칙을 말합니다.

새로 노트북을 열면 새로운 인스턴스가 시작되는데, 그동안 따로 새로운 노트북을 열어도 같은 인스턴스가 사용됩니다. 그리고 인스턴스 실행부터 즉, 처음 새로운 노트북을 열 때부터 12시간이 경과하면 인스턴스가 자동으로 소멸됩니다.

따라서 12시간 이상 학습을 원할 때는 학습 중인 파라미터를 Google 드라이브에 저장하는 등의 대책을 세워야 합니다.

2-2-4 세션 관리

'런타임'(<그림2.7> ❶)→'세션 관리'❷를 선택하면 세션 목록이 표시됩니다.

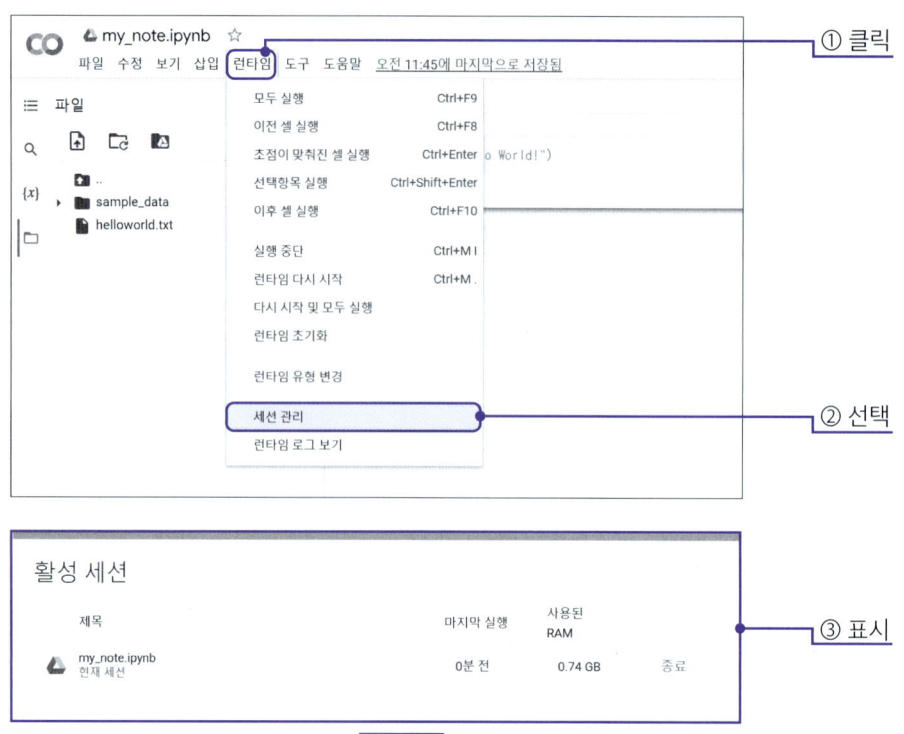

<그림2.7> 세션 목록

이 화면에서는 현재 활성화된 세션을 파악하거나 특정 세션을 닫을 수 있습니다.

2.3 CPU와 GPU

Google Colaboratory에서는 GPU를 무료로 이용할 수 있습니다. 오랜 학습 시간이 걸리는 경우 계산 시간이 대폭 단축되므로 적극적으로 이용합시다.

2-3-1 CPU, GPU, TPU

Google Colaboratory에서는 CPU, GPU, TPU를 이용할 수 있습니다. 다음에 각각에 대해서 설명합니다.

'CPU'는 Central Processing Unit의 약어로, 컴퓨터의 중심적인 연산 장치입니다. CPU는 입력 장치 등으로부터 받은 데이터에 대해서 연산을 실시하며, 결과를 출력 장치 등으로 출력합니다.

그에 반해 'GPU'(Graphics Processing Unit)는 이미지 처리에 특화한 연산 장치입니다. 하지만 GPU는 이미지 처리 이외에도 활용됩니다. CPU보다도 병렬 연산 성능이 뛰어나며 행렬 연산을 가장 잘하므로 딥러닝에서 많이 이용됩니다.

GPU와 CPU 차이점 중 하나는 코어 수입니다. 코어는 실제로 연산 처리를 하는 곳으로, 코어 수가 많으면 한번에 처리할 수 있는 작업의 수가 많아집니다. CPU의 코어 수는 일반적으로 2에서 8개 정도인 것과 비교해 GPU의 코어 수는 수천 개에 달합니다.

GPU는 자주 '인해전술'에 비유됩니다. GPU는 간단한 처리밖에 할 수 없지만, 많은 작업자가 동시에 작업하는 것으로 일에 따라서는 매우 효율적으로 작업을 진행할 수 있습니다.

그에 반해 CPU는 '소수 정예'로 PC 전체를 관리하는 범용 플레이어입니다. OS, 애플리케이션, 메모리, 저장장치, 외부와의 인터페이스 등, 다양한 유형의 처리를 차례차례로 처리해야 하며 작업을 빠른 속도로 처리합니다.

GPU는 메모리에 순서대로 접근하고, 조건 분기가 없는 계산에 강한 특성이 있습니다.

그리고 이와 같은 요건을 충족하는 계산에 행렬 계산이 있습니다. 딥러닝에서는 매우 많은 행렬 연산이 필요하므로 GPU를 많이 사용합니다. 행렬을 사용한 연산에 대해서는 5장에서 다시 설명합니다.

그리고 'TPU'(Tensor Processing Unit)인데, 이것은 Google이 개발한 머신러닝에 특화한 특정 용도용 집적 회로입니다. 특정 조건에서는 GPU보다 빠른 처리를 하기도 합니다.
Google Colaboratory에서는 GPU도 TPU도 무료로 사용할 수 있는데 이 책에서는 널리 일반적으로 사용하는 GPU를 주로 사용합니다.

2-3-2 GPU의 사용법

Google Colaboratory에서는 GPU를 무료로 사용할 수 있습니다. GPU는 원래 이미지 처리에 특화한 연산 장치인데 CPU보다 병렬 연산 성능이 뛰어나고 행렬 연산을 잘하므로 딥러닝에서도 많이 이용합니다. GPU의 속도에서의 우위성은 특히 대규모인 계산에서 현저해집니다.
GPU는 메뉴의 '수정'(<그림2.8> ❶)에서 '노트 설정'을 선택하고❷, '하드웨어 가속기'에서 'T4 GPU'를 선택하면❸ '런타임 연결 해제 및 삭제'가 뜨는데, '확인'을 누르고❹ 'T4 GPU'로 변경한 뒤❺ '저장'을 누르면❻ 사용할 수 있습니다.

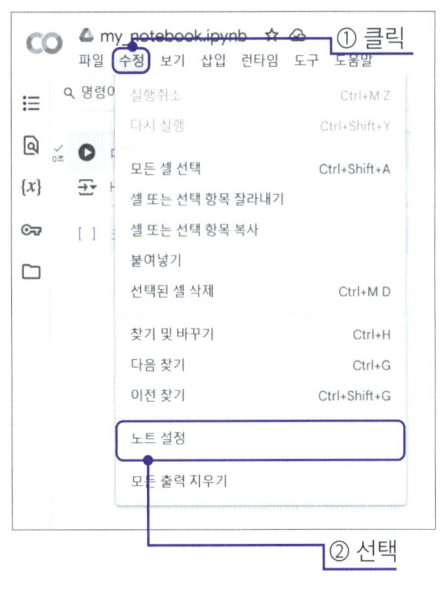
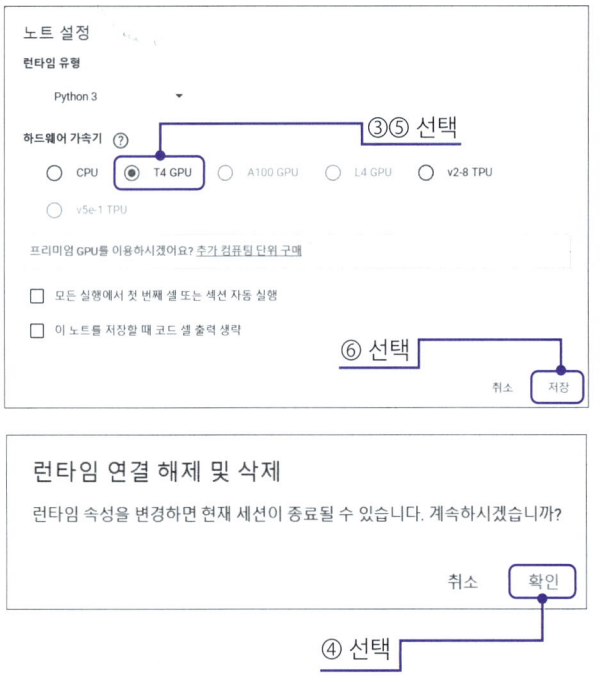

<그림2.8> GPU의 이용

또한, Google Colaboratory에서는 GPU의 이용에 시간제한이 있습니다. GPU의 이용 시간에 대해서 자세한 것은 다음 페이지의 리소스 제한을 참고하세요.

- Colaboratory 자주 하는 질문
  URL https://research.google.com/colaboratory/faq.html

2-3-3 성능 비교

그러면 실제로 딥러닝을 진행하여 CPU와 GPU의 성능을 비교합시다.
<리스트2.2>는 프레임워크 Keras를 사용하여 구현한 전형적인 합성곱 신경망입니다. 신경망이 5만 장의 이미지를 학습합니다.
<리스트2.2>의 코드를 실행하여 CPU와 GPU에서 실행에 소요되는 시간을 비교합시다. 기본적으로는 CPU를 사용하는데 메뉴에서 '수정'→'노트 설정'을 선택하고, '하드웨어 가속기'에서 'GPU'를 선택, '저장'을 클릭하면 GPU를 사용할 수 있습니다.
실행 시간은 실행 결과를 표시하는 영역의 왼쪽 아이콘에 커서를 맞추면 확인할 수 있습니다 (<그림2.9>).

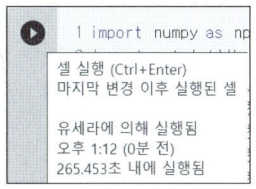

<그림2.9> 실행 시간의 확인

<리스트2.2> 실행 시간의 비교[※2]

```
import numpy as np
import matplotlib.pyplot as plt
import tensorflow.keras
```

※2 <리스트 2.2>는 참고 코드입니다. 이대로 실행하면 「AttributeError: module 'keras.utils' has no attribute 'to_categorical'」오류가 납니다.

```python
from tensorflow.keras.datasets import cifar10
from tensorflow.keras.models import Sequential
from tensorflow.keras.layers import Dense, Dropout, Activation, ➡
Flatten
from tensorflow.keras.layers import Conv2D, MaxPooling2D
from tensorflow.keras.optimizers import Adam

(x_train, t_train), (x_test, t_test) = cifar10.load_data()

batch_size = 32
epochs = 1
n_class = 10

t_train = tensorflow.keras.utils.to_categorical(t_train, n_class)
t_test = tensorflow.keras.utils.to_categorical(t_test, n_class)

model = Sequential()

model.add(Conv2D(32, (3, 3), padding='same', ➡
input_shape=x_train.shape[1:]))
model.add(Activation('relu'))
model.add(Conv2D(32, (3, 3)))
model.add(Activation('relu'))
model.add(MaxPooling2D(pool_size=(2, 2)))

model.add(Conv2D(64, (3, 3), padding='same'))
model.add(Activation('relu'))
model.add(Conv2D(64, (3, 3)))
model.add(Activation('relu'))
model.add(MaxPooling2D(pool_size=(2, 2)))
```

```
model.add(Flatten())
model.add(Dense(256))
model.add(Activation('relu'))
model.add(Dropout(0.5))
model.add(Dense(n_class))
model.add(Activation('softmax'))

model.compile(optimizer=Adam(), loss='categorical_crossentropy',
metrics=['accuracy'])

x_train = x_train / 255
x_test = x_test / 255

model.fit(x_train, t_train, epochs=epochs, batch_size=batch_size,
validation_data=(x_test, t_test))
```

Out
```
Downloading data from https://www.cs.toronto.edu/
~kriz/cifar-10-python.tar.gz
170500096/170498071 [==============================] - 3s 0us/step
170508288/170498071 [==============================] - 3s 0us/step
1563/1563 [==============================] - 32s 14ms/
step - loss: 1.5257 - accuracy: 0.4449 - val_loss: 1.1113 -
val_accuracy: 0.6116
<keras.callbacks.History at 0x7fd0205351d0>
```

저자가 직접 실행한 결과는 CPU의 경우로 코드의 실행 시간은 약 265초, GPU는 약 44초였습니다. 이처럼 GPU를 이용하면 학습에 필요한 시간을 대폭 단축할 수 있습니다. 또한, 결과는 실행 시 Google Colaboratory의 그 시점에서의 클라우드 측 성능에 따라 달라집니다. <리스트2.2>와 같은 코드를 읽는 법에 대해서는 7장에서 다시 자세히 설명합니다.

2.4 Google Colaboratory의 여러 가지 기능

Google Colaboratory가 가진 여러 가지 기능을 소개합니다.

2-4-1 텍스트 셀

텍스트 셀은 설명 등의 문장을 입력할 수 있습니다. 텍스트 셀은 노트북 윗부분의 '+ 텍스트'를 클릭해서 추가합니다(<그림2.10>).

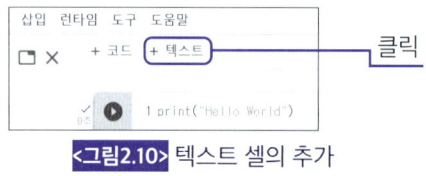

<그림2.10> 텍스트 셀의 추가

텍스트 셀의 문장은 Markdown 기법(서식을 간단히 작성하는 기법)으로 만들 수도 있습니다. 또한, LaTeX 기법에 따른 수식을 기술할 수도 있습니다.

2-4-2 스크래치 코드 셀

메뉴에서 '삽입'(<그림2.11> ①)→'스크래치 코드 셀'을 선택하면②, 간편하게 코드를 적고 시험할 수 있는 셀이 화면 오른쪽에 나타납니다③.

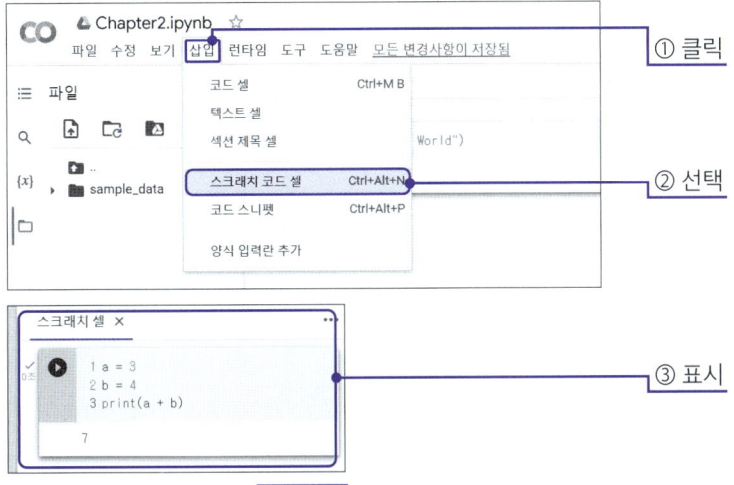

<그림2.11> 스크래치 코드 셀

스크래치 코드 셀의 코드는 닫으면 지워지므로 나중에 남길 필요가 없는 임시 코드를 시험하고 싶을 때 사용합시다.

2-4-3 코드 스니펫

메뉴에서 '삽입'(<그림2.12> ①)→'코드 스니펫'②을 선택하면 좀 더 다양한 코드의 스니펫(복사해 붙여서 이용할 수 있는 코드)을 노트북에 삽입할 수 있습니다③.

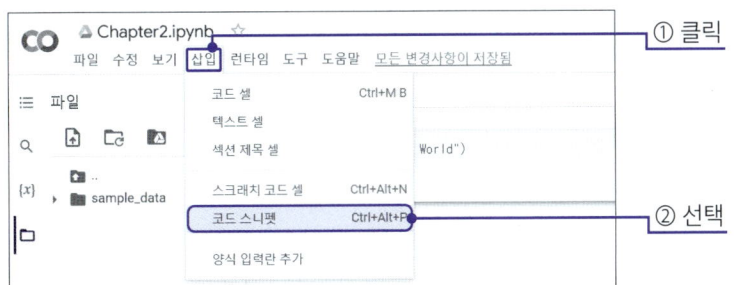

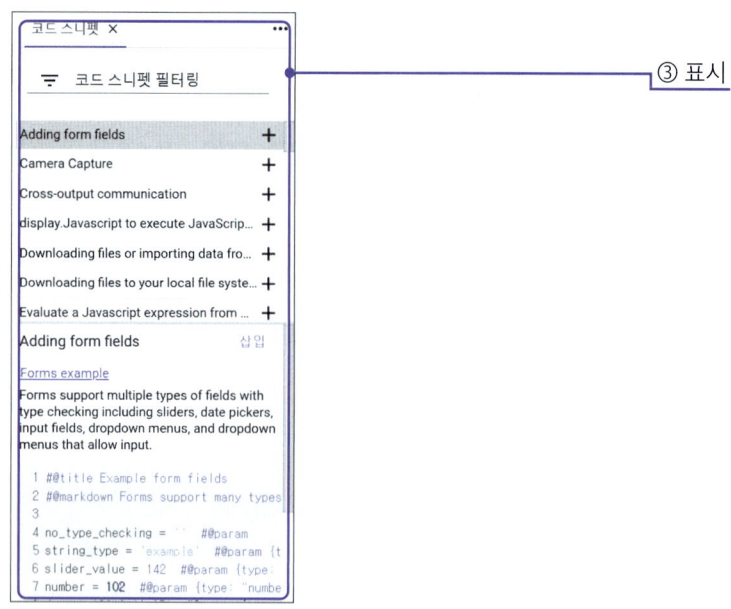

<그림2.12> 코드 스니펫

파일의 읽고 쓰기 및 웹 관련의 기능 등을 다루는 다양한 코드가 사전에 준비되어있으므로 관심 있는 분은 다양한 스니펫을 사용해봅시다.

2-4-4 실행된 코드 기록

메뉴에서 '보기'(<그림 2.13> ❶)→'실행된 코드 기록'을 선택하면❷, 실행된 코드 기록을 확인할 수 있습니다❸.

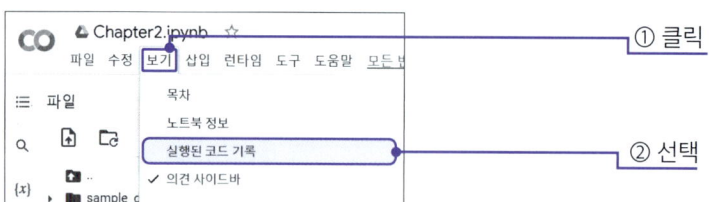

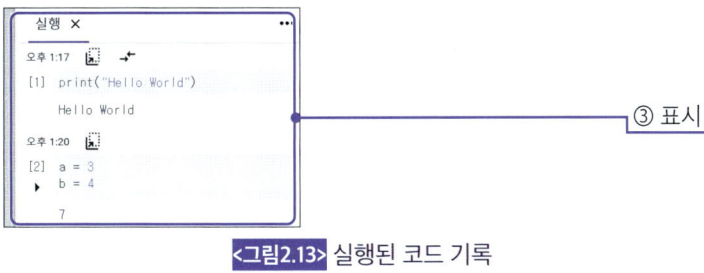

<그림2.13> 실행된 코드 기록

2-4-5 GitHub와의 연계

'깃Git'은 프로그래밍에 의한 서비스 개발 현장 등에서 많이 사용하는 '버전 관리 시스템'입니다. 그리고 깃허브GitHub는 Git 구조를 이용하여 전 세계인이 자신의 코드를 공유, 공개할 수 있도록 한 웹 서비스명입니다.

- GitHub
  URL https://github.com/

GitHub에서 작성된 리포지터리(저장고와 같은 것)는 무료의 경우 누구에게나 공개되지만, 유료인 경우는 지정한 사용자만이 접근할 수 있는 개인적인 리포지터리를 만들 수 있습니다. GitHub는 텐서플로TensorFlow나 Keras 등의 오픈 소스 프로젝트 공개에도 이용합니다.

이 GitHub에 Google Colaboratory 노트북을 올림으로써 노트북을 일반에게 공개하거나 팀 내에서 공유할 수 있습니다.

GitHub 계정을 가지고 있으면 메뉴에서 '파일'(<그림2.14> ❶)→'GitHub에 사본 저장'을 선택합니다 ❷. 'Sign in to GitHub' 화면에서 'Usename or email address'에 GitHub에 등록한 유저명이나 메일 주소를 입력하고 ❸ Password에 등록한 비밀번호를 입력한 뒤 ❹ 'Sign in'을 클릭합니다 ❺. 그러면 기존 GitHub의 저장소로 노트북을 업로드할 수 있습니다 ❻❼.

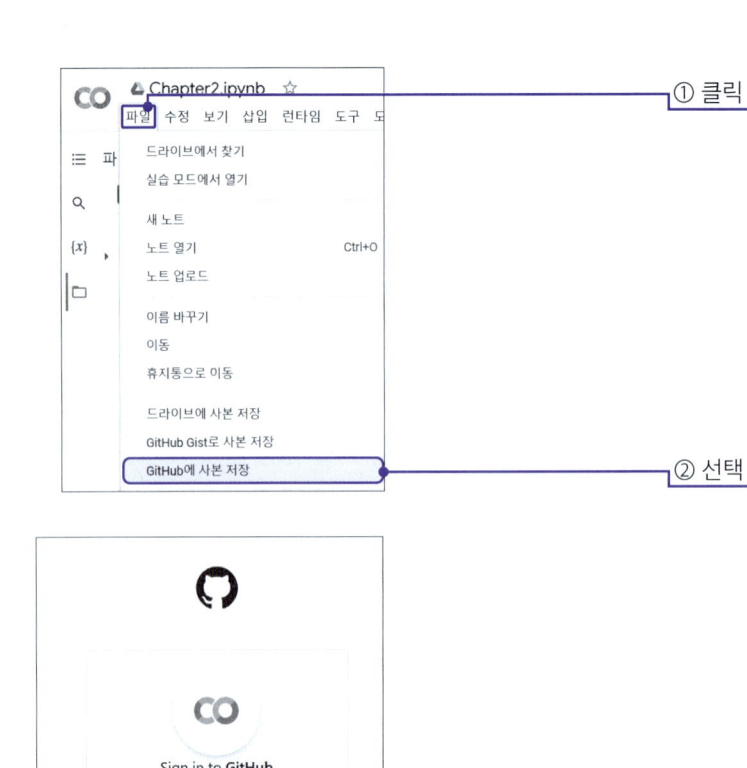

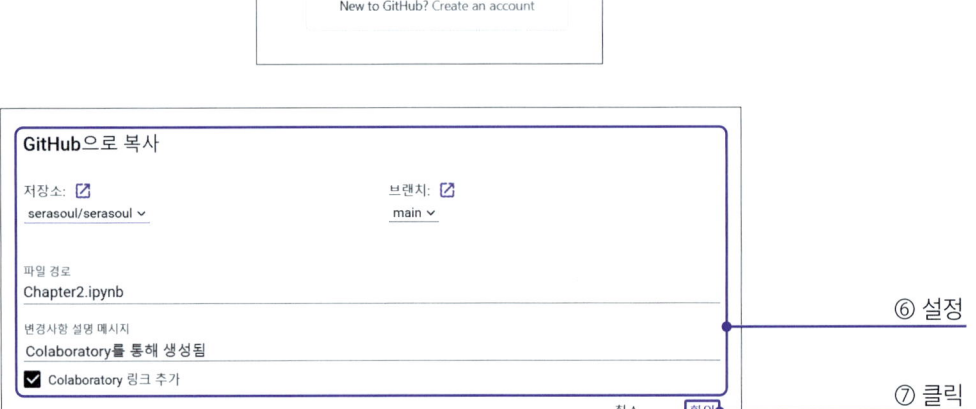

<그림2.14> GitHub 리포지터리에 노트북 복사를 저장

이 밖에도 Google Colaboratory는 다양한 편리한 기능이 있으므로 꼭 시험해봅시다.

2.5 2장의 마무리

이 장에서는 개발 환경인 Google Colaboratory에 대해 배웠습니다. 기본적으로 무료임에도 불구하고 개발 환경 구축이 용이하며, 게다가 좋은 사양의 실행 환경입니다.

이후에서 이번 장의 내용을 기반으로 인공지능, 딥러닝을 배워나갑니다.

Google Colaboratory에는 이 책에서 소개하지 않은 다양한 기능이 아직 있으므로 관심 있는 분은 꼭 시험해보세요.

Chapter 3
Python의 기초

이 책에서 사용하는 프로그래밍 언어, Python에 대해 설명합니다. Python을 사용하면 인공지능에 필요한 처리를 알기 쉽고 간결하게 기술할 수 있습니다.

이 장에는 다음과 같은 내용이 포함됩니다.

- Python의 기초
- 넘파이NumPy의 기초
- 매트플롯라이브러리matplotlib의 기초
- 판다스pandas의 기초
- 연습

이 장에서는 먼저 Python 문법의 기초를 설명합니다. 그리고 이를 기반으로 수치 계산 라이브러리인 NumPy를 설명합니다. NumPy의 배열을 사용하면 데이터를 간단하게 기술해 고속으로 처리할 수 있으므로 이 책에서는 데이터를 NumPy의 배열 형식으로 많이 다룹니다.
또한, 결과를 그래프를 표시하기 위해서 라이브러리 matplotlib를 사용하므로 그 사용법에 관해서도 설명합니다. 또한, 데이터 해석을 지원하는 pandas라는 라이브러리의 사용법을 배우고 마지막으로 이 장의 연습 문제를 풀어봅니다.
3장의 내용은 이상인데, 이번 장을 통해서 학습함으로써 프로그래밍 언어 Python의 사용법을 파악할 수 있어 이 책에서 코드를 읽고 쓰기 위한 준비가 될 것입니다.
Python은 간편함과 기능성이 있고, 게다가 범용성도 높은 프로그래밍 언어입니다. 몇 번이고 시행착오를 겪으면서 코드를 작성하는 것에 익숙해집시다.
그럼, 3장을 꼭 기대해주세요.

3.1 Python의 기초

Python 기초 문법에 관해 설명합니다. Python은 다루기 쉽고 인공지능 및 수학과의 궁합이 좋은 프로그래밍 언어입니다.

이 책은 어떤 것이든 프로그래밍 경험을 전제로 하고 있으므로 프로그래밍의 기초 지식에 해당하는 내용은 생략합니다. 프로그래밍이 완전히 초보인 분은 다른 서적 등에서 기초를 배운 후에 진행합시다.

Python을 이미 습득하신 분은 이 절을 건너뛰어도 됩니다.

또한 이 책에 있어서 Python의 설명은 이 책에 필요한 범위만 제한합니다. 더욱 자세한 내용을 알고 싶은 분은 다른 서적 등을 참고해주세요.

3-1-1 Python이란

Python은 간단하고 가독성이 높고, 비교적 다루기 쉬운 프로그래밍 언어입니다. 오픈소스로 누구나 무료로 다운로드할 수 있어서 전 세계에서 널리 사용하고 있습니다.

다른 언어와 비교했을 경우 수치 계산이나 데이터 해석에 강점이 있으며, 전문 프로그래머가 아니더라도 손쉽게 코드를 작성할 수 있으므로 현재 인공지능 개발에서 표준이 되고 있습니다.

문법이 간결하여 프로그래밍을 처음 시작하는 분에게도 Python은 권할 수 있습니다.

한편, Python은 객체 지향도 사용할 수 있으며, 고도로 추상화된 코드를 사용할 수도 있습니다.

3-1-2 변수와 형

Python에서는 변수를 사용할 때 미리 어떠한 기술을 할 필요는 없습니다. <리스트3.1> 셀의 코드처럼 바로 변수에 값을 대입하는 부분부터 기술을 시작할 수 있습니다.

<리스트3.1> 변수에 값을 대입한다

```
In ▷  a = 123
```

Python은 다른 언어처럼 변수에 대해서 형을 명시할 필요는 없습니다. <리스트3.2>처럼 다양한 형의 값을 바로 대입할 수 있습니다.

<리스트3.2> 변수에 다양한 값을 대입한다

```
In ▷  a = 123                # 정수형(int)
      b = 123.456            # 부동소수점형(float)
      c = "Hello World!"     # 문자열형(str)
      d = True               # 논리형(bool)
      e = [1, 2, 3]          # 리스트형(list)
```

#은 주석을 나타냅니다. 같은 행의 **#** 이후는 코드로서 인식되지 않습니다.

또한, bool 형의 값은 수치로 다룰 수 있습니다. **True**는 1, **False**는 0입니다. <리스트3.3>의 예에서는 **+** 연산자를 사용해서 **True**와 **False**를 더하는데 결과는 1과 0의 합인 1입니다.

<리스트3.3> 변수에 bool 값을 대입하고 연산을 실시한다

```
In ▷  a = True; b = False;
      print(a+b)
```

```
Out ▷  1
```

<리스트3.3>처럼 **;**(세미콜론)으로 구분하여 1행 내에 여러 개의 처리를 쓸 수 있습니다.

또한, 부동소수점형의 값은 지수로 표기할 수 있습니다. <리스트3.4>와 같이 **e**를 이용한 소수의 표기를 할 수 있습니다.

<리스트3.4> 지수 표기로 부동소수점형의 값을 표시한다.

```
In ▷  1.5e6                  # 1.5x10의 6승  1500000
      1.5e-6                 # 1.5x10의 -6승  0.0000015
```

3-1-3 연산자

<리스트3.5>에서는 Python 연산자를 몇 가지 사용합니다.

<리스트3.5> 변수로 다양한 연산을 실시한다

In ▷
```
a = 3; b = 5

c = a + b            # 덧셈
print( c )

d = a < b            # 비교(a는 b보다 작은가)
print( d )

e = 3 < 4 and 4 < 5  # 논리곱
print( e )
```

Out ▷
```
8
True
True
```

주요 연산자를 정리하면 <표3.1>과 같습니다.

<표3.1> 주요 연산자

산술 연산자	+	덧셈
	-	뺄셈
	*	곱셈
	/	나눗셈(소수)
	//	나눗셈(정수)
	%	나머지
	**	거듭제곱

비교 연산자	<	작다
	>	크다
	<=	이하
	>=	이상
	==	같다
	!=	같지 않다
논리 연산자	and	양쪽을 만족(참)한다
	or	어느 한쪽을 만족(참)한다
	not	만족하지 않는다

3-1-4 리스트

리스트에는 여러 개의 값을 한데 넣어둘 수 있습니다. 리스트는 앞뒤를 [ ]로 둘러싸고, 각 요소는 콤마(,)로 구분합니다.

Python의 리스트에는 어떤 형의 값이라도 넣어둘 수 있습니다. 리스트 안에 리스트를 넣어둘 수도 있습니다.

리스트의 각 요소로의 접근은 앞에서부터 0, 1, 2, ……로 세는 인덱스를 사용합니다. 이로써 요소의 추가 및 교체 등을 할 수 있습니다(<리스트3.6>).

<리스트3.6> 리스트의 기본적인 사용법

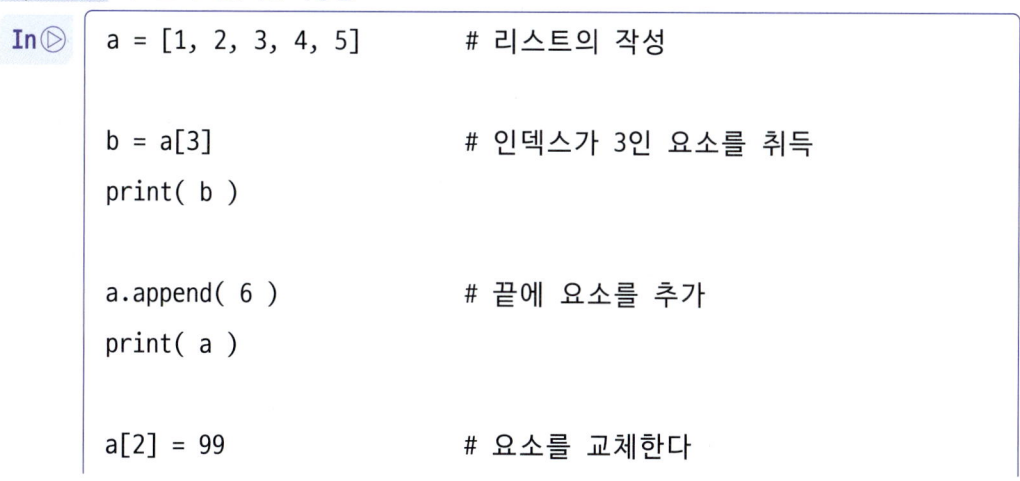

```
a = [1, 2, 3, 4, 5]       # 리스트의 작성

b = a[3]                  # 인덱스가 3인 요소를 취득
print( b )

a.append( 6 )             # 끝에 요소를 추가
print( a )

a[2] = 99                 # 요소를 교체한다
```

```
print( a )
```

Out:
```
4
[1, 2, 3, 4, 5, 6]
[1, 2, 99, 4, 5, 6]
```

3-1-5 튜플

튜플은 리스트와 마찬가지로 여러 개의 값을 합쳐서 다루고 싶을 때 이용하며, 요소 추가 및 삭제, 교체 등은 할 수 없습니다. 튜플은 앞뒤를 ( )로 감싸고, 각 요소는 콤마(,)로 구분합니다(<리스트3.7>).

요소를 변경할 필요가 없는 경우는 리스트보다 튜플을 사용하는 것이 좋습니다.

<리스트3.7> 튜플의 작성과 요소의 취득

In:
```
a = (1, 2, 3, 4, 5)     # 튜플의 작성

b = a[2]                # 인덱스가 2인 요소를 취득
print( b )
```

Out:
```
3
```

요소가 하나뿐인 튜플은 마지막에 콤마(,)가 필요합니다(<리스트3.8>).

<리스트3.8> 요소가 하나뿐인 튜플

In:
```
(2,)
```

Out:
```
(2,)
```

리스트 및 튜플의 각 요소는 <리스트3.9>와 같은 코드로 합쳐서 한번에 각 변수에 대입할 수 있

습니다.

<리스트3.9> 리스트, 튜플의 요소를 한번에 변수에 대입한다

In
```
a = [1, 2, 3]      # 리스트
a1, a2, a3 = a
print( a1, a2, a3 )

b = (4, 5, 6)      # 튜플
b1, b2, b3 = b
print( b1, b2, b3 )
```

Out
```
1 2 3
4 5 6
```

3-1-6 사전

사전(딕셔너리)은 키와 값의 조합으로 여러 개 넣어둘 수 있습니다.
<리스트3.10>의 코드는 Python에서 사전을 다루는 예입니다. 이 경우 문자열을 키로서 사전을 작성하고, 값 취득 및 교체, 요소 추가를 할 수 있습니다.

<리스트3.10> 사전의 사용 예

In
```
a = {"Artificial":1, "Intelligence":2}   # 사전의 작성
print( a["Artificial"] )   # "Artificial" 키를 가진 값을 취득

a["Intelligence"] = 7   # 값의 교체
print( a )

a["ML"] = 3   # 요소의 추가
print( a )
```

Out ▷
```
1
{'Artificial': 1, 'Intelligence': 7}
{'Artificial': 1, 'Intelligence': 7, 'ML': 3}
```

3-1-7 세트

세트는 리스트와 닮았는데 중복되는 값의 요소를 가질 수 없습니다. 튜플과 달리 요소의 추가 및 삭제를 할 수 있습니다.

<리스트3.11>의 예에서는 중복한 요소를 가진 리스트를 세트로 변환합니다. 그 결과, 요소의 중복은 없어집니다.

<리스트3.11> 세트의 기본적인 사용법의 예

In ▷
```python
a = [1, 1, 2, 3, 4, 4, 5, 5, 5]  # 리스트
print( a )

b = set(a)    # 세트로 변환
print( b )

b.add(6)      # 값을 추가
print( b )

b.remove(3)   # 값을 삭제
print( b )
```

Out ▷
```
[1, 1, 2, 3, 4, 4, 5, 5, 5]
{1, 2, 3, 4, 5}
{1, 2, 3, 4, 5, 6}
{1, 2, 4, 5, 6}
```

3-1-8 if 문

if 문을 사용하면 분기를 할 수 있습니다. **if**의 오른쪽 조건을 만족하지 않으면 **elif**의 오른쪽 조건이 위에서부터 차례대로 판정됩니다. 이 조건들이 모두 만족하지 않으면 **else** 내의 블록 처리가 실행됩니다.

Python에서는 분기 후의 처리를 나타내는 블록의 범위를 행 앞부분의 인덴트로 나타냅니다. 인덴트되어있지 않은 행이 출현하면 그 직전의 행에서 블록은 종료하게 됩니다(<리스트3.12>). 인덴트에는 공백 4개가 많이 사용됩니다.

<리스트3.12> if 문의 사용법의 예

In
```
a = 13
if a < 12:
    print("Good morning!")
elif a < 17:
    print("Good afternoon!")
elif a < 21:
    print("Good evening!")
else:
    print("Good night!")
```

Out
```
Good afternoon!
```

3-1-9 for 문

지정한 횟수, 반복 처리를 시행하기 위해서는 **for** 문을 사용합니다. 반복하는 범위를 지정하기 위해서 리스트, **range**, **in** 연산자가 많이 사용됩니다.

다음은 **range**의 사용법입니다. **[ ]**로 감싼 부분은 생략할 수 있습니다.

· **[표기 형식]**

```
range([시작 번호,], 종료 번호 [, 스텝 수])
```

예를 들어 **range(5)**는 0에서 4까지의 범위가 됩니다.
<리스트3.13>은 리스트를 사용한 **for** 문과 **range**를 사용한 **for** 문의 예입니다.

<리스트3.13> for 문 사용법의 예

In ▷
```
for a in [3, 5, 9, 17]:          # 리스트를 사용한 for 문
    print( a )


for a in range(5):               # range를 사용한 for 문
    print( a )
```

Out ▷
```
3
5
9
17
0
1
2
3
4
```

3-1-10 while 문

어떤 조건을 만족하는 동안 반복 처리를 하고 싶을 때는 **while** 문을 사용합니다. <리스트3.14>는 **while** 문의 사용 예입니다.

<리스트3.14> while 문 사용법의 예

In ▷
```
a = 0
while a < 3:   # a가 3보다 작은 동안 반복 처리
    print( a )
    a += 1
```

Out ▷
```
0
1
2
```

3-1-11 내포 표기

내포 표기는 리스트의 요소를 조작한 후에 새로운 리스트를 작성하기 위한 기법입니다. 보통, 그러한 처리는 **for**나 **while**에 의한 반복 루프를 사용하는 데 내포 표기를 사용하면 간결하게 기술할 수 있습니다.
내포 표기는 다음과 같은 형식으로 기술합니다.

· **[내포 표기]**

```
새로운 리스트 = [요소에 대한 처리 for 요소 in 리스트]
```

리스트 내의 요소를 하나하나 꺼내서 요소로의 처리를 실행한 후에 새로운 리스트를 작성합니다(<리스트3.15>).

<리스트3.15> 내포 표기 사용법의 예

In ▷
```
a = [1, 2, 3, 4, 5, 6, 7]
b = [c*2+1 for c in a] # a의 요소를 2배하고 1을 더해 새로운 리스트를 만든다
print( b )
```

Out ▷
```
[3, 5, 7, 9, 11, 13, 15]
```

3-1-12 함수

함수를 사용함으로써 여러 행에 걸친 처리를 합칠 수 있습니다. 함수는 **def** 다음에 함수명을 기술하고, 직후의 () 안에 인수를 기술합니다. **return** 다음의 값이 반환값입니다(<리스트3.16>). 인수는 함수가 외부에서 받아오는 값이고 반환값은 함수가 외부로 전달하는 값입니다.

<리스트3.16> 함수의 정의와 실행

In ▷
```
def add(a, b):                    # 함수의 정의(add가 함수명)
    c = a + b
    return c

print( add(2, 3) )                # 함수의 실행
```

Out ▷
```
5
```

인수에는 기본값을 설정할 수 있습니다. 기본값을 설정하면 함수를 호출할 때 그 인수를 생략할 수 있습니다.

<리스트3.17>의 예에서는 두 번째 인수에 기본값이 설정되어있습니다.

<리스트3.17> 함수와 인수

In ▷
```
def add(a, b=4):                  # 두 번째 인수에 기본값을 설정
    c = a + b
    return c

print( add(3) )                   # 두 번째 인수는 지정하지 않는다
```

Out ▷
```
7
```

또한, *(애스터리스크)를 붙인 튜플을 이용해서 여러 개의 인수를 한번에 건넬 수 있습니다(<리스트 3.18>).

<리스트3.18> 함수에 튜플형의 인수를 대입

In ▷
```
def add(a, b ,c):
    d = a + b + c
    print(d)

e = (2, 4, 6)
add( *e )       # 여러 개의 인수를 한번에 전달한다
```

Out ▷
```
12
```

3-1-13 변수의 범위

함수 안에 정의된 변수가 지역 변수, 함수 밖에 정의된 변수가 전역 변수입니다(<리스트3.19>). 지역 변수는 같은 함수 내에서만 접근할 수 있지만 전역 변수는 어디서든 접근할 수 있습니다.

<리스트3.19> 전역 변수와 지역 변수의 범위

In ▷
```
a = 21                          # 전역 변수

def showNumbers():
    b = 43                      # 지역 변수
    print( a, b )

showNumbers()
```

Out ▷
```
21 43
```

Python에서는 함수 내에서 전역 변수와 같은 이름의 변수에 값을 대입하려고 하면 그 변수는 새로운 지역 변수로 간주됩니다.

<리스트3.20>의 예에서는 함수 내에서 전역 변수 **a**에 값을 대입해도 전역 변수 **a**의 값은 변하지

않습니다.

<리스트3.20> 전역 변수와 지역 변수의 성질

```
a = 21

def setLocalNumber():
    a = 43                          # a는 지역 변수로 간주된다
    print( "Local:", a )

setLocalNumber()
print( "Global:", a )
```

```
Local: 43
Global: 21
```

전역 변수의 값을 함수 내에서 변경하기 위해서는 **global**을 붙여서 변수가 전역 변수임을 명기해야 합니다(<리스트3.21>).

<리스트3.21> 전역 변수임을 명기한다

```
a = 21

def setGlobalNumber():
    global a                        # 전역 변수임을 명기
    a = 43
    print( "Global:", a )

setGlobalNumber()
print( "Global:", a )
```

```
Global: 43
Global: 43
```

3-1-14 클래스

객체 지향은 객체 간의 상호작용으로서 시스템의 행동을 파악하는 사고방식입니다. Python에서는 이러한 객체 지향 프로그래밍을 할 수 있습니다.

객체 지향에 '클래스'와 '인스턴스'라는 개념이 있습니다. 클래스는 '설계도'와 같은 것이며, 인스턴스는 그 설계도로 만들어진 '제품'과 같은 것입니다. 클래스에서는 여러 개의 인스턴스를 생성할 수 있습니다.

클래스를 정의하기 위해서 Python에서는 **class** 표기를 사용합니다. 클래스에는 여러 개의 '메소드'가 포함됩니다. 메소드는 함수와 비슷하며, **def**로 기술을 시작합니다. 이를테면 클래스는 여러 개의 메소드를 통합할 수 있습니다.

<리스트3.22>는 **Calc** 클래스 내에 **__init__()** 메소드, **add()** 메소드, **multiply()** 메소드를 구현한 예입니다.

<리스트3.22> 클래스의 정의

```
class Calc:                          # Calc가 클래스 명
    def __init__(self, a):
        self.a = a

    def add(self, b):
        print(self.a + b)

    def multiply(self, b):
        print(self.a * b)
```

Python의 메소드에는 첫 번째 인수로서 **self**를 받는 특징이 있습니다. **self**를 이용해 이른바 인스턴스 변수에 접근할 수 있게 됩니다. 인스턴스 변수는 클래스로부터 생성한 인스턴스가 보유하는 변수입니다.

__init__()는 특수한 메소드로 이니셜라이저 혹은 생성자라고 합니다. 이 메소드에서는 인스턴스 생성 시에 인스턴스의 초기 설정을 할 수 있습니다. 상기의 클래스에서는 **self.a = a**로, 인수로서 받은 값을 인스턴스 변수 **a**에 대입합니다.

add() 메소드와 **multiply()** 메소드에서는 인수로 받은 값과 인스턴스 변수 **a**와의 사이에서

연산하고 있습니다.

Calc 클래스로부터 <리스트3.23>과 같이 인스턴스를 생성하고 메소드를 호출할 수 있습니다. 이 경우 **Calc(4)**로 인스턴스를 생성하고 변수 **calc**에 대입하는데, 그때 초기값으로 4를 건넵니다. 이 보유된 값은 나중에 계산에 이용할 수 있습니다.

<리스트3.23> 인스턴스의 생성

In ▷
```
calc = Calc(4)           # 인스턴스 calc를 생성
calc.add(5)              # 4 + 5
calc.multiply(4)         # 4 × 4
```

Out ▷
```
9
16
```

초기화 시에 값 4를 인스턴스에 건네고, **add()** 메소드와 **multiply()** 메소드를 호출합니다. 실행하면 4+5와 4×4, 각각 계산 결과를 얻을 수 있습니다.

3-1-15 클래스의 상속

클래스에는 상속이라는 개념이 있습니다. 클래스를 상속함으로써 기존의 클래스를 상속받은 후에 새로운 클래스를 정의할 수 있습니다.

<리스트3.24>에서는 **Calc** 클래스를 상속받은 **CalcNext** 클래스를 정의합니다.

<리스트3.24> 클래스의 상속

In ▷
```python
class CalcNext(Calc):      # Calc를 상속
    def subtract(self, b):
        print(self.a - b)

    def divide(self, b):
        print(self.a / b)
```

상속받은 클래스에서는 **subtract()** 메소드와 **divide()** 메소드가 새롭게 추가되어있습니다 (<리스트3.25>).

다음으로 **CalcNext** 클래스로부터 인스턴스를 생성하고 메소드를 호출합니다.

<리스트3.25> 상속받은 클래스에서 인스턴스를 생성

```
calc_next = CalcNext(4)   # 인스턴스 calc_next를 생성
calc_next.add(5)    # 상속받은 부모의 메소드
calc_next.multiply(5)   # 상속받은 부모의 메소드
calc_next.subtract(5)
calc_next.divide(5)
```

```
9
20
-1
0.8
```

CalcNext 클래스에서 생성한 인스턴스에서는 상속받은 부모의 **Calc** 클래스에서 정의된 메소드도 **CalcNext** 클래스에서 정의된 메소드와 똑같이 사용할 수 있습니다.

이상과 같은 클래스의 상속을 잘 활용하면 클래스의 공통부분을 효율적으로 관리할 수 있게 됩니다.

3-1-16 __call__( ) 메소드

__call__() 메소드는 인스턴스명을 사용하여 호출할 수 있습니다.

<리스트3.26>에서는 **Calc** 클래스에 **__init__()** 메소드 외에 **__call__()** 메소드를 구현하였습니다.

<리스트3.26> __call__() 메소드의 예

In ▷
```python
class Calc:   # Calc 클래스
    def __init__(self, a):   # __init__() 메소드
        self.a = a

    def __call__(self, c):   # __call__() 메소드
        print(self.a * c + c)

    def add(self, b):   # add() 메소드
        print(self.a + b)

    def multiply(self, b):   # multiply() 메소드
        print(self.a * b)
```

<리스트3.27>에서는 인스턴스명 cl을 사용해서 __call__() 메소드를 호출합니다.

<리스트3.27> 인스턴스명 cl을 사용한 메소드의 호출

In ▷
```python
cl = Calc(3)   # 인스턴스 cl을 생성

# 인스턴스명 cl을 사용해서 __call__() 메소드를 호출한다
cl(5)   # 3 × 5 + 5
```

Out ▷
```
20
```

이처럼 __call__() 메소드를 사용하면 메소드 명을 기술할 필요가 없어집니다. 빈번히 이용하는 처리를 __call__() 메소드에 기술하는 것으로 코드의 기술이 줄어듭니다.

3-1-17 with 구문

with 구문을 사용하여 파일 읽기 및 저장을 간결하게 기술할 수 있습니다.
<리스트3.28>은 문자열을 파일에 저장하는 예입니다. 저장된 파일은 화면 왼쪽의 사이드바에서 확인할 수 있습니다<그림3.1>.

<리스트3.28> with 구문을 사용한 파일로 써넣기

In ▷
```
greetings = "Good morning!\nGood afternoon!\nGood evening!\nGood night!"

with open("greetings.txt", "w") as f:
    f.write(greetings)   # 파일에 저장
```

<그림3.1> 저장된 파일의 확인

<리스트3.29>는 <리스트3.28>에서 저장된 파일을 읽어 들여서 표시하는 예입니다.

<리스트3.29> with 구문을 사용한 파일의 읽어 들이기

In ▷
```
with open("greetings.txt", "r") as f:
    print(f.read())    # 파일 읽어 들이기
```

Out ▷
```
Good morning!
Good afternoon!
Good evening!
Good night!
```

3-1-18 로컬과의 교환

Google Colaboratory에서는 PC에서 파일을 업로드하거나 PC에 파일을 다운로드하는 코드를 쓸 수 있습니다.

<리스트3.30>은 PC에서 파일을 업로드하는 코드입니다. Out에서 '파일 선택'을 클릭해 텍스트 파일(UTF-8 형식)을 선택합니다.

<리스트3.30> PC에서 Google Colaboratory로 파일의 업로드

```python
from google.colab import files

uploaded = files.upload()
for key in uploaded.keys():
    print(uploaded[key].decode("utf-8"))
```

Out:
```
파일 선택 greetings.txt
greetings.txt(text/plain) - 57 bytes, last modified: 2022. 4. 11. →
- 100% done
Saving greetings.txt to greetings (2).txt
Good morning!
Good afternoon!
Good evening!
Good night
```

또한, <리스트3.31>처럼 코드로 파일을 PC로 다운로드할 수 있습니다.

<리스트3.31> Google Colaboratory에서 PC로 파일 다운로드

```python
files.download("greetings.txt")
```

3-1-19 Google 드라이브와의 연계

<리스트3.32>의 코드는 인증 코드를 사용해서 Google 드라이브를 마운트합니다.

<리스트3.32> Google 드라이브의 마운트

```
from google.colab import drive
drive.mount('/content/drive/')
```

```
Mounted at /content/drive/
```

마운트가 완료되면 **with** 구문 등을 사용하여 Google 드라이브에 파일을 저장할 수 있게 됩니다(<리스트3.33>).

<리스트3.33> Google 드라이브로의 파일 저장

```python
import os

path = '/content/drive/My Drive/greetings/'

# 디렉터리를 작성한다
if not os.path.exists(path):
    os.makedirs(path)

# 파일을 저장한다
with open('/content/drive/My Drive/greetings/hello.txt', 'w') as f:
    f.write("Hello!")
```

3.2 Numpy의 기초

NumPy는 딥러닝 코드에서 빈번히 사용하는 Python 확장 모듈입니다. 내부 처리는 C 언어로 기술되어있으며 고속으로 효율적인 데이터 조작을 할 수 있게 합니다.
이 책에서도 NumPy를 여러 번 사용합니다. NumPy는 매우 많은 기능이 있는데 이 절에서는 그중에서도 이 책에서 중요한 기능만을 설명합니다.

3-2-1 Numpy의 도입

Python에서는 **import**로 모듈을 사용할 수 있습니다. **NumPy**를 사용하기 위해서는 코드의 맨 앞에 <리스트3.34>와 같이 기술합니다.

<리스트3.34> NumPy를 도입

In ▷
```
import numpy as np
```

as를 사용하여 모듈에 다른 이름을 붙일 수 있습니다. 이 행 이후는 **np**라는 이름으로 **Numpy**를 다룰 수 있습니다.

3-2-2 NumPy의 배열

인공지능, 딥러닝 계산에는 여러 개의 수치를 사용하는데, 이러한 수치를 저장하기 위해서 NumPy 배열을 자주 사용합니다.
NumPy의 배열은 다양한 방법으로 작성할 수 있는데 <리스트3.35>의 예에서는 NumPy의 **array()** 함수를 사용하여 Python 리스트로부터 작성합니다.

<리스트3.35> Python의 리스트에서 NumPy 배열을 만든다

In ▷
```
import numpy as np

# Python의 리스트로부터 NumPy 배열을 만든다
a = np.array( [0, 1, 2, 3, 4, 5] )   # a가 배열
print( a )
```

Out ▷
```
[0 1 2 3 4 5]
```

수치가 격자 상태로 나열된 2차원의 배열을 만들 수도 있습니다. 2차원 배열은 요소가 리스트인 리스트로부터 만들 수 있습니다(<리스트3.36>).

<리스트3.36> 2중 리스트로부터 NumPy의 2차원 배열 만들기

In ▷
```
import numpy as np

b = np.array( [[0, 1, 2], [3, 4, 5]] )  # 2중 리스트로부터 ➡
NumPy의 2차원 배열을 만든다
print( b )
```

Out ▷
```
[[0 1 2]
 [3 4 5]]
```

마찬가지로 해서 3차원 이상의 배열을 만들 수도 있습니다. 3차원 배열은 2차원 배열을 나열한 것으로 <리스트3.37>처럼 3중 리스트로부터 만듭니다.

<리스트3.37> 3중 리스트로부터 NumPy의 3차원 배열을 만든다

In ▷
```
import numpy as np

# 3중 리스트로부터 NumPy의 3차원 배열을 만든다
c = np.array( [[[0, 1, 2], [1, 2, 3]], [[2, 3, 4], [3, 4, 5]]] )
print( c )
```

Out
```
[[[0 1 2]
  [1 2 3]]

 [[2 3 4]
  [3 4 5]]]
```

3-2-3 배열의 연산

<리스트3.38>의 예에서는 배열과 수치 사이에서 연산을 합니다. 이 경우, 배열의 각 요소와 수치 사이에서 연산이 이뤄집니다.

<리스트3.38> 배열과 수치의 연산

In
```python
import numpy as np

a = np.array( [[0, 1, 2], [3, 4, 5]] )  # 2차원 배열

print( a )  # 원본 배열
print()
print( a + 2 )  # 각 요소에 2를 더한다
print()
print( a * 2 )  # 각 요소에 2를 곱한다
```

Out
```
[[0 1 2]
 [3 4 5]]

[[2 3 4]
 [5 6 7]]

[[ 0  2  4]
```

```
[ 6  8 10]]
```

배열끼리 연산하는 경우는 배열에서의 위치가 같은 요소끼리 연산이 이뤄집니다(<리스트3.39>).

<리스트3.39> 배열끼리의 연산

In ▷
```
b = np.array( [[0, 1, 2], [3, 4, 5]] )   # 2차원 배열
c = np.array( [[1, 2, 3], [4, 5, 6]] )   # 2차원 배열

print( b )   # 원본 배열
print()
print( c )   # 원본 배열
print()
print( b + c )   # 요소끼리의 합
print()
print( b * c )   # 요소끼리의 곱
```

Out ▷
```
[[0 1 2]
 [3 4 5]]

[[1 2 3]
 [4 5 6]]

[[ 1  3  5]
 [ 7  9 11]]

[[ 0  2  6]
 [12 20 30]]
```

또한, '브로드캐스트'라는 기능에 의해 특정 조건을 만족하면 형태가 다른 배열끼리도 연산할 수 있습니다. 다음 예에서는 2차원 배열 **d**의 각 행과 1차원 배열 **e**의 각 요소에서 합이 계산됩니다(<리스트3.40>).

<리스트3.40> 다른 차원의 배열끼리의 연산

```
d = np.array( [[1, 1],
               [1, 1]] )  # 2차원 배열
e = np.array( [1, 2] )  # 1차원 배열

print( d )  # 원본 배열
print( )
print( e )  # 원본 배열
print( )
print( d + e )  # 브로드캐스트의 적용
```

```
[[1 1]
 [1 1]]

[1 2]

[[2 3]
 [2 3]]
```

브로드캐스트의 엄밀한 규칙은 조금 복잡하고, 전부를 설명하면 길어집니다. 일단 위와 같은 경우에는 배열 형태는 달라도 연산할 수 있다는 걸 기억합시다.

3-2-4 형태의 변환

shape에 의해 배열의 형태를 얻을 수 있습니다.

<리스트3.41> 예에서는 행 수가 2, 열 수가 3인 2차원 배열 형태를 **shape**에 의해 취득합니다.

<리스트3.41> shape에 의해 배열의 형태를 얻음

In ▷
```
import numpy as np

a = np.array( [[0, 1, 2],
               [3, 4, 5]])

print( a.shape )   # 배열 a의 형태를 표시
```

Out ▷
```
(2, 3)
```

reshape() 메소드에 의해 배열의 형태를 변환할 수 있습니다.

<리스트3.42> 코드에서는 요소 수가 12인 1차원 배열을 형태가 **(3, 4)**인 2차원 배열로 변환합니다.

<리스트3.42> reshape() 메소드에 의해 배열의 형태를 변환한다

```
b = np.array( [0, 1, 2, 3, 4, 5, 6, 7, 8, 9, 10, 11] )   # 배열의 작성
c = b.reshape( 3, 4 )   # (3, 4)인 2차원 배열로 변환

print( b )   # 원본 배열
print( )
print( c )   # 형태를 변환한 배열
```

Out ▷
```
[ 0  1  2  3  4  5  6  7  8  9 10 11]

[[ 0  1  2  3]
 [ 4  5  6  7]
 [ 8  9 10 11]]
```

reshape() 메소드의 인수에 **-1**을 건넴으로써 어떤 형태의 배열이라도 1차원 배열로 변환할 수 있습니다(<리스트3.43>).

<리스트3.43> reshape() 메소드에 의해 다차원 배열 1차원 배열로 변환하기

```
d = np.array([[[0, 1, 2],
               [3, 4, 5]],
              [[5, 4, 3],
               [2, 1, 0]]])  # 3차원 배열

e = d.reshape( -1 )

print( d )  # 원본 배열
print()
print( e )  # 형태를 변환한 배열
```

```
[[[0 1 2]
  [3 4 5]]

 [[5 4 3]
  [2 1 0]]]

[0 1 2 3 4 5 5 4 3 2 1 0]
```

3-2-5 요소로의 접근

배열의 각 요소에는 리스트의 경우와 마찬가지로 인덱스를 사용하여 접근할 수 있습니다.
1차원 배열의 경우이지만 <리스트3.44>와 같이 [ ] 안에 인덱스를 기술해서 요소에 접근할 수 있습니다.

<리스트3.44> 인덱스를 지정하여 배열의 요소에 접근한다

```
import numpy as np
```

```
a = np.array( [0, 1, 2, 3, 4, 5, 6] )
print( a[3] )
```

Out 3

리스트와 마찬가지로 맨 앞부터 **0, 1, 2**…라고 인덱스를 붙인 경우의 인덱스가 **3**인 요소를 꺼냅니다.

리스트의 경우와 마찬가지로 인덱스를 지정해서 요소를 교체할 수도 있습니다(<리스트3.45>).

<리스트3.45> 인덱스를 지정해서 배열 요소 교체하기

In
```
a[3] = 99
print( a )
```

Out `[ 0  1  2 99  4  5  6]`

이 경우는 인덱스가 **3**인 요소를 **99**로 바꿉니다.

2차원 배열의 경우는 요소에 접근할 때 인덱스를 2개 지정합니다.

[ ] 안에 콤마(,) 구분으로 인덱스를 나열하거나 인덱스를 넣은 **[ ]**를 2개 나열한 표기를 할 수 있습니다(<리스트3.46>).

<리스트3.46> 2차원 배열 요소 접근하기

In
```
b = np.array( [[0, 1, 2],
               [3, 4, 5]] )

print( b[1, 0] )   # b[1][0]과 같다
```

Out 3

인덱스를 2개 지정해서 요소를 꺼낼 수 있었습니다.

요소를 교체할 때도 인덱스를 2개 지정합니다(<리스트3.47>).

<리스트3.47> 2차원 배열 요소 교체하기

In ▷
```
b[1, 0] = 99

print( b )
```

Out ▷
```
[[ 0  1  2]
 [99  4  5]]
```

2개의 인덱스를 사용해서 지정한 요소를 교체하였습니다.

차원의 수가 더 많은 경우에도 인덱스를 차원 수만큼 지정하여 요소에 접근할 수 있습니다.

3-2-6 NumPy의 배열과 함수

Python 함수의 인수 혹은 반환값으로 NumPy의 배열이 자주 사용됩니다.
<리스트3.48>의 예에서 **a_func()** 함수는 인수, 반환값이 배열입니다.

<리스트3.48> 인수 및 반환값으로서의 배열

In ▷
```python
import numpy as np

def a_func( x ):
    y = x * 2 + 1
    return y

a = np.array( [[0, 1, 2],
               [3, 4, 5]] )  # 2차원 배열
b = a_func( a )  # 인수로서 배열을 전달한다

print( a )  # 원본 배열
print()
```

```
print( b )   # 연산 후의 배열
```

Out
```
[[0 1 2]
 [3 4 5]]

[[ 1  3  5]
 [ 7  9 11]]
```

3-2-7 NumPy의 다양한 연산 기능

NumPy에는 다양한 연산 기능이 갖춰져 있습니다.
<리스트3.49>의 예에서는 **sum**으로 합계, **average**로 평균 **min**으로 최솟값, **max**로 최댓값을 계산합니다.

<리스트3.49> NumPy가 가진 다양한 연산 기능

In
```
import numpy as np

a = np.array( [[1, 2, 3],
               [4, 5, 6]] )

print( np.sum(a) )      # 합계
print( np.average(a) )  # 평균
print( np.min(a) )      # 최솟값
print( np.max(a) )      # 최댓값
```

Out
```
21
3.5
1
6
```

이러한 함수에서 **axis**를 지정하면 특정 방향으로 연산이 이뤄집니다(<리스트3.50>).

<리스트3.5> **axis**를 지정하여 연산한다

In ▷
```
import numpy as np

a = np.array([[1, 2, 3],
              [4, 5, 6]])

print( np.average(a, axis=0) )   # 세로 방향에서 평균
print( np.average(a, axis=1) )   # 가로 방향에서 평균
```

Out ▷
```
[2.5 3.5 4.5]
[2. 5.]
```

이러한 함수를 사용할 때는 상황에 따라 적절한 **axis**를 지정해야 합니다.

3.3 matplotlib의 기초

매트플롯립matplotlib은 NumPy와 같이 Python의 외부 모듈로 그래프 그리기 및 그림 표시, 간단한 애니메이션 제작 등을 할 수 있습니다.
인공지능, 딥러닝에서는 데이터 가시화가 매우 중요하므로 이 절에서는 matplotlib에 의한 그래프 그리기를 설명합니다.

3-3-1 matplotlib의 임포트

그래프를 그리기 위해서는 matplotlib의 파이플롯pyplot이라는 모듈을 임포트합니다. pyplot은 그래프 그리기를 지원합니다.
표시하는 데이터에는 NumPy의 배열 등을 사용하므로 NumPy도 임포트합니다(<리스트3.51>).

<리스트3.51> NumPy와 pyplot의 임포트

```
import numpy as np
import matplotlib.pyplot as plt
```

3-3-2 linspace( ) 함수

matplotlib으로 그래프를 그릴 때 NumPy의 `linspace()` 함수가 자주 사용됩니다. `linspace()` 함수는 어떤 구간을 50개 등간격等間隔으로 나눠서 NumPy의 배열로 합니다.
`linspace()` 함수에 의해 만들어진 배열은 그래프의 가로축 값으로 많이 사용됩니다(<리스트3.52>).

<리스트3.52> `linspace()` 함수로 값이 등간격으로 저장된 배열 만들기

```
import numpy as np

x = np.linspace( -5, 5 )   # -5부터 5까지 요소 50개의 배열로 만든다

print( x )
print( len(x) )   # x의 요소 수
```

```
[-5.         -4.79591837 -4.59183673 -4.3877551  -4.18367347
 -3.97959184
 -3.7755102  -3.57142857 -3.36734694 -3.16326531 -2.95918367
 -2.75510204
```

```
  -2.55102041 -2.34693878 -2.14285714 -1.93877551 -1.73469388 →
-1.53061224
 -1.32653061 -1.12244898 -0.91836735 -0.71428571 -0.51020408 →
-0.30612245
 -0.10204082  0.10204082  0.30612245  0.51020408  0.71428571 →
0.91836735
  1.12244898  1.32653061  1.53061224  1.73469388  1.93877551 →
2.14285714
  2.34693878  2.55102041  2.75510204  2.95918367  3.16326531 →
3.36734694
  3.57142857  3.7755102   3.97959184  4.18367347  4.3877551  →
4.59183673
  4.79591837  5.         ]
50
```

이 배열을 사용해서 연속으로 변화하는 가로축의 값을 의사적으로 표현합니다.

3-3-3 그래프 그리기

pyplot을 사용해 직선을 그립니다. NumPy의 `linspace()` 함수로 x 좌표의 데이터를 배열로 생성하고 이에 값을 곱해서 y 좌표로 합니다. 그리고 pyplot의 `plot`으로 x좌표, y좌표의 데이터를 플롯하여 `show`로 그래프를 표시합니다(<리스트3.53>).

<리스트3.53> 직선의 그리기

```
import numpy as np
import matplotlib.pyplot as plt

x = np.linspace( -5, 5 )  # -5부터 5까지
y = 2 * x  # x에 2를 곱해서 y 좌표로 한다
```

```
plt.plot( x, y )
plt.show( )
```

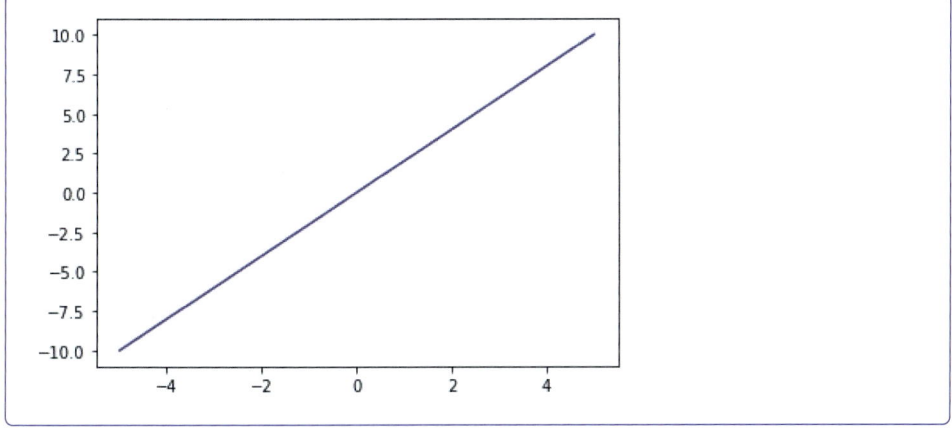

3-3-4 그래프 장식

축의 라벨 및 그래프의 타이틀, 범례 등을 표시하고, 선의 스타일을 변경하는 것으로 그래프를 장식합시다(<리스트3.54>).

<리스트3.54> 그래프 장식

```
import numpy as np
import matplotlib.pyplot as plt

x = np.linspace( -5, 5 )
y_1 = 2 * x
y_2 = 3 * x

# 축의 라벨
plt.xlabel( "x value" )
plt.ylabel( "y value" )
```

```
# 그래프의 타이틀
plt.title( "My Graph" )

# 플롯 범례와 선 스타일을 지정
plt.plot( x, y_1, label="y1" )
plt.plot( x, y_2, label="y2", linestyle="dashed" )
plt.legend() # 범례를 표시

plt.show()
```

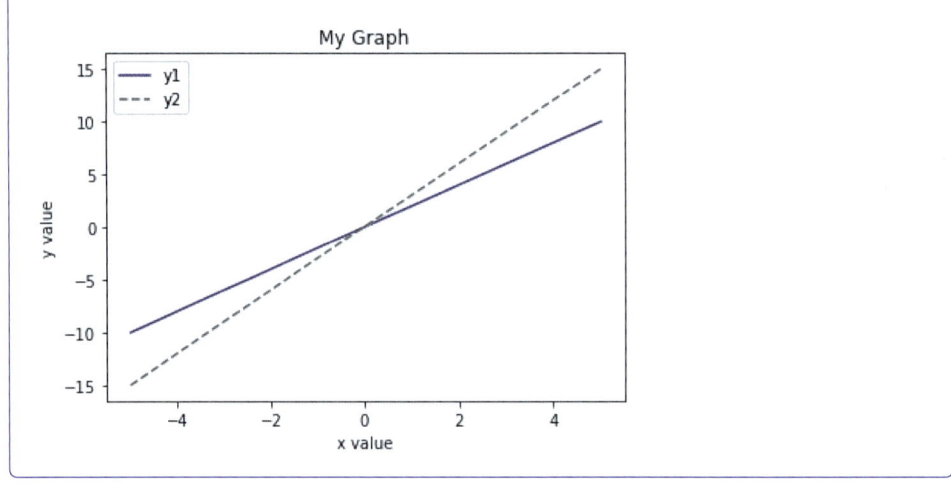

3-3-5 산포도 표시

pyplot의 **scatter()** 함수로 산포도를 표시할 수 있습니다.
<리스트3.55>의 코드에서는 x 좌표, y 좌표의 배열로부터 산포도를 그립니다.

<리스트3.55> 산포도 그리기

```
import numpy as np
```

```
import matplotlib.pyplot as plt

x = np.array( [1.2, 2.4, 0.0, 1.4, 1.5, 0.3, 0.7] )   # x좌표
y = np.array( [2.4, 1.4, 1.0, 0.1, 1.7, 2.0, 0.6] )   # y좌표

plt.scatter( x, y )   # 산포도의 플롯
plt.show()
```

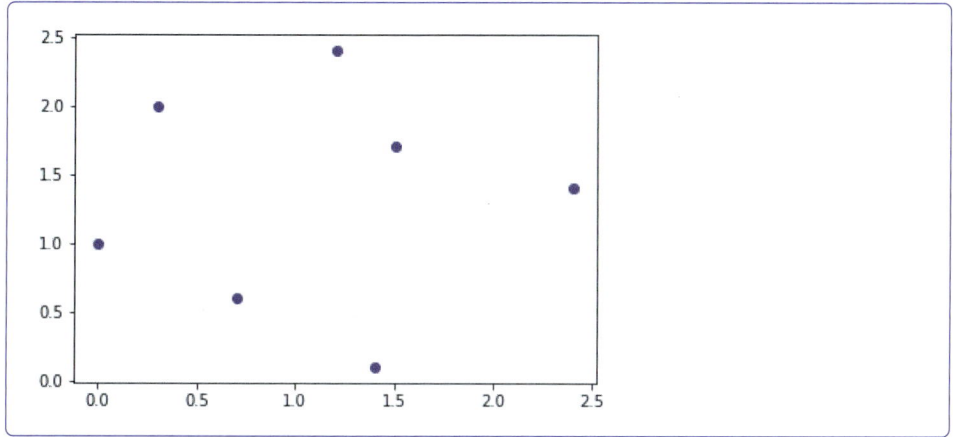

3-3-6 이미지 표시

pyplot의 **imshow()** 함수를 사용하면 NumPy의 배열을 이미지로 표시할 수 있습니다. <리스트3.56>의 코드는 배열을 4×4의 그림으로 표시합니다.

<리스트3.56> 배열을 이미지로 표시한다

```
import numpy as np
import matplotlib.pyplot as plt

img = np.array([[0, 1, 2, 3],
                [4, 5, 6, 7],
```

```
                [8, 9, 10,11],
                [12,13,14,15]])  # 4x4의 배열

plt.imshow(img, "gray")  # 그레이스케일로 표시
plt.colorbar()    # 컬러 바 표시
plt.show()
```

Out

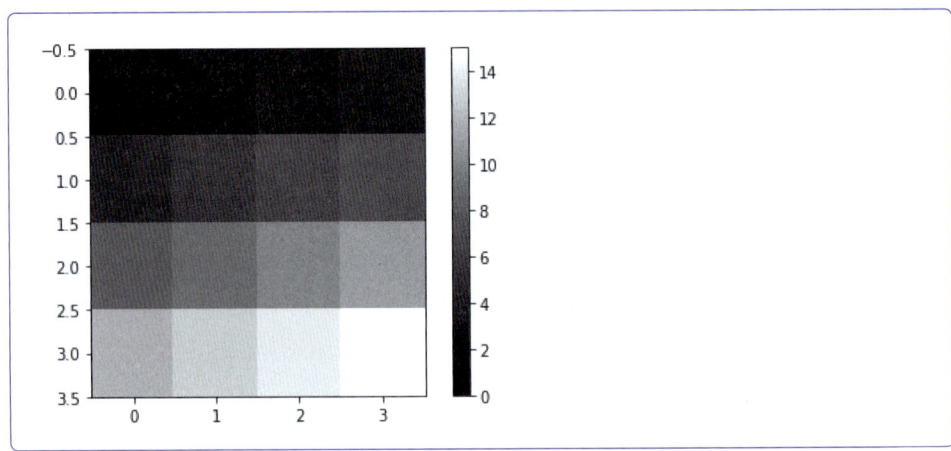

이 이미지에서는 검정이 0, 흰색이 15를 나타냅니다. 그리고 중간색은 이들 중간의 값을 나타냅니다. 컬러 바를 표시할 수도 있습니다.

3.4 pandas의 기초

판다스pandas는 Python에서 데이터 분석을 하기 위한 라이브러리로 데이터 읽어 들이기 및 편집, 통계량 표시 등을 간단하게 할 수 있습니다. 주요 코드는 사이썬Cython 또는 C 언어로 쓰여 있으며, 고속으로 동작합니다. 이에 pandas는 Python에 의한 데이터 분석 및 머신러닝에 많이 사용됩니다.

3-4-1 pandas 사용

pandas를 사용하기 위해서는 pandas 모듈을 임포트해야 합니다. NumPy도 임포트해둡니다 (<리스트3.57>).

<리스트3.57> pandas의 모듈을 임포트하기

```
import pandas as pd
import numpy as np
```

3-4-2 Series의 작성

시리즈Series는 라벨이 붙은 1차원 배열로 정수, 소수, 문자열 등 다양한 형의 데이터를 저장할 수 있습니다.

pandas의 데이터 구조에는 Series(1차원)와 데이터프레임DataFrame(2차원)이 있는데, <리스트3.58>의 코드는 리스트로부터 Series를 만드는 예입니다.

라벨은 **index**로 지정합니다.

<리스트3.58> 리스트로부터 Series 만들기

```
a = pd.Series( [60, 80, 70, 50, 30], index=["Korean", "English",
"Math", "Science", "History"] )
print( type(a) )
print( a )
```

```
<class 'pandas.core.series.Series'>
Korean     60
English    80
Math       70
Science    50
History    30
```

```
dtype: int64
```

<리스트3.58>에서는 리스트로서 데이터와 라벨을 전달하는데 NumPy의 배열을 사용해도 됩니다(<리스트3.59>).

<리스트3.59> NumPy의 배열로부터 Series를 만들기

In
```
a = pd.Series( np.array([60, 80, 70, 50, 30]), index=np.
array(["Korean", "English", "Math", "Science", "History"]) )
print( type(a) )
print( a )
```

Out
```
<class 'pandas.core.series.Series'>
Korean     60
English    80
Math       70
Science    50
History    30
dtype: int64
```

Series는 사전으로부터 만들 수도 있습니다(<리스트3.60>).

<리스트3.60> 사전으로부터 Series 만들기

In
```
a = pd.Series( {"Korean":60, "English":80, "Math":70,
"Science":50, "History":30} )
print( type(a) )
print( a )
```

Out
```
<class 'pandas.core.series.Series'>
Korean     60
English    80
Math       70
```

```
Science    50
History    30
dtype: int64
```

3-4-3 Series의 조작

인덱스 및 라벨을 사용해서 Series의 데이터 조작을 할 수 있습니다. <리스트3.61>은 데이터에 접근하는 예입니다.

<리스트3.61> Series의 데이터에 접근하기

In ▷
```
a = pd.Series( [60, 80, 70, 50, 30], index=["Korean",
"English", "Math", "Science", "History"] )
print( a[2] )   # 인덱스를 지정
print( a["Math"] )   # 라벨을 지정
```

Out ▷
```
70
70
```

append() 메소드를 사용해서 데이터를 추가할 수 있습니다<리스트3.62>.

<리스트3.62> Series에 append( ) 메소드로 데이터 추가하기

In ▷
```
a = pd.Series ([60, 80, 70, 50, 30], index=["Korean", "English",
"Math", "Science", "History"] )
b = pd.Series( [20], index=["Art"] )
a = a.append( b )
print( a )
```

Out ▷
```
Korean     60
English    80
```

```
Math       70
Science    50
History    30
Art        20
dtype: int64
```

그 밖에 데이터 변경 및 삭제, Series끼리 결합 등도 할 수 있습니다.
자세한 내용에 대해서는 공식 문서 등을 참고합시다.

- pandas: pandas.Series
    URL https://pandas.pydata.org/pandas-docs/stable/reference/api/pandas.Series.html

3-4-4 DataFrame의 작성

데이터프레임DataFrame은 라벨이 추가된 2차원 배열로 정수 및 소수, 문자열 등 다양한 형의 데이터를 저장할 수 있습니다.

<리스트3.63>은 2차원 리스트로부터 DataFrame을 만드는 예입니다.

<리스트3.63> DataFrame 작성

```
a = pd.DataFrame([[80, 60, 70, True],
                  [90, 80, 70, True],
                  [70, 60, 75, True],
                  [40, 60, 50, False],
                  [20, 30, 40, False],
                  [50, 20, 10, False]])
a  # 노트북에서는 print를 사용하지 않아도 표시할 수 있다
```

Out

	0	1	2	3
0	80	60	70	True
1	90	80	70	True
2	70	60	75	True
3	40	60	50	False
4	20	30	40	False
5	50	20	10	False

DataFrame은 Series 및 사전, NumPy 배열로부터 만들 수 있습니다.
행과 열에는 라벨을 붙일 수 있습니다(<리스트3.64>).

<리스트3.64> NumPy 배열로부터 DataFrame 작성하기

In
```
a.index = ["윤아", "유은", "지아", "은혜", "승호", "규태"]
a.columns = ["Korean", "English", "Math", "Result"]
a
```

Out

	Korean	English	Math	Result
윤아	80	60	70	True
유은	90	80	70	True
지아	70	60	75	True
은혜	40	60	50	False
승호	20	30	40	False
규태	50	20	10	False

3-4-5 데이터의 특징

shape으로 데이터의 행 수, 열 수를 취득할 수 있습니다(<리스트3.65>).

<리스트3.65> 데이터의 행 수, 열 수를 취득

In
```
a.shape  # 행 수, 열 수
```

Out▷ (6, 4)

첫 5행만을 표시할 때는 **head()** 메소드를<리스트3.66>, 마지막 5행만을 표시할 때는 **tail()** 메소드를 사용합니다<리스트3.67>.

특히 행 수가 많은 경우에, 데이터 개요를 파악하는 데 편리합니다.

<리스트3.66> 데이터의 첫 5행을 취득

In▷ `a.head()   # 첫 5행`

Out▷
	Korean	English	Math	Result
윤아	80	60	70	True
유은	90	80	70	True
지아	70	60	75	True
은혜	40	60	50	False
승호	20	30	40	False

<리스트3.67> 데이터의 마지막 5행을 취득

In▷ `a.tail()   # 마지막 5행`

Out▷
	Korean	English	Math	Result
유은	90	80	70	True
지아	70	60	75	True
은혜	40	60	50	False
승호	20	30	40	False
규태	50	20	10	False

기본적인 통계량은 **describe()** 메소드로 한번에 표시할 수 있습니다<리스트3.68>.

<리스트3.68> 기본적인 통계량의 표시

In▷ `a.describe()   # 기본적인 통계량`

Out ▷

	Korean	English	Math
count	6.000000	6.000000	6.000000
mean	58.333333	51.666667	52.500000
std	26.394444	22.286020	24.849547
min	20.000000	20.000000	10.000000
25%	42.500000	37.500000	42.500000
50%	60.000000	60.000000	60.000000
75%	77.500000	60.000000	70.000000
max	90.000000	80.000000	75.000000

이러한 값은 **mean()** 및 **max()** 등의 메소드로 개별적으로 구할 수도 있습니다.

3-4-6 DataFrame의 조작

인덱스 및 라벨을 사용해서 DataFrame의 데이터 조작을 할 수 있습니다.

<리스트3.69> 코드에서는 **loc()** 메소드를 사용해서 범위를 지정하고, Series 데이터를 꺼냅니다.

<리스트3.69> DataFrame에서 Series 데이터 꺼내기

In ▷
```
tr = a.loc["윤아", :]    # 1행 꺼낸다
print( type(tr) )
tr
```

Out ▷
```
<class 'pandas.core.series.Series'>
Korean      80
English     60
Math        70
Result      True
Name: 윤아, dtype: object
```

꺼낸 행의 형이 Series로 되어있는 것을 확인할 수 있습니다.
마찬가지로 DataFrame에서 열을 꺼낼 수도 있습니다<리스트3.70>.

<리스트3.70> DataFrame에서 열을 꺼내기

In ▶
```
ma = a.loc[:, "English"]   # 1열 꺼낸다
print( type(ma) )
ma
```

Out ▶
```
<class 'pandas.core.series.Series'>
윤아      60
유은      80
지아      60
은혜      60
승호      30
규태      20
Name: English, dtype: int64
```

이쪽도 Series 형입니다.
`iloc()` 메소드를 사용하면 인덱스로 범위를 지정할 수도 있습니다<리스트3.71>.

<리스트3.71> DataFrame에서 범위를 지정해 꺼내기

In ▶
```
r = a.iloc[1:4, :2]   # 행: 1-3, 열: 0-1
print( type(r) )
r
```

Out

```
<class 'pandas.core.frame.DataFrame'>
```

	Korean	English
유은	90	80
지아	70	60
은혜	40	60

`loc()` 메소드로 행을 추가할 수 있습니다(<리스트3.72>).

<리스트3.72> DataFrame에 행 추가

In
```
a.loc["지니"] = pd.Series([70, 80, 70, True], index=["Korean", →
"English", "Math", "Result"], name="지니")  # Series를 행으로서 추가
a
```

Out

	Korean	English	Math	Result
윤아	80	60	70	True
유은	90	80	70	True
지아	70	60	75	True
은혜	40	60	50	False
승호	20	30	40	False
규태	50	20	10	False
지니	70	80	70	True

열의 라벨을 지정하고, 열을 추가할 수 있습니다(<리스트3.73>).

<리스트3.73> DataFrame에 열 추가

In
```
a["Science"] = [80, 70, 60, 50, 60, 40, 80]  # 열을 리스트로서 추가
a
```

Out

	Korean	English	Math	Result	Science
윤아	80	60	70	True	80
유은	90	80	70	True	70
지아	70	60	75	True	60
은혜	40	60	50	False	50
승호	20	30	40	False	60
규태	50	20	10	False	40
지니	70	80	70	True	80

sort_values() 메소드로 DataFrame을 정렬할 수 있습니다(<리스트3.74>).

<리스트3.74> DataFrame 정렬하기

In
```
a.sort_values(by="Math",ascending=False)
```

Out

	Korean	English	Math	Result	Science
지아	70	60	75	True	60
윤아	80	60	70	True	80
유온	90	80	70	True	70
지니	70	80	70	True	80
은혜	40	60	50	False	50
승호	20	30	40	False	60
규태	50	20	10	False	40

이 밖에도 DataFrame에는 데이터 삭제 및 변경, DataFrame끼리 결합 등 다양한 기능이 있습니다. 물론 조건을 자세하게 주어 데이터를 추출할 수도 있습니다.
더욱 자세하게 알고 싶다면 공식 문서 등을 참고합시다.

- pandas: pandas.DataFrame
  URL https://pandas.pydata.org/pandas-docs/stable/reference/api/pandas.DataFrame.html

3.5 연습

NumPy와 matplotlib 코드를 작성하는 것에 익숙해집시다.

3-5-1 reshape로 배열 형태의 조작

<리스트3.75>의 코드를 실행하면 오류가 발생합니다.
리쉐이프reshape로 배열 a의 형태를 변경하고, 오류가 발생하지 않도록 하세요.

<리스트3.75> 오류가 나는 코드

```
import numpy as np

a = np.array( [0, 1, 2, 3, 4, 5] )   # 이 배열의 형태를 reshape로 ➡
변경한다
b = np.array( [[5, 4, 3], [2, 1, 0]] )

# 이 아래에 코드를 적는다


print( a + b )
```

3-5-2 3차 함수 그리기

다음의 3차 함수의 곡선을 matplotlib를 사용해서 그려봅시다.

$$y = x^3 - 12x$$

<리스트3.76>의 코드를 보완하세요.

<리스트3.76> 3차 함수의 곡선 그리기

```
import numpy as np
import matplotlib.pyplot as plt

x = np.linspace( -4, 4 )
# 이 아래에 코드를 보완한다
y = 

plt.xlabel( "x" )
plt.ylabel( "y" )
plt.plot( x, y )
plt.show( )
```

3.6 해답 예

다음에 해답 예를 나타냅니다.

3-6-1 reshape로 배열 형태의 조작

<리스트3.77> 해답 예①

```
import numpy as np

a = np.array( [0, 1, 2, 3, 4, 5] )   # 이 배열의 형태를 reshape로 변경한다
b = np.array( [[5, 4, 3], [2, 1, 0]] )

# 이 아래에 코드를 적는다
a = a.reshape( 2, 3 )

print( a + b )
```

3-6-2 3차 함수의 그리기

<리스트3.78> 해답 예②

```
import numpy as np
import matplotlib.pyplot as plt

x = np.linspace( -4, 4 )
```

```
# 이 아래에 코드를 보완한다
y = x**3 - 12*x


plt.xlabel( "x" )
plt.ylabel( "y" )
plt.plot( x, y )
plt.show( )
```

3.7 3장의 마무리

3장에서는 인공지능, 딥러닝을 배우기 위한 사전 준비로 Python을 기초부터 배웠습니다. 배운 내용은 Python의 기초적인 문법, 수치 계산용의 NumPy, 그래프 표시용의 matplotlib, 데이터 분석용의 pandas입니다.
뒷장으로 진행하더라도 필요에 따라 3장에서 필요한 부분을 다시 읽을 것을 권합니다.
그럼 이상을 바탕으로 실제로 간단한 딥러닝을 구축해나갑시다.

Chapter 4
간단한 딥러닝

이제까지 배운 Google Colaboratory와 Python을 사용하여 간단한 딥러닝을 구현합니다.
이 장에는 다음과 같은 내용이 포함됩니다.

- 딥러닝의 개요
- 간단한 딥러닝의 구현
- 다양한 신경망
- 연습

이 장은 딥러닝의 개요부터 시작됩니다.
그리고 Google Colaboratory를 시작하여 간단한 딥러닝을 구현합니다. 데이터 읽어 들이기와 전처리를 한 후에 훈련 데이터와 테스트 데이터를 준비하고, 프레임워크 Keras를 사용해 간단한 딥러닝 모델을 구축합니다.
구축한 모델은 훈련 데이터를 사용하여 훈련합니다. 그리고 이 훈련이 끝난 모델을 사용해서 미지의 데이터를 사용한 예측을 합니다. 그 후 일단 코드를 떠나 다양한 신경망을 소개합니다.
마지막으로 이 장의 연습을 실시합니다.
4장의 내용은 이상이지만, 이 장에서 간단한 딥러닝을 구현함으로써 딥러닝 구현의 전체 과정을 파악할 수 있을 것으로 생각합니다.
Google Colaboratory를 사용하여 인공지능 코드를 손쉽게 구현할 수 있습니다. 인공지능 코드를 작성하는 것에 이제부터 조금씩 익숙해집시다.
그럼, 이번 장을 꼭 기대해주세요.

4.1 딥러닝의 개요

딥러닝 코드를 작성하기 전에 먼저 딥러닝의 개요를 설명합니다. 여러 층으로 이뤄진 신경망 학습은 딥러닝, 혹은 심층 학습이라고 합니다. 딥러닝은 산업, 과학, 예술 등 폭넓은 분야에서 활용하고 있습니다.

4-1-1 신경 세포

딥러닝은 신경망을 기반으로 하고 있는데, 이것은 생물의 신경 세포가 만드는 망을 기반으로 합니다. 따라서 우선 동물의 신경 세포에 관해서 설명합니다.

<그림4.1>의 사진은 쥐의 대뇌 신피질 신경 세포입니다. 신경 세포는 하늘색으로 염색되어있고, 이미지는 확대되었습니다. 이 신경 세포의 크기는 수 마이크로미터 정도입니다. 마치 나무와 같이, 가지 같은 것과 뿌리 같은 것이 뻗어 나와서 다른 신경 세포와 연결되어있음을 알 수 있습니다.

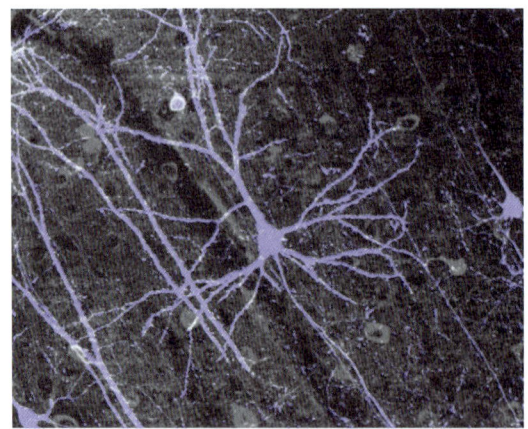

<그림4.1> 쥐의 대뇌 신피질의 신경 세포
URL https://en.wikipedia.org/wiki/Neuron에서 인용(CC BY 2.5)

신경 세포에는 추체 세포, 성상 세포, 과립 세포 등 다양한 종류가 존재하는데, 뇌 전체에서는 이러한 신경 세포가 약 1000억 개 정도 있다고 여겨집니다.

4-1-2 신경 세포의 망

이 신경 세포의 구조, 다수의 신경 세포가 형성하는 망을 그림으로 살펴봅시다.
<그림4.2>의 신경 세포 그림에 주목하세요.

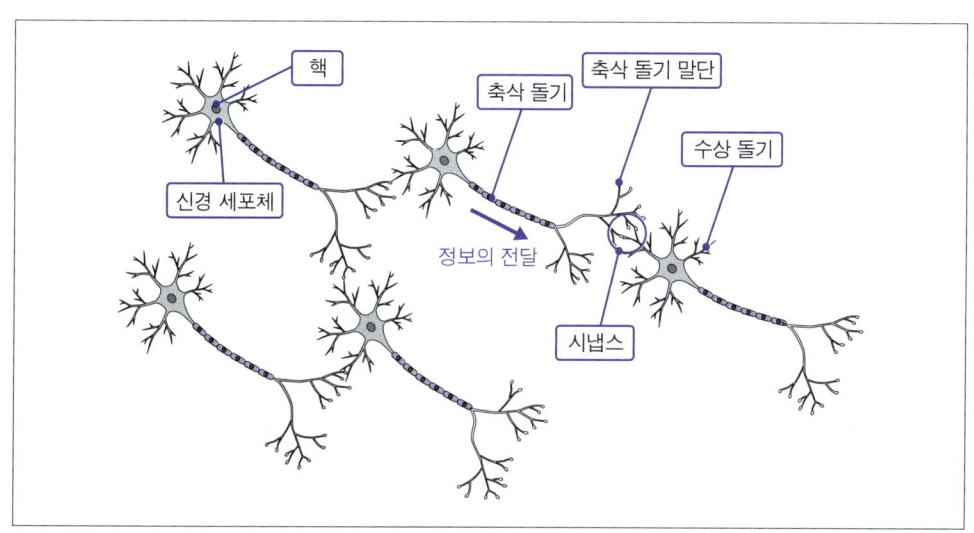

<그림4.2> 신경 세포의 망

신경 세포에서는 신경 세포체에서 수상 돌기라는 나무의 가지와 같은 돌기가 뻗어있습니다. 이 수상 돌기는 다수의 신경 세포로부터의 신호를 받습니다. 받은 신호를 이용해서 신경 세포체에서 연산이 이루어짐으로써 새로운 신호가 만들어집니다. 만들어진 신호는 긴 축삭 돌기로 전달해서 축삭 돌기 말단까지 도달합니다. 축삭 돌기 말단은 다수의 신경 세포, 혹은 근육과 연결되어있으며 신호를 다음에 전달할 수 있습니다. 이처럼 신경 세포는 여러 정보를 통합해 새로운 신호를 만들고 다른 신경 세포 및 근육에 전달하는 역할을 담당합니다.

또한, 이러한 신경 세포와 다른 신경 세포의 접합부는 시냅스라고 합니다. 시냅스에는 복잡한 메커니즘이 있지만, 결합 강도가 강해지거나 약해짐으로써 기억이 형성된다고 합니다.

이러한 시냅스가 신경 세포 1개당 1,000개 정도가 있다고 여겨집니다. 신경 세포는 약 1000억이므로 뇌 전체에서 약 100조 개 정도의 시냅스가 있는 것입니다. 이처럼 매우 많은 시냅스로 인해 복잡한 기억 및 혹은 의식이 형성된다고 할 수 있습니다.

4-1-3 인공 뉴런

이상을 바탕으로 이제부터는 컴퓨터상에서 신경 세포, 혹은 신경 세포망의 모델화에 관해서 설명합니다.

먼저, 앞으로 사용하는 용어에 대해서 조금 설명합니다.

컴퓨터상의 모델화된 신경 세포를 '인공 뉴런', 영어로는 Artificial Neuron이라고 합니다.

또한 컴퓨터상의 모델화된 신경 세포망을 '인공 신경망(인공 뉴럴 네트워크)', 영어로는 Artificial Neural Network라고 합니다. 하지만 앞으로는 간단하게 하기 위해 컴퓨터상의 것에 대해서 뉴런, 신경망이라는 명칭을 주로 사용합니다.

그럼, 이 뉴런의 전형적인 구조를 살펴봅시다(<그림4.3>).

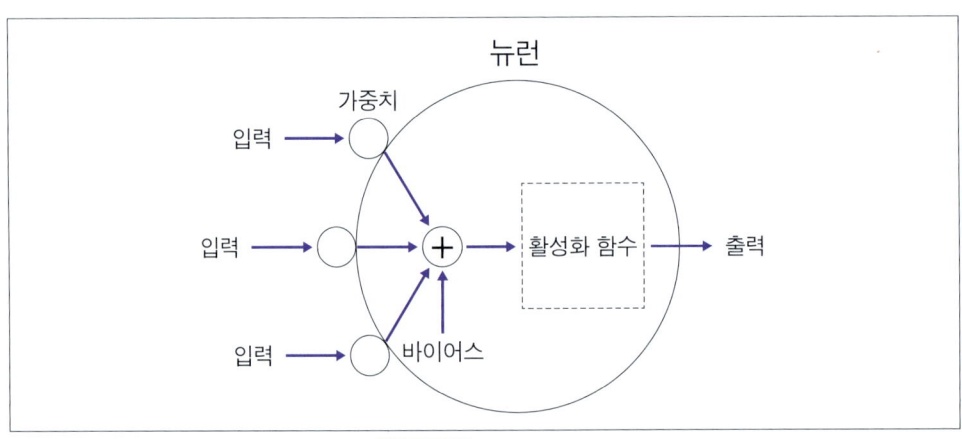

<그림4.3> 뉴런의 구조

뉴런에는 여러 개의 입력이 있지만, 출력은 1개뿐입니다. 이것은 수상 돌기로의 입력이 여러 개인 것에 반해 축삭으로부터의 출력이 1개뿐인 것에 대응합니다.

각 입력에는 가중치를 곱합니다. 가중치는 결합 하중이라고도 하며, 입력마다 값이 다릅니다. 이 가중치의 값이 뇌의 시냅스에서의 전달 효율에 상응하며, 값이 크면 그만큼 많은 정보가 흘러나오게 됩니다.

그리고 가중치와 입력을 곱한 값의 총합에 바이어스라 불리는 상수를 더합니다. 바이어스는 말하자면 뉴런의 감도를 나타냅니다. 바이어스의 대소에 따라 뉴런의 출력 정도를 조정합니다. 입력과 가중치의 곱의 총합에 바이어스를 더한 값은 활성화 함수로 처리됩니다. 이 함수는 입력을 뉴런의 비선형 상태 신호로 변환합니다. 이처럼 뉴런을 연결해서 구축한 망이 신경망(뉴럴 네트워크)입니다.

4-1-4 신경망

다음에 신경망에 대해서 설명합니다.

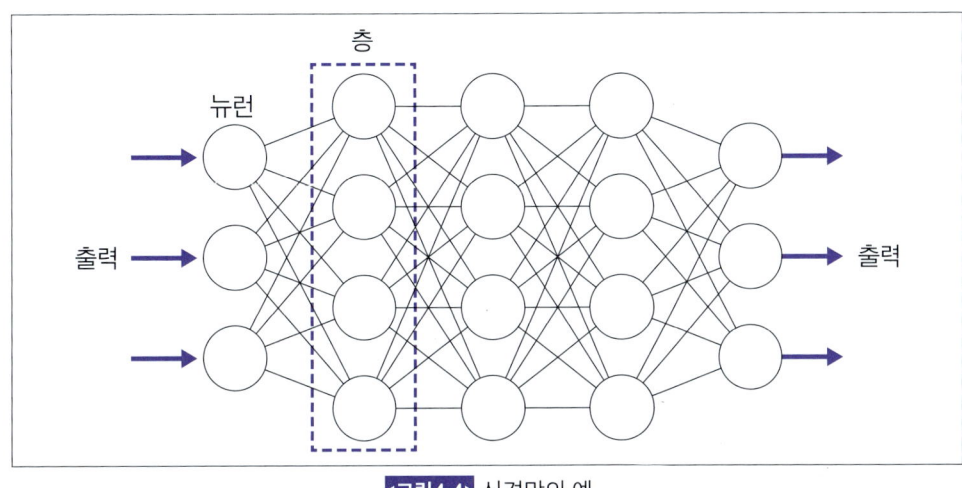

<그림4.4> 신경망의 예

<그림4.4>에 신경망의 예를 나타냈는데 뉴런이 다층으로 나열되어있습니다. 뉴런은 앞 층의 전체 뉴런과 뒷 층의 전체 뉴런에 연결되어있습니다.

신경망에는 여러 개의 입력과 여러 개의 출력이 있습니다. 수치를 입력하고, 정보를 전파시켜 결과를 출력합니다. 출력은 확률 등의 예측치로 해석할 수 있고, 망에 의해 예측할 수 있습니다. 또한, 뉴런 및 층의 수를 늘리는 것으로 신경망은 높은 표현력을 발휘하게 됩니다.

이상과 같이 신경망은 간단한 기능만 가진 뉴런이 층을 형성하고, 층 사이에서 접속이 이뤄짐으로써 형성됩니다.

4-1-5 역전파

여기에서 역전파에 의한 신경망 학습에 대해서 설명합니다<그림4.5>.
신경망은 출력과 정답의 오차가 작아지도록 가중치와 바이어스를 조정해서 학습할 수 있습니다.

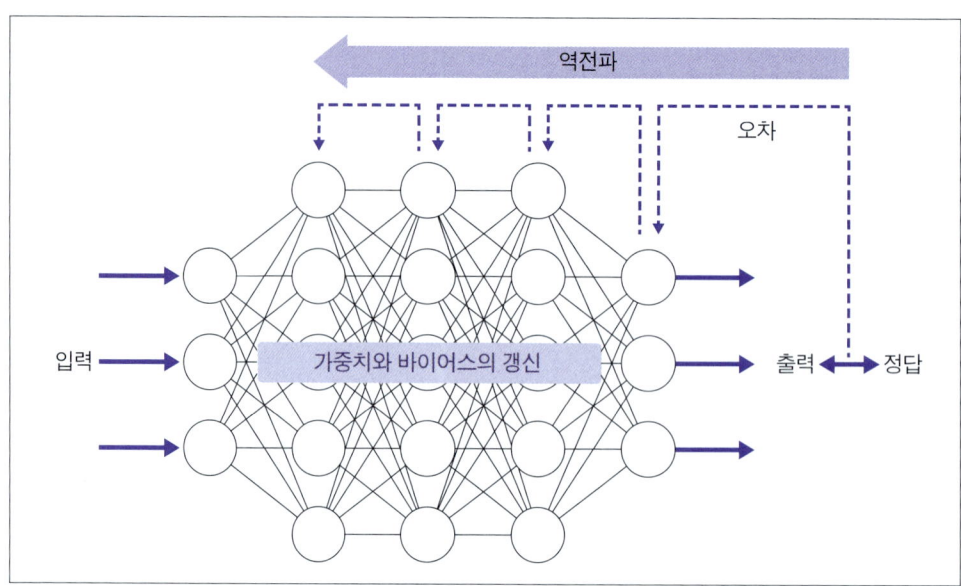

<그림4.5> 역전파의 예

1층씩 거슬러 올라가듯이 오차를 전파시켜 가중치와 바이어스를 갱신하는데 이 알고리즘은 역전파, 오차역전파법이라고 합니다. 역전파에서는 신경망에 데이터가 거슬러 올라가도록 해서, 망의 각 층의 파라미터가 조정됩니다. 신경망의 각 파라미터가 반복해 조정됨으로써 망은 점차 학습하고, 적절한 예측이 이뤄지게 됩니다.

4-1-6 딥러닝

다수의 층으로 이루어진 신경망 학습은 딥러닝 또는 심층 학습이라고 합니다(<그림4.6>).

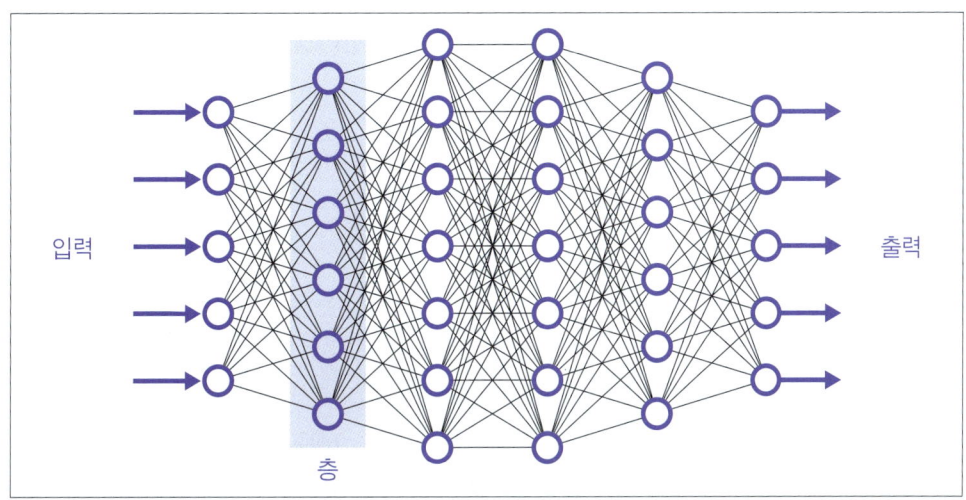

<그림4.6> 다수의 층으로 이루어진 신경망

딥러닝은 사람의 지능에 부분적으로 육박하거나 능가하는 높은 성능을 종종 발휘하기도 합니다. 바둑 프로그램 AlphaGo가 바둑 챔피언에게 승리한 것과 고도의 이미지 인식으로 최근 특히 주목을 받고 있습니다.

또한, 몇 층 이상을 딥러닝이라고 부를지에 관해서는 명확한 정의는 없습니다. 층이 여러 개 겹쳐진 신경망에 의한 학습을 막연하게 딥러닝이라고 부르는 것 같습니다.

기본적으로 층의 수가 많아질수록 망의 표현력은 향상되지만, 그에 따라 학습은 어려워집니다. 딥러닝의 개요 설명은 이상입니다. 다음 절부터 실제로 손을 써가며 간단한 딥러닝 코드를 작성해봅시다.

4.2 간단한 딥러닝의 구현

딥러닝용의 프레임워크 Keras를 사용해 최소한의 코드로 딥러닝을 구현합니다.
딥러닝에 의해 꽃의 특징부터 종류를 특정합시다.

4-2-1 Keras란?

이 책에서는 딥러닝의 구현에 프레임워크 Keras를 이용합니다. Keras는 Python으로 쓰여져 TensorFlow 혹은 CNTK, Theano상에서 실행할 수 있는 머신러닝 프레임워크입니다. Keras에서는 딥러닝 코드를 간결하게 기술할 수 있으므로 아이디어를 빠르게 구현하고, 간편하게 시험할 수 있게 합니다.

또한, Keras에는 독립된 Keras와 TensorFlow 동봉판의 Keras가 있습니다. TensorFlow 동봉판의 Keras는 tf.keras라고 하는데, 현재는 이쪽이 주류이므로 이 책에서는 이후 tf.keras를 사용합니다. 또한, 앞으로 이 프레임워크를 부를 때는 'Keras'로 통일합니다.

4-2-2 데이터 읽어 들이기

scikit-learn이라고 하는 라이브러리에서 Iris Dataset을 읽어 들입니다. Iris Dataset는 150개, 3품종의 Iris 꽃의 크기로 이루어진 데이터 세트입니다.

- The Iris Dataset
  URL https://scikit-learn.org/stable/auto_examples/datasets/plot_iris_dataset.html

각 꽃에는 4개의 측정값과 품종을 나타내는 0에서 2개의 라벨이 있습니다. 데이터의 총수는 150입니다(<리스트 4.1>).

<리스트4.1> Iris 데이터셋을 읽어 들인다

In
```
import numpy as np
from sklearn import datasets

iris = datasets.load_iris()
print(iris.data[:10])        # 4개의 측정값을 10세트 표시
print(iris.data.shape)       # 측정값 데이터의 형태를 표시
print(iris.target)           # 라벨을 전부 표시
```

Out
```
[[5.1 3.5 1.4 0.2]
 [4.9 3.  1.4 0.2]
 [4.7 3.2 1.3 0.2]
 [4.6 3.1 1.5 0.2]
 [5.  3.6 1.4 0.2]
 [5.4 3.9 1.7 0.4]
 [4.6 3.4 1.4 0.3]
 [5.  3.4 1.5 0.2]
 [4.4 2.9 1.4 0.2]
 [4.9 3.1 1.5 0.1]]
(150, 4)
[0 0 0 0 0 0 0 0 0 0 0 0 0 0 0 0 0 0 0 0 0 0 0 0 0 ➔
 0 0 0 0 0
 0 0 0 0 0 0 0 0 0 0 0 0 0 0 0 1 1 1 1 1 1 1 1 1 1 1 1 1 1 1 ➔
 1 1 1 1 1
 1 1 1 1 1 1 1 1 1 1 1 1 1 1 1 1 1 1 1 1 1 1 1 1 2 2 2 2 2 2 ➔
 2 2 2 2 2
 2 2 2 2 2 2 2 2 2 2 2 2 2 2 2 2 2 2 2 2 2 2 2 2 2 2 2 2 2 2 ➔
 2 2 2 2 2
 2 2]
```

<리스트4.1>의 결과를 봐도 라벨에는 0, 1, 2의 3종류가 있는 것을 알 수 있는데, 이것은 신경망을 훈련하기 위해서 사용하는 정답 데이터가 됩니다.

4-2-3 데이터의 전처리

신경망으로의 입력이 되는 입력 데이터와 오차를 계산하기 위해 필요한 정답 데이터를 전처리로 작성합니다(<리스트4.2>).
이번에는 입력 데이터로의 전처리로서 입력의 표준화를 합니다. 표준화는 평균값이 0, 표준편차가 1이 되도록 변환하는 처리입니다.

- scikit-Learn: 6.3. Preprocessing data
    URL https://scikit-learn.org/stable/modules/preprocessing.html

또한, 라벨은 one-hot 표현으로 변환합니다. one-hot 표현은 같은 행의 1요소만 1로 나머지는 0인 배열입니다.

- Keras Documentation: Numpy 유틸리티
    URL https://keras.io/api/utils/python_utils/

<리스트4.2> 데이터를 전처리한다

```
from sklearn import preprocessing
from keras.utils import np_utils

# ---- 입력 데이터 ----
scaler = preprocessing.StandardScaler()  # 표준화하기 위한 스케일러
scaler.fit(iris.data)  # 변환하기 위한 파라미터를 계산
x = scaler.transform(iris.data)  # 데이터 변환
print(x[:10])  # 입력을 10건 표시

# ---- 정답 데이터 ----
t = np_utils.to_categorical(iris.target)  # 라벨을 one-hot
표현으로 변환
print(t[:10])  # 정답 라벨을 10건 표시
```

```
Out ▶    [[-0.90068117  1.01900435 -1.34022653 -1.3154443 ]
          [-1.14301691 -0.13197948 -1.34022653 -1.3154443 ]
          [-1.38535265  0.32841405 -1.39706395 -1.3154443 ]
          [-1.50652052  0.09821729 -1.2833891  -1.3154443 ]
          [-1.02184904  1.24920112 -1.34022653 -1.3154443 ]
          [-0.53717756  1.93979142 -1.16971425 -1.05217993]
          [-1.50652052  0.78880759 -1.34022653 -1.18381211]
          [-1.02184904  0.78880759 -1.2833891  -1.3154443 ]
          [-1.74885626 -0.36217625 -1.34022653 -1.3154443 ]
          [-1.14301691  0.09821729 -1.2833891  -1.44707648]]
         [[1. 0. 0.]
          [1. 0. 0.]
          [1. 0. 0.]
          [1. 0. 0.]
          [1. 0. 0.]
          [1. 0. 0.]
          [1. 0. 0.]
          [1. 0. 0.]
          [1. 0. 0.]
          [1. 0. 0.]]
```

4-2-4 훈련 데이터와 테스트 데이터

train_test_split() 함수를 사용하여 데이터 전체를 훈련용 데이터와 테스트용 데이터로 분할합니다(<리스트 4.3>).

- sklearn.model_selection.train_test_split
  URL https://scikit-learn.org/stable/modules/generated/sklearn.model_selection.train_test_split.html

<리스트4.3> 데이터를 훈련용 데이터와 테스트용 데이터로 분할하기

In ▷
```
from sklearn.model_selection import train_test_split

# x_train: 훈련용의 입력 데이터
# x_test: 테스트용의 입력 데이터
# t_train: 훈련용의 정답 데이터
# t_test: 테스트용의 정답 데이터
# train_size=0.75: 75%가 훈련용, 25%가 테스트용
x_train, x_test, t_train, t_test = train_test_split(x, t, ➡
train_size=0.75)
```

4-2-5 모델의 구축

프레임워크 Keras를 사용해 신경망을 구축합니다.
Keras에서는 간단한 모델이면 **Sequential()** 함수로 작성할 수 있습니다. 그리고 **Dense()** 함수에 의해 통상의 신경망에서 사용하는 '전결합층'을 만들 수 있습니다.
이러한 '층'이나 활성화 함수 등은 **add()** 메소드에 의해 모델에 추가할 수 있습니다.
이번에는 3개의 전결합층을 가진 간단한 딥러닝용 모델을 구축합니다(<리스트 4.4>).

- Sequentilal: 단순하게 층을 쌓는 모델
  URL https://www.tensorflow.org/api_docs/python/tf/keras/Sequential

- Dense: 전결합층
  URL https://www.tensorflow.org/api_docs/python/tf/keras/layers/Dense

- Activation: 활성화 함수
  URL https://www.tensorflow.org/api_docs/python/tf/keras/layers/Activation

<리스트4.4> Keras로 모델을 구축한다

In ▷
```
from tensorflow.keras.models import Sequential
from tensorflow.keras.layers import Dense, Activation

model = Sequential()
model.add(Dense(32, input_dim=4)) # 4개의 특징이 입력이므로 ➡
입력 수는 4, 뉴런 수는 32
model.add(Activation('relu')) # 활성화 함수(ReLU)를 추가
model.add(Dense(32)) # 뉴런 수 32의 전결합층을 추가
model.add(Activation('relu')) # 활성화 함수(ReLU)를 추가
model.add(Dense(3)) # 3개로 분류하므로 뉴런 수는 3
model.add(Activation('softmax')) # 3개 이상의 분류에는 ➡
소프트맥스 함수를 사용
model.compile(optimizer='sgd', loss='categorical_crossentropy', ➡
metrics=['accuracy']) # 모델 컴파일

print(model.summary())
```

Out ▷

Model: "sequential_1"
_____

Layer (type)	Output Shape	Param #
dense_2 (Dense)	(None, 32)	160
activation_6 (Activation)	(None, 32)	0
dense_3 (Dense)	(None, 32)	1056
activation_7 (Activation)	(None, 32)	0
dense_4 (Dense)	(None, 3)	99

```
        activation_8 (Activation)      (None, 3)                    0
    =================================================================
    Total params: 1,315
    Trainable params: 1,315
    Non-trainable params: 0
    _____
    None
```

4-2-6 학습

훈련용의 입력 데이터와 정답 데이터를 사용해서 모델을 훈련합니다(<리스트4.5>).

- fit: 고정 에포크 수로 모델을 훈련한다
  URL https://keras.io/ko/models/sequential/#fit

<리스트4.5> 모델을 훈련한다

In
```
history = model.fit(x_train, t_train, epochs=30, batch_size=8)
```

Out
```
Epoch 1/30
14/14 [==============================] - 1s 2ms/step -
loss: 1.0096 - accuracy: 0.4911
Epoch 2/30
14/14 [==============================] - 0s 1ms/step -
loss: 0.8861 - accuracy: 0.7143
Epoch 3/30
14/14 [==============================] - 0s 1ms/step -
loss: 0.7928 - accuracy: 0.7054
Epoch 4/30
```

```
14/14 [==============================] - 0s 2ms/step -
loss: 0.7200 - accuracy: 0.7232
Epoch 5/30
14/14 [==============================] - 0s 1ms/step -
loss: 0.6631 - accuracy: 0.7232
Epoch 6/30
14/14 [==============================] - 0s 2ms/step -
loss: 0.6182 - accuracy: 0.7232
Epoch 7/30
14/14 [==============================] - 0s 2ms/step -
loss: 0.5823 - accuracy: 0.7232
Epoch 8/30
14/14 [==============================] - 0s 1ms/step -
loss: 0.5525 - accuracy: 0.7500
Epoch 9/30
14/14 [==============================] - 0s 2ms/step -
loss: 0.5274 - accuracy: 0.7946
Epoch 10/30
14/14 [==============================] - 0s 2ms/step -
loss: 0.5063 - accuracy: 0.8036
Epoch 11/30
14/14 [==============================] - 0s 2ms/step -
loss: 0.4879 - accuracy: 0.8125
Epoch 12/30
14/14 [==============================] - 0s 2ms/step -
loss: 0.4720 - accuracy: 0.8393
Epoch 13/30
14/14 [==============================] - 0s 2ms/step -
loss: 0.4577 - accuracy: 0.8571
Epoch 14/30
14/14 [==============================] - 0s 2ms/step -
```

```
loss: 0.4454 - accuracy: 0.8661
Epoch 15/30
14/14 [==============================] - 0s 2ms/step - 
loss: 0.4333 - accuracy: 0.8661
Epoch 16/30
14/14 [==============================] - 0s 1ms/step - 
loss: 0.4224 - accuracy: 0.8750
Epoch 17/30
14/14 [==============================] - 0s 2ms/step - 
loss: 0.4125 - accuracy: 0.8750
Epoch 18/30
14/14 [==============================] - 0s 2ms/step - 
loss: 0.4032 - accuracy: 0.8750
Epoch 19/30
14/14 [==============================] - 0s 2ms/step - 
loss: 0.3939 - accuracy: 0.8750
Epoch 20/30
14/14 [==============================] - 0s 2ms/step - 
loss: 0.3856 - accuracy: 0.8661
Epoch 21/30
14/14 [==============================] - 0s 2ms/step - 
loss: 0.3773 - accuracy: 0.8661
Epoch 22/30
14/14 [==============================] - 0s 1ms/step - 
loss: 0.3697 - accuracy: 0.8750
Epoch 23/30
14/14 [==============================] - 0s 2ms/step - 
loss: 0.3619 - accuracy: 0.8750
Epoch 24/30
14/14 [==============================] - 0s 2ms/step - 
loss: 0.3550 - accuracy: 0.8750
```

```
Epoch 25/30
14/14 [==============================] - 0s 2ms/step - →
loss: 0.3479 - accuracy: 0.8839
Epoch 26/30
14/14 [==============================] - 0s 2ms/step - →
loss: 0.3407 - accuracy: 0.8839
Epoch 27/30
14/14 [==============================] - 0s 2ms/step - →
loss: 0.3347 - accuracy: 0.8839
Epoch 28/30
14/14 [==============================] - 0s 2ms/step - →
loss: 0.3284 - accuracy: 0.8839
Epoch 29/30
14/14 [==============================] - 0s 1ms/step - →
loss: 0.3221 - accuracy: 0.8839
Epoch 30/30
14/14 [==============================] - 0s 2ms/step - →
loss: 0.3171 - accuracy: 0.8839
```

4-2-7 학습의 추이

history에는 학습 경위가 기록되어있습니다. 이를 사용하여 오차와 정확도(정답률)의 추이를 표시합니다(<리스트4.6>).

<리스트4.6> 모델의 학습 추이를 표시하기

```
import matplotlib.pyplot as plt


hist_loss = history.history['loss']    # 훈련용 데이터의 오차
hist_acc = history.history['accuracy']    # 훈련용 데이터의 정밀도 →
```

(정답률)

```
plt.plot(np.arange(len(hist_loss)), hist_loss, label='loss')   #오차
plt.plot(np.arange(len(hist_acc)), →
hist_acc, label ='accuracy') # 정밀도(정답률)
plt.legend()
plt.show()
```

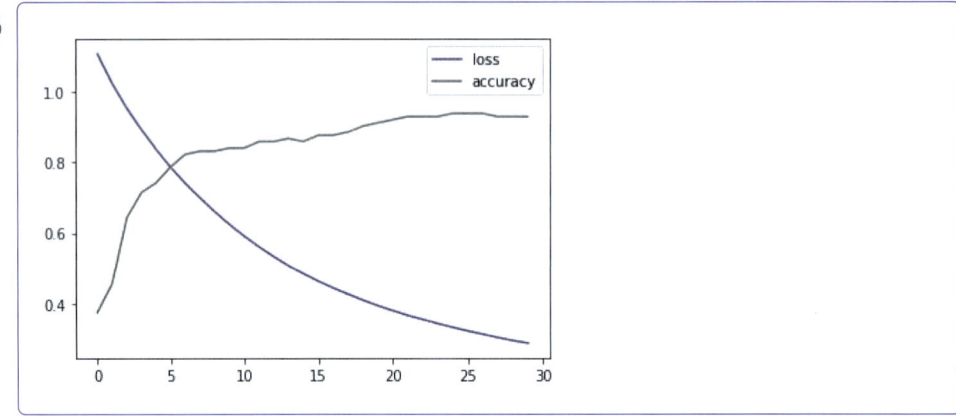

학습이 진행됨과 동시에 매끄럽게 오차가 감소하고, 정밀도가 향상되고 있음을 확인할 수 있습니다.

4-2-8 평가

테스트용의 데이터를 사용해, 모델의 평가를 실시합니다(<리스트4.7>).

- evaluate: 입력, 정답 데이터로부터 오차 등을 계산합니다.
  URL https://www.tensorflow.org/api_docs/python/tf/keras/Sequential#evaluate

<리스트4.7> 모델의 평가를 한다

```
loss, accuracy = model.evaluate(x_test, t_test)
```

```
print("오차: ", loss, "정밀도: ", accuracy)
```

Out:
```
2/2 [==============================] - 0s 7ms/step - loss: 0.3853
- accuracy: 0.8158
오차:  0.38528528809547424 정밀도:  0.8157894611358643
```

훈련이 끝난 모델의 오차와 정밀도(정답률)를 얻을 수 있었습니다.

4-2-9 예측

predict() 메소드에 의해 학습한 모델을 사용해 예측을 할 수 있습니다(<리스트4.8>).

- predict: 모델을 사용해 입력을 출력으로 변환합니다.
  URL https://www.tensorflow.org/api_docs/python/tf/keras/Sequential#predict

<리스트4.8> 학습한 모델로 예측하기

In:
```
y_test = model.predict(x_test)
print(y_test[:10])   # 예측 결과를 10건 표시
```

Out:
```
[[0.02164299 0.16710673 0.8112503 ]
 [0.0398475  0.2981911  0.66196144]
 [0.07024327 0.71226084 0.21749583]
 [0.01364071 0.1175111  0.8688482 ]
 [0.04072084 0.34560657 0.61367255]
 [0.9708283  0.01987371 0.00929797]
 [0.96846145 0.01961336 0.01192512]
 [0.00417058 0.0323526  0.9634768 ]
 [0.97841585 0.01446405 0.00712008]
 [0.09219862 0.63234615 0.27545518]]
```

예측 결과는 각 품종으로 분류될 확률을 표시하는 것인데, 각 행의 합이 1로 되어있는 걸 확인할 수 있습니다.

4-2-10 모델의 저장

학습한 모델은 저장할 수 있습니다(<리스트4.9>).

- save: 모델을 저장합니다.
  URL https://www.tensorflow.org/api_docs/python/tf/keras/Sequential#save

- load_model: 저장된 모델을 읽어 들입니다.

<리스트4.9> 모델의 저장과 읽어 들이기

In
```
from tensorflow.keras.models import load_model

model.save('model.h5')   # 저장
load_model('model.h5')   # 읽어 들이기
```

Out
```
<Sequential name=sequential_3, built=True>
```

저장된 훈련이 끝난 모델은 읽어 들여서 추가로 훈련을 할 수도 있으며, 어플리케이션에서 이용할 수도 있습니다.

4.3 다양한 신경망

이전 절에서는 간단한 전결합층만 가진 신경망을 구축했습니다. 그러면 이 밖에 어떤 신경망이 있는 것일까요? 이 절에서는 다양한 신경망을 간단히 소개합니다.

4-3-1 합성곱 신경망

먼저 합성곱 신경망에 관해서 설명합니다.

합성곱 신경망은 Convolutional Neural Network이며 앞으로는 CNN으로 통일합니다. CNN은 생물의 시각을 모델로 하며 이미지 인식을 가장 잘합니다.

<그림4.7>은 CNN의 예인데, CNN으로는 이미지를 입력으로 한 분류 문제를 많이 다룹니다. 이 그림에서는 출력층의 각 뉴런이 각 동물에 대응하여 출력값이 그 동물일 확률을 나타냅니다.

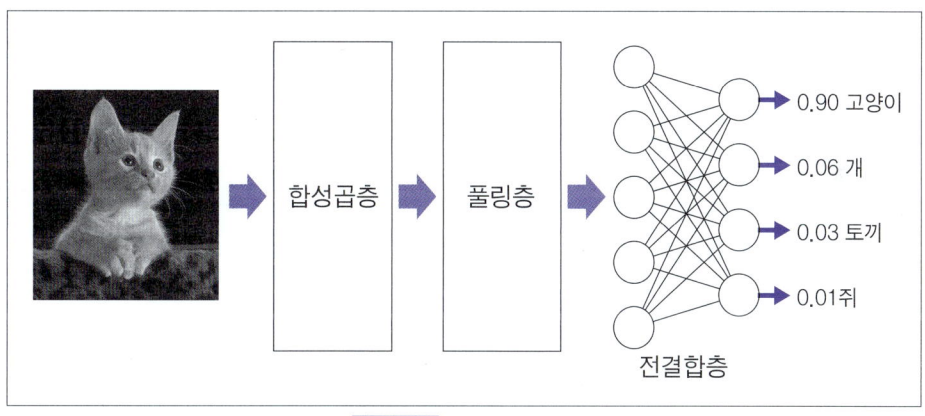

<그림4.7> 합성곱 신경망

CNN에서는 이미지를 유연하고 정밀도 높게 인식하기 위해 통상적인 신경망과는 다른 층을 사용합니다. CNN에는 합성곱층, 풀링층, 전결합층이라는 이름의 층이 등장합니다. 합성곱층에서는 필터에 의해 특징 추출이 이뤄집니다. 또한, 풀링층에서는 특징을 더욱 최적화합니다. 이러한 층에 의해 추출된 이미지의 국소적인 특징은 통상의 신경망인 전결합층에 전달됩니다.

이 전결합층에 의해 그 물체가 어디에 속하는지 최종적으로 판단하는 것인데 출력층의 각 뉴런은 그것으로 분류될 확률이 됩니다.

예를 들어 고양이 사진을 학습한 CNN에 입력하면 90퍼센트에서 고양이, 6퍼센트에서 개, 3퍼센트에서 토끼, 1퍼센트에서 쥐와 같이 그 물체가 어떤 그룹으로 분류될 확률이 가장 높은지를 알려줍니다.

이상이 CNN의 개요인데, CNN에 대해서는 7장에서 다시 자세히 설명합니다.

4-3-2 순환 신경망

다음은 순환 신경망에 관해서 설명합니다.

순환 신경망은 Recurrent Neural Network의 번역인데, RNN이라고 줄여서 부릅니다.

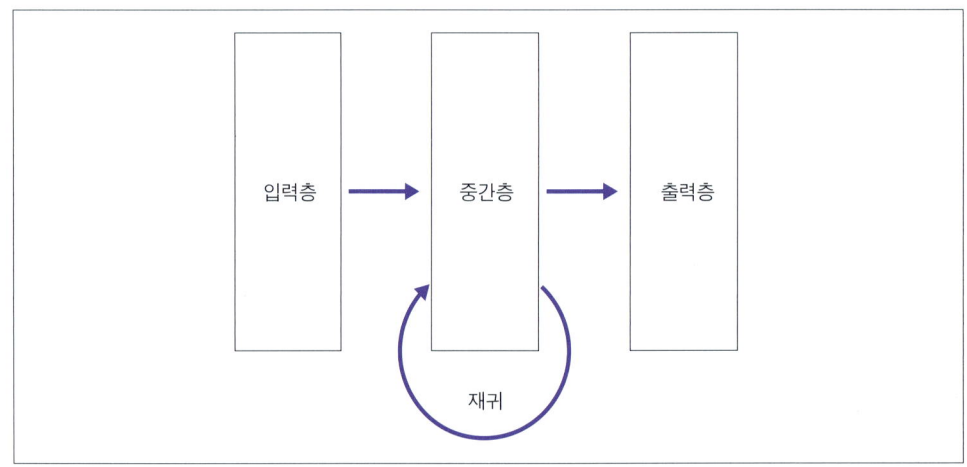

<그림4.8> 순환 신경망(RNN)

RNN은 <그림4.8>과 같이 중간층을 반복하는 구조를 취합니다. 이 경우, 중간층의 출력은 다음 입력과 함께 중간층으로의 입력됩니다. 이러한 자기 자신으로의 루프를 '재귀'라고 합니다.

RNN에서는 중간층이 이전 시각의 중간층의 영향을 받으므로 신경망이 이전 시각에서 정보를 보유하게 됩니다. 즉, RNN은 과거의 기억을 이용해서 판단을 할 수 있습니다. 이로써 RNN은 자연 언어와 같이 매회 입력의 길이가 다른 데이터를 다룰 수 있습니다.

이상이 RNN의 개요인데, 자세한 내용은 다시 8장에서 설명합니다.

4-3-3 GoogLeNet

복잡한 신경망의 예를 살펴봅시다.
<그림4.9>에 나타낸 것은 구글넷GoogLeNet이라는 망입니다.

<그림4.9> GoogLeNet의 아키텍처
출처:『Going Deeper with Convolutions』(Christian Szegedy, Wei Liu, Yangqing Jia, Pierre Sermanet, Scott Reed, Dragomir Anguelov, Dumitru Erhan, Vincent Vanhoucke, Andrew Rabinovich)의 Figure3에서 인용
URL https://arxiv.org/pdf/1409.4842.pdf

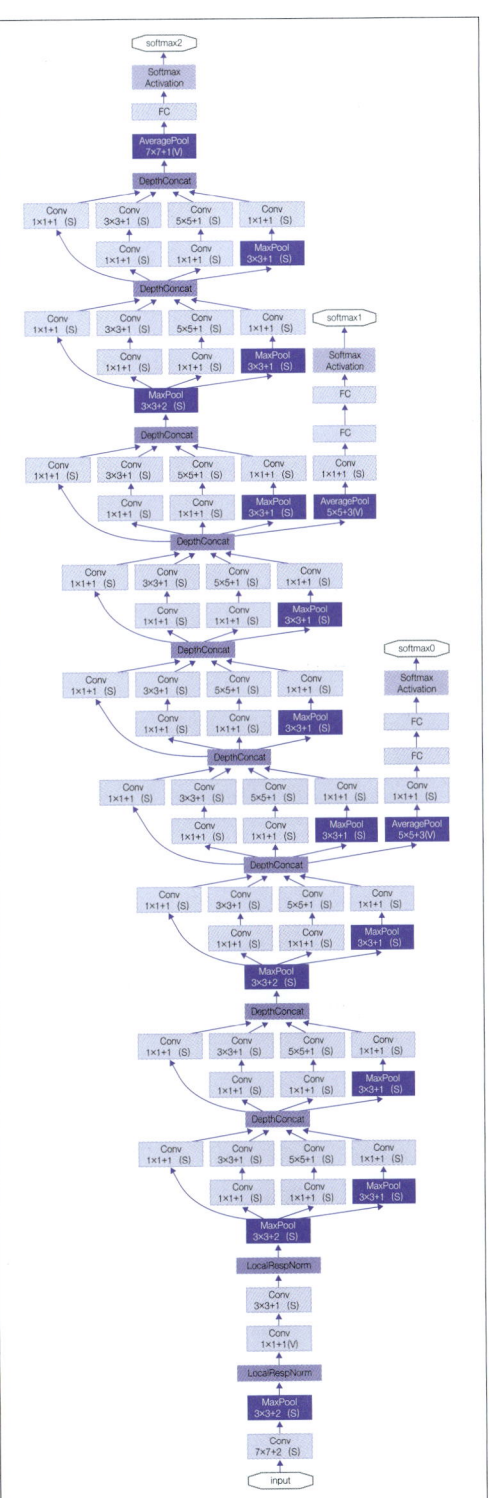

이 망은 대규모 이미지 인식 대회 ILSVRC에서 실제로 사용된 것인데, 이 망을 사용한 팀은 이 대회에서 우승했습니다.
이처럼 GoogLeNet은 매우 높은 성능을 가진 신경망입니다. 많은 층을 가지지만 층의 분기 및 합류가 있습니다. 또한, 처음뿐만 아니라 도중으로부터의 입력도 존재합니다. 이처럼 복잡한 신경망이라도 역전파를 사용하면 학습시킬 수 있습니다. 그리고 더욱 복잡한 100층을 넘는 망도 지금까지 개발되고 있습니다.

4-3-4 볼츠만 머신

볼츠만 머신은 모든 뉴런이 서로 연결된 정보의 전파가 확률적이고 쌍방향으로 이루어지는 신경망입니다. 지금까지 소개해온 신경망처럼 뉴런이 층상으로 나열되어있는 것은 아닙니다. 볼츠만 머신에서는 모든 뉴런이 서로 접속되어있으며, 접속에 방향은 없습니다. 그리고 통상의 신경망과 달리 정보가 전파될지 여부는 확률로 정해집니다.

볼츠만 머신에서는 역전파가 이뤄지지 않지만, 전후의 뉴런 상태에 따라 뉴런끼리의 결합 강도가 갱신됩니다. 말하자면, 여러 뉴런의 인과 관계를 망으로 표현하고 있는 것입니다.

볼츠만 머신은 모든 망이 접속되어있어 계산량이 방대하게 되어 실용적이지는 않지만, 일부 뉴런 간에서만 접속되는 '제한 볼츠만 머신'이라는 것도 있습니다.

이상과 같이 다양한 신경망이 지금까지 고안되었습니다. 신경망은 지금도 발전을 계속하고 있으며 앞으로도 새로운 형태가 고안되어갈 것입니다.

4.4 연습

Keras를 사용하여 딥러닝 모델을 구축합니다. 이번에도 Iris 분류를 합니다. 셀에 Python의 코드를 기술하고 지정한 모델을 구축합시다.

4-4-1 데이터 준비

우선 <리스트4.10>을 실행합시다. 다만, 코드는 변경하지 마세요.

<리스트4.10> 데이터 준비

```
import numpy as np
```

```
from sklearn import datasets
from sklearn import preprocessing
from sklearn.model_selection import train_test_split
from keras.utils import np_utils

iris = datasets.load_iris()

scaler = preprocessing.StandardScaler()
scaler.fit(iris.data)

x = scaler.transform(iris.data)
t = np_utils.to_categorical(iris.target)

x_train, x_test, t_train, t_test = train_test_split(x, t, ➜
train_size=0.75)
```

4-4-2 모델의 구축

`model.summary()` 함수에 의해 <리스트4.11>의 결과를 표시하는 모델을 구축합시다.

<리스트4.11> 결과

```
_____
Layer (type)                  Output Shape              Param #
================================================================
dense_1 (Dense)               (None, 16)                80
_____
activation_1 (Activation)     (None, 16)                0
_____
dense_2 (Dense)               (None, 16)                272
```

```
 _____
 activation_2 (Activation)      (None, 16)                 0
 _____
 dense_3 (Dense)                (None, 3)                  51
 _____
 activation_3 (Activation)      (None, 3)                  0
 ================================================================
 Total params: 403
 Trainable params: 403
 Non-trainable params: 0
 _____
 None
```

<리스트4.12>의 지정한 부분에 코드를 추가 기입하세요.

<리스트4.12> 지정한 부분에 코드를 추가 기입

```python
from keras.models import Sequential
from keras.layers import Dense, Activation

model = Sequential()
# --- 여기부터 코드를 적는다 ---




# --- 여기까지 ---
model.add(Dense(3))
model.add(Activation('softmax'))
model.compile(optimizer='sgd',loss='categorical_crossentropy',
metrics=['accuracy']) # 모델의 컴파일
```

```
print(model.summary())
```

4-4-3 학습

구축한 모델을 훈련합시다(<리스트4.13>).

<리스트4.13> 구축한 모델을 훈련

In ▷
```
history = model.fit(x_train, t_train, epochs=30, batch_size=8)
```

4-4-4 학습의 추이

학습이 문제없이 실시된 것을 확인하기 위해서 학습의 추이를 살펴봅시다(<리스트4.14>).

<리스트4.14> 학습의 추이

In ▷
```
import matplotlib.pyplot as plt

hist_loss = history.history['loss']   # 훈련용 데이터의 오차
hist_acc = history.history['accuracy']   # 검증용 데이터의 오차

plt.plot(np.arange(len(hist_loss)), hist_loss, label='loss')
plt.plot(np.arange(len(hist_acc)), hist_acc, label='accuracy')
plt.legend()
plt.show()
```

4-4-5 평가

모델의 평가를 실시합시다(<리스트4.15>).

<리스트4.15> 평가

```
loss, accuracy = model.evaluate(x_test, t_test)
print(loss, accuracy)
```

4-4-6 예측

학습한 모델을 사용해서 예측을 실시합시다(<리스트4.16>).

<리스트4.16> 예측

```
model.predict(x_test)
```

4.5 정답 예

<리스트4.17>에 정답 예를 나타냅니다.

<리스트4.17> 정답 예

```
# --- 여기부터 코드를 적는다 ---
model.add(Dense(16, input_dim=4))
model.add(Activation('relu'))
model.add(Dense(16))
```

```
model.add(Activation('relu'))
# --- 여기까지 ---
```

4.6 4장의 마무리

이번 장에서는 딥러닝의 개요에서 시작하여 실제로 프레임워크 Keras를 사용하여 간단한 딥러닝을 구현했습니다.

이후의 장에서는 지금까지의 내용을 바탕으로 더욱 발전적인 내용을 다뤄나갑니다. 때로는 복잡한 구조를 가진 모델을 다루기도 하지만 구현의 기반은 이번 장의 내용입니다.

그럼, 인공지능, 딥러닝의 구조를 이해하고, 코드로 구현하는 것에 이제부터 조금씩 익숙해져 갑시다.

Chapter 5
딥러닝의 이론

딥러닝 구조를 기초부터 설명합니다. 다양한 파생 기술을 배우기 전에 기초가 되는 사고방식을 기억해둡시다.
이 챕터에는 다음과 같은 내용이 포함됩니다.

- 수학의 기초
- 순전파와 역전파
- 경사 하강법
- 출력층과 중간층의 기울기
- 손실 함수와 활성화 함수
  기타 등등…
- 연습

이 챕터에서는 선형대수 및 미분 등의 수학 기초를 필요에 따라 설명합니다. 그리고 이를 기반으로 예측을 실시하는 순전파와 학습에 필요한 역전파에 대해서 배웁니다. 또한, 역전파에 의한 학습의 기반이 되는 경사 하강법에 대해서도 함께 배웁니다. 또 이것들에 따라 출력층과 중간층의 기울기를 각각 도출해나갑니다. 또한, 오차를 정의하는 손실 함수와 뉴런의 출력 상태를 결정하는 활성화 함수에 대해서도 마찬가지로 설명합니다.
챕터의 내용은 이상과 같은데, 이 챕터를 통해서 배우는 것으로 딥러닝의 기초적인 원리를 파악할 수 있어 다양한 기술의 배경을 이해할 수 있을 것입니다.
딥러닝의 원리는 조금 이해하기 어려운 부분이 있지만, 결코 본질적으로 어려운 것은 아닙니다. 조금씩 이해를 진행해나갑시다.
최근 주목받고 있는 생성 AI 기술도 딥러닝을 기반으로 하고 있습니다. ChatGPT와 DALL-E와 같은 혁신적인 생성 모델은 이 장에서 배운 기본 원리를 발전시켜 대규모 데이터 세트로 훈련함으로써 실현되고 있습니다. 딥러닝의 기초를 이해하는 것은 이러한 첨단 기술의 작동 원리를 이해하는데 있어 중요한 단계입니다. 그럼, 이번 장을 꼭 기대해주세요.

5.1 수학의 기초

이번 장을 배우기 위해서 필요한 수학의 기초를 설명합니다.

5-1-1 시그마(Σ)를 사용한 총합의 표기

시그마(Σ) 기호를 사용해서 '총합'을 간결한 수식으로 나타낼 수 있습니다.
예를 들어, 다음과 같은 n개의 수치의 총합을 생각해봅시다.

$$a_1 + a_2 + \cdots + a_n$$

위는 다음과 같이 Σ를 사용해서 짧게 표기할 수 있습니다.

$$\sum_{k=1}^{n} a_k \qquad \text{<식5.1.1>}$$

이 식은 a_k의 첨자인 k를 1부터 n까지, 즉, a_1부터 a_n까지 더한다는 의미입니다. n개의 수치를 더하는 것이 됩니다.
또한, 문맥상 총수 n이 분명한 경우, <식5.1.1>은 다음과 같이 간략화되기도 합니다.

$$\sum_{k} a_k$$

다음의 총합을 코드로 구현합시다(<리스트5.1>). 총합은 NumPy의 **sum()** 함수를 사용해서 간단하게 구할 수 있습니다.

$$a_1 = 1, a_2 = 3, a_3 = 2, a_4 = 5, a_5 = 4$$

$$y = \sum_{k=1}^{5} a_k$$

<리스트5.1> NumPy의 sum( ) 함수로 총합을 구한다

In ▷
```
import numpy as np

a = np.array([1, 3, 2, 5, 4])   # a1부터 a5까지
y = np.sum(a)   # 총합
print(y)
```

Out ▷
```
15
```

이상과 같이 Σ를 사용함으로써 총합을 간결하게 표기할 수 있고, 그 식은 NumPy로 간단하게 구현할 수 있습니다.

5-1-2 네이피어 수 e

네이피어 수 e는 수학적으로 매우 편리한 성질을 갖고 있습니다. e 값은 원주율 π와 같이 무한으로 자릿수가 이어지는 소수입니다.

$$e = 2.71828182845904523536028747135 2\ldots$$

네이피어 수는 다음과 같은 거듭제곱 형에서 많이 사용됩니다.

$$y = e^x$$ <식5.1.2>

이 식은 미분해도 식이 변하지 않는다는 매우 편리한 특징을 갖고 있습니다. 이 성질 때문에 네이피어 수는 수학적으로 다루기 쉽고 인공지능의 다양한 수식에서 사용됩니다.

<식5.1.2>는 다음과 같이 표기하기도 합니다.

$$y = \exp(x)$$

이 exp를 사용한 표기는 ( ) 안에 많은 기술이 필요한 경우에 편리합니다. e의 지수에 작은 문자로 많은 기술이 있으면 식을 읽기 어렵기 때문입니다.

네이피어 수는 NumPy에서 **e**로 취득할 수 있습니다(<리스트5.2>). 또한, 네이피어 수의 거듭제곱은 NumPy의 **exp()** 함수로 구현할 수 있습니다.

<리스트5.2> NumPy로 네이피어 수를 얻는다

In ▷
```
import numpy as np

print(np.e)   # 네이피어 수
print(np.exp(1))   #e의 1승
```

Out ▷
```
2.718281828459045
2.718281828459045
```

위의 코드에 의해 e의 1승, 즉 네이피어 수를 얻을 수 있습니다.

5-1-3 자연대수 log

$y = a^x$ ($a > 0$, $a \neq 1$)을 좌변이 x가 되도록 변형합시다. 여기에서 $\log$ 기호를 사용합니다. 이 기호를 사용해서 x를 다음과 같이 나타냅니다.

$$x = \log_a y$$

이 식에서 x는 'a를 거듭제곱해서 y가 되는 수'입니다. 이 식에서 x와 y를 바꿉니다.

$$y = \log_a x$$

이 $\log_a x$를 **대수**라고 합니다. 그리고 특히 a가 네이피어 수 e인 경우, $\log_e x$를 **자연대수**라고 합니다. 자연대수는 다음과 같이 나타냅니다.

$$y = \log_e x$$

이 식에서는 e를 y승하면 x가 됩니다. 자연대수는 'e를 몇 번 거듭제곱하면 x가 되는가'를 나타냅니다. 이 표시에서 네이피어 수 e는 보통 다음과 같이 생략됩니다.

$$y = \log x$$

자연대수는 미분하는 것이 간단하므로 수식상의 취급이 쉽습니다. 그러므로 딥러닝의 수식에서 많이 사용됩니다. NumPy에서는 **log()** 함수를 사용해서 자연대수를 계산할 수 있습니다 (<리스트5.3>).

<리스트5.3> NumPy로 자연대수를 계산한다

In
```
import numpy as np

print(np.log(np.e))         # 네이피어 수의 자연대수
print(np.log(np.exp(2)))    # 네이피어 수의 2승의 자연대수
print(np.log(np.exp(12)))   # 네이비어 수의 12승의 자연대수
```

Out
```
1.0
2.0
12.0
```

네이피어 수의 자연대수는 정의대로 1이 되는 것을 확인할 수 있습니다. 또한, 네이피어 수의 거듭제곱의 자연대수는 지수가 되는 것도 확인할 수 있습니다.

5.2 단일 뉴런의 계산

먼저 단일 뉴런으로부터, 처리를 수식으로 나타냅시다. 단일 뉴런에서 시작해서 신경망에 연결해나갑니다.

5-2-1 컴퓨터상에서의 신경 세포의 모델화

뇌에서 개개의 신경 세포는 비교적 간단한 연산능력만 갖고 있다고 여겨지고 있습니다. 그렇지만 이 간단한 신경 세포의 유닛이 서로 연결되어 연동함으로써 고도의 지적 능력이 발생합니다.

컴퓨터상의 신경망의 경우도 마찬가지로 각각의 뉴런이 행해지고 있는 연산은 간단한 것입니다. 하지만 다수의 뉴런이 연결되어 협조함으로써 고도의 지식·판단 능력이 발휘되게 됩니다. 그럼, 단일 뉴런을 모델화해봅시다.

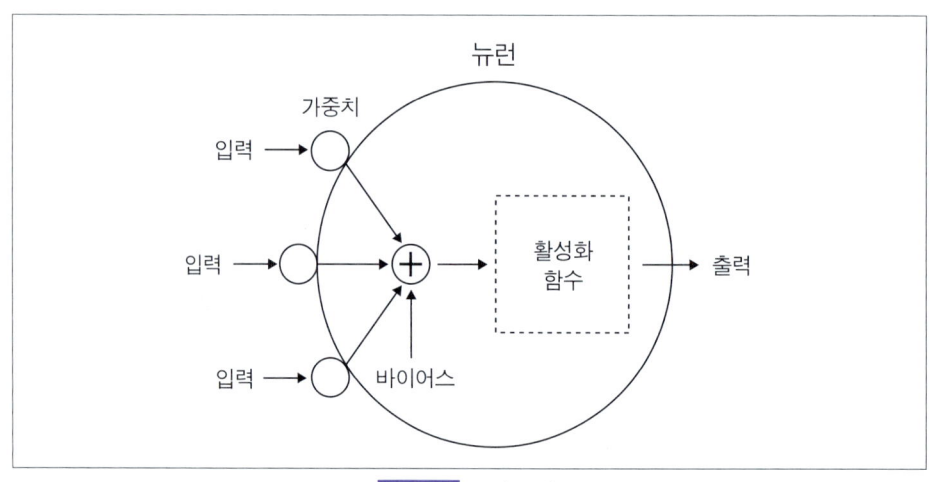

<그림5.1> 뉴런 모델

<그림5.1>의 뉴런에는 여러 개의 입력이 있지만, 출력은 1개뿐입니다. 이것은 신경 세포에서 수상 돌기로의 입력이 여러 개인 반면 축삭으로부터의 출력이 하나뿐인 것에 대응합니다.
각 입력에는 '가중치'를 곱합니다. 가중치는 결합 하중이라고도 하며, 입력마다 다른 값을 취

합니다. 이 가중치의 값이 시냅스에서 전달의 효율에 상응하고, 가중치의 값이 크면 그 시냅스에서 많은 정보가 흐르게 됩니다. 그리고 입력과 가중치를 더한 값의 총합에 '바이어스'라는 상수를 더합니다. 바이어스는 뉴런의 감도를 나타내며, 바이어스의 크고 작음에 따라 뉴런의 출력 정도가 조정되게 됩니다.

앞의 입력과 가중치의 곱의 총합에 바이어스를 더한 값은 활성화 함수라고 하는 함수로 처리됩니다. 이 함수에 의해 뉴런의 출력 상태가 결정되며, 이것이 뉴런의 출력이 됩니다.

5-2-2 단일 뉴런을 수식으로 나타낸다

그럼 이 뉴런의 모델을 수식으로 표현해봅시다.
우선은 입력과 가중치의 곱을 수식으로 표현합니다.

$$xw$$

여기에서 x를 뉴런으로의 입력, w를 이 입력에 대응하는 가중치로 합니다. x와 w의 단순한 곱입니다.

다음으로 입력과 가중치를 곱한 것을 1개 뉴런의 전체 입력으로 더합니다.

$$\sum_{k=1}^{n} x_k w_k$$

첨자 k는 각각의 입력을 나타냅니다. n은 입력의 수입니다. 시그마의 기호를 사용해서 k가 1에서 n이 될 때까지 더합니다. 이로써 입력과 가중치의 곱을 전부 더하게 됩니다.

다음으로 입력과 가중치의 곱의 총합에 바이어스 b를 더합니다. 이것을 다음 식과 같이 u로 나타냅니다.

$$u = \sum_{k=1}^{n} x_k w_k + b$$

다음으로 활성화 함수를 사용합니다. 활성화 함수를 f, 뉴런으로부터의 출력을 y로 나타내면 u와 y의 관계는 다음의 식으로 나타낼 수 있습니다.

$$y = f(u)$$

이전의 입력과 가중치 곱의 총합에 바이어스를 더한 u를 함수 f에 넣고, 출력 y를 얻습니다. 활성화 함수에는 여러 종류가 있는데 구체적인 수식에 대해서는 다음 5.3절에서 설명합니다. 이상으로 단일 뉴런의 모델을 수식으로 구현할 수 있었습니다.

간단하고 컴퓨터상에서 다루기 쉬운 수식이므로 신경망에서는 일반적으로 이 수식이 사용됩니다. 이 뉴런이 다음의 뉴런에 연결하는 경우, 출력 y는 다음 뉴런으로의 입력이 됩니다.

이번은 단일 뉴런을 수식으로 나타냈는데 여러 개의 뉴런을 합쳐서 수식으로 다루기 위해서는 5.5절에서 설명하는 행렬이 필요합니다.

5.3 활성화 함수

활성화 함수는 말하자면 뉴런의 출력을 비선형으로 만드는 함수입니다. 뉴런으로의 입력과 가중치를 곱한 것의 총합에 바이어스를 더한 값을 뉴런의 출력 상태를 나타내는 값으로 변환합니다. 만약 활성화 함수가 없으면 뉴런의 연산은 단순한 곱의 총합이 되어버려 신경망으로부터 복잡한 표현을 하는 능력을 상실하고 맙니다.

활성화 함수로서 다양한 함수가 고안되어왔는데 대표적인 것을 몇 가지 소개합니다.

5-3-1 스텝 함수

스텝 함수는 그 이름대로 계단 형태의 변화를 나타내는 함수입니다. 함수로의 입력 x가 0 이하일 경우는 출력 y가 0, x가 0보다 클 경우는 y는 1이 됩니다. 이것을 식으로 나타내면 다음과 같습니다.

$$y = \begin{cases} 0 & (x \leqq 0) \\ 1 & (x > 0) \end{cases}$$

<리스트5.4>는 NumPy의 **where()** 함수를 사용한 스텝 함수의 구현 예입니다. **where()** 함수는 조건에 따라 다른 값을 반환하는 함수입니다.

<리스트5.4> 스텝 함수

```python
import numpy as np
import matplotlib.pyplot as plt

def step_function(x):
    return np.where(x<=0, 0, 1)  # 0 이하의 경우는 0, 
그 밖의 경우는 1을 반환한다

x = np.linspace(-5, 5)
y = step_function(x)

plt.plot(x, y)
plt.show()
```

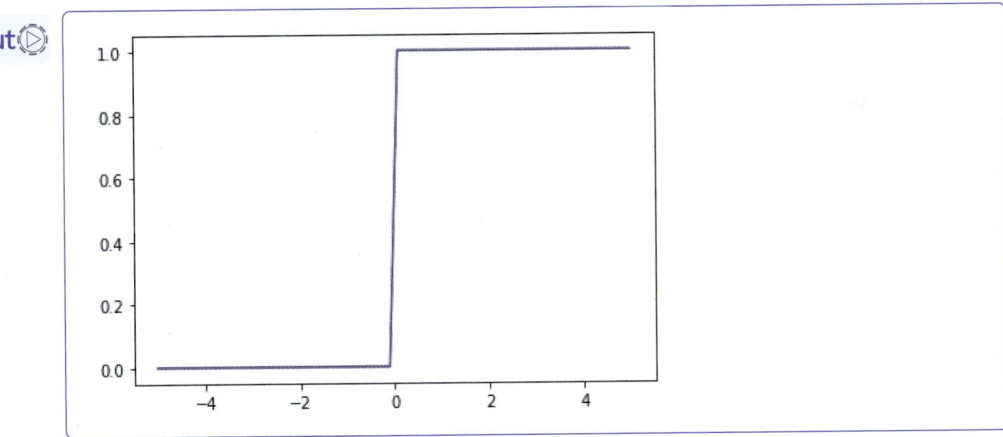

스텝 함수를 사용하면 뉴런의 활성 상태를 0이나 1로 간단하게 표현할 수 있습니다. 구현이 간단한 한편 0과 1의 중간 상태를 표현할 수 없다는 단점도 있습니다.

5-3-2 시그모이드 함수

시그모이드 함수는 0과 1 사이를 매끄럽게 변화하는 함수입니다. 함수로의 입력 x가 작아지면 함수의 출력 y는 0에 가까워지고 x가 커지면 y는 1에 가까워집니다.

시그모이드 함수는 네이피어 수의 거듭제곱을 나타내는 exp를 사용하여 다음과 같이 나타냅니다.

$$y = \frac{1}{1+\exp(-x)}$$

이 식에서 x의 값이 음이 되어 0에서 떨어지면 분모가 커지기 때문에 y는 0에 가까워집니다. 또한, x의 값이 양이 되어 0에서 떨어지면 exp(-x)는 0에 가까워지므로 y는 1에 가까워집니다. 식으로부터 그래프 형태를 상상할 수 있겠네요.

시그모이드 함수는 <리스트5.5>와 같은 코드로 구현할 수 있습니다.

<리스트5.5> 시그모이드 함수

```python
import numpy as np
import matplotlib.pylab as plt

def sigmoid_function(x):
    return 1/(1+np.exp(-x))

x = np.linspace(-5, 5)
y = sigmoid_function(x)

plt.plot(x, y)
plt.show()
```

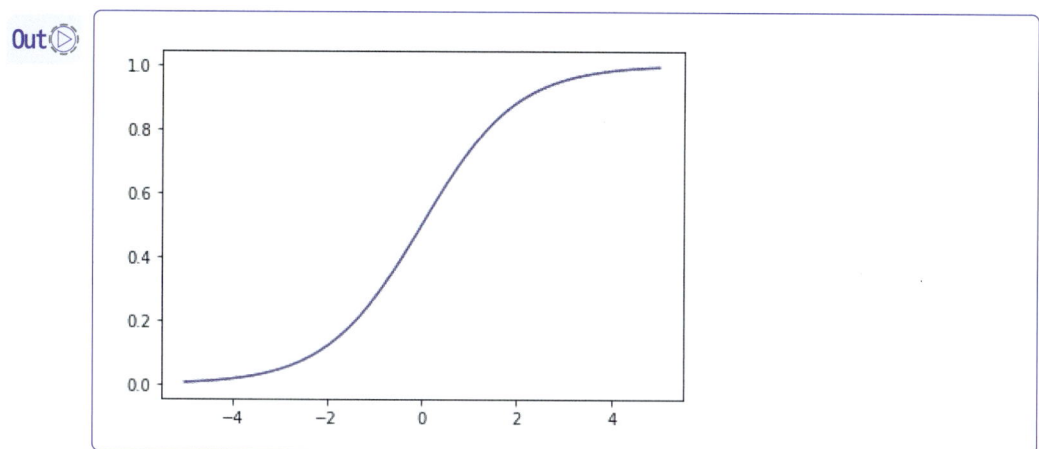

이처럼 시그모이드 함수는 스텝 함수와 비교해서 매끄러우며, 0과 1의 중간을 표현할 수 있습니다.

5-3-3 tanh

tanh는 하이퍼볼릭 탄젠트(hyperbolic tangent)의 약어입니다. tanh는 -1과 1 사이를 매끄럽게 변화하는 함수입니다. 곡선의 형태는 시그모이드 함수와 비슷하지만 0을 중심으로 대칭되고 있어 균형 잡힌 활성화 함수입니다.

tanh는 시그모이드 함수와 마찬가지로 네이피어 수의 거듭제곱을 이용한 식으로 나타낼 수 있습니다.

$$y = \frac{\exp(x) - \exp(-x)}{\exp(x) + \exp(-x)}$$

tanh는 <리스트5.6>과 같은 코드로 구현할 수 있습니다. 이처럼 NumPy의 **tanh()** 함수를 사용하면 tanh를 간단하게 프로그램에서 이용할 수 있습니다.

<리스트5.6> tanh() 함수

```
import numpy as np
import matplotlib.pylab as plt
```

```
def tanh_function(x):
    return np.tanh(x)

x = np.linspace(-5, 5)
y = tanh_function(x)

plt.plot(x, y)
plt.show()
```

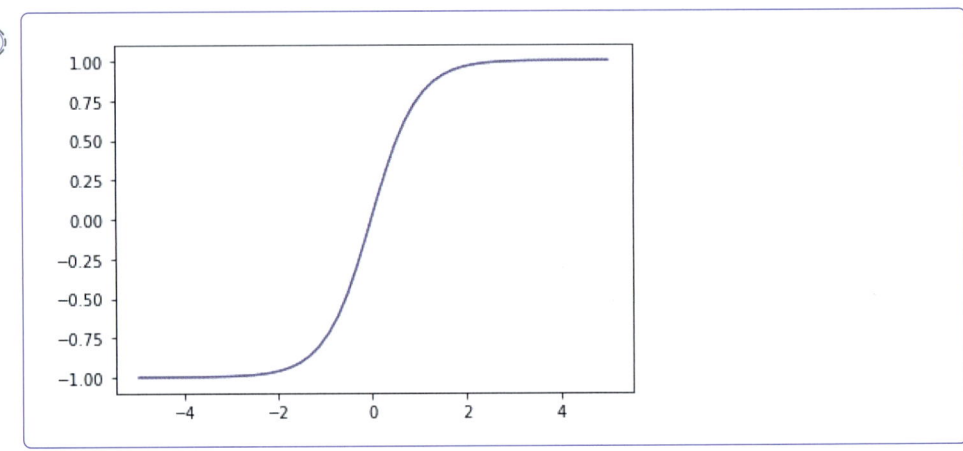

5-3-4 ReLU

ReLU는 램프 함수라고도 하며, $x > 0$의 범위에서만 일어나는 특징적인 활성화 함수입니다. ReLU는 다음과 같은 식으로 나타낼 수 있습니다.

$$y = \begin{cases} 0 & (x \leq 0) \\ x & (x > 0) \end{cases}$$

함수로의 입력 x가 0 이하인 경우 함수의 출력 y는 0에, x가 양인 경우 y는 x와 같아집니다. ReLU는 <리스트5.7>과 같은 코드로 구현할 수 있습니다.
NumPy의 **where()** 함수를 사용하고 있는데 이것은 $x0 \leq$ 일 때는 0에, 이 조건을 만족하지 않을 때는 x가 되는 것을 의미합니다.

<리스트5.7> ReLU() 함수

```python
import numpy as np
import matplotlib.pylab as plt

def relu_function(x):
    return np.where(x <= 0, 0, x)

x = np.linspace(-5, 5)
y = relu_function(x)

plt.plot(x, y)
plt.show()
```

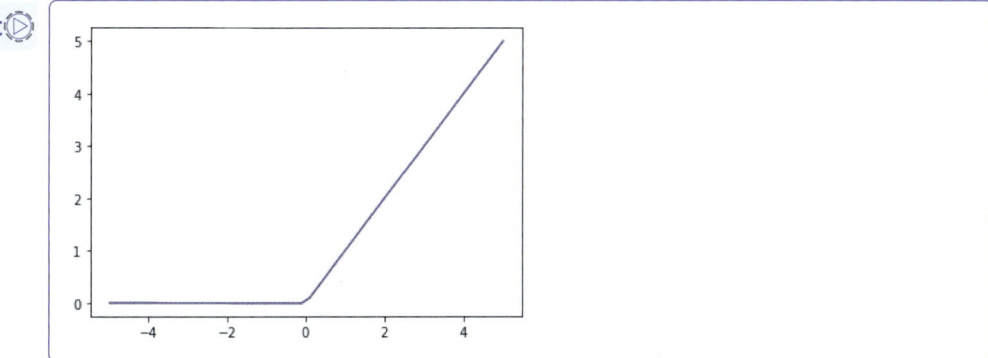

간단하며, 게다가 층수가 많아져도 안정된 학습을 할 수 있기에 최근 딥러닝에서는 주로 이 ReLU가 출력층 이외의 활성화 함수로 사용하고 있습니다.

5-3-5 항등 함수

항등 함수는 입력을 그대로 출력으로서 반환하는 함수입니다. 형태는 직선입니다.

항등 함수는 다음의 간단한 식으로 나타낼 수 있습니다.

$$y = x$$

항등 함수는 <리스트5.8>과 같은 코드로 구현할 수 있습니다.

<리스트5.8> 항등 함수

In ▷
```
import numpy as np
import matplotlib.pylab as plt

x = np.linspace(-5, 5)
y = x

plt.plot(x, y)
plt.show()
```

Out ▷

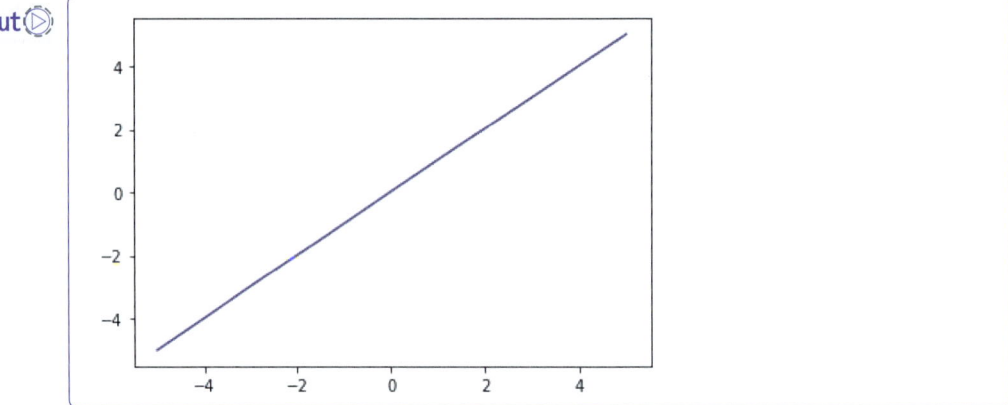

신경망의 출력층에서는 이 항등 함수 및 다음 항에서 설명하는 소프트맥스 함수 등이 활성화 함수로 많이 사용됩니다.
항등 함수는 출력이 연속값인 회귀 문제를 다룰 때 많이 사용합니다. 출력의 범위에 제한이 없고 연속적이기 때문에 연속적인 수치를 예측하는 데 적합하기 때문입니다.

5-3-6 소프트맥스 함수

소프트맥스 함수는 신경망에서 분류를 실시할 때 적합한 활성한 함수로 지금까지 다뤄온 다른 활성화 함수와 비교해서 조금 복잡한 수식으로 나타냅니다.

활성화 함수의 출력을 y, 입력을 x로 하고 같은 층의 뉴런 수를 n으로 하면 소프트맥스 함수는 다음의 식으로 나타낼 수 있습니다.

$$y = \frac{\exp(x)}{\sum_{k=1}^{n} \exp(x_k)}$$

<식5.3.1>

이 식에서 우변의 분모 $\sum_{k=1}^{n} \exp(x_k)$는 같은 층의 각 뉴런의 활성화 함수로의 입력 x_k로부터 $\exp(x_k)$를 계산해 더한 것입니다.

또한, 다음 관계에서 나타낸 것처럼 같은 층의 모든 활성화 함수의 출력을 더하면 1이 됩니다.

$$\sum_{l=1}^{n} \left(\frac{\exp(x_l)}{\sum_{k=1}^{n} \exp(x_k)} \right) = \frac{\sum_{l=1}^{n} \exp(x_l)}{\sum_{k=1}^{n} \exp(x_k)} = 1$$

여기에 더해서 네이피어 수의 거듭제곱은 항상 0보다 크다는 성질이 있으므로 $0 < y < 1$이 됩니다. 이에 <식5.3.1>의 소프트맥스 함수는 개개의 뉴런이 대응하는 대상으로 분류될 확률을 표현할 수 있습니다.

소프트맥스 함수는 <리스트5.9>와 같은 코드로 구현할 수 있습니다.

<리스트5.9> 소프트맥스 함수

```
import numpy as np

def softmax_function(x):
    return np.exp(x)/np.sum(np.exp(x))  # 소프트맥스 함수
```

소프트맥스 함수의 분모, $\sum_{k=1}^{n} \exp(x_k)$는 NumPy의 **sum()** 함수를 사용하여 **np.sum(np.exp(x))**라고 기술합니다(<리스트5.9>). 이 코드의 **softmax_function()** 함수를 실행해봅시다(<리스트5.10>). NumPy의 적당한 배열을 입력하고 출력을 표시합니다.

<리스트5.10> softmax_function() 함수를 실행

In ▷
```
y = softmax_function(np.array([1,2,3]))
print(y)
```

Out ▷
```
[0.09003057 0.24472847 0.66524096]
```

출력된 모든 요소는 0에서 1의 범위에 들어있으며 합계는 1이 됩니다. 소프트맥스 함수가 잘 동작하고 있음을 확인할 수 있습니다.

이상과 같은 다양한 활성화 함수를 층의 타입이나 다루는 문제에 따라 구분해 사용하게 됩니다.

5.4 순전파와 역전파

신경망에서의 층의 개념, 그리고 순전파, 역전파에 대해 설명합니다. 이 책에서 층 세는 법과 층의 상하에 관해서도 설명합니다.
신경망은 여러 층으로 구성되어있으므로 층의 개념을 여기에서 파악해둡시다.

5-4-1 신경망에서의 층

뉴런을 여러 개 접속하여 망(네트워크)화하는 것으로 신경망이 구축됩니다. 전형적인 신경망에서는 뉴런을 <그림5.2>처럼 층 상태로 나열합니다.

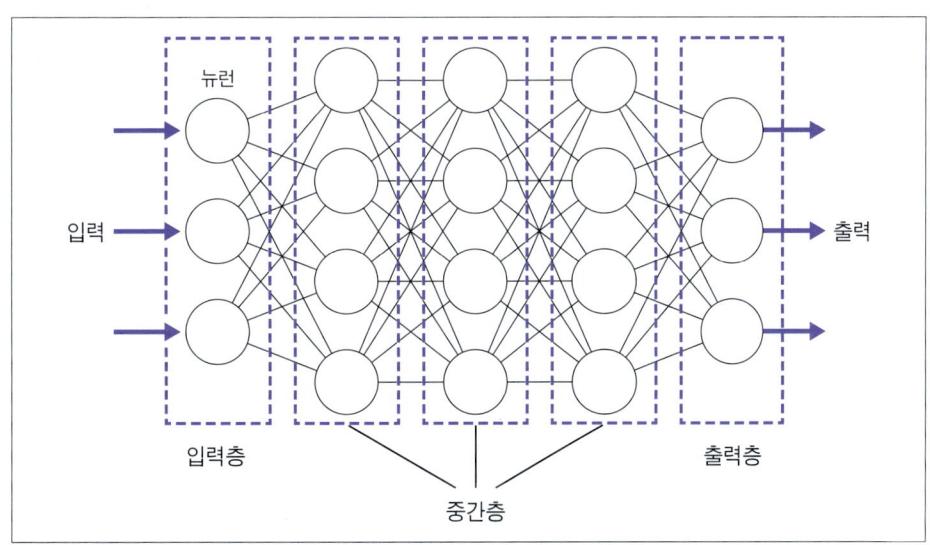

<그림5.2> 신경망과 층

신경망에서 층은 크게 입력층, 중간층, 출력층 3개로 분류할 수 있습니다.
입력층은 신경망 전체의 입력을 받고, 출력층은 망 전체의 출력을 외부로 전달합니다.
중간층은 입력층과 출력층 사이에 있는 여러 층입니다.
이중 뉴런 연산이 이루어지는 것은 중간층과 출력층뿐이며, 입력층은 받은 입력을 중간층에 전달할 뿐입니다.

보통의 전결합형 신경망에서는 1개의 뉴런으로부터의 출력이 앞뒤 층의 모든 뉴런의 입력과 연결되어있습니다. 하지만 같은 층의 뉴런끼리는 연결되지 않습니다.

5-4-2 이 책의 층을 세는 법과 층의 상하

층의 위치 관계에 대해서, 이 책에서는 혼란을 피하기 위해서 좀 더 망의 입력에 가까운 층을 위층이라고 표현합니다. 그리고 좀 더 망의 출력에 가까운 층을 아래층이라고 표현합니다 (<그림5.3>).

강물의 흐름처럼 상류에서 하류로 정보가 흘러가는 모습을 상상하면 이해하기 쉬울 것입니다.

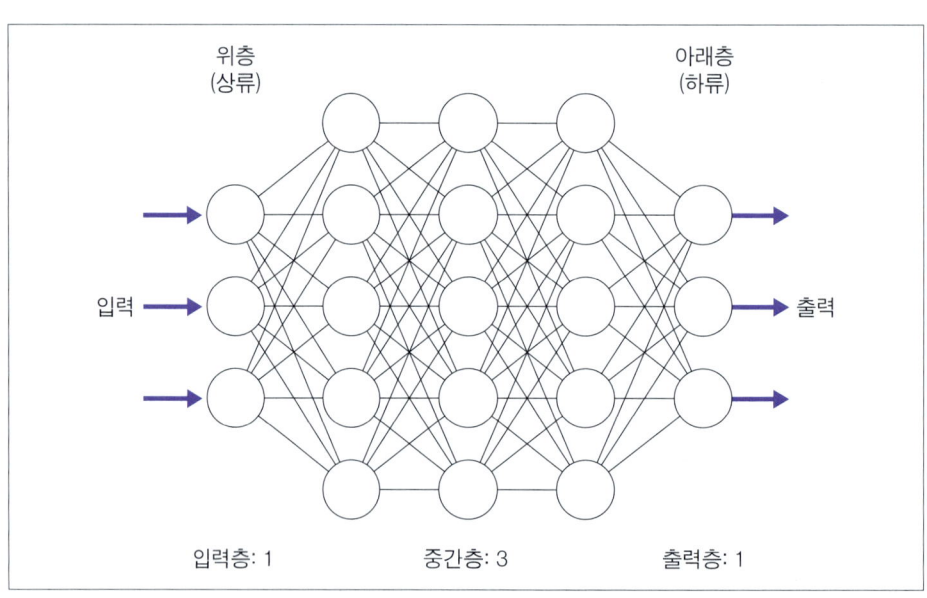

<그림5.3> 층의 상하와 세는 법

또한, 층을 세는 법은 예를 들어 <그림5.3>의 신경망에서 이 책에서는 입력층이 1, 중간층이 3, 출력층이 1로 5층이라고 셉니다.

입력층에서는 뉴런의 연산이 이뤄지지 않으므로 입력층을 세지 않는 층을 세는 법도 있으나 이 책에서는 입력층도 카운트합니다.

어느 쪽을 위의 층으로 할지, 층을 어떻게 셀지에 관해서는 문서에 따라서 차이가 있으므로 주의하세요.

5-4-3 순전파와 역전파

신경망에서 입력에서 출력을 향해서 아래로 정보를 전달하는 것을 '순전파'라고 합니다. 반대로 출력에서 입력을 향해서 위로 정보가 거슬러 올라가는 것을 '역전파'라고 합니다.
순전파와 역전파의 관계를 <그림5.4>에 나타냅니다.

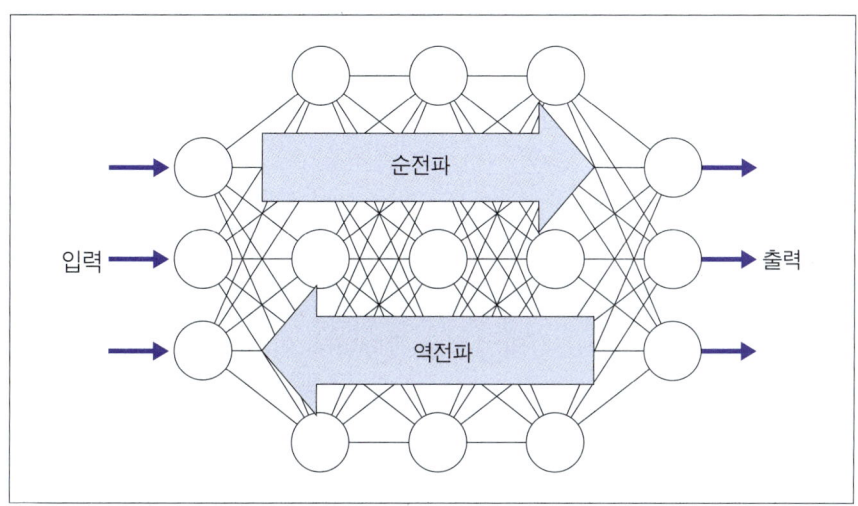

<그림5.4> 순전파와 역전파

순전파와 역전파의 설명에서는 층의 상하에 대해서 빈번히 언급하므로 헷갈리지 않도록 합시다. 순전파는 신경망을 사용한 이론에, 역전파는 신경망의 학습에 필요하게 됩니다.
이상으로 층의 분류와 층을 세는 법, 층의 상하 관계, 정보의 전달 방향에 대해서 정리했습니다. 이후는 이러한 층이라는 개념을 사용해서 딥러닝에 관해서도 설명합니다.

5.5 행렬과 행렬곱

스칼라, 벡터 및 행렬 등을 이용하여 여러 개의 데이터를 한데 묶어 다루는 방법을 배웁니다. 딥러닝에서는 많은 수치를 다뤄야 하는데 행렬 및 행렬곱을 이용하면 많은 수치에 대한 처리를 간결한 수식으로 기술할 수 있습니다. 또 그 수식은 NumPy를 사용하면 간단하게 코드로 구현할 수 있습니다.

5-5-1 스칼라

'스칼라scalar'는 1, 6, 1.4, -8 등의 통상의 수치를 말합니다. 이 책에서는 수식의 경우의 알파벳 혹은 그리스 문자의 소문자는 스칼라를 나타내는 것으로 합니다.

예: a, b, α, β

Python에서 다루는 통상의 수치는 이 스칼라에 대응합니다. <리스트5.11>에 코드상에서 스칼라의 예를 몇 가지 나타냅니다.

<리스트5.11> 다양한 스칼라의 예

```
a = 3
b = 1.5
c = -0.24
d = 1.4e5   # 1.4×10의 5승 140000(네이피어 수는 관계없음)
```

5-5-2 벡터

'벡터vector'는 스칼라를 직선상에 나열한 것입니다. 이 책에서의 수식에서는 알파벳 소문자에 화살표를 올려서 벡터를 표시합니다.

벡터 표기의 예를 다음에 나타냅니다.

$$\vec{a} = \begin{pmatrix} 3 \\ 2 \\ 1 \end{pmatrix}$$

$$\vec{b} = (-2.3, 0.25, -1.2, 1.8, 0.41)$$

$$\vec{p} = \begin{pmatrix} p_1 \\ p_2 \\ \vdots \\ p_m \end{pmatrix}$$

$$\vec{q} = (q_1, q_2, \cdots, q_n)$$

벡터에는 위의 $\vec{a}$, $\vec{p}$와 같이 세로로 수치를 나열하는 세로 벡터와 $\vec{b}$, $\vec{q}$와 같이 가로로 수치를 나열하는 가로 벡터가 있습니다.

또한, 위의 $\vec{p}$, $\vec{q}$에서 볼 수 있듯이 요소를 변수로 나타낼 때의 첨자 수는 1개입니다.

벡터는 NumPy의 1차원 배열을 사용하여 <리스트5.12>와 같이 나타냅니다.

<리스트5.12> NumPy를 사용해서 벡터를 나타낸다

In ▷
```
import numpy as np

a = np.array([3, 2, 1])
print(a)

b = np.array([-2.3, 0.25, -1.2, 1.8, 0.41])
print(b)
```

Out ▷
```
[3 2 1]
[-2.3   0.25 -1.2   1.8   0.41]
```

5-5-3 행렬

행렬은 스칼라를 격자 형태로 나열한 것입니다. 다음은 행렬의 표기 예입니다.

$$\begin{pmatrix} 0.12 & -0.24 & 1.2 & 0.12 \\ -1.7 & 0.35 & 0.62 & -0.71 \\ 0.26 & -3.5 & -0.12 & 1.9 \end{pmatrix}$$

행렬에서 수평 방향의 스칼라 나열을 '행', 수직 방향의 스칼라 나열을 '열'이라고 합니다.
행은 위에서부터 1번째 행, 2번째 행, 3번째 행 …이라고 셉니다. 열은 왼쪽부터 1번째 열, 2번째 열, 3번째 열, …이라고 셉니다. 또한, 행이 m개, 열이 n개 나열되어있는 행렬을 $m \times n$의 행렬이라고 표현합니다. 따라서 위 그림의 행렬은 3×4의 행렬입니다.
또한, 세로 벡터는 열의 수가 1인 행렬과 가로 벡터는 행의 수가 1인 행렬이라고 생각할 수도 있습니다.
이 책에서의 수식에서는 알파벳, 대문자, 이탤릭체로 행렬을 나타냅니다. 다음은 행렬의 표기 예입니다.

$$A = \begin{pmatrix} 1 & 0 & 5 \\ 4 & 3 & 2 \end{pmatrix}$$

$$P = \begin{pmatrix} p_{11} & p_{12} & \cdots & p_{1n} \\ p_{21} & p_{22} & \cdots & p_{2n} \\ \vdots & \vdots & \ddots & \vdots \\ p_{m1} & p_{m2} & \cdots & p_{mn} \end{pmatrix}$$

행렬 A는 2×3의 행렬이고 행렬 p는 $m \times n$의 행렬입니다. 또한, 상기의 P에서 볼 수 있듯이 요소를 변수로 나타낼 때 첨자의 수는 2개입니다.
NumPy의 2차원 배열을 사용하면 <리스트5.13>과 같이 행렬을 표현할 수 있습니다.

<리스트5.13> NumPy를 사용하여 행렬을 나타낸다

In ▷
```
import numpy as np
```

```
a = np.array([[1, 0, 5],
              [4, 3, 2]])   # 2×3의 행렬
print(a)

b = np.array([[1.2, 0.18],
              [2.3, -0.31],
              [0.42, -4.5]])   # 3×2의 행렬
print(b)
```

Out
```
[[1 0 5]
 [4 3 2]]
[[ 1.2   0.18]
 [ 2.3  -0.31]
 [ 0.42 -4.5 ]]
```

5-5-4 행렬의 곱

'행렬곱'에서는 앞뒤 2개의 행렬에서 연산을 합니다. 앞 행렬에서의 행의 각 요소와 뒤 행렬에서의 열의 각 요소를 곱하고 총합을 취해 새로운 행렬의 요소로 합니다.

행렬의 예를 살펴봅시다. 행렬 A와 행렬 B를 다음과 같이 설정합니다.

$$A = \begin{pmatrix} a_{11} & a_{12} & a_{13} \\ a_{21} & a_{22} & a_{23} \end{pmatrix}$$

$$B = \begin{pmatrix} b_{11} & b_{12} \\ b_{21} & b_{22} \\ b_{31} & b_{32} \end{pmatrix}$$

A는 2×3의 행렬, B는 3×2의 행렬입니다.
A와 B의 행렬곱은 다음과 같이 연산합니다.

$$AB = \begin{pmatrix} a_{11} & a_{12} & a_{13} \\ a_{21} & a_{22} & a_{23} \end{pmatrix} \begin{pmatrix} b_{11} & b_{12} \\ b_{21} & b_{22} \\ b_{31} & b_{32} \end{pmatrix}$$

$$= \begin{pmatrix} a_{11}b_{11} + a_{12}b_{21} + a_{13}b_{31} & a_{11}b_{12} + a_{12}b_{22} + a_{13}b_{32} \\ a_{21}b_{11} + a_{22}b_{21} + a_{23}b_{31} & a_{21}b_{12} + a_{22}b_{22} + a_{23}b_{32} \end{pmatrix}$$

$$= \begin{pmatrix} \sum_{k=1}^{3} a_{1k}b_{k1} & \sum_{k=1}^{3} a_{1k}b_{k2} \\ \sum_{k=1}^{3} a_{2k}b_{k1} & \sum_{k=1}^{3} a_{2k}b_{k2} \end{pmatrix}$$

A의 각 행과 B의 각 열의 각 요소를 곱하고 총합을 취해 새로운 행렬의 각 요소로 합니다. 이때 A의 열 수와 B의 행 수가 일치해야 합니다. A의 열 수가 3이면 B의 행 수는 3이어야 합니다. 또한, 스칼라의 곱과 달리 앞 행렬과 뒤 행렬의 교환은 특정 조건에서만 할 수 있습니다. 위의 행렬 곱에는 총합 기호 Σ가 등장하고 있는데 행렬 곱의 총합을 합쳐서 계산할 때 사용합니다. 딥러닝에서는 곱의 총합을 빈번히 계산합니다.

시험으로 수치 계산을 해봅시다. 2개의 행렬 A, B를 다음과 같이 설정합니다.

$$A = \begin{pmatrix} 0 & 1 & 2 \\ 2 & 1 & 0 \end{pmatrix}$$

$$B = \begin{pmatrix} 1 & 2 \\ 1 & 2 \\ 1 & 2 \end{pmatrix}$$

이러한 행렬의 행렬 곱은 다음과 같이 계산할 수 있습니다.

$$AB = \begin{pmatrix} 0 & 1 & 2 \\ 2 & 1 & 0 \end{pmatrix} \begin{pmatrix} 1 & 2 \\ 1 & 2 \\ 1 & 2 \end{pmatrix}$$

$$= \begin{pmatrix} 0 \times 1 + 1 \times 1 + 2 \times 1 & 0 \times 2 + 1 \times 2 + 2 \times 2 \\ 2 \times 1 + 1 \times 1 + 0 \times 1 & 2 \times 2 + 1 \times 2 + 0 \times 2 \end{pmatrix}$$

$$= \begin{pmatrix} 3 & 6 \\ 3 & 6 \end{pmatrix}$$

행렬 곱을 총합을 사용해 좀 더 일반적인 형으로 나타냅시다.

다음은 $l \times m$의 행렬 A와 $m \times n$의 행렬 B의 행렬 곱입니다.

$$AB = \begin{pmatrix} a_{11} & a_{12} & \cdots & a_{1m} \\ a_{21} & a_{22} & \cdots & a_{2m} \\ \vdots & \vdots & \ddots & \vdots \\ a_{l1} & a_{l2} & \cdots & a_{lm} \end{pmatrix} \begin{pmatrix} b_{11} & b_{12} & \cdots & b_{1n} \\ b_{21} & b_{22} & \cdots & b_{2n} \\ \vdots & \vdots & \ddots & \vdots \\ b_{m1} & b_{m2} & \cdots & b_{mn} \end{pmatrix}$$

$$= \begin{pmatrix} \sum_{k=1}^{m} a_{1k}b_{k1} & \sum_{k=1}^{m} a_{1k}b_{k2} & \cdots & \sum_{k=1}^{m} a_{1k}b_{kn} \\ \sum_{k=1}^{m} a_{2k}b_{k1} & \sum_{k=1}^{m} a_{2k}b_{k2} & \cdots & \sum_{k=1}^{m} a_{2k}b_{kn} \\ \vdots & \vdots & \ddots & \vdots \\ \sum_{k=1}^{m} a_{lk}b_{k1} & \sum_{k=1}^{m} a_{lk}b_{k2} & \cdots & \sum_{k=1}^{m} a_{lk}b_{kn} \end{pmatrix}$$

행렬 곱을 모든 요소에서 계산하는 것은 힘듭니다. 그러나 NumPy의 **dot()** 함수를 사용하면 행렬 곱을 간단히 계산할 수 있습니다(<리스트5.14>).

<리스트5.14> NumPy를 사용한 행렬 곱의 계산

In ▷
```
import numpy as np

a = np.array([[0, 1, 2],
              [2, 1, 0]])   # 2×3의 행렬

b = np.array([[1, 2],
              [1, 2],
              [1, 2]])   # 3×2의 행렬

print(np.dot(a, b))
```

Out ▷
```
[[3 6]
 [3 6]]
```

5-5-5 요소별 곱(아다마르 곱)

행렬의 요소별 곱(아다마르 곱)은 같은 형태의 행렬의 각 요소를 곱합니다.
다음의 행렬 A, B에 대해서 생각해봅시다.

$$A = \begin{pmatrix} a_{11} & a_{12} & \cdots & a_{1n} \\ a_{21} & a_{22} & \cdots & a_{2n} \\ \vdots & \vdots & \ddots & \vdots \\ a_{m1} & a_{m2} & \cdots & a_{mn} \end{pmatrix}$$

$$B = \begin{pmatrix} b_{11} & b_{12} & \cdots & b_{1n} \\ b_{21} & b_{22} & \cdots & b_{2n} \\ \vdots & \vdots & \ddots & \vdots \\ b_{m1} & b_{m2} & \cdots & b_{mn} \end{pmatrix}$$

위의 행렬 A, B의 요소별 곱은 연산자 ○를 사용해서 다음과 같이 나타냅니다.

$$A \circ B = \begin{pmatrix} a_{11}b_{11} & a_{12}b_{12} & \cdots & a_{1n}b_{1n} \\ a_{21}b_{21} & a_{22}b_{22} & \cdots & a_{2n}b_{2n} \\ \vdots & \vdots & \ddots & \vdots \\ a_{m1}b_{m1} & a_{m2}b_{m2} & \cdots & a_{mn}b_{mn} \end{pmatrix}$$

예로서 다음의 행렬 A, B를 생각합시다.

$$A = \begin{pmatrix} 1 & 2 & 3 \\ 4 & 5 & 6 \\ 7 & 8 & 9 \end{pmatrix}$$

$$B = \begin{pmatrix} 0 & 1 & 1 \\ 1 & 0 & 1 \\ 1 & 1 & 0 \end{pmatrix}$$

A와 B의 요소별 곱은 다음과 같습니다.

$$A \circ B = \begin{pmatrix} 1 \times 0 & 2 \times 1 & 3 \times 1 \\ 4 \times 1 & 5 \times 0 & 6 \times 1 \\ 7 \times 1 & 8 \times 1 & 9 \times 0 \end{pmatrix}$$

$$= \begin{pmatrix} 0 & 2 & 3 \\ 4 & 0 & 6 \\ 7 & 8 & 0 \end{pmatrix}$$

요소별 곱은 NumPy의 배열끼리를 연산자 *로 연산해서 계산할 수 있습니다(<리스트5.15>).

<리스트5.15> NumPy를 사용한 요소별 곱의 계산

```python
import numpy as np

a = np.array([[1, 2, 3],
              [4, 5, 6],
              [7, 8, 9]])   # 3×3의 행렬
b = np.array([[0, 1, 1],
              [1, 0, 1],
              [1, 1, 0]])   # 3×3의 행렬

print(a*b)
```

```
[[0 2 3]
 [4 0 6]
 [7 8 0]]
```

요소별 곱을 계산하기 위해서는 위와 같이 배열 형태가 같아야 합니다.

또한, 요소별 합에는 연산자 +, 요소별 차에는 연산자 -, 요소별 나눗셈에는 연산자 /를 사용합니다.

5-5-6 전치

행렬에는 '전치'라는 조작을 실시하기도 합니다. 행렬을 전치함으로써 행과 열이 바뀝니다. 다음은 전치의 예입니다. 예를 들어 행렬 A의 전치 행렬은 A^T라고 나타냅니다.

$$A = \begin{pmatrix} 1 & 2 & 3 \\ 4 & 5 & 6 \end{pmatrix}$$

$$A^\mathrm{T} = \begin{pmatrix} 1 & 4 \\ 2 & 5 \\ 3 & 6 \end{pmatrix}$$

$$B = \begin{pmatrix} a & b \\ c & d \\ e & f \end{pmatrix}$$

$$B^\mathrm{T} = \begin{pmatrix} a & c & e \\ b & d & f \end{pmatrix}$$

NumPy에서는 배열의 변수명 뒤에 **.T**를 붙이면 전치가 이뤄집니다<리스트5.16>.

<리스트5.16> NumPy를 사용한 전치의 예

In
```
import numpy as np

a = np.array([[1, 2, 3],
              [4, 5, 6]])   # 2×3의 행렬
print(a.T)   # 전치
```

Out
```
[[1 4]
 [2 5]
 [3 6]]
```

행렬 곱을 하기 위해서는 앞 행렬의 열 수와 뒤 행렬의 행 수가 일치해야 합니다. 전치를 함으로써 이것들이 일치해 행렬 곱을 할 수 있게 됩니다.

5.6 층간의 계산

이 절에서는 2개의 전결합층 간의 순전파를 수식화합니다. 2개의 층 사이에서 계산을 할 수 있으면 나머지 층간의 순전파도 마찬가지로 해서 계산할 수 있습니다.

5-6-1 2층 간의 연결

2개의 전결합층 간의 연결을 <그림5.5>에 나타냅니다.

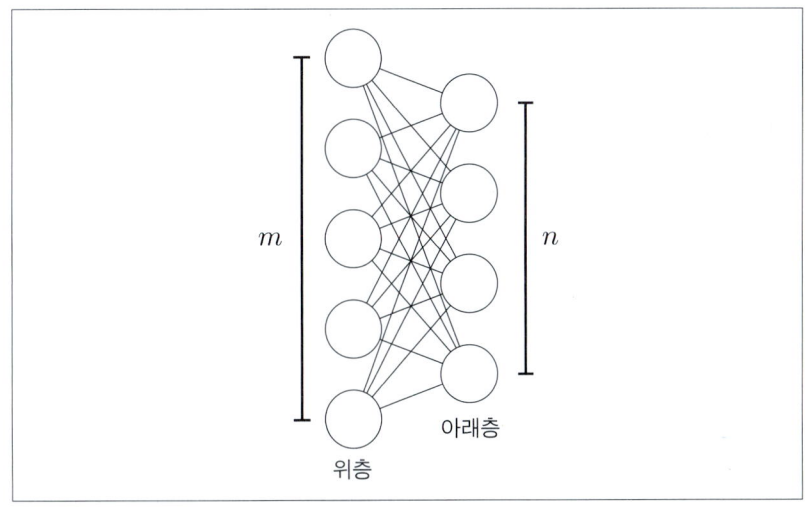

<그림5.5> 2층 간의 연결

위층의 모든 뉴런은 각각 아래층의 모든 뉴런과 연결되어있으며, 아래층의 모든 뉴런은 위층의 모든 뉴런과 연결되어있습니다.

뉴런으로의 입력에는 각각 가중치를 곱하는데, 가중치의 수는 입력 수와 같으므로 위층의 뉴런 수를 m으로 하면 아래층의 뉴런은 1개당 m개의 가중치를 갖게 됩니다. 따라서 아래층의 뉴런 수를 n으로 하면 아래층에는 합계 $m \times n$개의 가중치가 존재합니다.

5-6-2 2층 간의 순전파

예를 들어 위층의 1번째 뉴런에서 아래층의 2번째 뉴런으로의 입력의 가중치는 w_{12}라고 표시됩니다. 이처럼 가중치는 위층의 전체 뉴런과 아래층의 전체 뉴런의 각각의 조합마다 설정해야 합니다.

여기에서 행렬을 사용합니다. 다음과 같은 $m \times n$ 행렬에 아래층의 가중치를 전부 저장할 수 있습니다.

$$W = \begin{pmatrix} w_{11} & w_{12} & \cdots & w_{1n} \\ w_{21} & w_{22} & \cdots & w_{2n} \\ \vdots & \vdots & \ddots & \vdots \\ w_{m1} & w_{m2} & \cdots & w_{mn} \end{pmatrix}$$

W는 가중치를 나타내는 행렬이 됩니다.

그리고 위층의 출력, 즉 아래층으로의 입력은 벡터로 나타낼 수 있습니다. 위층에는 m개의 뉴런이 있으므로 아래층의 각 뉴런으로의 입력 수는 m이 됩니다. i를 위층의 첨자(이 절에서는 사용하지 않습니다), j를 아래층의 첨자로 하고, $\vec{x_j}$를 아래층으로의 입력을 나타내는 벡터로 하면 다음의 표기를 할 수 있습니다.

$$\vec{x_j} = (x_1, x_2, \cdots, x_m)$$

바이어스도 벡터로 표기할 수 있습니다. 바이어스의 수는 아래층의 뉴런의 수와 같으며, 아래층의 뉴런의 수는 n개이므로 바이어스 $\vec{b_j}$는 다음과 같이 나타낼 수 있습니다.

$$\vec{b_j} = (b_1, b_2, \cdots, b_n)$$

또한, 아래층의 출력 수는 이 층의 뉴런 수 n과 같으므로 벡터 $\vec{y_j}$를 사용하여 다음과 같이 나타낼 수 있습니다.

$$\vec{y_j} = (y_1, y_2, \cdots, y_n)$$

각 뉴런에서 입력과 가중치의 곱의 총합을 구해야 하는데, 이것은 행렬 곱을 사용하여 한번에 구할 수 있습니다. 아래층으로의 입력 $\vec{x_j}$를 1×m의 행렬이라고 생각하면 다음의 행렬곱으로 아래층의 전체 뉴런에서의 입력과 가중치의 곱의 총합을 구할 수 있습니다.

$$\vec{x_j}W = (x_1, x_2, \cdots, x_m) \begin{pmatrix} w_{11} & w_{12} & \cdots & w_{1n} \\ w_{21} & w_{22} & \cdots & w_{2n} \\ \vdots & \vdots & \ddots & \vdots \\ w_{m1} & w_{m2} & \cdots & w_{mn} \end{pmatrix}$$

$$= (\sum_{k=1}^{m} x_k w_{k1}, \sum_{k=1}^{m} x_k w_{k2}, \ldots, \sum_{k=1}^{m} x_k w_{kn})$$

행렬곱의 결과는 요소 수 n의 벡터로 되어있습니다. 이 벡터의 각 요소는 아래층의 각 뉴런에서의 가중치와 입력의 곱의 총합으로 되어있네요. 이것에 바이어스 $\vec{b_j}$를 더한 것을 $\vec{u_j}$로 합니다. $\vec{u_j}$는 다음과 같이 나타낼 수 있습니다.

$$\vec{u_j} = \vec{x_j}W + \vec{b_j}$$

$$= (x_1, x_2, \cdots, x_m) \begin{pmatrix} w_{11} & w_{12} & \cdots & w_{1n} \\ w_{21} & w_{22} & \cdots & w_{2n} \\ \vdots & \vdots & \ddots & \vdots \\ w_{m1} & w_{m2} & \cdots & w_{mn} \end{pmatrix} + (b_1, b_2, \cdots, b_n)$$

$$= (\sum_{k=1}^{m} x_k w_{k1} + b_1, \sum_{k=1}^{m} x_k w_{k2} + b_2, \ldots, \sum_{k=1}^{m} x_k w_{kn} + b_n)$$

$\vec{u_j}$의 각 요소는 가중치와 입력의 곱의 총합에 바이어스를 더한 것으로 되어있는 걸 알 수 있습니다.

NumPy의 **dot()** 함수를 사용해서 $\vec{u_j}$는 다음과 같이 계산할 수 있습니다.

- **[$\vec{u_j}$의 계산]**

```
u = np.dot(x, w) + b  ➡
# x: 입력의 벡터   w: 가중치의 행렬   b: 바이어스의 벡터
```

다음에 활성화 함수를 도입합니다. 벡터 $\vec{u_j}$의 각 요소를 활성화 함수에 넣고 처리하며, 아래층의 출력을 나타내는 벡터 $\vec{y_j}$를 얻을 수 있습니다.

$$\begin{aligned}\vec{y_j} &= (y_1, y_2, \cdots, y_n) \\ &= f(\vec{u_j}) \\ &= f(\vec{x_j}W + \vec{b_j}) \\ &= (f(\sum_{k=1}^{m} x_k w_{k1} + b_1), f(\sum_{k=1}^{m} x_k w_{k2} + b_2), \ldots, f(\sum_{k=1}^{m} x_k w_{kn} + b_n))\end{aligned}$$

<공식5.6.1>

이 식에서 $\vec{y_j}$의 요소 수는 아래층의 뉴런 수와 같은 n입니다. $\vec{y_j}$는 이전에 다룬 단일 뉴런의 식을 층 전체로 확장한 것이네요.

게다가 아래에 층이 있는 경우는 $\vec{y_j}$는 그 층으로의 입력이 됩니다.

뉴런을 층으로서 다룸으로써 2층 간의 순전파를 수식으로 정리할 수 있습니다. 층의 수가 더욱 늘어나도 <식5.6.1>을 사용해서 위층에서 아래층으로 차례차례 순전파를 실시할 수 있습니다.

신경망은 층수가 늘어나 규모가 커질수록 더욱 고도의 인식·판단 능력을 갖출 수 있게 됩니다. 그를 위해서 각 뉴런의 가중치와 바이어스를 자동으로 최적화하는 구조가 필요하게 되는데 이것에 대해서는 **5.9**절 이후에서 설명해갑니다.

5.7 미분의 기초

미분이란 어떤 함수의 변화 비율을 말하며, 딥러닝의 배경이 되는 이론에는 빼놓을 수 없습니다. 이 절에서는 미분의 기본부터 시작해서 다변수로 이뤄진 함수의 미분 및 여러 개의 함수로 이뤄진 합성함수의 미분 등을 설명합니다.

5-7-1 미분

함수 $y = f(x)$에서 x를 미소한 변화량 Δx만큼 변화시킵니다. 이때의 y의 변화량은 다음과 같습니다.

$$\Delta y = f(x + \Delta x) - f(x)$$

이때 y의 미소한 변화량 Δy와 x의 미소한 변화량 Δx의 비율은 다음의 식으로 나타냅니다.

$$\frac{\Delta y}{\Delta x} = \frac{f(x + \Delta x) - f(x)}{\Delta x}$$

위의 식에서 Δx의 값을 0에 한없이 가깝게 하는 극한을 생각합시다. 이 극한은 새로운 함수 $f'(x)$로 나타낼 수 있습니다.

$$f'(x) = \lim_{\Delta x \to 0} \frac{f(x + \Delta x) - f(x)}{\Delta x}$$

이 함수 $f'(x)$를 $f(x)$의 '도함수'라고 합니다. 그리고 함수 $f(x)$에서 도함수 $f'(x)$를 얻는 것을 함수 $f(x)$를 '미분'한다고 합니다.
도함수에는 다음과 같이 몇 가지 기술 방식이 있습니다.

$$f'(x) = \frac{df(x)}{dx} = \frac{d}{dx}f(x)$$

5-7-2 미분의 공식

몇 가지 함수는 공식 혹은 그 조합을 사용함으로써 간단하게 도함수를 구할 수 있습니다. 다음에 그러한 미분 공식을 몇 가지 소개합니다.

r을 임의의 실수로서 $f(x) = x^r$로 했을 때, 다음이 성립됩니다.

$$\frac{d}{dx}f(x) = \frac{d}{dx}x^r = rx^{r-1}$$ <공식5.7.1>

또한, 함수의 합 $f(x) + g(x)$를 미분할 때는 각각을 미분하여 더합니다.

$$\frac{d}{dx}(f(x) + g(x)) = \frac{d}{dx}f(x) + \frac{d}{dx}g(x)$$ <공식5.7.2>

함수의 곱 $f(x)g(x)$는 다음과 같이 미분할 수 있습니다.

$$\frac{d}{dx}(f(x)g(x)) = f(x)\frac{d}{dx}g(x) + g(x)\frac{d}{dx}f(x)$$ <공식5.7.3>

상수는 미분 밖으로 뺄 수 있습니다. k를 임의의 상수로 했을 때 다음의 공식이 성립됩니다.

$$\frac{d}{dx}kf(x) = k\frac{d}{dx}f(x)$$ <공식5.7.4>

그럼, 예로서 다음 함수를 미분해봅시다.

$$f(x) = 2x^2 + 3x - 4$$

이 경우, <공식5.7.1> <공식5.7.2> <공식5.7.4>를 사용해서 다음과 같이 미분을 할 수 있습니다.

$$f'(x) = \frac{d}{dx}(2x^2) + \frac{d}{dx}(3x^1) - \frac{d}{dx}(4x^0)$$
$$= 2\frac{d}{dx}(x^2) + 3\frac{d}{dx}(x^1) - 4\frac{d}{dx}(x^0)$$
$$= 4x + 3$$

이상과 같이 공식을 조합해서 다양한 함수의 도함수를 구할 수 있습니다.

5-7-3 합성함수

'합성함수'는 다음과 같이 여러 함수의 합성으로 나타낼 수 있는 함수입니다.

$$y = f(u)$$
$$u = g(x)$$

예를 들어, 함수 $y = (2x^2 + 1)^3$는 다음과 같은 u를 사이에 둔 합성함수로 생각할 수 있습니다.

$$y = u^3$$
$$u = 2x^2 + 1$$

5-7-4 연쇄 법칙

합성함수를 미분하기 위해서는 구성하는 각 함수의 도함수의 곱을 취하면 됩니다. 이것을 '연쇄 법칙chain rule'이라고 합니다. 다음은 연쇄 법칙의 식입니다.

$$\frac{dy}{dx} = \frac{dy}{du}\frac{du}{dx} \qquad \text{<식5.7.1>}$$

여기에서 y가 u의 함수, u가 x의 함수입니다. 이 식을 사용해 y를 x로 미분할 수 있게 됩니다. 예로 다음과 같은 함수를 연쇄 법칙을 사용해 미분해봅시다.

$$y = (4x^3 + 3x^2 + 2x + 1)^3$$

이 식에서 u를 다음과 같이 설정합니다.

$$u = 4x^3 + 3x^2 + 2x + 1$$

이로써 y를 다음과 같이 나타낼 수 있습니다.

$$y = u^3$$

여기에서 <식5.7.1>의 연쇄 법칙의 식을 사용해 y를 x로 미분할 수 있습니다.

$$\frac{dy}{dx} = \frac{dy}{du}\frac{du}{dx}$$
$$= 3u^2(12x^2 + 6x + 2)$$
$$= 3(4x^3 + 3x^2 + 2x + 1)^2(12x^2 + 6x + 2)$$

이처럼 연쇄 법칙을 사용해서 합성함수를 미분할 수 있습니다.

5-7-5 편미분

여러 개의 변수를 가진 함수를 하나의 변수만으로 미분하는 것을 '편미분'이라고 합니다. 편미분할 때 다른 변수는 상수로 취급합니다.
예를 들어 2개의 변수로 이루어진 함수 $f(x,y)$의 편미분은 다음과 같이 나타냅니다.

$$\frac{\partial}{\partial x}f(x,y) = \lim_{\Delta x \to 0} \frac{f(x + \Delta x, y) - f(x, y)}{\Delta x}$$

여기에서는 x만 미소량 Δx만큼 변화시킵니다. 그리고 위의 식에서 Δx를 한없이 0에 가깝게 합니다. y는 미소 변화시키지 않으므로 편미분일 때는 상수처럼 취급합니다.
예로서 다음과 같은 변수 x, y를 갖는 함수의 편미분을 생각해보겠습니다.

$$f(x,y) = 2x^2 + 3xy + 4y^3$$

이 함수를 x로 편미분합니다. y를 상수로 취급하고, 미분의 공식을 이용해 x로 미분합니다. 이것에 의해 다음의 식을 얻을 수 있습니다. 편미분에서는 d가 아닌 ∂기호를 사용합니다.

$$\frac{\partial}{\partial x}f(x,y) = 4x + 3y$$

위와 같은 편미분에 의해 구한 함수를 '편도 함수'라고 합니다. 이 경우에서 편도 함수는 y의 값을 고정했을 때의 x의 변화에 대한 $f(x,y)$의 변화의 비율이 됩니다. $f(x,y)$를 y로 편미분하면 다음과 같습니다. 이 편미분에서는 x는 상수로 취급합니다.

$$\frac{\partial}{\partial y}f(x,y) = 3x + 12y^2$$

이것은 x 값을 고정한 경우의 y의 변화에 대한 $f(x,y)$의 변화의 비율입니다.
편미분을 사용함에 따라 신경망의 특정 파라미터의 미분한 변화가 오차에 미치는 영향을 계산할 수 있게 됩니다.

5-7-6 전미분

2 변수 함수 $z = f(x,y)$의 '전미분'은 다음과 같은 식으로 나타냅니다.

$$dz = \frac{\partial z}{\partial x}dx + \frac{\partial z}{\partial y}dy \qquad \text{<식5.7.2>}$$

x에 의한 편도함수에 x의 미소 변화 dx를 곱한 것과 y에 의한 편도함수에 y의 미소 변화 dy를 곱한 것, 이것들을 합하여 z의 미소 변화 dz로 합니다.
변수가 2개보다 많은 함수도 있을 수 있으므로 조금 더 일반적인 형으로 써봅시다. 다음은 n개의 변수를 가진 함수 z의 전미분입니다. x_i가 각 변수를 나타냅니다.

$$dz = \sum_{i=1}^{n} \frac{\partial z}{\partial x_i}dx_i$$

전미분을 사용하면 다변수 함수의 미소한 변화량을 각 변수에 의한 편도함수와 미소한 변화의 곱의 총합에 의해 구할 수 있습니다. 신경망은 많은 파라미터를 가진 다변수 함수라고 생각할 수 있으므로 전미분이 도움이 됩니다.

5-7-7 다변수의 합성함수를 미분하다

연쇄 법칙을 다변수로 이루어진 합성함수에 적용합니다. 우선은 다음의 합성함수를 생각합시다.

$$z = f(u, v)$$
$$u = g(x)$$
$$v = h(x)$$

z는 u와 v의 함수, u와 v는 각각 x의 함수입니다. 이 합성함수에서 $\frac{dz}{dx}$를 구합니다.

이 경우, <식5.7.2>의 전미분의 식에 의해 다음이 성립됩니다.

$$dz = \frac{\partial z}{\partial u} du + \frac{\partial z}{\partial v} dv$$

이 식의 양변을 미소량 dx로 나눔으로써 합성함수 z의 x에 의한 미분을 다음과 같이 구할 수 있습니다.

$$\frac{dz}{dx} = \frac{\partial z}{\partial u} \frac{du}{dx} + \frac{\partial z}{\partial v} \frac{dv}{dx}$$

이 식을 일반화합시다. u나 v와 같은 매개하는 변수가 m개 있는 경우, 합성함수의 도함수는 다음과 같이 나타낼 수 있습니다.

$$\frac{dz}{dx} = \sum_{i=1}^{m} \frac{\partial z}{\partial u_i} \frac{du_i}{dx}$$

u_i는 위의 u, v와 같은 매개하는 변수입니다. <식5.7.1> 연쇄 법칙의 식에 총합의 기호 Σ를 추가한 것입니다. 다변수로 이뤄진 합성함수는 위와 같이 해서 미분합니다.

5-7-8 네이피어 수의 거듭제곱을 미분

다음의 네이피어 수의 거듭제곱을 생각합시다.

$$y = e^x$$

이 식은 다음과 같이 미분해도 식이 변하지 않는다는 매우 편리한 특성이 있습니다.

$$\frac{dy}{dx} = \lim_{\Delta x \to 0} \frac{e^{x+\Delta x} - e^x}{\Delta x}$$
$$= e^x$$

이 특성으로 네이피어 수는 수학적으로 다루기 쉽고 딥러닝의 다양한 수식에서 활용하고 있습니다.

5.8 손실 함수

손실 함수(오차 함수)는 출력과 정답 사이의 오차를 정의하는 함수입니다. 손실 함수에는 다양한 종류가 있는데 여기에서는 오차 제곱합과 교차 엔트로피 오차, 2개의 손실 함수를 설명합니다.

5-8-1 오차 제곱합

'오차 제곱합'은 출력값과 정답값의 차이를 제곱하고, 모든 출력층의 뉴런에서 총합을 취하는 것으로 정의되는 오차입니다.

오차 제곱합은 E를 오차, n을 출력층의 뉴런 수, y_k를 출력층의 각 출력 값, t_k를 정답값으로

하여 다음과 같은 식으로 많이 나타냅니다.

$$E = \frac{1}{2} \sum_{k=1}^{n} (y_k - t_k)^2$$

y_k와 t_k의 차를 제곱하고, 모든 출력층의 뉴런에서 총합을 취해 $\frac{1}{2}$을 곱합니다. $\frac{1}{2}$을 곱하는 것은 미분 시에 다루기 쉽게 하기 위해서입니다.

오차 제곱합과 같은 오차 함수를 이용하여 신경망의 출력이 어느 정도 정답과 일치하는지를 정량화할 수 있습니다. 오차 제곱합은 정답 및 출력이 연속적인 수치인 경우에 적합합니다.
NumPy의 **sum()** 함수, **square()** 함수를 사용하여 오차 제곱합은 <리스트5.17>처럼 구현할 수 있습니다.

<리스트5.17> 오차 제곱합을 계산하는 함수

```
import numpy as np

def square_sum(y, t):
    return 1.0/2.0 * np.sum(np.square(y - t))   # 오차 제곱합
```

이 **square_sum()** 함수를 <리스트5.18>의 코드로 테스트해봅시다.

<리스트5.18> 오차 제곱합을 계산한다

```
y = np.array([3, 3, 3, 3, 3])   # 출력
t = np.array([2, 2, 2, 2, 2])   # 정답

print(square_sum(y, t))
```

Out ▷ 2.5

출력 **y**는 **3**이 5개인 배열, 정답 **t**는 **2**가 5개인 배열입니다. 이것들의 차의 제곱의 총합은 5이지만 이것을 2로 나누고 있으므로 함수는 **2.5**를 반환합니다. 오차 제곱합이 계산되어있네요. 정답과 출력은 2.5 정도 떨어져 있는 것입니다.

5-8-2 교차 엔트로피 오차

'교차 엔트로피 오차'는 2개의 분포 사이의 편차를 나타내는 척도로 신경망에서 분류를 할 때 많이 사용합니다. 교차 엔트로피 오차는 출력 y_k의 자연 대수와 정답값의 곱의 총합을 마이너스로 한 것으로 나타냅니다.

$$E = -\sum_{k}^{n} t_k \log(y_k)$$ <식5.8.1>

이 식의 의미인데, 다음과 같이 식을 변형한 후에 설명합니다.

$$E = \sum_{k}^{n} t_k(-\log(y_k))$$ <식5.8.2>

신경망에서 분류할 때는 정답값에 1이 하나로 나머지가 0인 one-hot 표현을 많이 사용합니다. 이 경우, 우변의 Σ 내에서 t_k가 1인 항만이 남고, t_k가 0인 항은 사라지게 됩니다. 그 결과, $-\log(y_i)$ $(1 \leq i \leq n)$만이 남게 되는데, 이것에 대해서 그래프로 생각해봅시다.
<리스트5.19>의 코드로 $y = -\log x$를 그래프로 그립니다.

<리스트5.19> 교차 엔트로피 오차 그리기

```
import numpy as np
import matplotlib.pyplot as plt

x = np.linspace(0.01, 1)  # 0은 취할 수 없다
y = -np.log(x)   # -log x

plt.xlabel("x")
plt.ylabel("y")
plt.plot(x, y)
plt.show()
```

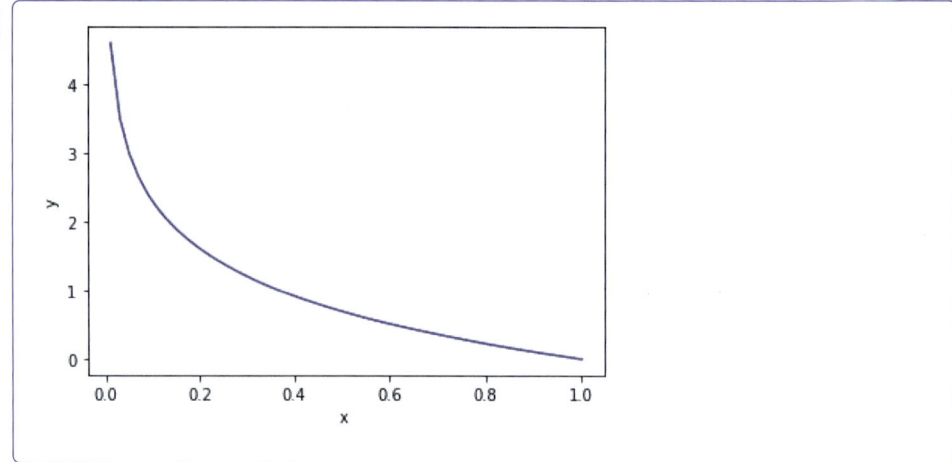

$-\log x$는 x가 1일 때는 0, x가 0에 가까워짐에 따라 무한으로 커집니다. 이러한 $-\log x$의 성질에 의해 $-\log(y_i)$는 정답 1에 가까워질수록 작아지며, 정답에서 멀어짐에 따라 끝없이 커집니다. 따라서 <식5.8.2>의 오차는 출력이 정답에서 멀어지면 끝없이 커지며 출력이 정답에 가까워지면 0에 가까워집니다.

교차 엔트로피의 장점 중 하나는 출력값과 정답값의 격리가 클 때 학습 속도가 빨라진다는 점입니다. 그래프에서도 알 수 있듯이 출력이 정답과 격리하면 오차가 무한을 향해 커지므로 격리가 빨리 해소되게 됩니다.

NumPy의 **sum()** 함수, 및 **log()** 함수를 사용해서 교차 엔트로피 오차를 <리스트5.20>처럼 구현할 수 있습니다.

<리스트5.20> 교차 엔트로피 오차의 계산을 하는 함수

```python
import numpy as np

def cross_entropy(y, t):  # 출력, 정답
    return - np.sum(t * np.log(y + 1e-7))
```

log() 함수의 내용이 0이면 자연 대수가 무한소로 발산하는 오류가 발생하므로 그것을 방지하기 위해서 **y**에 미소한 값 **1e-7**을 더합니다. 이 **cross_entropy()** 함수를 <리스트5.21>의 코드로 테스트해봅시다.

<리스트5.21> 교차 엔트로피 오차를 계산한다

```
y = np.array([0.05, 0.9, 0.02, 0.02, 0.01])  # 출력
t = np.array([0, 1, 0, 0, 0])  # 정답

print(cross_entropy(y, t))
```

```
0.1053604045467214
```

정답과 출력은 0.1 정도 떨어져 있습니다. 출력이 정답과 가깝기에 출력이 정답과 떨어져 있는 경우와 비교해서 오차가 작아졌습니다. 출력과 정답의 격리 정도가 표현되어있는 것이 되겠네요.

5.9 경사 하강법

딥러닝에서는 학습을 위해서 경사 하강법이라는 알고리즘을 사용합니다. 경사 하강법을 사용해 가중치와 바이어스를 조금씩 갱신해서 최적화합니다.

5-9-1 경사 하강법의 개요

'경사 하강법gradient descent'으로는 결과가 최솟값을 향해서 강하하도록 파라미터를 변화시킵니다.
역전파에 있어서는 손실 함수로 구한 오차의 값을 기점으로 신경망을 거슬러 올라가서 가중치 및 바이어스 등의 파라미터 수정을 실시해가는데 이때 경사 하강법을 사용해서 수정량을 결정합니다.

역전파에서의 경사 하강법 이미지를 다음 그림으로 나타냅니다. 오차가 작아지도록 파라미터를 조정합니다.

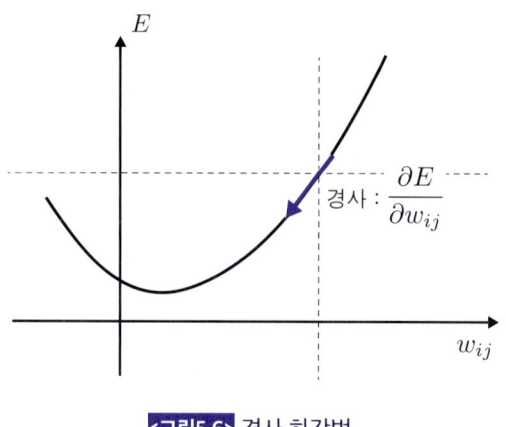

<그림5.6> 경사 하강법

<그림5.6>의 그래프에서는 가로축의 w_{ij}가 가중치, 세로축의 E가 오차입니다. 가중치의 값에 따라 오차는 변동하는데 실제로 이러한 곡선의 형태를 알 수는 없으므로 언저리 곡선의 경사(기울기)에 따라 조금씩 가중치를 수정해나가는 전략이 취해집니다.

망 전체의 파라미터를 이 곡선을 강하하도록 수정해가면 오차를 점차 줄여나갈 수 있습니다. 이때의 각 파라미터의 수정량은 이 곡선의 기울기, 즉 경사로 결정됩니다. 따라서 신경망의 전체 파라미터를 수정하기 위해서 먼저 필요한 것은 전체 파라미터에 관해서 오차의 '경사'를 구하는 것이 됩니다.

경사 하강법에 의해 가중치와 바이어스 갱신은 w를 가중치, b를 바이어스, E를 오차로 다음 식으로 나타낼 수 있습니다.

$$w \leftarrow w - \eta \frac{\partial E}{\partial w}$$ <식5.9.1>

$$b \leftarrow b - \eta \frac{\partial E}{\partial b}$$ <식5.9.2>

이러한 식에서 화살표는 파라미터 갱신을 나타냅니다.

η는 '학습 계수'라는 상수로, 학습 속도를 결정하는 상수입니다. $\frac{\partial E}{\partial w}$와 $\frac{\partial E}{\partial b}$가 경사로, 편미분을 사용해서 표현됩니다.

η에는 0.1이나 0.01 등의 작은 값을 사용하는 경우가 많은데, 너무 작으면 학습에 시간이 걸리는 문제가 발생합니다. 그러나 η가 너무 커도 오차가 수렴되기 어려워지는 문제가 발생합니다. <식5.9.1> <식5.9.2>의 경사, $\frac{\partial E}{\partial w}$와 $\frac{\partial E}{\partial b}$인데 도출하기 위해서는 수학적인 테크닉이 필요합니다. 이것에 대해서는 **5.10**절 이후에서 설명합니다. 전체 경사를 구한 후, <식5.9.1> <식5.9.2>에 의거해 전체 파라미터를 갱신하게 됩니다.

5-9-2 경사 구하는 법

경사 구하는 법에 대해서 개요를 설명합니다. 경사만 구하면 <식5.9.1> <식5.9.2>에 따라 파라미터를 갱신할 수 있습니다.

<그림5.7>에 나타낸 3층 신경망을 상정합니다.

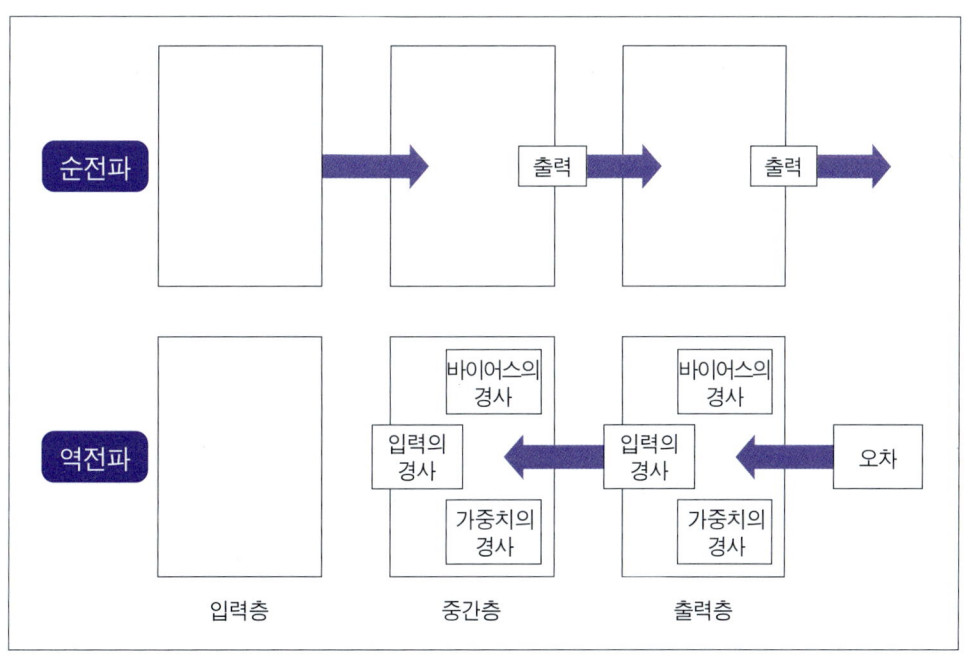

<그림5.7> 3층의 신경망에서의 역전파

<그림5.7>의 신경망에는 입력층, 중간층, 출력층의 3층이 있고, 중간층과 출력층에 가중치와 바이어스가 있습니다. 입력층은 입력을 받고, 다음 층에 넘길 뿐이므로 가중치와 바이어스는 없습니다.

출력층에서는 오차로부터 가중치와 바이어스의 경사를 구합니다. 또한, 출력층으로의 입력의 경사도 마찬가지로 구합니다. 여기에서의 '경사'는 오차를 미분한 것이라는 의미가 됩니다.
순전파에서는 층의 출력을 위에서 아래로 전파시키지만, 역전파에서는 이 입력의 경사를 아래에서 위로 전파시킵니다.

역전파에서 중간층은 출력층으로의 입력의 경사를 받고 이것을 바탕으로 가중치와 바이어스의 경사, 게다가 중간층으로의 입력의 경사를 계산하게 됩니다. 즉, 입력의 경사가 망을 거슬러 올라가게 됩니다. 이 부분의 상세한 내용에 대해서는 **5.10**절에서 설명합니다.

또한, 층수가 4층 이상으로 늘어나도 입력의 경사를 아래에서 위로 전파시키는 것으로 출력층 이외는 전부 같은 방법으로 각 경사를 구할 수 있습니다. 그러므로 3층 신경망에서 각 파라미터의 경사를 구할 수 있다면 층수가 더 늘어나도 대응할 수 있게 됩니다.

5.10 출력층의 경사

이후, 3층 신경망에서의 중간층, 출력층의 각 경사를 도출해갑니다. 먼저 오차에 가까운 출력층의 각 경사를 도출해갑니다. 출력층에서 구한 입력의 경사는 중간층으로 전파하게 됩니다.

5-10-1 수식상 표기에 대해서

수식을 사용해서 출력층의 각 경사를 구해가는데, 그 전에 변수, 첨자 및 뉴런 수에 대해서 법칙을 정해둡니다.

각 층에서의 뉴런의 첨자와 뉴런 수에 대해서는 다음 <표5.1>과 같이 설정합니다.

<표5.1> 각 층의 뉴런의 첨자와 뉴런 수

층	뉴런의 첨자	뉴런 수
입력층	i	l
중간층	j	m
출력층	k	n

또한, 이 절의 수식에서 사용하는 변수는 다음과 같습니다.

w_{jk} : 가중치
b_k : 바이어스
u_k : (입력×가중치)의 총합 + 바이어스
x_j : 출력층으로의 입력
y_k : 출력층으로부터의 출력

가중치 w_{jk}에는 중간층이 관계하므로 첨자는 j와 k의 2개가 됩니다. 또한, 출력층으로의 입력 x_j는 중간층의 출력과 같으므로 첨자는 j로 합니다.

5-10-2 가중치의 경사

출력층에서의 가중치와 바이어스의 경사를 도출해갑시다. 우선은 가중치의 경사 $\frac{\partial E}{\partial w_{jk}}$를 도출합니다. 가중치의 경사는 연쇄 법칙을 사용해서 다음과 같이 전개할 수 있습니다.

$$\frac{\partial E}{\partial w_{jk}} = \frac{\partial E}{\partial u_k}\frac{\partial u_k}{\partial w_{jk}}$$ <식5.10.1>

여기에서 우변의 $\frac{\partial u_k}{\partial w_{jk}}$부분은 다음과 같이 구할 수 있습니다.

$$\begin{aligned}\frac{\partial u_k}{\partial w_{jk}} &= \frac{\partial (\sum_{q=1}^{m} x_q w_{qk} + b_k)}{\partial w_{jk}} \\ &= \frac{\partial}{\partial w_{jk}}(x_1 w_{1k} + x_2 w_{2k} + \cdots + x_j w_{jk} + \cdots + x_m w_{mk} + b_k) \\ &= x_j\end{aligned}$$

<식5.10.2>

이 식에서 첨자 q는 Σ에 의한 총합을 위해 편의상 사용하는 것뿐이므로 특별히 의미는 없습니다.

편미분한 결과, w_{jk}가 관련된 항 이외에는 전부 0이 되어 x_j만이 남습니다.

<식5.10.1> 우변의 $\frac{\partial E}{\partial u_k}$인데 연쇄 법칙에 따라 다음과 같이 됩니다.

$$\frac{\partial E}{\partial u_k} = \frac{\partial E}{\partial y_k} \frac{\partial y_k}{\partial u_k}$$

오차를 출력층의 뉴런 출력으로 편미분한 것과 그 출력을 u_k로 편미분한 것의 곱이 됩니다. 전자는 손실 함수를 편미분하는 것으로, 후자는 활성화 함수를 편미분하는 것으로 구할 수 있습니다.

여기에서 다음과 같이 δ_k를 설정해둡니다.

$$\delta_k = \frac{\partial E}{\partial u_k} = \frac{\partial E}{\partial y_k} \frac{\partial y_k}{\partial u_k} \qquad \text{<식5.10.3>}$$

이 δ_k은 바이어스의 경사를 구할 때도 사용합니다. <식5.10.2>와 <식5.10.3>에 의해 <식5.10.1>은 다음의 형이 됩니다.

・[가중치의 경사]

$$\frac{\partial E}{\partial w_{jk}} = x_j \delta_k$$

가중치의 경사 $\frac{\partial E}{\partial w_{jk}}$를 x_j와 δ_k의 곱으로 간단히 나타낼 수 있었습니다.

5-10-3 바이어스의 경사

바이어스의 경사도 가중치의 경사와 마찬가지로 해서 구할 수 있습니다. 여기에서도 연쇄 법칙을 사용합니다.

$$\frac{\partial E}{\partial b_k} = \frac{\partial E}{\partial u_k}\frac{\partial u_k}{\partial b_k}$$ <식5.10.4>

여기에서 우변의 $\frac{\partial u_k}{\partial b_k}$의 부분은 다음과 같이 됩니다.

$$\begin{aligned}\frac{\partial u_k}{\partial b_k} &= \frac{\partial \left(\sum_{q=1}^{m} x_q w_{qk} + b_k\right)}{\partial b_k} \\ &= \frac{\partial}{\partial b_k}(x_1 w_{1k} + x_2 w_{2k} + \cdots + x_j w_{jk} + \cdots + x_m w_{mk} + b_k) \\ &= 1\end{aligned}$$

<식5.10.4>에서의 $\frac{\partial E}{\partial u_k}$는 가중치의 경사의 경우와 같습니다. 마찬가지로 δ_k로 함으로써 <식5.10.4>는 다음의 형이 됩니다.

- **[바이어스의 경사]**

$$\frac{\partial E}{\partial b_k} = \delta_k$$

이렇게 바이어스의 경사는 δ_k에 같아집니다. 가중치와 바이어스의 경사를 각각 δ_k를 사용한 간단한 식으로 나타낼 수 있었습니다.

5-10-4 입력의 경사

중간층에서 각 경사를 계산하기 위해서는 출력층 입력의 경사 $\frac{\partial E}{\partial x_j}$가 필요합니다.
이것은 다변수의 합성함수의 연쇄 법칙을 사용하여 다음과 같이 구합니다.

$$\frac{\partial E}{\partial x_j} = \sum_{r=1}^{n} \frac{\partial E}{\partial u_r}\frac{\partial u_r}{\partial x_j}$$ <식5.10.5>

$\frac{\partial E}{\partial u_r}\frac{\partial u_r}{\partial x_j}$를 출력층의 모든 뉴런에서 더하기만 하면 됩니다. 첨자 r은 Σ에 의한 총합을 위해서 편의상 사용하고 있을 뿐이므로 특별히 의미는 없습니다.

위의 식에서의 $\frac{\partial u_r}{\partial x_j}$는 다음과 같이 구할 수 있습니다.

$$\frac{\partial u_r}{\partial x_j} = \frac{\partial \left(\sum_{q=1}^{m} x_q w_{qr} + b_r \right)}{\partial x_j}$$

$$= \frac{\partial}{\partial x_j}(x_1 w_{1r} + x_2 w_{2r} + \cdots + x_j w_{jr} + \cdots + x_m w_{mr} + b_r)$$

$$= w_{jr}$$

여기에서 <식5.10.3>과 마찬가지로 δ_r를 설정합니다.

$$\delta_r = \frac{\partial E}{\partial u_r}$$

이로써 <식5.10.5>는 다음의 형이 됩니다.

- **[입력의 경사]**

$$\frac{\partial E}{\partial x_j} = \sum_{r=1}^{n} \delta_r w_{jr}$$

δ_r와 w_{jr}의 곱의 총합으로서 출력층에서의 입력의 경사를 간단하게 나타낼 수 있었습니다.

5-10-5 항등 함수+오차 제곱합의 적용

신경망의 출력을 범위에 제한이 없는 연속값으로 하고 싶은 경우는 활성화 함수에 항등 함수, 손실 함수에 오차 제곱합을 많이 사용합니다. 이 경우의 각 경사를 도출해봅시다.

처음에 δ_k를 구하는데 이번은 <식5.10.3>을 다음의 형으로 사용합니다.

$$\delta_k = \frac{\partial E}{\partial y_k} \frac{\partial y_k}{\partial u_k} \qquad \text{<식5.10.6>}$$

이 식에서 먼저 $\frac{\partial E}{\partial y_k}$를 구합니다. 이것은 손실 함수인 오차 제곱합을 출력 y_k로 편미분하는 것에 의해 구할 수 있습니다.

$$\begin{aligned}\frac{\partial E}{\partial y_k} &= \frac{\partial}{\partial y_k}(\frac{1}{2}\sum_k (y_k - t_k)^2) \\ &= \frac{\partial}{\partial y_k}(\frac{1}{2}(y_0 - t_0)^2 + \frac{1}{2}(y_1 - t_1)^2 + \\ &\quad \cdots + \frac{1}{2}(y_k - t_k)^2 + \cdots + \frac{1}{2}(y_n - t_n)^2) \\ &= y_k - t_k\end{aligned}$$

<식5.10.7>

오차 제곱합의 계수 $\frac{1}{2}$이 2를 지우기 위해서 사용됩니다.

다음으로 $\frac{\partial y_k}{\partial u_k}$을 구합니다. 이것은 활성화 함수를 편미분함으로써 구할 수 있습니다. 활성화 함수는 입력이 그대로 출력되는 항등 함수이므로 다음과 같이 편미분합니다.

$$\frac{\partial y_k}{\partial u_k} = \frac{\partial u_k}{\partial u_k} = 1$$

이 식과 <식5.10.7>을 사용해서 <식5.10.6>은 다음과 같이 됩니다.

$$\delta_k = y_k - t_k$$

δ_k를 구했습니다. 이것을 사용하면 앞에서 도출한 [가중치의 경사] [바이어스의 경사] [입력의 경사] 식은 다음과 같습니다.

$$\delta_k = y_k - t_k$$

$$\frac{\partial E}{\partial w_{jk}} = x_j \delta_k$$

$$\frac{\partial E}{\partial b_k} = \delta_k$$

$$\frac{\partial E}{\partial x_j} = \sum_{r=1}^{n} \delta_r w_{jr}$$

항등 함수+오차 제곱합 경우의 각 경사를 간단하게 계산할 수 있는 형으로 나타낼 수 있었습니다.

5-10-6 소프트맥스 함수+교차 엔트로피 오차의 적용

여러 개의 그룹에서 선택하는 분류 문제의 경우에서 각 경사를 도출해봅시다. 이 경우, 활성화 함수에는 소프트맥스 함수, 손실 함수에는 교차 엔트로피 오차가 많이 사용됩니다.

처음에 δ_k를 구합시다. 이번은 <식5.10.3>을 다음 형으로 사용합니다.

$$\delta_k = \frac{\partial E}{\partial u_k} \qquad \text{<식5.10.8>}$$

또한, 손실 함수인 교차 엔트로피 오차와 활성화 함수인 소프트맥스 함수는 다음의 형으로 나타냅니다.

$$E = -\sum_k t_k \log(y_k) \qquad \text{<식5.10.9>}$$

$$y_k = \frac{\exp(u_k)}{\sum_k \exp(u_k)} \qquad \text{<식5.10.10>}$$

여기에서 $\sum_k$는 출력층의 전 뉴런에서의 총합을 나타냅니다. <식5.10.9>에 <식5.10.10>을 대입하면 다음과 같습니다.

$$E = -\sum_k t_k \log\left(\frac{\exp(u_k)}{\sum_k \exp(u_k)}\right)$$

위의 식은 $\log \frac{p}{q} = \log p - \log q$의 관계에 따라 다음과 같이 변형할 수 있습니다.

$$\begin{aligned} E &= -\sum_k \left(t_k \log(\exp(u_k)) - t_k \log \sum_k \exp(u_k) \right) \\ &= -\sum_k \left(t_k \log(\exp(u_k)) \right) + \sum_k \left(t_k \log \sum_k \exp(u_k) \right) \\ &= -\sum_k \left(t_k \log(\exp(u_k)) \right) + \left(\sum_k t_k\right)\left(\log \sum_k \exp(u_k)\right) \end{aligned} \qquad \text{<식5.10.11>}$$

여기에서 $\log(\exp(x)) = x$이며, 분류 문제의 정답값은 1개만 1로 나머지는 0이므로 $\sum_k t_k = 1$입니다. 따라서 <식5.10.11>은 다음과 같이 됩니다.

$$E = -\sum_k t_k u_k + \log \sum_k \exp(u_k)$$

이것을 <식5.10.8>에 대입하고, 다음과 같이 δ_k를 구할 수 있습니다.

$$\begin{aligned}
\delta_k &= \frac{\partial E}{\partial u_k} \\
&= \frac{\partial}{\partial u_k}\left(-\sum_k t_k u_k + \log \sum_k \exp(u_k)\right) \\
&= -t_k + \frac{\exp(u_k)}{\sum_k \exp(u_k)} \\
&= -t_k + y_k \\
&= y_k - t_k
\end{aligned}$$

결과적으로 δ_k는 항등 함수+오차 제곱합의 경우와 같은 형이 되었습니다. 이것을 사용하면 [가중치의 경사] [바이어스의 경사] [입력의 경사] 식은 다음과 같이 됩니다.

$$\delta_k = y_k - t_k$$

$$\frac{\partial E}{\partial w_{jk}} = x_j \delta_k$$

$$\frac{\partial E}{\partial b_k} = \delta_k$$

$$\frac{\partial E}{\partial x_j} = \sum_{r=1}^{n} \delta_r w_{jr}$$

소프트맥스 함수+교차 엔트로피 오차인 경우의 각 경사를 간단하게 계산할 수 있는 형으로 나타낼 수 있었습니다.

5.11 중간층의 경사

출력층의 다음에 중간층에서의 각 경사를 도출합시다. 중간층에서는 출력층에서 구한 입력의 경사를 사용합니다.

5-11-1 수식상 표기에 대해서

이전 절과 마찬가지로 각 층에서의 뉴런의 첨자와 뉴런 수를 <표5.2>와 같이 설정합니다.

<표5.2> 각 층에서의 뉴런의 첨자와 뉴런 수

층	뉴런의 첨자	뉴런 수
입력층	i	l
중간층	j	m
출력층	k	n

이 절의 수식에서 사용하는 변수는 다음과 같습니다.

w_{ij} : 가중치
b_j : 바이어스
u_j : (입력×가중치)의 총합 + 바이어스
x_i : 출력층으로의 입력
y_j : 출력층으로부터의 출력

가중치 w_{ij}에는 입력층이 관계하므로 첨자는 i와 j 2개가 됩니다. 또한, 중간층으로의 입력 x_i는 입력층의 출력과 같으므로 첨자는 i로 합니다.

5-11-2 가중치의 경사

중간층에서의 가중치와 바이어스의 경사를 도출해갑시다. 우선은 가중치의 경사 $\frac{\partial E}{\partial w_{ij}}$를 도출합니다. 가중치의 경사는 연쇄 법칙을 사용해서 다음과 같이 전개할 수 있습니다.

$$\frac{\partial E}{\partial w_{ij}} = \frac{\partial E}{\partial u_j}\frac{\partial u_j}{\partial w_{ij}} \qquad \text{<식5.11.1>}$$

여기에서 우변의 $\frac{\partial u_j}{\partial w_{ij}}$ 부분은 다음과 같이 구할 수 있습니다.

$$\begin{aligned}\frac{\partial u_j}{\partial w_{ij}} &= \frac{\partial\left(\sum_{p=1}^{l} x_p w_{pj} + b_j\right)}{\partial w_{ij}} \\ &= \frac{\partial}{\partial w_{ij}}(x_1 w_{1j} + x_2 w_{2j} + \cdots + x_i w_{ij} + \cdots + x_l w_{lj} + b_j) \\ &= x_i \end{aligned} \qquad \text{<식5.11.2>}$$

지금까지는 출력층의 경우와 거의 같네요. 첨자 p는 Σ에 의한 총합이기 때문에 편의상 사용하고 있을 뿐이므로 특별히 의미는 없습니다.

<식5.11.1>의 우변 $\frac{\partial E}{\partial u_j}$인데 연쇄 법칙에 따라 다음과 같이 됩니다.

$$\frac{\partial E}{\partial u_j} = \frac{\partial E}{\partial y_j}\frac{\partial y_j}{\partial u_j} \qquad \text{<식5.11.3>}$$

이 식의 우변 $\frac{\partial y_j}{\partial u_j}$는 활성화 함수의 편미분에 의해 구할 수 있습니다.
$\frac{\partial E}{\partial y_j}$는 중간층의 출력 경사인데 출력층으로의 입력의 경사 $\frac{\partial E}{\partial x_j}$와 같습니다. 이것은 이전 절에서 구했습니다.
이 $\frac{\partial E}{\partial x_j}$를 사용해서 <식5.11.3>을 다음과 같이 δ로 나타냅니다.

$$\delta_j = \frac{\partial E}{\partial u_j} = \frac{\partial E}{\partial x_j}\frac{\partial y_j}{\partial u_j} \qquad \text{<식5.11.4>}$$

이처럼 δ_j를 구하기 위해서는 출력층에서 구한 $\frac{\partial E}{\partial x_j}$를 사용하게 됩니다. 신경망을 거슬러 올라가게 되는 거네요.

<식5.11.2>와 <식5.11.4>를 사용하면 <식5.11.1>은 다음의 형이 됩니다.

- **[가중치의 경사]**

$$\frac{\partial E}{\partial w_{ij}} = x_i \delta_j$$

출력층의 경우와 마찬가지로 간단한 형으로 가중치의 경사를 나타낼 수 있었습니다.

5-11-3 바이어스, 입력의 경사

바이어스의 경사도 가중치의 경사와 마찬가지로 연쇄 법칙을 사용해서 구합니다.

$$\frac{\partial E}{\partial b_j} = \frac{\partial E}{\partial u_j} \frac{\partial u_j}{\partial b_j} \qquad \text{<식5.11.5>}$$

여기에서 우변 $\frac{\partial u_j}{\partial b_j}$의 부분은 다음과 같이 됩니다.

$$\frac{\partial u_j}{\partial b_j} = \frac{\partial \left(\sum_{p=1}^{l} x_p w_{pj} + b_j \right)}{\partial b_j}$$
$$= \frac{\partial}{\partial b_j}(x_1 w_{1j} + x_2 w_{2j} + \cdots + x_i w_{ij} + \cdots + x_l w_{lj} + b_j)$$
$$= 1$$

이 식과 <식5.11.4>에 의해 <식5.11.5>를 다음과 같이 나타낼 수 있습니다.

- **[바이어스의 경사]**

$$\frac{\partial E}{\partial b_j} = \delta_j$$

이처럼 바이어스의 경사는 출력층과 마찬가지로 δ_j와 같아집니다.

이 층의 위에 다시 중간층이 있는 경우는 출력의 경우와 마찬가지로 해서 다음과 같이 입력의 경사 $\frac{\partial E}{\partial x_i}$를 구하고 전파시키게 됩니다.

- **[입력의 경사]**

$$\frac{\partial E}{\partial x_i} = \sum_{q=1}^{m} \delta_q w_{iq}$$

5-11-4 활성화 함수의 적용

시험삼아 활성화 함수로서 시그모이드 함수를 적용해봅시다.

먼저 <식5.11.4>를 다음의 형으로 사용해서 δ_j를 구합니다.

$$\delta_j = \frac{\partial E}{\partial x_j} \frac{\partial y_j}{\partial u_j} \qquad \text{<식5.11.6>}$$

우변의 $\frac{\partial y_j}{\partial u_j}$를 구하기 위해서 활성화 함수를 편미분합시다.

시그모이드 함수를 $f(x)$로 했을 때, 그 도함수 $f'(x)$는 다음과 같습니다.

$$f'(x) = (1 - f(x))f(x)$$

따라서 <식5.11.6> 우변의 $\frac{\partial y_j}{\partial u_j}$는 다음과 같이 됩니다.

$$\frac{\partial y_j}{\partial u_j} = (1 - y_j)y_j$$

이것을 <식5.11.6>에 대입하면 δ_j를 다음과 같이 나타낼 수 있습니다.

$$\delta_j = \frac{\partial E}{\partial x_j}(1 - y_j)y_j$$

이 δ_j와 [가중치의 경사] [바이어스의 경사] [입력의 경사] 식을 사용해서 중간층에서 계산해야 하는 경사를 다음과 같이 나타낼 수 있습니다.

$$\delta_j = \frac{\partial E}{\partial x_j}(1-y_j)y_j$$

$$\frac{\partial E}{\partial w_{ij}} = x_i \delta_j$$

$$\frac{\partial E}{\partial b_j} = \delta_j$$

$$\frac{\partial E}{\partial x_i} = \sum_{q=1}^{m} \delta_q w_{iq}$$

이상과 같이 중간층에서도 각 경사를 간단하게 계산할 수 있는 형으로 나타낼 수 있습니다.

5.12 에포크와 배치

훈련 데이터를 다룰 때 중요한 에포크와 배치의 개념에 관해서 설명합니다.

5-12-1 에포크와 배치

훈련 데이터를 1회 다 써서 학습하는 것을 1 '에포크epoch'로 셉니다. 1 에포크로 훈련 데이터를 중복하지 않고 전부 얼추 사용하게 됩니다.
훈련 데이터의 샘플(입력과 정답의 페어)은 여러 개를 합쳐서 학습에 사용합니다. 이 그룹을 '배치batch'라고 합니다. 훈련 데이터는 1 에포크마다 여러 개의 배치로 분할됩니다.

훈련 데이터와 배치의 관계를 <그림5.8>에 나타냅니다.

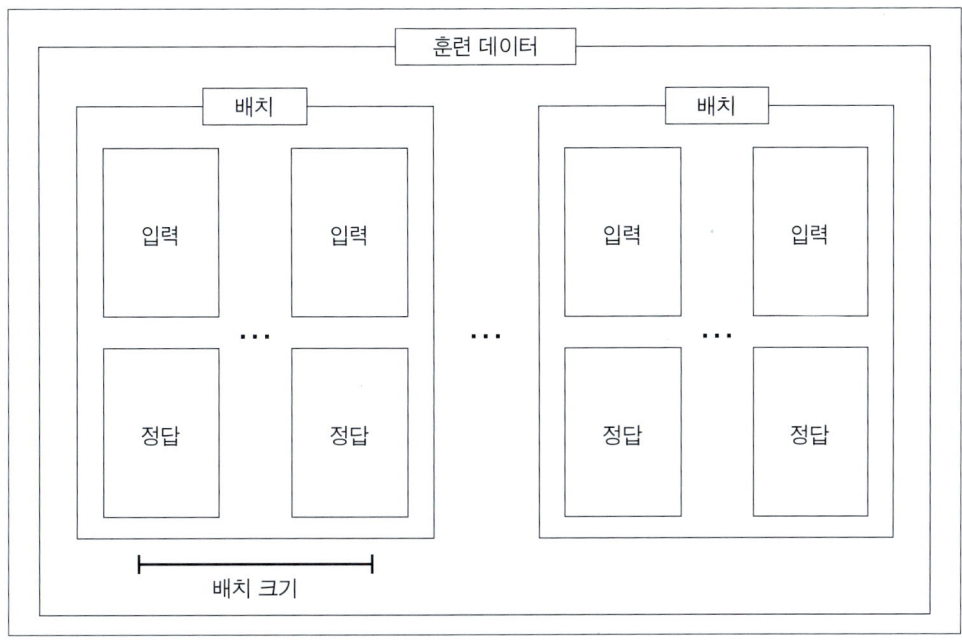

<그림5.8> 훈련 데이터와 배치

배치에 포함되는 샘플 수를 '배치 크기'라고 합니다. 학습 시는 배치 내의 모든 샘플을 한번에 사용해서 경사를 계산하고 파라미터의 갱신이 이뤄집니다. 배치 크기는 기본적으로 학습 중 계속 일정합니다. 이 배치 크기에 의해 학습 타입은 이후 설명하는 세 가지로 나눌 수 있습니다.

5-12-2 배치 학습

'배치 학습'에서는 훈련 데이터 전체가 1개의 배치가 됩니다. 즉, 배치 크기가 전 훈련 데이터의 샘플 수가 됩니다. 1 에포크마다 전 훈련 데이터를 한번에 사용해 오차를 계산하고, 역전파에 의해 학습을 합니다. 파라미터는 1 에포크마다 갱신합니다.

배치 학습에서의 오차는 훈련 데이터 수를 N, 개개의 샘플 오차를 E_i로서 다음과 같이 정의 됩니다.

$$E = \frac{1}{N} \sum_{i=1}^{N} E_i$$

또한, 파라미터 w의 경사는 다음과 같이 해서 구할 수 있습니다.

$$\frac{\partial E}{\partial w} = \sum_{i=1}^{N} \frac{\partial E_i}{\partial w}$$

파라미터의 경사를 배치 내의 개개의 데이터마다 계산하고 그것을 합계하면 됩니다. 이 계산은 행렬을 활용하는 것에 의해 효과적으로 할 수 있습니다.
일반적으로 배치 학습은 안정되어있으며, 다른 2개의 학습 타입과 비교해서 고속인데, 국소적인 최적해에 얽매이기 쉽다는 결점이 있습니다.

5-12-3 미니 배치 학습

'미니 배치 학습'에서는 훈련 데이터를 작은 배치로 분할하고, 이 작은 배치마다 학습합니다. 배치 학습보다도 배치 크기가 작고, 배치는 통상 랜덤으로 선택되므로 배치 학습과 비교해서 국소적인 최적해에 쉽게 얽매이지 않는다는 장점이 있습니다.
또한, 다음 항에서 언급하는 온라인 학습보다는 배치 크기 때문에 잘못된 방향으로 학습이 진행되는 위험을 줄일 수 있습니다.
미니 배치 학습에서의 오차인데, 배치 크기를 $n(n \leq N)$로서 다음과 같이 정의됩니다.

$$E = \frac{1}{n} \sum_{i=1}^{n} E_i$$

또한, 파라미터의 경사는 다음과 같이 샘플마다 계산한 경사의 총합을 취해서 구할 수 있습니다.

$$\frac{\partial E}{\partial w} = \sum_{i=1}^{n} \frac{\partial E_i}{\partial w}$$

상기는 배치 학습의 경우와 마찬가지로 행렬 연산을 사용해서 한번에 계산할 수 있습니다.

5-12-4 온라인 학습

'온라인 학습'에서는 배치 크기가 1이 됩니다. 즉, 샘플마다 오차를 계산하고 역전파에 의해 학습을 하게 됩니다. 개개의 샘플마다 가중치와 바이어스가 갱신됩니다.

개개의 샘플 데이터에 휘둘리기 때문에 안정성은 떨어지지만, 오히려 국소 최적해에 잘 얽매이지 않는다는 장점이 있습니다.

이번 장에서 지금까지 설명해온 경사를 구하는 법은 온라인 학습의 것인데, 경사를 배치 내에서 합계하면 배치 학습 및 미니 배치 학습에도 적용할 수 있습니다.

5-12-5 학습의 예

훈련 데이터의 샘플 수를 10000으로 합니다. 이 샘플을 전부 사용하면 1 에포크가 됩니다.
배치 학습의 경우, 배치 크기는 10000으로 1 에포크당 1회 파라미터가 갱신됩니다.
온라인 학습의 경우, 배치 크기는 1로, 에포크당 10000회 파라미터의 갱신이 이뤄집니다.
미니 배치 학습의 경우 배치 크기를 예를 들어 50으로 설정하면 1 에포크당 200회 파라미터 갱신이 이뤄집니다.
미니 배치 학습에서 배치 크기가 학습 시간 및 성능에 적지 않은 영향을 주는 것은 경험적으로 알려져 있습니다. 배치 크기의 최적화는 상당히 어려운 것인데 일반적으로는 10-100 정도의 배치 크기를 설정하는 경우가 많은 것 같습니다.

5.13 최적화 알고리즘

경사 하강법에서는 각 파라미터를 그 경사를 사용하여 조금씩 조정해 오차가 최소가 되도록 망을 최적화합니다. 최적화 알고리즘은 그 최적화하기 위한 구체적인 알고리즘입니다.

5-13-1 최적화 알고리즘의 개요

'최적화 알고리즘Optimizer'은 오차를 최소화하기 위한 구체적인 알고리즘입니다. 비유하면 눈을 감은 채 걸어서 골짜기 밑을 향하기 위한 전략입니다. 아무것도 보이지 않기 때문에 발밑의 경사만을 의지합니다.
다음은 전략을 생각할 때 고려해야 할 요소의 예입니다.

- 발밑의 경사
- 지금까지의 경로
- 경과 시간
    기타 등등...

전략을 잘못 짜면 국소적인 함몰에 사로잡힐 수도 있고, 골짜기 밑까지 도달하는 데 시간이 너무 걸릴 수도 있습니다. 그러한 의미에서 효율적인 최적해로 도달하기 위해 최적화 알고리즘의 선택은 중요합니다. 지금까지 다양한 최적화 알고리즘이 고안되어왔는데 이번은 이 중 대표적인 것을 몇 개 소개합니다.

5-13-2 확률적 경사 하강법 SGD

확률적 경사 하강법(Stochastic Gradient Descent, SGD)은 파라미터의 갱신마다 랜덤하게 배치를 골라내는 최적화 알고리즘입니다.
다음은 확률적 경사 하강법에 의한 파라미터 w의 갱신식입니다.

$$w \leftarrow w - \eta \frac{\partial E}{\partial w}$$

5.9절에서 경사 하강법의 설명에 사용한 것은 위의 식입니다. 훈련용의 데이터로부터 갱신마다 랜덤으로 배치를 골라내기 때문에 국소적인 최적해에 쉽게 사로잡히지 않는 장점이 있습니다.
학습 계수와 경사를 곱해 간단하게 갱신량을 결정하므로 구현이 간단한 것도 장점의 하나입니다.
다만, 학습 진행 상황에 따라 유연하게 갱신량을 조정할 수 없는 것이 문제점입니다.

5-13-3 모멘텀

'모멘텀Momentum'은 확률적 경사 하강법에 이른바 '관성'항을 더한 알고리즘입니다.
다음은 모멘텀에 의한 파라미터 w의 갱신식입니다.

$$w \leftarrow w - \eta \frac{\partial E}{\partial w} + \alpha \Delta w$$

이 식에서 α는 관성의 강도를 결정하는 상수, Δw는 이전 회의 갱신량입니다.
관성항 $\alpha \Delta w$에 의해 새로운 갱신량은 과거의 갱신량의 영향을 받게 됩니다.
이로 인해 갱신량의 급격한 변화를 방지하고 파라미터의 갱신은 좀 더 매끄럽게 됩니다.
한편, SGD와 비교하여 설정이 필요한 상수가 η와 α의 2개로 증가하므로 이들의 조정에 시간이 걸리는 문제점이 발생합니다.

5-13-4 아다그라드

'아다그라드AdaGrad'는 갱신량이 자동적으로 조정하는 것이 특징입니다. 학습을 진행하면 학습율이 점차 작아져 갑니다.
다음은 AdaGrad에 의한 파라미터 w의 갱신식입니다.

$$h \leftarrow h + (\frac{\partial E}{\partial w})^2$$

$$w \leftarrow w - \eta \frac{1}{\sqrt{h}} \frac{\partial E}{\partial w}$$

이 식에서는 갱신할 때마다 h가 반드시 증가합니다. 이 h는 위의 아래 식의 분모에 있기에 파라미터의 갱신을 거듭하면 반드시 감소하게 됩니다. 총갱신량이 적은 파라미터는 새로운 갱신량이 커지며, 총갱신량이 많은 파라미터는 새로운 갱신량이 적어집니다. 이로써 넓은 영역부터 점차 탐색 범위를 좁혀 효율적인 탐색을 할 수 있습니다.
AdaGrad에는 조정해야 하는 상수가 η밖에 없어서 최적화를 고민하지 않고 끝난다는 장점이 있습니다. AdaGrad의 단점은 갱신량이 항상 감소하므로 도중에 갱신량이 거의 0으로 되어버려서 학습이 진행하지 않게 되는 파라미터가 많이 생길 가능성이 있다는 점입니다.

5-13-5 RMSProp

'RMSProp'에서는 AdaGrad의 갱신량 저하로 학습이 정체되는 문제가 극복되고 있습니다.
다음은 RMSProp에 의한 파라미터 w의 갱신식입니다.

$$h \leftarrow \rho h + (1 - \rho)(\frac{\partial E}{\partial w})^2$$

$$w \leftarrow w - \eta \frac{1}{\sqrt{h}} \frac{\partial E}{\partial w}$$

ρ에 의해 과거의 h를 어떤 비율로 '망각한다'를 합니다. 이로써 갱신량이 저하된 파라미터라도 다시 학습을 진행하게 됩니다.

5-13-6 Adam

'Adam(Adaptive moment estimation)'은 다양한 최적화 알고리즘의 좋은 점을 겸비합니다. 그러므로 종종 다른 알고리즘보다도 높은 성능을 발휘할 수 있습니다.

다음은 Adam에 의한 파라미터 w의 갱신식입니다.

$$m_0 = v_0 = 0$$
$$m_t = \beta_1 m_{t-1} + (1 - \beta_1)\frac{\partial E}{\partial w}$$
$$v_t = \beta_2 v_{t-1} + (1 - \beta_2)(\frac{\partial E}{\partial w})^2$$
$$\hat{m}_t = \frac{m_t}{1 - \beta_1^t}$$
$$\hat{v}_t = \frac{v_t}{1 - \beta_2^t}$$
$$w \leftarrow w - \eta \frac{\hat{m}_t}{\sqrt{\hat{v}_t} + \epsilon}$$

상수에는 $\beta_1, \beta_2, \eta, \epsilon$ 4개가 있습니다. t는 파라미터의 갱신 횟수입니다.

대략적으로 Momentum과 AdaGrad를 통합한 것 같은 알고리즘으로 되어있습니다. 상수의 수가 많은데 원본 논문에는 권장 파라미터가 기재되어있습니다.

- Adam: A Method for Stochastic Optimization
  URL https://arxiv.org/abs/1412.6980

조금 복잡한 식이지만 Keras, PyTorch 등의 프레임워크를 사용하면 Optimizer에 Adam을 지정하는 것만으로 간단하게 구현할 수 있습니다.

5.14 연습

출력층에서의 가중치와 바이어스의 경사를 자력으로 도출해봅시다.

5-14-1 출력층의 경사를 도출

다음 식을 기점으로

$$\frac{\partial E}{\partial w_{jk}} = \frac{\partial E}{\partial u_k}\frac{\partial u_k}{\partial w_{jk}}$$

$$\frac{\partial E}{\partial b_k} = \frac{\partial E}{\partial u_k}\frac{\partial u_k}{\partial b_k}$$

다음의 가중치, 바이어스의 경사 식을 자력으로 도출합시다.

$$\delta_k = \frac{\partial E}{\partial u_k} = \frac{\partial E}{\partial y_k}\frac{\partial y_k}{\partial u_k}$$

$$\frac{\partial E}{\partial w_{jk}} = x_j \delta_k$$

$$\frac{\partial E}{\partial b_k} = \delta_k$$

도출 과정은 종이에 써도 되고, LaTeX를 아는 분은 텍스트 셀에 써도 됩니다.

5.15 해답 예

다음은 해답 예입니다.

5-15-1 가중치의 경사

$$\frac{\partial E}{\partial w_{jk}} = \frac{\partial E}{\partial u_k}\frac{\partial u_k}{\partial w_{jk}} \qquad \text{<식5.15.1>}$$

$$\begin{aligned}\frac{\partial u_k}{\partial w_{jk}} &= \frac{\partial \left(\sum_{q=1}^{m} x_q w_{qk} + b_k\right)}{\partial w_{jk}} \\ &= \frac{\partial}{\partial w_{jk}}(x_1 w_{1k} + x_2 w_{2k} + \cdots + x_j w_{jk} + \cdots + x_m w_{mk} + b_k) \\ &= x_j \end{aligned} \qquad \text{<식5.15.2>}$$

$$\frac{\partial E}{\partial u_k} = \frac{\partial E}{\partial y_k}\frac{\partial y_k}{\partial u_k}$$

$$\delta_k = \frac{\partial E}{\partial u_k} = \frac{\partial E}{\partial y_k}\frac{\partial y_k}{\partial u_k} \qquad \text{<식5.15.3>}$$

<식5.15.2>와 <식5.15.3>에 의해 <식5.15.1>은 다음의 형으로.

$$\frac{\partial E}{\partial w_{jk}} = x_j \delta_k$$

5-15-2 바이어스의 경사

$$\frac{\partial E}{\partial b_k} = \frac{\partial E}{\partial u_k}\frac{\partial u_k}{\partial b_k} \qquad \text{<식5.15.4>}$$

$$\begin{aligned}\frac{\partial u_k}{\partial b_k} &= \frac{\partial \left(\sum_{q=1}^{m} x_q w_{qk} + b_k\right)}{\partial b_k} \\ &= \frac{\partial}{\partial b_k}(x_1 w_{1k} + x_2 w_{2k} + \cdots + x_j w_{jk} + \cdots + x_m w_{mk} + b_k) \\ &= 1\end{aligned}$$

상기의 결과를 바탕으로 <식5.15.4>는 다음의 형이 됩니다.

$$\frac{\partial E}{\partial b_k} = \delta_k$$

5.16 5장의 마무리

이번 장에서는 딥러닝의 원리를 기초부터 배웠습니다.
선형대수나 미분 등의 수학 기초를 바탕으로 순전파 및 신경망 학습에 필요한 역전파에 대해서 배웠습니다. 그리고 경사 하강법에 필요한 파라미터의 경사를 출력층, 중간층으로 도출했습니다. 또한, 손실 함수, 활성화 함수, 에포크 및 배치 등 딥러닝에 필요한 다양한 개념을 배웠습니다.
이상으로 딥러닝에 임하기 위한 준비를 하였습니다. 다음은 Python 코드를 작성하면서 딥러닝에 대해서 실질적인 내용을 배워나갑시다.

Chapter 6
다양한 머신러닝 방법

다양한 머신러닝의 방법에 관해서 설명합니다.
딥러닝은 머신러닝의 일종인데, 그 밖의 방법에 대해서도 몇 가지 파악해둡시다.
6장에는 다음의 내용이 포함됩니다.

- 회귀
- k 평균법
- 서포트 벡터 머신
- 연습

이 챕터에서는 머신러닝의 수법으로 데이터의 경향을 파악하는 회귀, 지도 데이터에 의존하지 않고 데이터를 분류하는 k 평균법, 초평면을 사용해서 데이터를 분류하는 서포트 벡터 머신 등을 배웁니다. 각각, Google Colaboratory상에서 코드를 작성해서 구현합니다. 주로 사용하는 것은 사이킷런scikit-learn이라는 머신러닝용 라이브러리입니다. 또한, 이번 장의 마지막에는 이해도를 확인하기 위한 연습이 들어갑니다.
6장을 통해 학습함으로써 머신러닝 전반에 대해서 개요를 잡을 수 있을 것입니다. 다양한 머신러닝 방법을 코드를 작성해서 구현할 수 있게 됩니다. 그러면 이 장을 꼭 기대해주세요.

6.1 회귀

회귀는 지도 학습의 일종으로 변수 사이의 관계를 예측합니다. 이번은 회귀 중에서도 간단한 '단순 회귀'와 '다중 회귀' 두 가지를 설명합니다.

6-1-1 데이터셋의 읽어 들이기

scikit-learn의 datasets(데이터셋)을 사용하여 보스턴 주택 가격의 데이터셋을 읽어 들입니다 (<리스트6.1>). 이 데이터셋에는 '설명 변수'와 '목적 변수'가 포함됩니다.

- 설명 변수: 어떠한 원인이 되는 변수
- 목적 변수: 그 원인을 받아서 발생한 결과인 변수

<리스트6.1> 캘리포니아 주택 가격 데이터셋의 읽어 들이기

```
import pandas as pd
from sklearn import datasets

housing = datasets.fetch_california_housing()
housing_df = pd.DataFrame(housing.data, 
columns=housing.feature_names)  # data: 설명 변수
housing_df["PRICE"] = housing.target  # target: 목적 변수
housing_df.head()  # 첫 5행을 표시
```

	MedInc	HouseAge	AveRooms	AveBedrms	Population	AveOccup	Latitude	Longitude	PRICE
0	8.3252	41.0	6.984127	1.023810	322.0	2.555556	37.88	-122.23	4.526
1	8.3014	21.0	6.238137	0.971880	2401.0	2.109842	37.86	-122.22	3.585
2	7.2574	52.0	8.288136	1.073446	496.0	2.802260	37.85	-122.24	3.521
3	5.6431	52.0	5.817352	1.073059	558.0	2.547945	37.85	-122.25	3.413
4	3.8462	52.0	6.281853	1.081081	565.0	2.181467	37.85	-122.25	3.422

설명 변수는 개별 가구의 수치가 아니라 그룹별 수치입니다. 평균 방 수(AveRooms), 위도(Latitude) 등의 다양한 주택의 특징이고, 목적변수가 주택의 가격(PRICE)입니다.

각 열의 라벨의 의미는 <리스트6.2>와 같이 **DESCR**로 표시할 수 있습니다.

<리스트6.2> 각 열의 라벨의 의미

In ▶
```
print(housing.DESCR)   # 데이터셋의 설명
```

Out ▶
```
.. _california_housing_dataset:

California Housing dataset
--------------------------

**Data Set Characteristics:**

    :Number of Instances: 20640

    :Number of Attributes: 8 numeric, predictive
```

```
attributes and the target

    :Attribute Information:
        - MedInc        median income in block group
        - HouseAge      median house age in block group
        - AveRooms      average number of rooms per household
        - AveBedrms     average number of bedrooms per household
        - Population    block group population
        - AveOccup      average number of household members
        - Latitude      block group latitude
        - Longitude     block group longitude

    :Missing Attribute Values: None
```

This dataset was obtained from the StatLib repository.
https://www.dcc.fc.up.pt/~ltorgo/Regression/cal_housing.html

The target variable is the median house value for
California districts,
expressed in hundreds of thousands of dollars ($100,000).

This dataset was derived from the 1990 U.S. census,
using one row per census
block group. A block group is the smallest
geographical unit for which the U.S.
Census Bureau publishes sample data (a block group
typically has a population
of 600 to 3,000 people).

A household is a group of people residing within
a home. Since the average
number of rooms and bedrooms in this dataset are
provided per household, these
columns may take surprisingly large values for block
groups with few households
and many empty houses, such as vacation resorts.

It can be downloaded/loaded using the
:func:`sklearn.datasets.fetch_california_housing`
function.

.. topic:: References

    - Pace, R. Kelley and Ronald Barry, Sparse Spatial
Autoregressions,

> Statistics and Probability Letters, 33 (1997) 291-297

데이터셋의 특징을 파악하기 위해서 평균값mean 및 표준 편차std 등의 통계량을 표시합니다 (<리스트6.3>).

<리스트6.3> 각 통계량을 표시

In ▷ `housing_df.describe()`

Out ▷

	MedInc	HouseAge	AveRooms	AveBedrms
count	20640.000000	20640.000000	20640.000000	20640.000000
mean	3.870671	28.639486	5.429000	1.096675
std	1.899822	12.585558	2.474173	0.473911
min	0.499900	1.000000	0.846154	0.333333
25%	2.563400	18.000000	4.440716	1.006079
50%	3.534800	29.000000	5.229129	1.048780
75%	4.743250	37.000000	6.052381	1.099526
max	15.000100	52.000000	141.909091	34.066667

Population	AveOccup	Latitude	Longitude	PRICE
20640.000000	20640.000000	20640.000000	20640.000000	20640.000000
1425.476744	3.070655	35.631861	-119.569704	2.068558
1132.462122	10.386050	2.135952	2.003532	1.153956
3.000000	0.692308	32.540000	-124.350000	0.149990
787.000000	2.429741	33.930000	-121.800000	1.196000
1166.000000	2.818116	34.260000	-118.490000	1.797000
1725.000000	3.282261	37.710000	-118.010000	2.647250
35682.000000	1243.333333	41.950000	-114.310000	5.000010

데이터셋을 **train_test_split()** 함수에 의해 훈련용의 데이터와 테스트용의 데이터로 분할합니다(<리스트6.4>).

<리스트6.4> 훈련 데이터와 테스트 데이터로 분할

```
from sklearn.model_selection import train_test_split

# 훈련 데이터와 테스트 데이터로 분할
x_train, x_test, t_train, t_test = train_test_split(housing.data,
housing.target, random_state=0)
```

6-1-2 단순 회귀

단순 회귀에서는 직선을 사용해 하나의 설명 변수로 목적 변수를 예측합니다. x를 설명 변수, y를 목적 변수, a를 계수, b를 절편으로 했을 때, 단순 회귀는 다음의 식으로 나타낼 수 있습니다.

$$y = ax + b$$

<리스트6.5>에서는 **linear_model.LinearRegression()** 함수에 의해 직선을 사용한 간단한 기계 학습인 선형 회귀의 모델을 설정합니다. 그리고 **fit()** 메소드에 의해 모델의 훈련이 이루어져 계수와 절편이 최적화됩니다. 여기에서는 설명 변수에 MedInc(소득의 중앙치)만을 사용함으로써 단순 회귀로 합니다.

<리스트6.5> 단순 회귀의 훈련

```
from sklearn import linear_model

# MedInc의 열을 취득
x_rm_train = x_train[:, [0]]
x_rm_test = x_test[:, [0]]
```

```
model = linear_model.LinearRegression() # 선형 회귀 모델
model.fit(x_rm_train, t_train)  # 모델의 훈련
```

Out: ```
LinearRegression()
```

훈련이 끝난 모델이므로 계수와 절편을 취득합니다(<리스트6.6>).

<리스트6.6> 단순 회귀에서 계수와 절편을 취득

```
a = model.coef_ # 계수
b = model.intercept_ # 절편
print("a: ", a)
print("b: ", b)
```

Out:
```
a:  [0.42273457]
b:  0.43642774209171264
```

원본 데이터 및 취득한 계수와 절편을 사용한 회귀 직선을 그래프로 표시합니다(<리스트6.7>).

<리스트6.7> 데이터와 회귀 직선의 표시

```
import matplotlib.pyplot as plt

plt.scatter(x_rm_train, t_train, label="Train")  # 훈련용 데이터
plt.scatter(x_rm_test, t_test, label="Test")  # 테스트용 데이터

y_reg = a * x_rm_train + b  # 회귀 직선
plt.plot(x_rm_train, y_reg, c="red")

plt.xlabel("MedInc")
plt.ylabel("Price")
plt.legend()
plt.show()
```
```

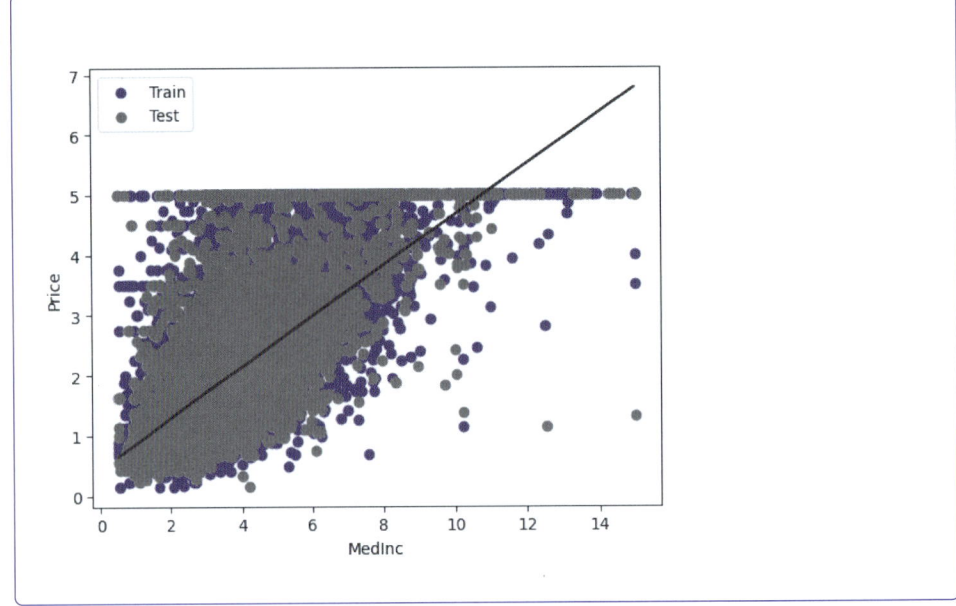

회귀 직선은 소득이 오를수록 가격이 오른다는 데이터 경향을 간단하게 나타내고 있습니다. 다음으로 모델의 MSE(Mean Squared Error, 평균 제곱오차)를 계산합니다.

MSE는 E를 오차, y_k를 예측값, t_k를 정답값으로 다음의 식으로 정의됩니다.

$$E = \frac{1}{n}\sum_{k=1}^{n}(y_k - t_k)^2$$

이 오차가 작을수록 모델의 오차가 작아집니다.

<리스트6.8>의 코드는 훈련 데이터와 테스트 데이터, 각각 MSE를 **mean_squared_error()** 함수로 계산합니다.

<리스트6.8> MSE의 계산

```
from sklearn.metrics import mean_squared_error

# 훈련 데이터
y_train = model.predict(x_rm_train)
mse_train = mean_squared_error(t_train, y_train)
print("MSE(Train): ", mse_train)
```

```
# 테스트 데이터
y_test = model.predict(x_rm_test)
mse_test = mean_squared_error(t_test, y_test)
print("MSE(Test): ", mse_test)
```

Out ▷
```
MSE(Train): 0.6931905488837381
MSE(Test):  0.7253534565158776
```

테스트용 데이터의 MSE는 훈련용 데이터의 MSE와 동일한 정도이며, 모델이 훈련 데이터에만 최적화되어있지 않다는 것을 알 수 있습니다.

6-1-3 다중 회귀

다중 회귀에서는 여러 개의 설명 변수를 사용해 목적 변수를 예측합니다. 다중 회귀는 x_k를 각 설명 변수로서 다음의 식으로 나타낼 수 있습니다.

$$y = \sum_{k=1}^{n} a_k x_k + b$$

여기에서는 보스턴 주택 가격 데이터셋의 13종류의 설명 변수를 전부 사용해서 다중 회귀 분석을 합니다. 단순 회귀의 경우와 마찬가지로 **linear_model.LinearRegression()** 함수를 사용합니다(<리스트6.9>).

<리스트6.9> 다중 회귀의 훈련

In ▷
```
model = linear_model.LinearRegression() # 선형 회귀

model.fit(x_train, t_train) # 모든 설명 변수를 사용해 학습
```

Out ▷
```
LinearRegression()
```

각 설명 변수에 대응한 관계를 취득해서 표시합니다(<리스트6.10>).

<리스트6.10> 다중 회귀로 계수를 취득

In▷
```
a_df = pd.DataFrame(housing.feature_names, columns=["Exp"])
a_df["a"] = pd.Series(model.coef_)
a_df
```

Out▷

	Exp	a
0	MedInc	0.439091
1	HouseAge	0.009599
2	AveRooms	-0.103311
3	AveBedrms	0.616730
4	Population	-0.000008
5	AveOccup	-0.004488
6	Latitude	-0.417353
7	Longitude	-0.430614

절편을 취득해서 표시합니다(<리스트6.11>).

<리스트6.11> 다중 회귀로 절편을 취득

In▷
```
print("b: ", model.intercept_)
```

Out▷
```
b:  -36.609593778714334
```

훈련 데이터와 테스트 데이터, 각각에서 MSE(평균 제곱 오차)를 계산합니다(<리스트6.12>).

<리스트6.12> MSE를 계산

In▷
```
# 훈련 데이터
y_train = model.predict(x_train)
mse_train = mean_squared_error(t_train, y_train)
print("MSE(Train): ", mse_train)
```

```
# 테스트 데이터
y_test = model.predict(x_test)
mse_test = mean_squared_error(t_test, y_test)
print("MSE(Test): ", mse_test)
```

Out
```
MSE(Train):   0.5192270684511335
MSE(Test):    0.5404128061709095
```

단순 회귀의 경우보다 오차가 작아졌지만 테스트 데이터의 오차는 훈련 데이터의 오차보다 더 분명하게 커졌습니다. 모델이 훈련 데이터에 과적합하고 있지 않은지 신중하게 판단할 필요가 있는 듯합니다.

6.2 k 평균법

'k 평균법'은 k-means clustering이라는 비지도 학습 방법입니다. '거리'에 의거 데이터를 k개의 클러스터로 분류합니다.

6-2-1 데이터셋 읽어 들이기

여기에서는 아이리스Iris 데이터셋을 사용합니다. 설명 변수는 다음과 같습니다.

- sepal length(cm) : 꽃받침의 길이
- sepal width(cm) : 꽃받침의 폭
- petal length(cm) : 꽃잎의 길이
- petal width(cm) : 꽃잎의 폭

목적 변수는 **class**인데 이것은 0에서 2의 정수로 꽃의 품종을 나타냅니다(<리스트6.13>).

<리스트6.13> Iris 데이터셋의 읽어 들이기

```python
import pandas as pd
import numpy as np
from sklearn.cluster import KMeans
from sklearn.datasets import load_iris

iris = load_iris()
iris_df = pd.DataFrame(iris.data, columns=iris.feature_names)
# data: 설명 변수
iris_df["class"] = iris.target   # target: 목적 변수
iris_df.head()   # 첫 5행을 표시
```

	sepal length (cm)	sepal width (cm)	petal length (cm)	petal width (cm)	class
0	5.1	3.5	1.4	0.2	0
1	4.9	3.0	1.4	0.2	0
2	4.7	3.2	1.3	0.2	0
3	4.6	3.1	1.5	0.2	0
4	5.0	3.6	1.4	0.2	0

데이터셋의 설명을 표시합니다(<리스트6.14>).

<리스트6.14> 데이터셋의 설명을 표시

```
print(iris.DESCR)
```

```
**Data Set Characteristics:**

    :Number of Instances: 150 (50 in each of three classes)
    :Number of Attributes: 4 numeric, predictive attributes and
the class
    :Attribute Information:
        - sepal length in cm
        - sepal width in cm
        - petal length in cm
        - petal width in cm
        - class:
                - Iris-Setosa
                - Iris-Versicolour
                - Iris-Virginica

    :Summary Statistics:

    ============== ==== ==== ======= ===== ====================
                    Min  Max  Mean    SD    Class Correlation
    ============== ==== ==== ======= ===== ====================
```

```
sepal length:   4.3  7.9   5.84   0.83    0.7826
sepal width:    2.0  4.4   3.05   0.43   -0.4194
petal length:   1.0  6.9   3.76   1.76    0.9490  (high!)
petal width:    0.1  2.5   1.20   0.76    0.9565  (high!)
============== ==== ==== ======= ===== ====================
```

:Missing Attribute Values: None
:Class Distribution: 33.3% for each of 3 classes.
:Creator: R.A. Fisher
:Donor: Michael Marshall (MARSHALL%PLU@io.arc.nasa.gov)
:Date: July, 1988

The famous Iris database, first used by Sir R.A. Fisher. The
dataset is taken
from Fisher's paper. Note that it's the same as in R, but not as
in the UCI
Machine Learning Repository, which has two wrong data points.

This is perhaps the best known database to be found in the
pattern recognition literature. Fisher's paper is a classic in
the field and
is referenced frequently to this day. (See Duda & Hart, for
example.) The
data set contains 3 classes of 50 instances each, where each
class refers to a
type of iris plant. One class is linearly separable from the
other 2; the
latter are NOT linearly separable from each other.

.. topic:: References

- Fisher, R.A. "The use of multiple measurements in taxonomic problems"
    Annual Eugenics, 7, Part II, 179-188 (1936); also in "Contributions to
    Mathematical Statistics" (John Wiley, NY, 1950).
- Duda, R.O., & Hart, P.E. (1973) Pattern Classification and Scene Analysis.
    (Q327.D83) John Wiley & Sons. ISBN 0-471-22361-1. See page 218.
- Dasarathy, B.V. (1980) "Nosing Around the Neighborhood: A New System
    Structure and Classification Rule for Recognition in Partially Exposed
    Environments". IEEE Transactions on Pattern Analysis and Machine
    Intelligence, Vol. PAMI-2, No. 1, 67-71.
- Gates, G.W. (1972) "The Reduced Nearest Neighbor Rule". IEEE Transactions
    on Information Theory, May 1972, 431-433.
- See also: 1988 MLC Proceedings, 54-64. Cheeseman et al"s AUTOCLASS II
    conceptual clustering system finds 3 classes in the data.
- Many, many more ...

각 통계량을 표시합니다(<리스트 6.15>).

<리스트6.15> 각 통계량을 표시

In ▷ `iris_df.describe()`

Out ▷

	sepal length (cm)	sepal width (cm)	petal length (cm)	petal width (cm)	class
count	150.000000	150.000000	150.000000	150.000000	150.000000
mean	5.843333	3.057333	3.758000	1.199333	1.000000
std	0.828066	0.435866	1.765298	0.762238	0.819232
min	4.300000	2.000000	1.000000	0.100000	0.000000
25%	5.100000	2.800000	1.600000	0.300000	0.000000
50%	5.800000	3.000000	4.350000	1.300000	1.000000
75%	6.400000	3.300000	5.100000	1.800000	2.000000
max	7.900000	4.400000	6.900000	2.500000	2.000000

라이브러리 시본seaborn의 **pairplot()** 함수에 의해 설명 변수끼리 및 설명 변수와 목적 변수의 관계를 목록 표시할 수 있습니다(<리스트6.16>).

<리스트6.16> 설명 변수, 목적 변수 서로의 관계를 목록 표시

In ▷
```
import seaborn as sns

sns.pairplot(iris_df, hue="class")
```

Out ▷

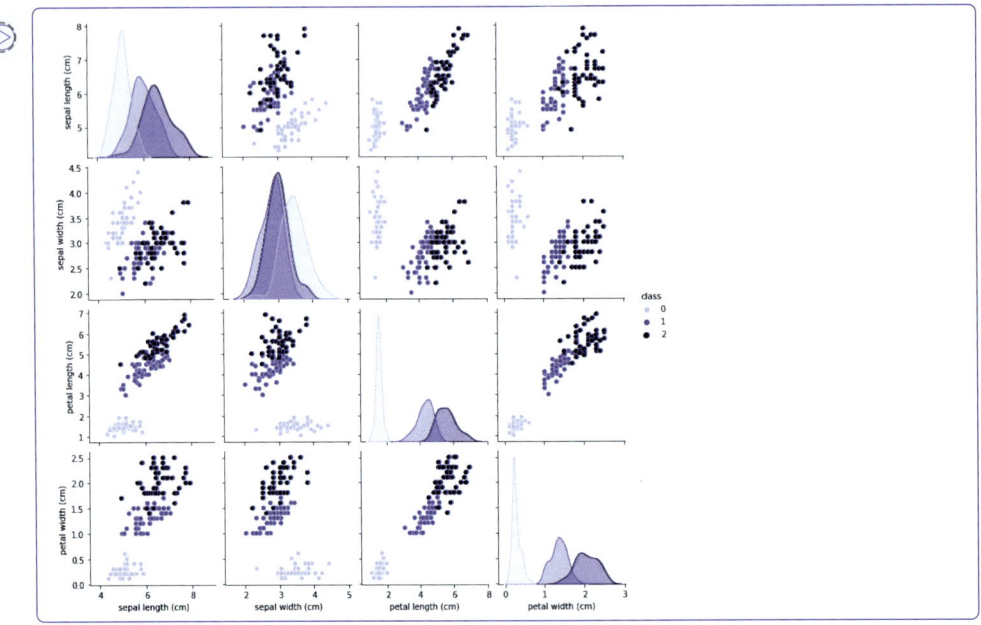

6-2-2 k 평균법

'클러스터 분석'은 데이터를 비슷한 것끼리 그루핑하는 분석이며, k 평균법은 이러한 군집 분석 방법의 하나입니다. k 평균법에서는 다음 순서로 실행됩니다.

1. 각 샘플에 랜덤으로 그룹을 할당한다.
2. 각 그룹의 중심을 계산한다.
3. 각 샘플이 속하는 그룹을 가장 중심이 가까운 그룹으로 변경한다.
4. 변화가 없어지면 종료, 변화가 있을 경우에는 2항으로 돌아간다.

<리스트6.17>의 코드는 k 평균법에 의해 데이터를 그루핑합니다. 품종의 수가 3이므로 클러스터 수를 3으로 설정합니다.

<리스트6.17> k 평균법의 구현

In ▷
```
from sklearn.cluster import KMeans

model = KMeans(n_clusters=3)  # k 평균법 클러스터 수는 3
model.fit(iris.data)  # 모델의 훈련
```

Out ▷
```
/usr/local/lib/python3.10/dist-packages/sklearn/→
cluster/_kmeans.py:1416: FutureWarning: The default →
value of `n_init` will change from 10 to 'auto' in →
1.4. Set the value of `n_init` explicitly to suppress →
the warning
  super()._check_params_vs_input(X, default_n_init=10)
```

▼ KMeans
KMeans(n_clusters=3

k 평균법으로 나눠진 각 그룹을 산포도로 표시합니다(<리스트6.18>).

<리스트6.18> k 평균법으로 나눠진 그룹

In ▷
```python
import matplotlib.pyplot as plt

axis_1 = 2
axis_2 = 3

# 라벨이 0인 그룹
group_0 = iris.data[model.labels_==0]  # 훈련이 끝난 모델로부터 라벨을 취득
plt.scatter(group_0[:, axis_1], group_0[:, axis_2], marker="x")

# 라벨이 1인 그룹
group_1 = iris.data[model.labels_==1]
plt.scatter(group_1[:, axis_1], group_1[:, axis_2], marker=".")

# 라벨이 2인 그룹
group_2 = iris.data[model.labels_==2]
plt.scatter(group_2[:, axis_1], group_2[:, axis_2], marker="+")

plt.xlabel(iris.feature_names[axis_1])
plt.ylabel(iris.feature_names[axis_2])
plt.show()
```

Out ▷

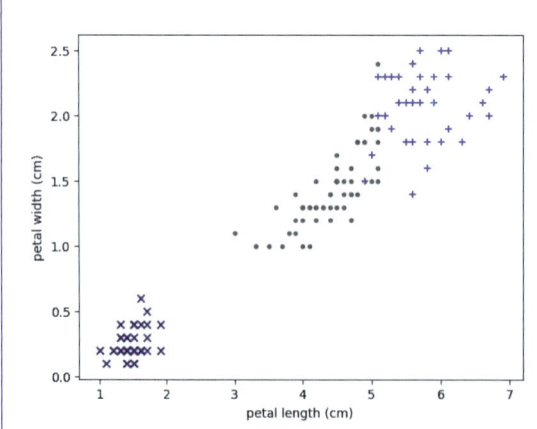

k 평균법에 의해 세 가지 색으로 그룹핑이 되었습니다. 비교를 위해 원본 데이터셋의 라벨을 사용해서 그룹핑한 결과를 표시합니다(<리스트6.19>).

<리스트6.19> 원본 라벨을 사용해 나눈 그룹

```python
axis_1 = 2
axis_2 = 3

# 라벨이 0인 그룹
group_0 = iris.data[iris.target==0]   # 원본 데이터셋의 라벨을 사용
plt.scatter(group_0[:, axis_1], group_0[:, axis_2], marker=".")

# 라벨이 1인 그룹
group_1 = iris.data[iris.target==1]
plt.scatter(group_1[:, axis_1], group_1[:, axis_2], marker="+")

# 라벨이 2인 그룹
group_2 = iris.data[iris.target==2]
plt.scatter(group_2[:, axis_1], group_2[:, axis_2], marker="x")

plt.xlabel(iris.feature_names[axis_1])
plt.ylabel(iris.feature_names[axis_2])
plt.show()
```

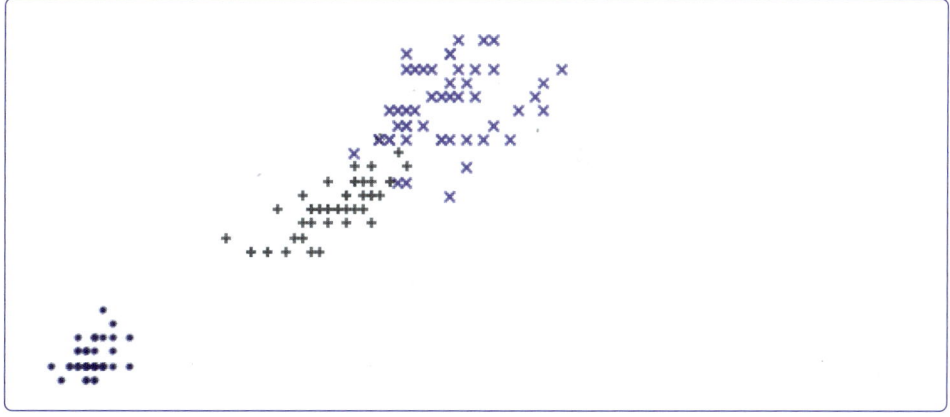

그룹의 경계가 다소 다르지만, k 평균법에 따라 대부분 적절한 그룹핑이 된 것을 알 수 있습니다.

6.3 서포트 벡터 머신

서포트 벡터 머신(Support Vector Machine, SVM)이란 패턴 식별을 위한 지도 학습의 수법입니다. '마진 극대화'라는 아이디어로 종종 뛰어난 패턴 식별 능력을 발휘합니다.

6-3-1 서포트 벡터 머신이란?

간단하게 하기 위해서 2개의 특징량을 가진 데이터를 2개의 그룹으로 분류하는 그림을 사용합니다(<그림6.1>).

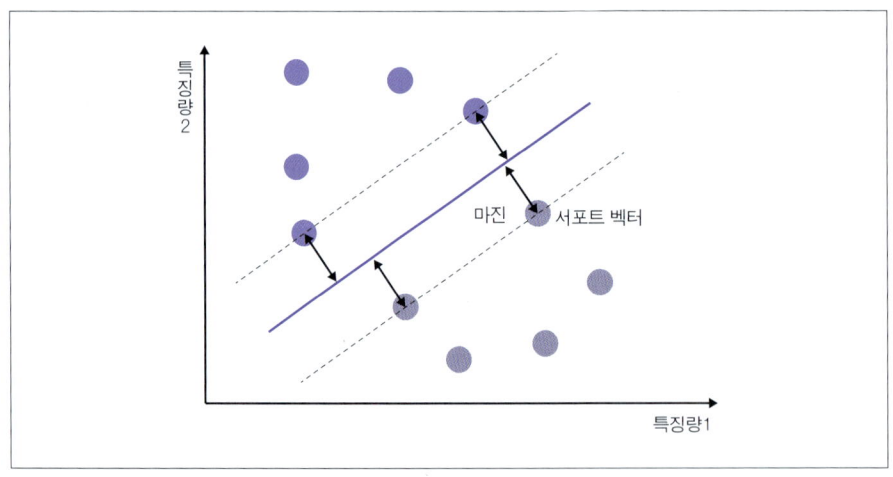

<그림6.1> 서포트 벡터 머신의 개념

서포트 벡터 머신이란 한마디로 그룹을 명확하게 나누는 경계선을 정하는 방법입니다. <그림

<6.1>의 예에서는 2개의 클래스를 명확하게 나누는 경계선을 긋고 있습니다. 이 그림에서 특징량은 2개(2차원)이므로 경계는 선이 되는데, 3차원의 경계는 면이 됩니다.

수학적으로 직선이나 평면을 일반화한 개념에 '초평면'이 있습니다. 선형 서포트 벡터 머신에서는 이 초평면을 사용하여 n차원의 데이터 경계를 정합니다.

<그림6.1>에서의 직선을 긋는 법인데, '마진 최대화'에 의해 결정됩니다. 이 경우의 마진은 경계가 되는 선으로부터 가장 가까운 점과의 거리입니다. 이 경우는 밝은 파란색과 어두운 파란색 각각의 그룹으로부터 선에 가장 가까운 2개씩의 점의 마진을 최대화하도록 선을 긋습니다. 이처럼 마진의 최대화에 사용되는 경계 부근의 점을 서포트 벡터라고 합니다. 마진을 최대화하기 위해서 밝은 파란색의 그룹에서도 어두운 파란색의 그룹에서도 가장 먼 경계선을 긋게 됩니다.

이러한 경계선 혹은 초평면은 '분류기'로서 기능하여 새로운 데이터가 어느 그룹에 속하는지를 판별할 수 있습니다.

6-3-2 데이터셋 읽어 들이기

여기에서는 scikit-learn에 포함되는 와인의 데이터셋을 사용합니다. 설명 변수는 알코올 농도 (**alcohol**) 및 사과산 농도(**malic_acid**) 등의 다양한 와인의 특징입니다. 목적 변수는 **class**인데 이것은 0에서 2의 정수로 와인의 품종을 나타냅니다<리스트6.20>.

<리스트6.20> 모듈 임포트와 데이터셋 읽어 들이기

```
import pandas as pd
import numpy as np
from sklearn.datasets import load_wine

wine = load_wine()
wine_df = pd.DataFrame(wine.data, columns=wine.feature_names) ➡
# data: 설명 변수
wine_df["class"] = wine.target   # target: 목적 변수
wine_df.head()   # 첫 5행을 표시
```

Out

	alcohol	malic_acid	ash	alcalinity_of_ash	magnesium	total_phenols	flavanoids	nonflavanoid_phenols
0	14.23	1.71	2.43	15.6	127.0	2.80	3.06	0.28
1	13.20	1.78	2.14	11.2	100.0	2.65	2.76	0.26
2	13.16	2.36	2.67	18.6	101.0	2.80	3.24	0.30
3	14.37	1.95	2.50	16.8	113.0	3.85	3.49	0.24
4	13.24	2.59	2.87	21.0	118.0	2.80	2.69	0.39

proanthocyanins	color_intensity	hue	od280/od315_of_diluted_wines	proline	class
2.29	5.64	1.04	3.92	1065.0	0
1.28	4.38	1.05	3.40	1050.0	0
2.81	5.68	1.03	3.17	1185.0	0
2.18	7.80	0.86	3.45	1480.0	0
1.82	4.32	1.04	2.93	735.0	0

 데이터셋의 설명을 표시합니다(<리스트6.21>).

<리스트6.21> 데이터셋의 설명을 표시

In
```
print(wine.DESCR)
```

Out

```
.. _wine_dataset:


Wine recognition dataset
------------------------


**Data Set Characteristics:**

    :Number of Instances: 178 (50 in each of three classes)
    :Number of Attributes: 13 numeric, predictive attributes and →
the class
    :Attribute Information:
            - Alcohol
            - Malic acid
            - Ash
            - Alcalinity of ash
            - Magnesium
            - Total phenols
```

- Flavanoids
- Nonflavanoid phenols
- Proanthocyanins
- Color intensity
- Hue
- OD280/OD315 of diluted wines
- Proline

- class:
    - class_0
    - class_1
    - class_2

:Summary Statistics:

	Min	Max	Mean	SD
Alcohol:	11.0	14.8	13.0	0.8
Malic Acid:	0.74	5.80	2.34	1.12
Ash:	1.36	3.23	2.36	0.27
Alcalinity of Ash:	10.6	30.0	19.5	3.3
Magnesium:	70.0	162.0	99.7	14.3
Total Phenols:	0.98	3.88	2.29	0.63
Flavanoids:	0.34	5.08	2.03	1.00
Nonflavanoid Phenols:	0.13	0.66	0.36	0.12
Proanthocyanins:	0.41	3.58	1.59	0.57
Colour Intensity:	1.3	13.0	5.1	2.3
Hue:	0.48	1.71	0.96	0.23
OD280/OD315 of diluted wines:	1.27	4.00	2.61	0.71
Proline:	278	1680	746	315

```
                            ================================ ==== ===== ======= =====

    :Missing Attribute Values: None
    :Class Distribution: class_0 (59), class_1 (71), class_2 (48)
    :Creator: R.A. Fisher
    :Donor: Michael Marshall (MARSHALL%PLU@io.arc.nasa.gov)
    :Date: July, 1988


This is a copy of UCI ML Wine recognition datasets.
https://archive.ics.uci.edu/ml/machine-learning-databases/wine/↪
wine.data


The data is the results of a chemical analysis of wines grown in ↪
the same
region in Italy by three different cultivators. There are ↪
thirteen different
measurements taken for different constituents found in the ↪
three types of
wine.

Original Owners:

Forina, M. et al, PARVUS -
An Extendible Package for Data Exploration, Classification and ↪
Correlation.
Institute of Pharmaceutical and Food Analysis and Technologies,
Via Brigata Salerno, 16147 Genoa, Italy.

Citation:

Lichman, M. (2013). UCI Machine Learning Repository
```

```
[https://archive.ics.uci.edu/ml]. Irvine, CA: University of
California,
School of Information and Computer Science.

.. topic:: References

   (1) S. Aeberhard, D. Coomans and O. de Vel,
   Comparison of Classifiers in High Dimensional Settings,
   Tech. Rep. no. 92-02, (1992), Dept. of Computer Science and
Dept. of
   Mathematics and Statistics, James Cook University of North
Queensland.
   (Also submitted to Technometrics).

   The data was used with many others for comparing various
   classifiers. The classes are separable, though only RDA
   has achieved 100% correct classification.
   (RDA : 100%, QDA 99.4%, LDA 98.9%, 1NN 96.1% (z-transformed data))
   (All results using the leave-one-out technique)

   (2) S. Aeberhard, D. Coomans and O. de Vel,
   "THE CLASSIFICATION PERFORMANCE OF RDA"
   Tech. Rep. no. 92-01, (1992), Dept. of Computer Science and
Dept. of
   Mathematics and Statistics, James Cook University of North
Queensland.
   (Also submitted to Journal of Chemometrics).
```

각 통계량을 표시합니다(<리스트 6.22>).

<리스트6.22> 각 통계량을 표시

In ▷
```
wine_df.describe()
```

Out ▷

	alcohol	malic_acid	ash	alcalinity_of_ash	magnesium	total_phenols	flavanoids	nonflavanoid_phenols
count	178.000000	178.000000	178.000000	178.000000	178.000000	178.000000	178.000000	178.000000
mean	13.000618	2.336348	2.366517	19.494944	99.741573	2.295112	2.029270	0.361854
std	0.811827	1.117146	0.274344	3.339564	14.282484	0.625851	0.998859	0.124453
min	11.030000	0.740000	1.360000	10.600000	70.000000	0.980000	0.340000	0.130000
25%	12.362500	1.602500	2.210000	17.200000	88.000000	1.742500	1.205000	0.270000
50%	13.050000	1.865000	2.360000	19.500000	98.000000	2.355000	2.135000	0.340000
75%	13.677500	3.082500	2.557500	21.500000	107.000000	2.800000	2.875000	0.437500
max	14.830000	5.800000	3.230000	30.000000	162.000000	3.880000	5.080000	0.660000

proanthocyanins	color_intensity	hue	od280/od315_of_diluted_wines	proline	class
178.000000	178.000000	178.000000	178.000000	178.000000	178.000000
1.590899	5.058090	0.957449	2.611685	746.893258	0.938202
0.572359	2.318286	0.228572	0.709990	314.907474	0.775035
0.410000	1.280000	0.480000	1.270000	278.000000	0.000000
1.250000	3.220000	0.782500	1.937500	500.500000	0.000000
1.555000	4.690000	0.965000	2.780000	673.500000	1.000000
1.950000	6.200000	1.120000	3.170000	985.000000	2.000000
3.580000	13.000000	1.710000	4.000000	1680.000000	2.000000

라이브러리 seaborn의 **pairplot()** 함수에 의해 설명 변수끼리 혹은 설명 변수와 목적 변수의 관계를 일람 표시합니다(<리스트6.23>).

<리스트6.23> 설명 변수, 목적 변수 서로의 관계를 목록 표시

In ▷
```
import seaborn as sns

sns.pairplot(wine_df, hue="class")
```

Out ▷ (...생략...)

6-3-3 SVM의 구현

서포트 벡터 머신을 사용해 와인 분류를 실시합니다. 데이터셋을 훈련용의 데이터와 테스트용의 데이터로 분할하고 **StandardScaler()** 함수를 사용해 표준화하여 평균값이 0, 표준 편차가 1이 되도록 합니다(<리스트6.24>).

- sklearn.preprocessing.StandardScaler
  URL https://scikit-learn.org/stable/modules/generated/sklearn.preprocessing.StandardScaler.html

<리스트6.24> 데이터셋을 훈련용 데이터와 테스트용 데이터로 분할하여 표준화한다

In ▷
```
from sklearn.model_selection import train_test_split
from sklearn.preprocessing import StandardScaler

# 훈련 데이터와 테스트 데이터로 분할
x_train, x_test, t_train, t_test = train_test_split(wine.data, ➡
wine.target, random_state=0)

# 데이터의 표준화
std_scl = StandardScaler()
std_scl.fit(x_train)
x_train = std_scl.transform(x_train)
x_test = std_scl.transform(x_test)
```

여기에서는 비교적 간단한 선형 서포트 벡터 머신 머신을 사용해 초평면에 의해 데이터를 분류합니다. fit() 메소드에 의해 초평면이 결정됩니다(<리스트6.25>).

<리스트6.25> SVM으로 데이터를 분류한다

In ▷
```
from sklearn.svm import LinearSVC  # 선형 벡터 머신

model = LinearSVC(random_state=0)

# 모든 설명 변수를 사용해 학습
model.fit(x_train, t_train)
```

Out ▷
```
/usr/local/lib/python3.10/dist-packages/sklearn/svm/➡
_classes.py:32: FutureWarning: The default value of ➡
```

```
  `dual` will change from `True` to `'auto'` in 1.5. Set →
  the value of `dual` explicitly to suppress the warning.
    warnings.warn(
```

▼ LinearSVC
LinearSVC(random_state=0)

훈련이 끝난 모델을 사용해 훈련 데이터 및 테스트 데이터로 예측을 합니다. 그리고 그 정답률을 측정합니다(<리스트6.26>).

<리스트6.26> 예측·정답률을 측정

In ▷
```python
from sklearn.metrics import accuracy_score

# 예측 결과
y_train = model.predict(x_train)
y_test = model.predict(x_test)

# 정답률
acc_train = accuracy_score(t_train, y_train)
print("정답률(훈련):", acc_train)
acc_test = accuracy_score(t_test, y_test)
print("정답률(테스트)", acc_test)
```

Out ▷
정답률(훈련): 1.0
정답률(테스트) 1.0

훈련 데이터, 테스트 데이터의 정답률은 1.0으로 모두 정답이었습니다.
그러면 테스트 데이터의 그룹핑 결과를 matplotlib의 산포도로 표시해봅시다. <리스트6.27>의 코드는 x축을 알코올 농도, y축을 사과산 농도로 설정해 그룹핑 결과를 표시합니다.

<리스트6.27> 그룹핑 결과를 플롯

In ▷
```python
import matplotlib.pyplot as plt
```

```python
axis_1 = 0  # 알코올 농도(alcohol)
axis_2 = 1  # 사과산 농도(malic_acid)

x = x_test  # 테스트 데이터의 설명 변수
y = y_test  # 테스트 데이터의 분류 결과

# 0으로 클래스 분류된 그룹
group_0 = x[y==0]
plt.scatter(group_0[:, axis_1], group_0[:, axis_2], marker="x")

# 1로 클래스 분류된 그룹
group_1 = x[y==1]
plt.scatter(group_1[:, axis_1], group_1[:, axis_2], marker=".")

# 2로 클래스 분류된 그룹
group_2 = x[y==2]
plt.scatter(group_2[:, axis_1], group_2[:, axis_2], marker="+")

plt.xlabel(wine.feature_names[axis_1])
plt.ylabel(wine.feature_names[axis_2])
plt.show()
```

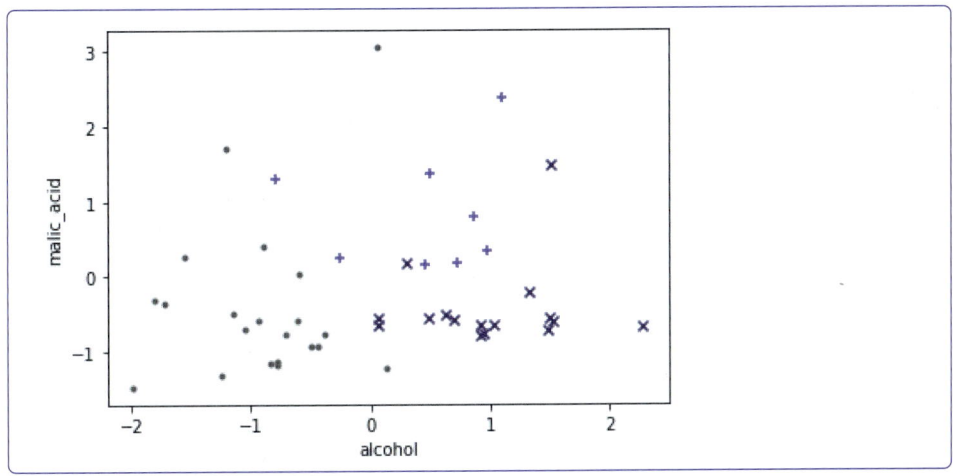

분류기는 훈련 데이터를 사용하여 훈련했지만, 분류기는 테스트 데이터라도 적절하게 3개의 그룹으로 나눌 수 있는 것 같습니다.

설명 변수가 다수 있어도 적절하게 훈련이 이루어지면 서포트 벡터 머신의 분류기는 높은 분류 능력을 발휘하게 됩니다.

6.4 연습

원하는 머신러닝 방법을 사용하여 유방암을 진단하는 모델을 구축합시다.

6-4-1 데이터셋 읽어 들이기

여기에서는 scikit-learn에 포함되는 유방암 진단의 데이터셋을 사용합니다. 설명 변수는 유방 종양의 미세침 흡인물(FNA)의 디지털화 이미지로부터 계산한 평균 반경(mean radius) 및 평균 면적(mean area) 등의 다양한 특징입니다. 목적 변수는 class인데 이것은 0과 1로 악성인지 양성인지를 나타냅니다(<리스트6.28>).

<리스트6.28> 유방암 진단의 데이터셋 읽어 들이기

```
import pandas as pd
import numpy as np
from sklearn.datasets import load_breast_cancer

bc = load_breast_cancer()
bc_df = pd.DataFrame(bc.data, columns=bc.feature_names)  # data: →
설명 변수
```

```
bc_df["class"] = bc.target   # target: 목적 변수
bc_df.head()
```

	mean radius	mean texture	mean perimeter	mean area	mean smoothness	mean compactness	mean concavity
0	17.99	10.38	122.80	1001.0	0.11840	0.27760	0.3001
1	20.57	17.77	132.90	1326.0	0.08474	0.07864	0.0869
2	19.69	21.25	130.00	1203.0	0.10960	0.15990	0.1974
3	11.42	20.38	77.58	386.1	0.14250	0.28390	0.2414
4	20.29	14.34	135.10	1297.0	0.10030	0.13280	0.1980

mean concave points	mean symmetry	mean fractal dimension	radius error	texture error	perimeter error	area error
0.14710	0.2419	0.07871	1.0950	0.9053	8.589	153.40
0.07017	0.1812	0.05667	0.5435	0.7339	3.398	74.08
0.12790	0.2069	0.05999	0.7456	0.7869	4.585	94.03
0.10520	0.2597	0.09744	0.4956	1.1560	3.445	27.23
0.10430	0.1809	0.05883	0.7572	0.7813	5.438	94.44

smoothness error	compactness error	concavity error	concave points error	symmetry error	fractal dimension error
0.006399	0.04904	0.05373	0.01587	0.03003	0.006193
0.005225	0.01308	0.01860	0.01340	0.01389	0.003532
0.006150	0.04006	0.03832	0.02058	0.02250	0.004571
0.009110	0.07458	0.05661	0.01867	0.05963	0.009208
0.011490	0.02461	0.05688	0.01885	0.01756	0.005115

worst radius	worst texture	worst perimeter	worst area	worst smoothness	worst compactness	worst concavity
25.38	17.33	184.60	2019.0	0.1622	0.6656	0.7119
24.99	23.41	158.80	1956.0	0.1238	0.1866	0.2416
23.57	25.53	152.50	1709.0	0.1444	0.4245	0.4504
14.91	26.50	98.87	567.7	0.2098	0.8663	0.6869
22.54	16.67	152.20	1575.0	0.1374	0.2050	0.4000

worst concave points	worst symmetry	worst fractal dimension	class
0.2654	0.4601	0.11890	0
0.1860	0.2750	0.08902	0
0.2430	0.3613	0.08758	0
0.2575	0.6638	0.17300	0
0.1625	0.2364	0.07678	0

데이터셋의 설명을 표시합니다(<리스트6.29>).

<리스트6.29> 데이터셋의 설명

```
print(bc.DESCR)
```

```
.. _breast_cancer_dataset:

Breast cancer wisconsin (diagnostic) dataset
--------------------------------------------
```

Data Set Characteristics:

    :Number of Instances: 569

    :Number of Attributes: 30 numeric, predictive attributes and the class

    :Attribute Information:
        - radius (mean of distances from center to points on the perimeter)
        - texture (standard deviation of gray-scale values)
        - perimeter
        - area
        - smoothness (local variation in radius lengths)
        - compactness (perimeter^2 / area - 1.0)
        - concavity (severity of concave portions of the contour)
        - concave points (number of concave portions of the contour)
        - symmetry
        - fractal dimension ("coastline approximation" - 1)

        The mean, standard error, and "worst" or largest (mean of the three
        worst/largest values) of these features were computed for each image,
        resulting in 30 features. For instance, field 0 is Mean Radius, field
        10 is Radius SE, field 20 is Worst Radius.

        - class:
                - WDBC-Malignant
                - WDBC-Benign

```
:Summary Statistics:
==================================  ======  ======
                                      Min     Max
==================================  ======  ======
radius (mean):                       6.981   28.11
texture (mean):                      9.71    39.28
perimeter (mean):                    43.79   188.5
area (mean):                         143.5   2501.0
smoothness (mean):                   0.053   0.163
compactness (mean):                  0.019   0.345
concavity (mean):                    0.0     0.427
concave points (mean):               0.0     0.201
symmetry (mean):                     0.106   0.304
fractal dimension (mean):            0.05    0.097
radius (standard error):             0.112   2.873
texture (standard error):            0.36    4.885
perimeter (standard error):          0.757   21.98
area (standard error):               6.802   542.2
smoothness (standard error):         0.002   0.031
compactness (standard error):        0.002   0.135
concavity (standard error):          0.0     0.396
concave points (standard error):     0.0     0.053
symmetry (standard error):           0.008   0.079
fractal dimension (standard error):  0.001   0.03
radius (worst):                      7.93    36.04
texture (worst):                     12.02   49.54
perimeter (worst):                   50.41   251.2
area (worst):                        185.2   4254.0
smoothness (worst):                  0.071   0.223
compactness (worst):                 0.027   1.058
```

```
        concavity (worst):                    0.0    1.252
        concave points (worst):               0.0    0.291
        symmetry (worst):                     0.156  0.664
        fractal dimension (worst):            0.055  0.208
        ====================================  =====  =====

        :Missing Attribute Values: None

        :Class Distribution: 212 - Malignant, 357 - Benign

        :Creator:  Dr. William H. Wolberg, W. Nick Street, →
Olvi L. Mangasarian

        :Donor: Nick Street

        :Date: November, 1995

This is a copy of UCI ML Breast Cancer Wisconsin (Diagnostic) →
datasets.
https://goo.gl/U2Uwz2

Features are computed from a digitized image of a fine needle
aspirate (FNA) of a breast mass.  They describe
characteristics of the cell nuclei present in the image.

Separating plane described above was obtained using
Multisurface Method-Tree (MSM-T) [K. P. Bennett, "Decision Tree
Construction Via Linear Programming." Proceedings of the 4th
Midwest Artificial Intelligence and Cognitive Science Society, →
pp. 97-101, 1992], a classification method which uses linear →
programming to construct a decision tree.  Relevant features
```

were selected using an exhaustive search in the space of 1-4
features and 1-3 separating planes.

The actual linear program used to obtain the separating plane
in the 3-dimensional space is that described in:
[K. P. Bennett and O. L. Mangasarian: "Robust Linear
Programming Discrimination of Two Linearly Inseparable Sets",
Optimization Methods and Software 1, 1992, 23-34].

This database is also available through the UW CS ftp server:

ftp ftp.cs.wisc.edu
cd math-prog/cpo-dataset/machine-learn/WDBC/

.. topic:: References

   - W.N. Street, W.H. Wolberg and O.L. Mangasarian. Nuclear
feature extraction
     for breast tumor diagnosis. IS&T/SPIE 1993 International
Symposium on
     Electronic Imaging: Science and Technology, volume 1905,
pages 861-870,
     San Jose, CA, 1993.
   - O.L. Mangasarian, W.N. Street and W.H. Wolberg. Breast
cancer diagnosis and
     prognosis via linear programming. Operations Research,
43(4), pages 570-577,
     July-August 1995.
   - W.H. Wolberg, W.N. Street, and O.L. Mangasarian. Machine
learning techniques
     to diagnose breast cancer from fine-needle aspirates.

```
Cancer Letters 77 (1994)
    163-171.
```

각 통계량을 표시합니다(<리스트6.30>).

<리스트6.30> 각 통계량

In ▷ `bc_df.describe()`

Out ▷

	mean radius	mean texture	mean perimeter	mean area	mean smoothness	mean compactness	mean concavity
count	569.000000	569.000000	569.000000	569.000000	569.000000	569.000000	569.000000
mean	14.127292	19.289649	91.969033	654.889104	0.096360	0.104341	0.088799
std	3.524049	4.301036	24.298981	351.914129	0.014064	0.052813	0.079720
min	6.981000	9.710000	43.790000	143.500000	0.052630	0.019380	0.000000
25%	11.700000	16.170000	75.170000	420.300000	0.086370	0.064920	0.029560
50%	13.370000	18.840000	86.240000	551.100000	0.095870	0.092630	0.061540
75%	15.780000	21.800000	104.100000	782.700000	0.105300	0.130400	0.130700
max	28.110000	39.280000	188.500000	2501.000000	0.163400	0.345400	0.426800

mean concave points	mean symmetry	mean fractal dimension	radius error	texture error	perimeter error
569.000000	569.000000	569.000000	569.000000	569.000000	569.000000
0.048919	0.181162	0.062798	0.405172	1.216853	2.866059
0.038803	0.027414	0.007060	0.277313	0.551648	2.021855
0.000000	0.106000	0.049960	0.111500	0.360200	0.757000
0.020310	0.161900	0.057700	0.232400	0.833900	1.606000
0.033500	0.179200	0.061540	0.324200	1.108000	2.287000
0.074000	0.195700	0.066120	0.478900	1.474000	3.357000
0.201200	0.304000	0.097440	2.873000	4.885000	21.980000

area error	smoothness error	compactness error	concavity error	concave points error	symmetry error
569.000000	569.000000	569.000000	569.000000	569.000000	569.000000
40.337079	0.007041	0.025478	0.031894	0.011796	0.020542
45.491006	0.003003	0.017908	0.030186	0.006170	0.008266
6.802000	0.001713	0.002252	0.000000	0.000000	0.007882
17.850000	0.005169	0.013080	0.015090	0.007638	0.015160
24.530000	0.006380	0.020450	0.025890	0.010930	0.018730
45.190000	0.008146	0.032450	0.042050	0.014710	0.023480
542.200000	0.031130	0.135400	0.396000	0.052790	0.078950

fractal dimension error	worst radius	worst texture	worst perimeter	worst area	worst smoothness
569.000000	569.000000	569.000000	569.000000	569.000000	569.000000
0.003795	16.269190	25.677223	107.261213	880.583128	0.132369
0.002646	4.833242	6.146258	33.602542	569.356993	0.022832
0.000895	7.930000	12.020000	50.410000	185.200000	0.071170
0.002248	13.010000	21.080000	84.110000	515.300000	0.116600
0.003187	14.970000	25.410000	97.660000	686.500000	0.131300
0.004558	18.790000	29.720000	125.400000	1084.000000	0.146000
0.029840	36.040000	49.540000	251.200000	4254.000000	0.222600

worst compactness	worst concavity	worst concave points	worst symmetry	worst fractal dimension	class
569.000000	569.000000	569.000000	569.000000	569.000000	569.000000
0.254265	0.272188	0.114606	0.290076	0.083946	0.627417
0.157336	0.208624	0.065732	0.061867	0.018061	0.483918
0.027290	0.000000	0.000000	0.156500	0.055040	0.000000
0.147200	0.114500	0.064930	0.250400	0.071460	0.000000
0.211900	0.226700	0.099930	0.282200	0.080040	1.000000
0.339100	0.382900	0.161400	0.317900	0.092080	1.000000
1.058000	1.252000	0.291000	0.663800	0.207500	1.000000

라이브러리 seaborn의 **pairplot()** 함수에 의해 설명 변수끼리 및 설명 변수와 목적 변수의 관계를 일람 표시합니다(<리스트6.31>). 또한 <리스트6.31>의 목록 표시Out는 생략합니다.

<리스트6.31> 설명 변수끼리 혹은 설명 변수와 목적 변수의 관계를 일람 표시

```
import seaborn as sns

sns.pairplot(bc_df, hue="class")
```

6-4-2 모델의 구축

먼저 데이터셋을 훈련용의 데이터와 테스트용의 데이터로 분할하고, **StandardScaler()** 함수를 사용해서 표준화하여 평균값이 0, 표준 편차가 1이 되도록 합니다(<리스트6.32>).

<리스트6.32> 데이터셋을 훈련용의 데이터와 테스트용의 데이터로 분할해서 표준화한다

```
from sklearn.model_selection import train_test_split
from sklearn.preprocessing import StandardScaler

# 훈련 데이터와 테스트 데이터로 분할
x_train, x_test, t_train, t_test = train_test_split(bc.data,
bc.target, random_state=0)

# 데이터의 표준화
std_scl = StandardScaler()
std_scl.fit(x_train)
x_train = std_scl.transform(x_train)
x_test = std_scl.transform(x_test)
```

<리스트6.33>에 머신러닝의 모델을 구축하는 코드를 기술해봅시다. 원하는 머신러닝의 방법을 사용해도 됩니다.

<리스트 6.33> 머신러닝의 모델을 구축하는 코드를 입력한다

```
from sklearn.svm import      # ←여기에 코드를 추가한다

model =      # ←여기에 코드를 기술한다

# 모델의 훈련
    # ←여기에 코드를 기술한다
```

훈련이 끝난 모델을 사용해 훈련 데이터 및 테스트 데이터로 예측을 합니다. 그리고 그 정답률을 측정합니다(<리스트 6.34>).

<리스트 6.34> 훈련 데이터 및 테스트 데이터로 예측한다

```
from sklearn.metrics import accuracy_score

# 예측 결과
y_train = model.predict(x_train)
y_test = model.predict(x_test)
print(y_train, y_test)

# 정답률
acc_train = accuracy_score(t_train, y_train)
acc_test = accuracy_score(t_test, y_test)
print(acc_train, acc_test)
```

6.5 해답 예

<리스트6.35>는 해답 예가 됩니다.

<리스트6.35> 해답 예

```
from sklearn.svm import LinearSVC   # ←여기에 코드를 추가한다

model = LinearSVC(random_state=0)   # ←여기에 코드를 기술한다

# 모델의 훈련
model.fit(x_train, t_train)   # ←여기에 코드를 기술한다
```

6.6 6장의 마무리

이번 장에서는 딥러닝 이외의 머신러닝 방법을 몇 가지 간단하게 배웠습니다.
문제를 해결하기 위한 수단으로서 딥러닝이 가장 적합하지 않은 경우도 있으므로 다양한 방법을 사용할 수 있도록 합시다.

Chapter 7
합성곱 신경망 CNN

합성곱 신경망에 대해서 구조와 구현을 설명합니다.

이 챕터에는 다음과 같은 내용이 포함됩니다.

- CNN의 개요
- 합성곱과 풀링
- im2col과 col2im
- 합성곱과 풀링의 구현
- CNN의 구현
- 데이터 확장
- 연습

먼저 CNN의 개요를 설명합니다. 그다음에 CNN에 있어서 특징적인 처리인 합성곱과 풀링을 설명합니다. 이것에 의해 이미지로부터 효율적으로 특징을 추출할 수 있습니다. 게다가 합성곱과 풀링 처리를 코드로 구현해 합성곱층과 풀링층 내부에서 이뤄지고 있는 처리를 파악합니다.
그리고 여기까지를 토대로 CNN을 Keras를 사용해 구현합니다. 또한, 데이터 확장을 사용해서 데이터를 부풀려 과학습에 대해 안정적 모델을 훈련하는 방법을 배웁니다. 마지막으로 이번 장의 연습을 합니다.
이번 장의 내용은 이상이지만, 이를 통해서 배우는 것으로 CNN의 원리를 이해해 스스로 구현할 수 있게 됩니다. CNN은 범위를 좁히면 사람의 시각과 동등하거나 그 이상의 능력을 발휘하기도 합니다.
이번 장에서 원리를 배워 코드로 구현함으로써 잠재력을 느꼈으면 합니다. 그럼 이번 장을 기대해주세요.

7.1 CNN의 개요

CNN, 즉 합성곱 신경망에 대해서 개요를 설명합니다. 합성곱 신경망은 사람의 시각이 모델이 되며, 특히 이미지 인식 분야에서 널리 사용하고 있습니다.
이 챕터에서는 합성곱 신경망의 구조를 설명한 다음에 그 구현을 실시합니다.

7-1-1 사람의 '시각'

먼저 CNN의 모델인 '시각'에 대해 설명합니다. 사람의 양쪽 눈에는 망막이 있고, 시신경으로 연결되어있습니다. 이로 인해 망막이 받은 시각 정보는 대뇌 피질의 가장 뒤에 있는 1차 시각야(V1)에 도달하게 됩니다.

1차 시각야는 많이 연구하고 있는 뇌의 영역입니다. 여기에는 1억 4000만 개 정도의 신경 세포가 존재한다고 여겨지며, 시각에 관련된 다양한 처리가 이뤄집니다.

1차 시각야에는 '단순형 세포' 및 '복잡형 세포'라는 성질이 다른 두 종류의 신경 세포가 있습니다. 단순형 세포는 특정 위치에서 명암의 경계와 그 기울기를 검출합니다. 또한, 복잡형 세포는 위치의 편차를 흡수해 맡은 영역에 경계가 존재하는지 여부를 검출합니다. 1차 시각야에 들어온 시각의 정보는 이처럼 두 가지 다른 역할을 가진 세포에 의해 처리되어 특징이 효율적으로 추출됩니다.

7-1-2 합성곱 신경망이란?

이러한 시각의 구조를 모방한 것이 합성 신경망(Convolutional Neural Network)이며, CNN이라고 줄여 말합니다. CNN은 사람의 시각처럼 이미지 인식을 잘합니다.
<그림7.1>은 CNN의 예인데, CNN은 이러한 이미지를 입력으로 한 분류 문제를 많이 다룹니다.

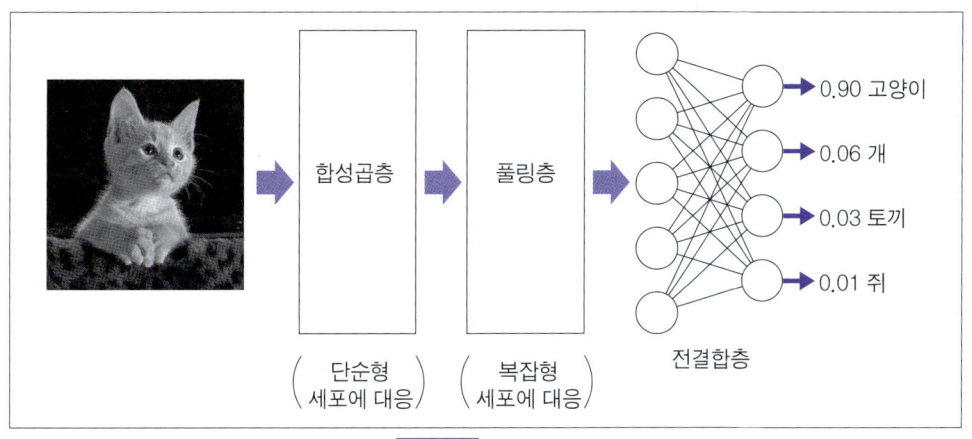

<그림7.1> CNN의 예

<그림7.1>의 예에서는 출력층의 각 뉴런이 각 동물에 대응하고 출력의 값이 그 동물일 확률을 나타냅니다. 예를 들어, 고양이 사진을 학습한 CNN에 입력하면 90퍼센트에서 고양이, 6퍼센트에서 개, 3퍼센트에서 토끼, 1퍼센트에서 쥐와 같이 그 물체가 무엇일 확률이 가장 높은지를 알려줍니다.

CNN에는 합성곱층, 풀링층, 전결합층이라는 이름의 층이 등장합니다. 합성곱층은 단순형 세포에 대응하며, 풀링층은 복잡형 세포에 대응합니다. 합성곱에서는 출력이 입력 일부의 영향밖에 받지 않는 국소성이 강한 처리가 이뤄집니다. 또한, 풀링층에서는 인식하는 대상의 위치에 유연하게 대응할 수 있는 구조가 갖춰집니다.

이처럼 CNN에는 이미지를 유연하게 정밀도 높게 인식하기 위해서 통상의 신경망과는 다른 구조가 갖춰집니다.

7-1-3 CNN의 각 층

그럼, CNN의 구조에 대해서 개요를 설명합니다. CNN은 여러 개의 층으로 구성되어있는 점은 지금까지 다룬 신경망과 같습니다.

CNN의 경우는 층에 합성곱층, 풀링층, 전결합층 세 종류가 있습니다. 이미지는 합성곱층에 입력되는데 합성곱층과 풀링층은 몇 번인가 반복된 후 전결합층에 연결됩니다. 전결합층 또한 몇 번인가 반복되고 마지막의 전결합층은 출력층이 됩니다.

<그림7.2>는 전형적인 CNN의 구조입니다.

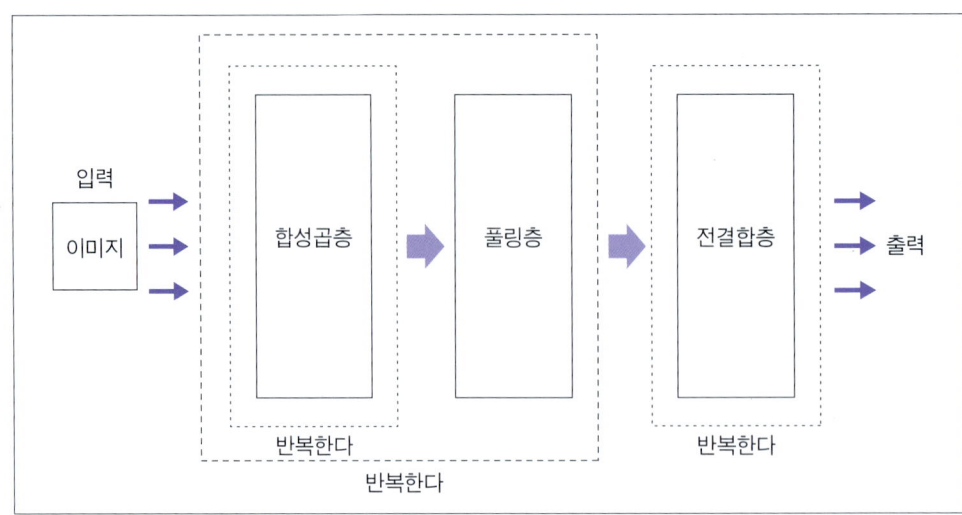

<그림7.2> CNN의 구조

합성곱층에서는 입력된 이미지를 여러 개의 필터로 처리합니다. 필터 처리의 결과로 입력 이미지는 이미지의 특징을 나타내는 여러 개의 이미지로 변환됩니다.

그리고 풀링층에서는 이미지의 특징을 훼손하지 않도록 이미지의 크기가 축소됩니다.

전결합층에서는 이제까지 다뤄온 신경망의 층과 마찬가지로 층간의 모든 뉴런이 연결됩니다. 전결합층은 통상의 신경망에서 사용하는 층과 같은 것입니다.

다음 절부터 이러한 층으로 이뤄지는 합성곱과 풀링의 구체적인 처리에 관해서 설명합니다.

7.2 합성곱과 풀링

'합성곱'과 '풀링'에 대해서 설명합니다. CNN에서의 각 층의 동작에 대해서 파악해갑시다. 합성곱층 및 풀링층과 함께 패딩과 스트라이드라는 기법에 관해서도 설명합니다.

7-2-1 합성곱층

우선은 '합성곱층'에 대해서 설명합니다. 합성곱층에서는 이미지에 대해서 '합성곱'이라는 처리를 실시해 이미지의 특징을 추출합니다. 합성곱 처리에 의해 입력 이미지를 좀 더 특징이 강조된 것으로 변환하게 됩니다.

합성곱층에서는 '필터'를 이용해 특징의 검출을 합니다. 필터는 커널이라고 부르기도 합니다. <그림7.3>에 합성곱층에서의 합성곱 처리의 예를 나타냅니다.

<그림7.3> 합성곱층의 예

입력 이미지에 대해서 격자 형태로 수치가 나열한 필터를 사용해서 합성곱을 실시해 특징이 추출된 이미지를 얻을 수 있습니다. <그림7.3>의 예에서는 필터의 특성에 의해 수직 방향의 윤곽을 추출하게 됩니다.

이 층에서는 1차 시각야의 단순형 세포에 대응하는 처리가 이뤄지게 됩니다.

7-2-2 합성곱이란?

합성곱에서는 이미지가 가지는 '국소성'이라는 성질을 이용해 특징을 추출합니다. 이미지에서의 국소성이란 각 픽셀이 근처의 픽셀과 강한 관련성이 있는 성질을 말합니다. 이웃한 픽셀끼리는 비슷한 색이 될 가능성이 높아지며, 윤곽은 인근의 여러 개의 픽셀 그룹으로 구성됩니다. 합성곱에서는 이러한 이미지의 국소성을 이용해서 이미지의 특징을 검출합니다.

합성곱층에서는 특징의 검출에 필터를 사용합니다. <그림7.4>에 필터를 이용한 합성곱의 예를 나타냅니다.

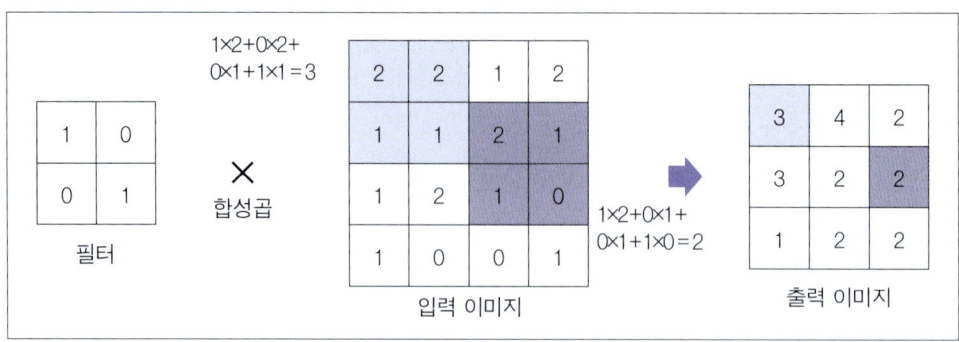

<그림7.4> 합성곱의 예

<그림7.4>에서는 각 픽셀의 값을 수치로 나타냅니다. 이 값이 픽셀의 색을 나타냅니다. <그림7.4>에서는 알기 쉽게 하려고 입력을 4×4픽셀의 이미지로 하고, 필터 수는 1개로 크기를 2×2로 합니다.

합성곱에서는 필터를 입력 이미지의 위에 배치하고, 겹쳐진 픽셀의 값을 곱합니다. 그리고 곱한 값을 더해서 새로운 픽셀로 만듭니다. 필터를 배치할 수 있는 모든 위치에서 이를 실시함으로써 새로운 이미지가 생성됩니다.

이처럼 합성곱을 실시하는 것으로 이미지의 크기는 원본 이미지보다 작아집니다.

7-2-3 여러 개의 채널, 여러 개의 필터에 의한 합성곱

컬러 이미지의 데이터는 각 픽셀이 RGB의 3색을 갖고 있습니다. 이것은 1개의 이미지가 R, G, B 3장의 이미지로 구성되어있다고 해석할 수도 있습니다. 이 장수를 '채널 수'라고 합니다. 흑백 이미지의 경우는 채널 수는 1이 됩니다. CNN에서는 통상 여러 개의 채널을 가진 이미지에 대해서 여러 개의 필터를 이용한 합성곱을 실시합니다. 조금 복잡하지만 <그림7.5>에 RGB 이미지에 대한 합성곱의 예를 나타냅니다.

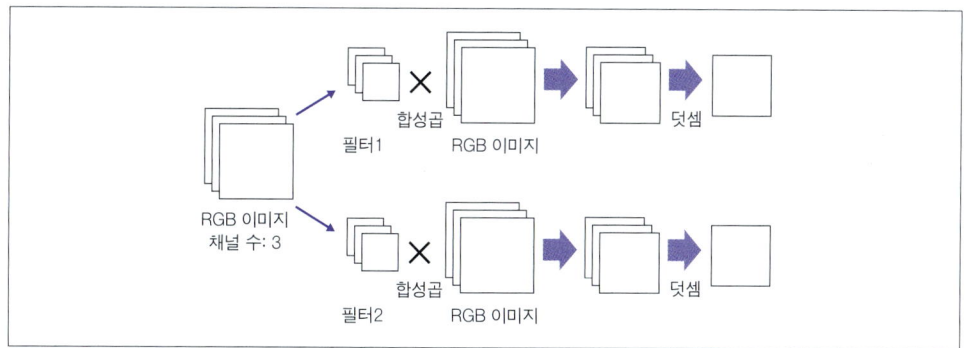

<그림7.5> 여러 개의 채널, 여러 개의 필터에 의한 합성곱

각 필터에서 채널마다 앞서 설명한 합성곱을 실시해 결과로서 3개의 이미지를 얻게 됩니다. 그리고 이러한 이미지의 각 픽셀을 더해서 1개의 이미지로 합니다.

필터마다 이러한 처리를 실시함으로써 결과로서 생성되는 이미지의 장수는 필터 수와 같아집니다. 이 생성되는 이미지의 장수가 출력 이미지의 채널 수입니다.

7-2-4 합성곱에서 이뤄지는 처리의 전체

합성곱에 의해 생성된 이미지의 각 픽셀에는 바이어스를 더해서 활성화 함수로 처리합니다. 이 부분에 관해서는 통상의 신경망과 같습니다. 또한, 바이어스는 하나의 필터당 1개 필요합니다. 필터 수와 바이어스 수는 같아집니다.

합성곱의 전체 과정을 <그림7.6>에 나타냅니다.

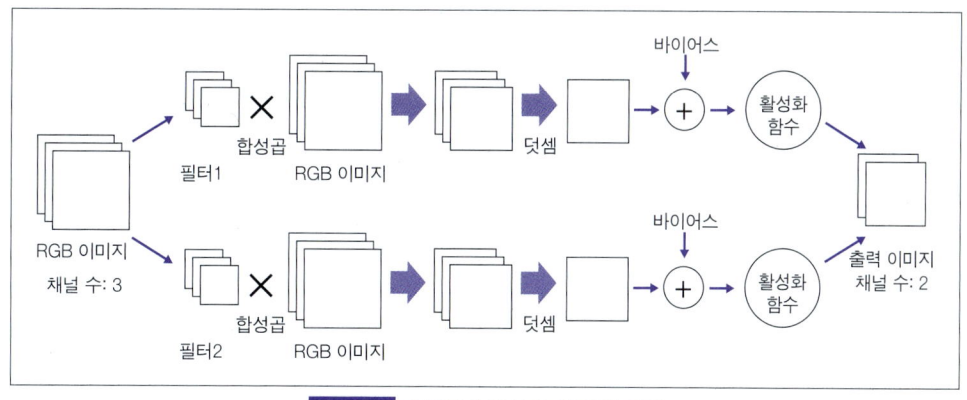

<그림7.6> 합성곱층에서의 처리의 전체

<그림7.6>의 예에서는 채널 수가 3인 이미지를 합성곱층에 입력하고 채널 수가 2인 이미지를 출력으로 얻습니다. 합성곱을 실시하면 각각의 이미지 크기는 작아집니다. 이러한 출력은 풀링층 및 전결합층, 혹은 다른 합성곱층 등으로 입력됩니다.

7-2-5 풀링층

풀링층은 보통 합성곱층의 뒤에 배치됩니다. 풀링층에서는 <그림7.7>에 나타내듯이 이미지를 각 영역으로 구분하고 각 영역을 대표하는 값을 꺼내서 새로운 이미지를 생성합니다. 이러한 처리를 풀링이라고 합니다.

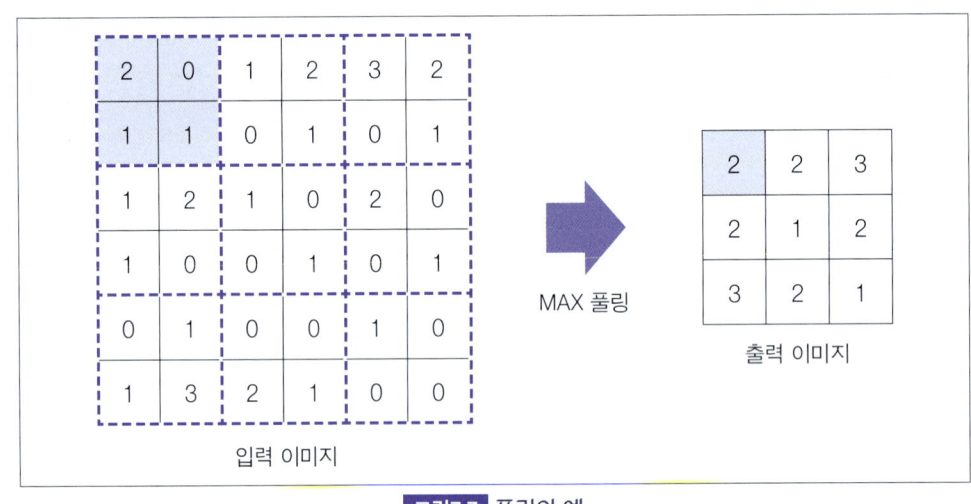

<그림7.7> 풀링의 예

<그림7.7>의 예에서는 각 영역의 최댓값을 각 영역을 대표하는 값으로 합니다. 이러한 풀링 방식은 'MAX 풀링'이라고 합니다. 이 밖에도 영역의 평균값을 취하는 평균 풀링 등의 방법도 있는데 이 책에서는 이후 풀링이라는 단어는 MAX 풀링을 가리키는 것으로 합니다.
<그림7.7>에서 나타나 있듯이 풀링에 의해 이미지가 축소됩니다. 예를 들어, 6×6픽셀의 이미지에 대해 2×2의 영역에서 풀링하면 이미지의 크기는 3×3이 됩니다.
풀링은 말하자면 이미지를 흐리게 하는 처리입니다. 따라서 풀링을 실시해서 대상 위치의 감도가 저하되고, 위치의 변화에 대한 완강성을 얻게 됩니다. 또한, 풀링으로 인해 이미지 크기

가 작아지므로 계산량이 줄어드는 장점도 있습니다.

풀링층으로 구분하는 영역은 통상 고정되어있어 영역 크기가 학습 중에 변화하지 않습니다. 또한, 학습하는 파라미터가 없으므로 파라미터의 갱신은 이뤄지지 않습니다. 또한, 채널 수는 변화하지 않으므로 입력 채널 수와 출력 채널 수는 같아집니다.

7-2-6 패딩

입력 이미지를 둘러싸듯 픽셀을 배치하는 기법을 '패딩'이라고 합니다. 패딩은 합성곱층 및 풀링층에서 이뤄지기도 합니다.

<그림7.8>에 패딩의 예를 나타냅니다.

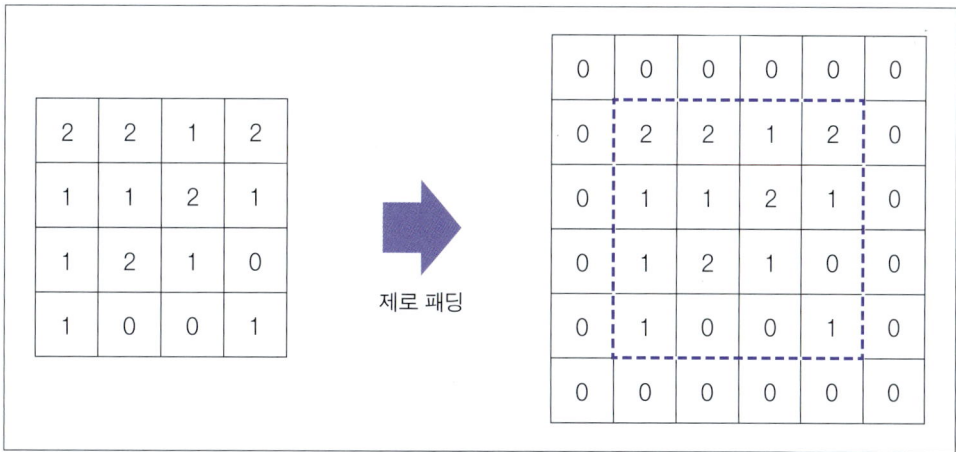

<그림7.8> 패딩의 예

<그림7.8>의 예에서는 이미지의 주위에 값이 0인 픽셀을 배치합니다. 이러한 패딩의 방식을 '제로 패딩'이라고 합니다. 이 밖에도 다양한 패딩 방법이 있는데 CNN에서는 이 제로 패딩이 널리 사용됩니다.

이러한 패딩에 의해 이미지의 크기는 커집니다. 예를 들어 4×4의 이미지에 대해서 폭이 1인 제로 패딩을 실시하면 이미지는 1겹의 0 픽셀로 둘러싸이게 되고, 이미지 크기는 6×6이 됩니다. 또한, 6×6의 이미지에 대해서 폭이 2인 패딩을 실시하면 이미지 크기는 10×10이 됩니다. 합성곱 및 풀링에 의해 이미지 크기는 작아지므로 이러한 층을 몇 번 거듭하면 마지막에는 이

미지 크기가 1×1이 됩니다. 패딩으로 이 문제에 대처할 수 있습니다. 패딩을 실시해서 이미지 크기가 너무 작아지는 것을 방지할 수 있습니다.

또한, 이미지의 끝은 합성곱 횟수가 적어지는데 패딩에 의해 이미지의 끝에서 합성곱 횟수가 증가하므로 끝의 특정도 잘 파악할 수 있게 됩니다.

7-2-7 스트라이드

합성곱에서 필터가 이동하는 간격을 '스트라이드'라고 합니다. 지금까지 나타낸 예에서는 스트라이드는 전부 1이었습니다. 그러나 스트라이드가 2 이상이 되는 경우도 있습니다. <그림7.9>에 스트라이드가 1인 예와 2인 예를 나타냅니다.

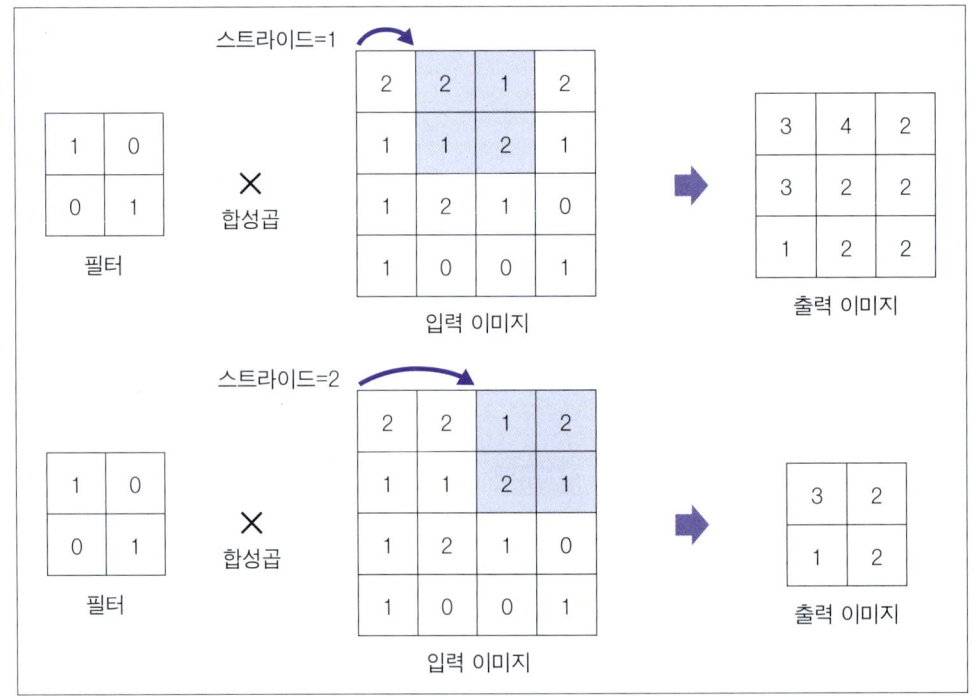

<그림7.9> 스트라이드의 예

스트라이드가 큰 경우, 필터의 이동 거리가 크기 때문에 출력 이미지의 크기는 작아집니다. 너무 큰 이미지는 축소하기 위해서 스트라이드가 사용되기도 하는데 이로 인해 특징을 놓칠 염려가 있으므로 스트라이드는 1로 설정되는 경우가 많습니다.

7-2-8 합성곱에 의한 이미지 크기의 변화

합성곱에 의한 이미지 크기의 변화를 수식으로 나타냅니다.
입력 이미지의 크기를 $I_h \times I_w$[1], 필터의 크기를 $F_h \times F_w$, 패딩의 폭을 D, 스트라이드의 값을 S로 하면 출력 이미지의 크기 O_h와 O_w폭 는 다음의 식으로 나타낼 수 있습니다.

$$O_h = \frac{I_h - F_h + 2D}{S} + 1$$

$$O_w = \frac{I_w - F_w + 2D}{S} + 1$$

이처럼 합성곱에서 출력 이미지의 크기는 간단한 계산으로 구할 수 있습니다.

※1 h…높이　w…폭

7.3 im2col과 col2im

합성곱층과 풀링층에서 사용하는 'im2col' 및 'col2im'이라는 알고리즘을 소개합니다. im2col은 image to columns의 약어로 이미지를 행렬로 변환합니다. 또한, col2im은 columns to images의 약어로 행렬을 이미지로 변환합니다. 이러한 알고리즘에 의해 CNN에서 필요한 처리가 간단하고 빠르게 처리됩니다.

7-3-1 im2col, col2im이란?

합성곱층을 구현할 때는 배치, 채널 등의 많은 복잡한 요소를 고려해야 하며, 몇 중으로 중첩된 다차원 배열을 다뤄야 합니다. 그러나 다차원 배열을 `for` 문 등을 사용해 반복 처리를 하려면 루프가 몇 중으로 중첩되어 코드가 복잡해집니다. 또한, NumPy는 행렬 연산은 고속이지만 `for` 문 등에 의한 루프를 사용해 요소에 접근하려고 하면 실행에 많은 시간이 걸린다는 문제점이 있습니다.

그래서 루프를 최소한으로 하기 위해서 사용하는 것이 'im2col' 및 'col2im'이라는 알고리즘입니다. im2col은 여러 개 배치, 여러 개 채널의 이미지를 1개의 행렬로 변환합니다. im2col은 합성곱층, 풀링층의 순전파에서 사용됩니다.

또한, col2im은 1개의 행렬을 여러 개 배치, 여러 개 채널의 이미지로 변환합니다. im2col의 역입니다. col2im은 합성곱층, 풀링층의 역전파에서 사용됩니다.

이러한 알고리즘에 의해 실행 시간이 걸리는 반복 처리를 최소한으로 해 주된 계산을 1개의 행렬곱으로 처리할 수 있습니다.

7-3-2 im2col이란?

합성곱은 행렬곱을 사용해서 계산하면 코드가 비교적 간단해집니다. im2col을 사용해 입력 이미지를 행렬 연산에 적합한 형태로 변형할 수 있습니다.

im2col은 Max 풀링으로 각 영역의 최댓값을 추출할 때도 이용됩니다. im2col은 간결함과 실행 속도가 뛰어나며, 다양한 딥러닝용의 라이브러리에서 실제로 이용되고 있습니다.

im2col은 <그림7.10>의 예에서와 같이 이미지상의 영역을 행렬의 열 혹은 행으로 변환하는 알고리즘입니다.

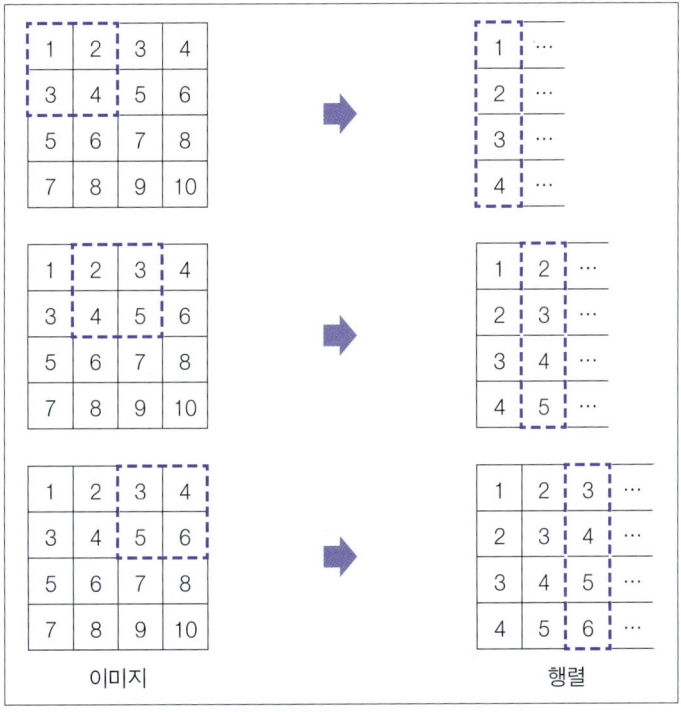

<그림7.10> im2col의 예

영역을 왼쪽 위부터 오른쪽으로 슬라이드 시켜서 각 영역의 픽셀을 행렬의 열로 변환해갑니다. 영역이 가장 오른쪽에 도달한 경우, 영역을 하나 아래로 슬라이드해서 마찬가지로 왼쪽에서 오른쪽으로 슬라이드 시킵니다. 그 결과, 이미지가 행렬로 변환되게 됩니다. 가까운 영역은 겹쳐지므로 행렬의 전체 요소 수는 이미지의 전체 픽셀 수보다도 많아집니다.

또한, 필터 쪽도 단일 행렬로 변환하게 됩니다. 여러 개의 필터를 <그림7.11>의 그림과 같이 해서 1개의 행렬로 변환합니다.

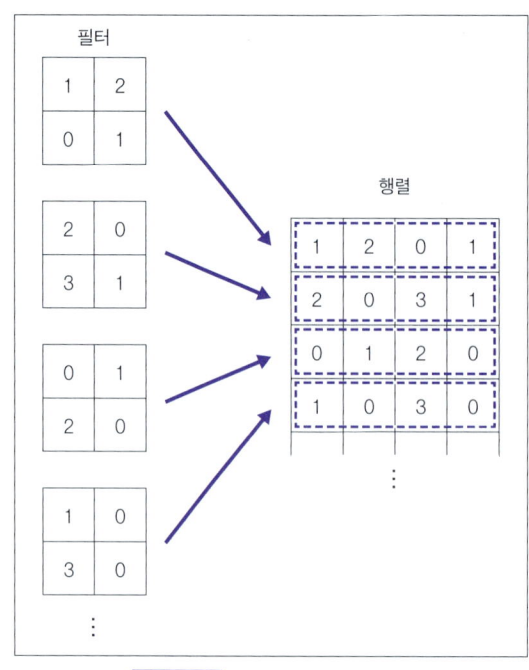

<그림7.11> 필터를 행렬로 한다

각 필터는 1개 행렬의 각 행이 됩니다. 그리고 필터의 장수가 행렬의 행 수가 됩니다.

7-3-3 im2col에 의한 변환

다음에 입력 이미지가 배치와 채널에 대응하고 있는 경우를 생각합니다. CNN에서 배치를 적용하는 경우, 여러 개의 이미지와 정답을 합쳐서 1개의 배치로 합니다(<그림7.12>). 배치 크기를 B, 채널 수를 C, 입력 이미지 높이를 I_h, 입력 이미지 폭을 I_w으로 하면 입력 이미지의 형태는 <그림7.12>의 왼쪽 그림과 같이 나타낼 수 있습니다.

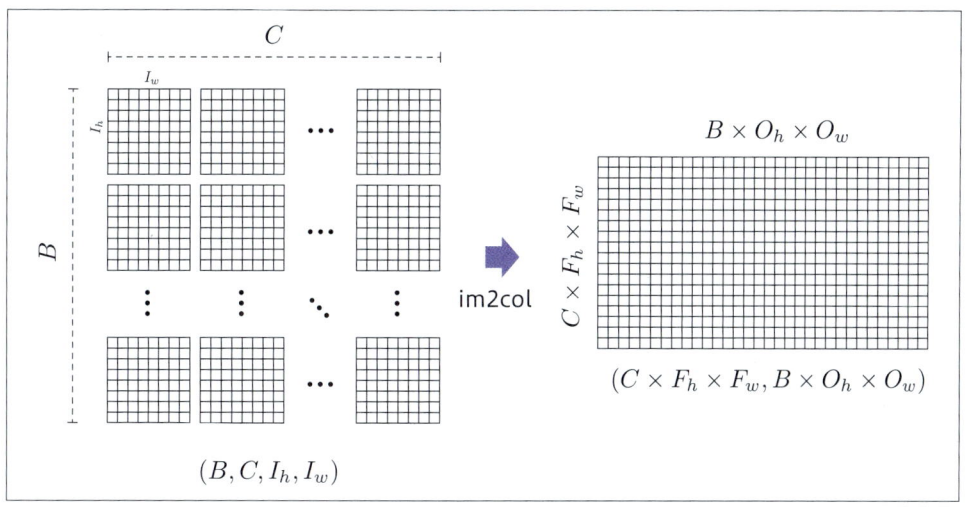

<그림7.12> im2col에 의한 변환

이미지가 배치 크기×채널 수만큼 존재하게 됩니다.

이 이미지를 im2col로 처리함으로써 <그림7.12>의 오른쪽에 나타낸 것과 같은 1개의 행렬을 얻을 수 있습니다. 여기에서 F_h는 필터 높이, F_w는 필터 폭, O_h는 출력 이미지 높이, O_w는 출력 이미지 폭입니다. 채널×필터 높이×필터 폭이 행 수, 배치 크기×출력 이미지 높이×출력 이미지 폭이 열 수가 됩니다.

이상과 같이 입력 이미지가 배치와 채널에 대응하는 경우도 단일 행렬로 입력 이미지를 표현할 수 있습니다.

7-3-4 행렬곱에 의한 합성곱

필터 수를 M으로 하면 채널에 대응한 필터의 행렬의 형태는 (M, CF_hF_w)가 됩니다. 이 행렬의 열 수 CF_hF_w는 입력 이미지의 행렬의 행 수 CF_hF_w와 일치하게 됩니다. 이로써 입력 이미지와 필터로 행렬곱을 할 수 있게 됩니다.

이 행렬곱을 <그림7.13>에 나타냅니다.

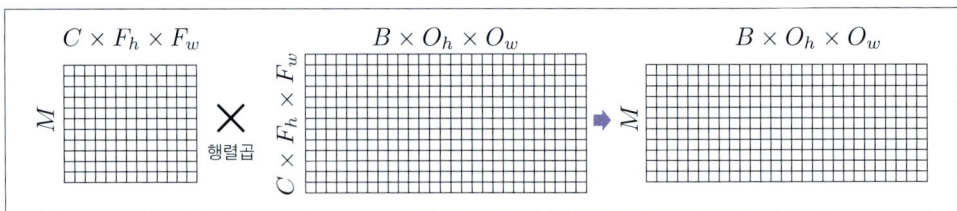

<그림7.13> 행렬곱에 의한 합성곱

앞 행렬의 각 행은 각각의 필터이며, 뒤 행렬의 각 열은 그러한 필터가 겹치는 이미지 영역입니다. 이 행렬곱에 의해 합성곱의 계산을 한번에 할 수 있습니다.

행렬곱에 의해 얻어지는 행렬의 형태는 (M, BO_hO_w)입니다. 이것을 (B, M, O_h, O_w)로 변환함으로써 합성곱층의 출력의 형태가 됩니다.

이상과 같이 복잡한 합성곱은 im2col을 사용해서 간단한 행렬곱으로 구현할 수 있습니다.

7-3-5 col2im이란

다음에 col2im에 대해서 설명합니다. col2im은 im2col과는 반대가 됩니다. 이것은 행렬을 이미지로 변환하는 알고리즘으로 합성곱층과 풀링층에서의 역전파에서 이용됩니다.

<그림7.14>에 col2im의 예를 나타냅니다.

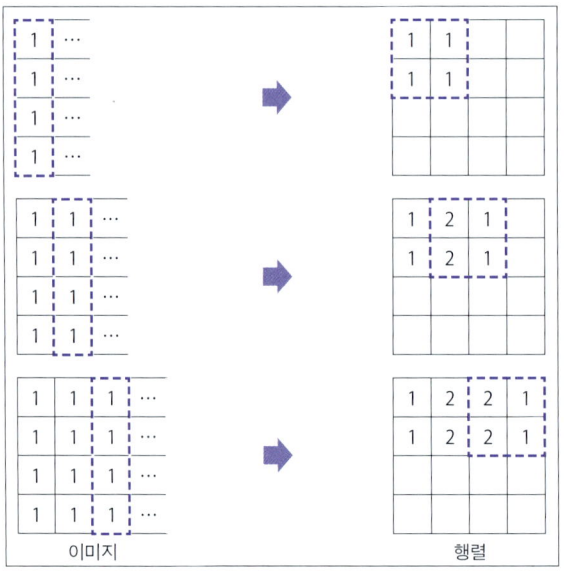

<그림7.14> col2im의 예

행렬의 각 열을 필터를 겹치는 영역의 위치로 되돌렸습니다. 그때 중복되는 곳에서는 값을 더합니다.

이상의 처리를 통해 col2im은 im2col과는 반대로 행렬을 이미지로 변환하게 됩니다.

7-3-6 col2im에 의한 변환

행렬의 모든 열에 대해 col2im으로 처리하면 <그림7.15>와 같이 행렬을 이미지로 변환할 수 있습니다.

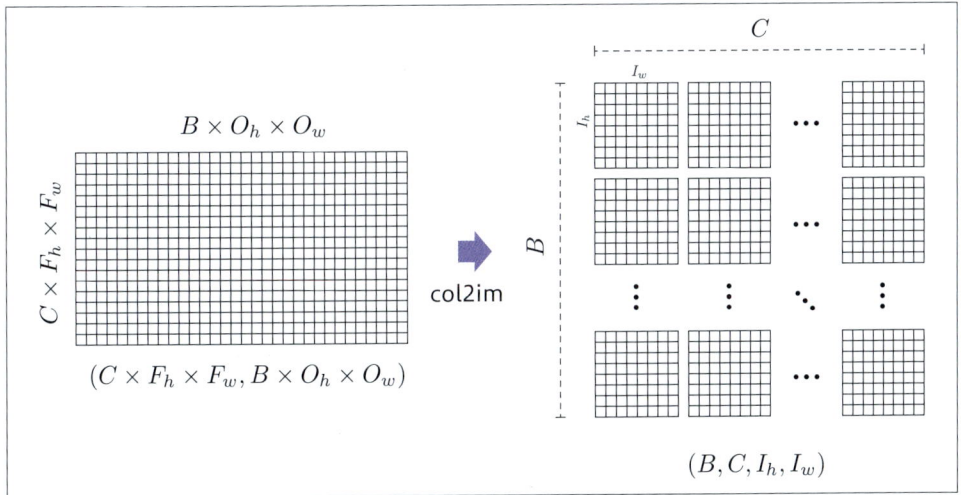

<그림7.15> col2im에 의한 변환의 예

필터가 걸리는 영역은 중복되므로 이미지의 합계 픽셀 수는 행렬의 모든 요소 수보다 줄어들게 됩니다. 배치와 채널을 고려한 경우, col2im에 의한 변환 전의 행렬의 형태는 다음과 같습니다.

$$(CF_hF_w, BO_hO_w)$$

이것을 <그림7.15> 오른쪽의 그림과 같은 다음 형태의 이미지로 변환합니다.

$$(B, C, I_h, I_w)$$

변환 후의 이미지는 배치와 채널에 대응합니다.

이상과 같이 col2im을 이용하여 행렬을 원래의 이미지 형태로 되돌릴 수 있습니다.

7.4 합성곱의 구현

im2col을 사용해 합성곱을 구현합니다.

7-4-1 im2col의 구현

im2col에 의해 필터의 형태에 맞추어 이미지를 행렬로 변환합니다. 행렬로 변환된 이미지와 행렬로 변환된 필터의 행렬곱으로 합성곱을 실시합니다.

<리스트7.1>의 코드는 채널 수가 1, 배치 크기가 1, 패딩 없이 스트라이드가 1인 경우의 간단한 im2col의 코드입니다.

<리스트7.1> im2col의 함수

```
import numpy as np

def im2col(img, flt_h, flt_w):  # 입력 이미지, 필터 높이, 폭

    img_h, img_w = img.shape  # 입력 이미지의 높이, 폭
    out_h = img_h - flt_h + 1  # 출력 이미지의 높이(패딩 없음, ➡
스트라이드1)
    out_w = img_w - flt_w + 1  # 출력 이미지의 폭(패딩 없음, ➡
스트라이드1)
```

```
            cols = np.zeros((flt_h*flt_w, out_h*out_w))  # 생성되는 행렬의 크기

        for h in range(out_h):
            h_lim = h + flt_h   # h:필터가 걸리는 영역의 위쪽 끝, →
h_lim: 필터가 걸리는 영역의 아래쪽 끝
            for w in range(out_w):
                w_lim = w + flt_w   # w: 필터가 걸리는 영역의 왼쪽 끝, →
w_lim: 필터가 걸리는 영역의 오른쪽 끝
                cols[:, h*out_w+w] = img[h:h_lim, w:w_lim].reshape(-1)

        return cols
```

<리스트7.1>의 im2col 함수를 사용해 이미지를 행렬로 변환합니다(<리스트7.2>).

<리스트7.2> im2col 함수를 사용한다

In
```
img = np.array([[1, 2, 3, 4],   # 입력 이미지
                [5, 6, 7, 8],
                [9, 10,11,12],
                [13,14,15,16]])

cols = im2col(img, 2, 2)   # 입력 이미지와 필터의 높이, 폭을 전달한다
print(cols)
```

Out
```
[[ 1.  2.  3.  5.  6.  7.  9. 10. 11.]
 [ 2.  3.  4.  6.  7.  8. 10. 11. 12.]
 [ 5.  6.  7.  9. 10. 11. 13. 14. 15.]
 [ 6.  7.  8. 10. 11. 12. 14. 15. 16.]]
```

또한, 실제로는 다양한 배치 크기, 채널 수, 패딩 폭, 스트라이드에 대응하고, **for** 문에 의해 반복을 최소화한 <리스트7.3> <리스트7.4>와 같은 im2col2의 코드가 사용됩니다.

<리스트7.3> 배치 크기, 채널 수, 패딩 폭, 스트라이드에 대응한 im2col 함수

In ▷
```
def im2col(images, flt_h, flt_w, stride, pad):

    n_bt, n_ch, img_h, img_w = images.shape
    out_h = (img_h - flt_h + 2*pad) // stride + 1 # 출력 이미지의 높이
    out_w = (img_w - flt_w + 2*pad) // stride + 1 # 출력 이미지의 폭

    img_pad = np.pad(images, [(0,0), (0,0), (pad, pad), (pad, pad)], "constant")
    cols = np.zeros((n_bt, n_ch, flt_h, flt_w, out_h, out_w))

    for h in range(flt_h):
        h_lim = h + stride*out_h
        for w in range(flt_w):
            w_lim = w + stride*out_w
            cols[:, :, h, w, :, :] = img_pad[:, :, h:h_lim:stride, w:w_lim:stride]

    cols = cols.transpose(1, 2, 3, 0, 4, 5).reshape(n_ch*flt_h*flt_w, n_bt*out_h*out_w)
    return cols
```

<리스트7.4> 배치 크기, 채널 수, 패딩 폭, 스트라이드에 대응한 im2col의 함수를 사용한다

In ▷
```
img = np.array([[[[1, 2, 3, 4],   # 입력 이미지
                  [5, 6, 7, 8],
                  [9, 10,11,12],
                  [13,14,15,16]]]])

cols = im2col(img, 2, 2, 1, 0)  # 입력 이미지, 필터의 높이, 폭, 스트라이드, 패딩 폭
print(cols)
```

```
[[ 1.  2.  3.  5.  6.  7.  9. 10. 11.]
 [ 2.  3.  4.  6.  7.  8. 10. 11. 12.]
 [ 5.  6.  7.  9. 10. 11. 13. 14. 15.]
 [ 6.  7.  8. 10. 11. 12. 14. 15. 16.]]
```

7-4-2 합성곱의 구현

im2col 함수를 사용해서 합성곱을 구현합니다. 여기에서는 scikit-learn으로부터 8×8, 손으로 쓴 흑백 문자 이미지를 읽어 들이고 합성곱을 실시합니다(<리스트7.5>).

<리스트7.5> 손으로 쓴 문자 이미지의 표시

```python
import matplotlib.pyplot as plt
from sklearn import datasets

digits = datasets.load_digits()

image = digits.data[0].reshape(8, 8)
plt.imshow(image, cmap="gray")   # 최초의 손으로 쓴 문자
이미지를 표시
plt.show()
```

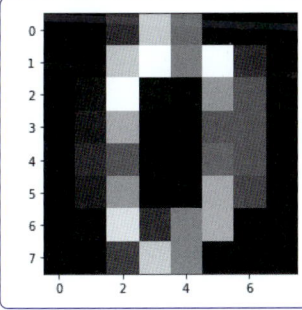

<리스트7.6>의 간단한 im2col 함수를 사용합니다.

<리스트7.6> 간단한 im2col 함수

```python
def im2col(img, flt_h, flt_w, out_h, out_w):  # 입력 이미지, ➡
필터의 높이, 폭, 출력 이미지의 높이, 폭

    cols = np.zeros((flt_h*flt_w, out_h*out_w))  # 생성되는 행렬의 크기

    for h in range(out_h):
        h_lim = h + flt_h   # h:필터가 걸리는 영역의 위쪽 끝, ➡
h_lim:필터가 걸리는 영역의 아래쪽 끝
        for w in range(out_w):
            w_lim = w + flt_w  # w:필터가 걸리는 영역의 왼쪽 끝, ➡
w_lim: 필터가 걸리는 영역의 오른쪽 끝
            cols[:, h*out_w+w] = img[h:h_lim, w:w_lim].reshape(-1)

    return cols
```

im2col으로 이미지를 행렬로 변환하고, 필터와 행렬곱에 의해 합성곱을 실시합니다(<리스트7.7>).

<리스트7.7> im2col과 합성곱의 구현

```python
flt = np.array([[-1, 1, -1,],  # 세로 선을 강조하는 필터
                [-1, 1, -1,],
                [-1, 1, -1,]])
flt_h, flt_w = flt.shape
flt = flt.reshape(-1)  # 행 수가 1인 행렬

img_h, img_w = image.shape  # 입력 이미지의 높이, 폭
out_h = img_h - flt_h + 1  # 출력 이미지의 높이(패딩 없음, ➡
스트라이드1)
out_w = img_w - flt_w + 1  # 출력 이미지의 폭(패딩 없음, ➡
스트라이드1)
```

```
cols = im2col(image, flt_h, flt_w, out_h, out_w)

image_out = np.dot(flt, cols)   # 합성곱
image_out = image_out.reshape(out_h, out_w)
plt.imshow(image_out, cmap="gray")
plt.show()
```

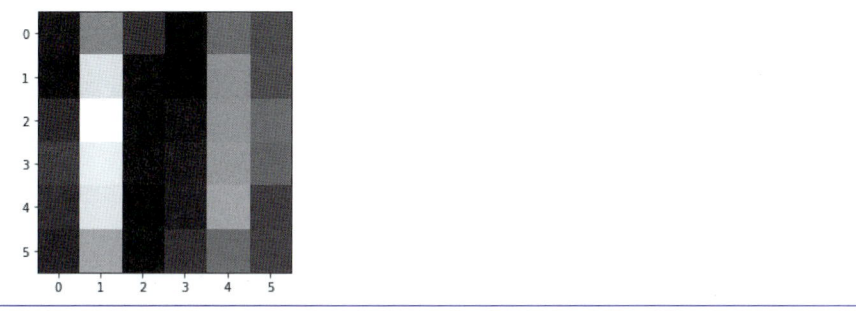

필터에 의해 세로 선이 강조되었습니다. 또한, 이미지 크기가 6×6으로 작아진 것도 확인할 수 있습니다.

합성곱층에서는 이러한 합성곱에 의해 이미지의 특징 추출이 이뤄집니다.

7.5 풀링의 구현

im2col을 사용해서 풀링을 구현합니다.

7-5-1 풀링의 구현

im2col을 사용해서 풀링을 구현합니다. 합성곱일 때와 마찬가지로 scikit-learn으로부터

8×8, 손으로 쓴 흑백 문자 이미지를 읽어 들입니다(<리스트7.8>).

<리스트7.8> 손으로 쓴 문자 이미지 읽어 들이기와 표시

```python
import numpy as np
import matplotlib.pyplot as plt
from sklearn import datasets

digits = datasets.load_digits()
print(digits.data.shape)

image = digits.data[0].reshape(8, 8)
plt.imshow(image, cmap="gray")
plt.show()
```

Out:
(1797, 64)

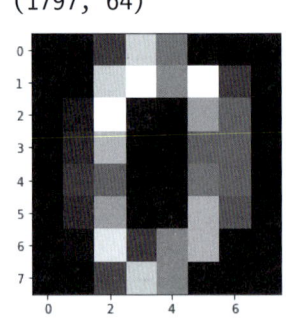

여기에서는 <리스트7.9>의 스트라이드를 도입한 im2col 함수를 사용합니다. 필터의 높이와 폭에는 풀링 영역의 높이와 폭을 사용합니다.

<리스트7.9> im2col 함수의 정의

```python
def im2col(img, flt_h, flt_w, out_h, out_w, stride):  # 입력 이미지, ➡
풀링 영역의 높이, 폭, 출력 이미지의 높이, 폭, 스트라이드

    cols = np.zeros((flt_h*flt_w, out_h*out_w))  # 생성되는 행렬의 크기
```

```
        for h in range(out_h):
            h_lim = stride*h + flt_h   # h:풀링 영역의 위쪽 끝,
h_lim: 풀링 영역의 아래쪽 끝
            for w in range(out_w):
                w_lim = stride*w + flt_w   # w: 풀링 영역의 왼쪽 끝,
w_lim: 풀링 영역의 오른쪽 끝
                cols[:, h*out_w+w] = img[stride*h:h_lim,
stride*w:w_lim].reshape(-1)

    return cols
```

im2col로 입력 이미지를 행렬로 변환합니다. 스트라이드 크기를 영역의 크기와 같게 함으로써 행렬의 각 행이 풀링의 각 영역이 됩니다. 그리고 이 행렬의 각 열에서 최댓값을 꺼내서 Max 풀링을 실시할 수 있습니다.

<리스트7.10>의 코드에서는 풀링 영역의 크기를 스트라이드의 크기와 같게 해서 입력 이미지를 im2col로 처리합니다. 그리고 NumPy의 **max()** 함수를 사용해 각 열의 최댓값을 취득합니다.

<리스트7.10> im2col과 풀링

```
img_h, img_w = image.shape   # 입력 이미지의 높이, 폭
pool = 2   # 풀링 영역의 크기

out_h = img_h//pool   # 출력 이미지의 높이
out_w = img_w//pool   # 출력 이미지의 폭

cols = im2col(image, pool, pool, out_h, out_w, pool) # 스트라이드
크기를 풀링 영역의 크기와 같게
image_out = np.max(cols, axis=0)   # 각 열의 최댓값을 취득(Max 풀링)
image_out = image_out.reshape(out_h, out_w)   # 출력의 형태를 갖춘다

plt.imshow(image_out, cmap="gray")
plt.show()
```

<리스트7.10>의 예에서는 각 2×2영역의 최댓값이 추출되어 새로운 이미지가 되었습니다. 8×8의 이미지가 4×4의 이미지로 변환된 것입니다. 이미지의 본질적인 특징을 손상하지 않은 채 크기를 줄인 것입니다.

7.6 CNN의 구현

Keras를 사용해 CNN을 구현합니다. 여기에서는 CIFAR-10이라는 데이터셋을 사용해 이미지 분류를 할 수 있는 모델을 훈련합니다.

7-6-1 CIFAR-10

Keras를 사용해 CIFAR-10을 읽어 들입니다. CIFAR-10은 약 6만 장의 이미지에 라벨을 붙인 데이터셋입니다. 각 이미지에는 'airplane' 'automobile' 'bird' 'cat' 'deer' 'dog' 'frog' 'horse' 'ship' 'truck'이라는 10종류의 라벨 중 하나의 라벨이 붙어있습니다.

<리스트7.11>의 코드에서는 CIFAR-10을 읽어 들이고, 그중 랜덤한 25장의 이미지를 표시합니다. 또한, 지면에서는 흑백으로 표시되어있으나 실제 이미지는 3색의 컬러입니다. 또한, 학습

에는 시간이 걸리기 때문에 Google Colaboratory 메뉴에서 '수정'→'노트 설정'의 '하드웨어 가속기'에서 'GPU'를 선택합시다.

<리스트7.11> CIFAR-10 읽어 들이기와 일부 표시

```python
import numpy as np
import matplotlib.pyplot as plt
import tensorflow as tf
from tensorflow.keras.datasets import cifar10

(x_train, t_train), (x_test, t_test) = cifar10.load_data()
print("Image size:", x_train[0].shape)

cifar10_labels = np.array(["airplane", "automobile", "bird", "cat",
"deer", "dog", "frog", "horse", "ship", "truck"])

n_image = 25    # 이미지 표시 수
rand_idx = np.random.randint(0, len(x_train), n_image)

plt.figure(figsize=(10,10))   # 표시 영역 크기
for i in range(n_image):
    cifar_img=plt.subplot(5,5,i+1)
    plt.imshow(x_train[rand_idx[i]])
    label = cifar10_labels[t_train[rand_idx[i]]]
    plt.title(label)
    plt.tick_params(labelbottom=False, labelleft=False, ➡
bottom=False, left=False)   # 라벨과 메모리를 비표시로

plt.show()
```

```
Downloading data from https://www.cs.toronto.edu/~kriz/cifar-10-python.tar.gz
170500096/170498071 [==============================] - 5s 0us/step
170508288/170498071 [==============================] - 5s 0us/step
Image size: (32, 32, 3)
```

7-6-2 각 설정

CNN의 각 설정을 실시합니다. 각 이미지에 붙은 라벨은 one-hot 표현으로 변환합니다. one-hot 표현은 클래스(분류)의 수만큼 요소가 있는 벡터로 정답 값은 1로 그 밖은 0이 됩니다(<리스트 7.12>).

- 예: (0 0 0 1 0 0 0 0 0 0)

<리스트7.12> CNN의 각 설정

```
batch_size = 32   # 배치 크기
epochs = 20   # 에포크 수
n_class = 10   # 10의 클래스로 분류

# one-hot 표현으로 변환
t_train = tf.keras.utils.to_categorical(t_train, n_class) # one-hot 표현으로 변환
t_test = tf.keras.utils.to_categorical(t_test, n_class)
print(t_train[:10])
```

```
[[0. 0. 0. 0. 0. 0. 1. 0. 0. 0.]
 [0. 0. 0. 0. 0. 0. 0. 0. 0. 1.]
 [0. 0. 0. 0. 0. 0. 0. 0. 0. 1.]
 [0. 0. 0. 0. 1. 0. 0. 0. 0. 0.]
 [0. 1. 0. 0. 0. 0. 0. 0. 0. 0.]
 [0. 1. 0. 0. 0. 0. 0. 0. 0. 0.]
 [0. 0. 1. 0. 0. 0. 0. 0. 0. 0.]
 [0. 0. 0. 0. 0. 0. 0. 1. 0. 0.]
 [0. 0. 0. 0. 0. 0. 0. 1. 0.]
 [0. 0. 0. 1. 0. 0. 0. 0. 0. 0.]]
```

7-6-3 모델의 구축

CNN 모델을 구축합니다. 여기에서는 <그림7.16>의 순으로 여러 개의 층을 나열합니다.

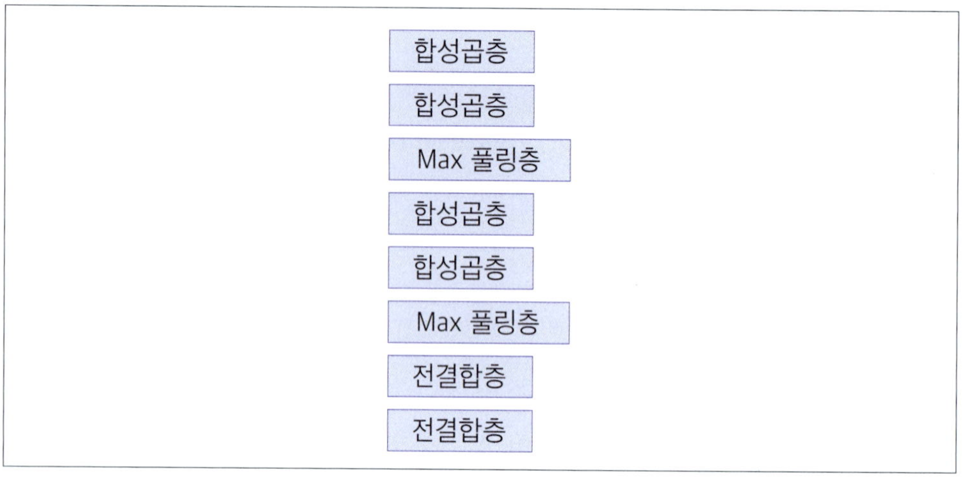

```
합성곱층
합성곱층
Max 풀링층
합성곱층
합성곱층
Max 풀링층
전결합층
전결합층
```

<그림7.16> CNN 모델을 구축

Keras에서 이미지의 합성곱을 실시하는 층은 **Conv2D()** 함수에 의해 구현할 수 있습니다. Conv2D는 다음과 같이 설정합니다.

```
Conv2D(필터 수, (필터 높이, 필터 폭), padding='패딩 방법')
```

위에서 **padding='same'**을 설정하면 출력 이미지가 입력 이미지와 같은 크기가 되도록 입력 이미지에 제로 패딩이 이뤄집니다.

또한, Max 풀링을 실시하는 층은 **MaxPooling2D()** 함수에 의해 구현할 수 있습니다. **MaxPooling2D()** 함수는 다음과 같이 설정합니다.

```
MaxPooling2D(pool_size=(풀링 영역의 높이, 풀링 영역의 폭))
```

전결합의 중간층 직후에는 드롭아웃을 끼우도록 합니다. 드롭아웃은 랜덤으로 뉴런을 무효로 하는 기법인데 이로 인해 모델이 훈련 데이터에 과도하게 적합하는 문제를 어느 정도 회피할 수 있습니다. **Dropout(0.5)**는 뉴런을 0.5의 확률로 랜덤하게 무효로 하는 것을 의미합니다(<리스트7.13>).

<리스트7.13> CNN의 모델을 구축한다

In ▷
```python
from tensorflow.keras.models import Sequential
from tensorflow.keras.layers import Dense, Dropout, Activation, ➡
Flatten
from tensorflow.keras.layers import Conv2D, MaxPooling2D
from tensorflow.keras.optimizers import Adam

model = Sequential()

model.add(Conv2D(32, (3, 3), padding='same', input_shape=x_train. ➡
shape[1:]))  # 배치 크기 이외의 입력 이미지의 형태를 지정
model.add(Activation('relu'))
model.add(Conv2D(32, (3, 3)))
model.add(Activation('relu'))
model.add(MaxPooling2D(pool_size=(2, 2)))

model.add(Conv2D(64, (3, 3), padding='same'))
model.add(Activation('relu'))
model.add(Conv2D(64, (3, 3)))
model.add(Activation('relu'))
model.add(MaxPooling2D(pool_size=(2, 2)))

model.add(Flatten())  # 1차원 배열로 변환
model.add(Dense(256))
model.add(Activation('relu'))
model.add(Dropout(0.5))  # 드롭아웃
model.add(Dense(n_class))
model.add(Activation('softmax'))

# 최적화 알고리즘에 Adam, 손실 함수에 교차 엔트로피를 지정해서 컴파일
model.compile(optimizer=Adam(), loss='categorical_crossentropy', ➡
```

```
              metrics=['accuracy'])

              model.summary()
```

Out:
```
Model: "sequential"
_____
Layer (type)                 Output Shape              Param #
=================================================================
conv2d (Conv2D)              (None, 32, 32, 32)        896
activation (Activation)      (None, 32, 32, 32)        0
conv2d_1 (Conv2D)            (None, 30, 30, 32)        9248
activation_1 (Activation)    (None, 30, 30, 32)        0
max_pooling2d (MaxPooling2D) (None, 15, 15, 32)        0
conv2d_2 (Conv2D)            (None, 15, 15, 64)        18496
activation_2 (Activation)    (None, 15, 15, 64)        0
conv2d_3 (Conv2D)            (None, 13, 13, 64)        36928
activation_3 (Activation)    (None, 13, 13, 64)        0
max_pooling2d_1 (MaxPooling2D) (None, 6, 6, 64)        0
flatten (Flatten)            (None, 2304)              0
dense (Dense)                (None, 256)               590080
activation_4 (Activation)    (None, 256)               0
dropout (Dropout)            (None, 256)               0
dense_1 (Dense)              (None, 10)                2570
activation_5 (Activation)    (None, 10)                0
=================================================================
Total params: 658,218
Trainable params: 658,218
Non-trainable params: 0
_____
```

7-6-4 학습

모델을 훈련합니다(<리스트7.14>). 학습에는 시간이 걸리기 때문에, Google Colaboratory 메뉴에서 '수정'→'노트 설정'의 '하드웨어 가속기'에서 'T4 GPU'를 선택합시다.

<리스트7.14> CNN 모델을 훈련한다

In ▷
```
x_train = x_train / 255   # 0에서 1의 범위에 넣는다
x_test = x_test / 255

# 훈련 데이터를 사용해 모델을 훈련한다
history = model.fit(x_train, t_train, epochs=epochs, ➡
batch_size=batch_size, validation_data=(x_test, t_test))
```

Out ▷
```
Epoch 1/20
/usr/local/lib/python3.10/dist-packages/keras/src/trainers/data_
adapters/py_dataset_adapter.py:121: UserWarning: Your `PyDataset`
class should call `super().__init__(**kwargs)` in its constructor.
`**kwargs` can include `workers`, `use_multiprocessing`, `max_queue_
size`. Do not pass these arguments to `fit()`, as they will be ignored.
  self._warn_if_super_not_called()
1563/1563 ──────────── 42s 23ms/step - accuracy: 0.3475 -
loss: 1.7673 - val_accuracy: 0.6029 - val_loss: 1.1136
Epoch 2/20
1563/1563 ──────────── 32s 21ms/step - accuracy: 0.5858 -
loss: 1.1732 - val_accuracy: 0.6621 - val_loss: 0.9575
Epoch 3/20
1563/1563 ──────────── 41s 21ms/step - accuracy: 0.6594 -
loss: 0.9701 - val_accuracy: 0.6986 - val_loss: 0.8719
Epoch 4/20
1563/1563 ──────────── 42s 21ms/step - accuracy: 0.6942 -
loss: 0.8764 - val_accuracy: 0.7250 - val_loss: 0.8110
```

```
Epoch 5/20
1563/1563 ─────────────── 32s 21ms/step - accuracy: 0.7176 - loss: 0.8133 - val_accuracy: 0.7394 - val_loss: 0.7742
Epoch 6/20
1563/1563 ─────────────── 42s 21ms/step - accuracy: 0.7358 - loss: 0.7610 - val_accuracy: 0.7461 - val_loss: 0.7377
Epoch 7/20
1563/1563 ─────────────── 32s 20ms/step - accuracy: 0.7503 - loss: 0.7179 - val_accuracy: 0.7567 - val_loss: 0.7210
Epoch 8/20
1563/1563 ─────────────── 42s 21ms/step - accuracy: 0.7606 - loss: 0.6861 - val_accuracy: 0.7457 - val_loss: 0.7449
Epoch 9/20
1563/1563 ─────────────── 32s 21ms/step - accuracy: 0.7731 - loss: 0.6439 - val_accuracy: 0.7629 - val_loss: 0.6900
Epoch 10/20
1563/1563 ─────────────── 33s 21ms/step - accuracy: 0.7848 - loss: 0.6175 - val_accuracy: 0.7623 - val_loss: 0.7033
Epoch 11/20
1563/1563 ─────────────── 41s 21ms/step - accuracy: 0.7900 - loss: 0.5960 - val_accuracy: 0.7719 - val_loss: 0.6771
Epoch 12/20
1563/1563 ─────────────── 33s 21ms/step - accuracy: 0.7971 - loss: 0.5717 - val_accuracy: 0.7841 - val_loss: 0.6568
Epoch 13/20
1563/1563 ─────────────── 33s 21ms/step - accuracy: 0.8071 - loss: 0.5585 - val_accuracy: 0.7769 - val_loss: 0.6672
Epoch 14/20
1563/1563 ─────────────── 33s 21ms/step - accuracy: 0.8093 - loss: 0.5403 - val_accuracy: 0.7857 - val_loss: 0.6576
Epoch 15/20
```

```
1563/1563 ──────────── 41s 21ms/step - accuracy: 0.8171 -
loss: 0.5252 - val_accuracy: 0.7758 - val_loss: 0.6928
Epoch 16/20
1563/1563 ──────────── 41s 21ms/step - accuracy: 0.8220 -
loss: 0.5068 - val_accuracy: 0.7775 - val_loss: 0.6790
Epoch 17/20
1563/1563 ──────────── 33s 21ms/step - accuracy: 0.8286 -
loss: 0.4890 - val_accuracy: 0.7862 - val_loss: 0.6884
Epoch 18/20
1563/1563 ──────────── 32s 21ms/step - accuracy: 0.8327 -
loss: 0.4787 - val_accuracy: 0.7883 - val_loss: 0.6641
Epoch 19/20
1563/1563 ──────────── 33s 21ms/step - accuracy: 0.8316 -
loss: 0.4739 - val_accuracy: 0.7861 - val_loss: 0.6550
Epoch 20/20
1563/1563 ──────────── 32s 21ms/step - accuracy: 0.8378 -
loss: 0.4554 - val_accuracy: 0.7940 - val_loss: 0.6502
```

7-6-5 학습의 추이

history에는 학습의 경과가 기록되어있습니다. 이것을 사용해 학습의 추이를 표시합니다(<리스트7.15>).

<리스트7.15> 학습의 추이를 표시

In ▷
```python
import matplotlib.pyplot as plt

train_loss = history.history['loss']      # 훈련용 데이터의 오차
train_acc = history.history['accuracy']   # 훈련용 데이터의 정밀도
val_loss = history.history['val_loss']    # 검증용 데이터의 오차
```

```
val_acc = history.history['val_accuracy']  # 검증용 데이터의 정밀도

# 오차 표시
plt.plot(np.arange(len(train_loss)), train_loss, label='loss')
plt.plot(np.arange(len(val_loss)), val_loss, label='val_loss')
plt.legend()
plt.show()

# 정밀도 표시
plt.plot(np.arange(len(train_acc)), train_acc, label='acc')
plt.plot(np.arange(len(val_acc)), val_acc, label='val_acc')
plt.legend()
plt.show()
```

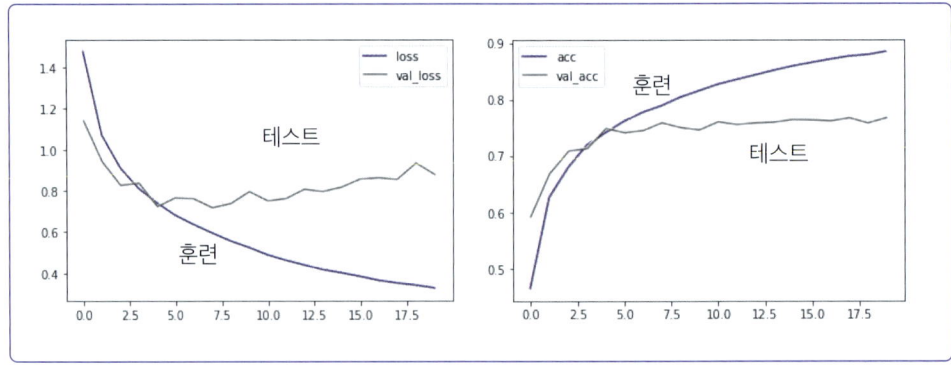

훈련용 데이터의 오차는 학습이 진행되면서 매끄럽게 감소하고 있습니다. 하지만 테스트용 데이터의 오차는 훈련용 데이터의 오차에서 크게 위로 떨어져 버렸습니다. 또한, 테스트용의 데이터의 정밀도는 도중부터 향상되지 않고 있습니다.

모델이 훈련용 데이터에 과도하게 적합하는 이른바 '과적합'이 발생하고 있는 것 같습니다. 과적합을 막기 위해서 위의 드롭아웃을 포함해 다양한 대책이 지금까지 고려되었습니다. 다음 절에서는 그러한 과적합 대책의 하나인 '데이터 확장'을 구현합니다.

7.7 데이터 확장

학습 데이터가 적으면 '과적합'이 발생하고 '범화 성능'이 저하되어버립니다. 범화 성능이란 미지의 데이터로의 대응력으로 이것이 낮으면 실용적인 모델이 되지 않습니다. 그렇지만 많은 이미지 등의 학습 데이터를 모으는 데는 시간이 많이 걸립니다.

이 문제에 대한 대책의 하나가 '데이터 확장'입니다. 데이터 확장은 이미지에 반전, 확대, 축소 등의 변환을 가하여 이미지 수를 늘림으로써 학습 데이터의 '부풀림'을 실시합니다. 이로써 학습 데이터 부족 문제가 해소되고 범화 성능이 향상됩니다.

7-7-1 데이터 확장의 구현

Keras의 `ImageDataGenerator()` 함수를 사용해서 데이터 확장을 합니다. 여기에서는 CIFAR-10의 이미지에 회전을 더한 것을 몇 개 생성합니다. 이미지를 표시하는 코드는 재이용을 위해 함수로 통합해둡니다(<리스트7.16>).

<리스트7.16> 데이터 확장 -회전-

```
import numpy as np
import matplotlib.pyplot as plt
import tensorflow as tf
from tensorflow.keras.datasets import cifar10
from tensorflow.keras.preprocessing.image import ImageDataGenerator

(x_train, t_train), (x_test, t_test) = cifar10.load_data()

cifar10_labels = np.array(["airplane", "automobile", "bird", →
"cat", "deer", "dog", "frog", "horse", "ship", "truck"])
```

```python
image = x_train[12]
plt.imshow(image)
plt.show()

def show_images(image, generator):
    channel, height, width = image.shape
    image = image.reshape(1, channel, height, width)  # 배치 대응
    gen = generator.flow(image, batch_size=1) # 변환된 이미지의 생성

    plt.figure(figsize=(9, 9))
    for i in range(9):
        gen_img = gen.next()[0].astype(np.uint8)  # 이미지 취득
        plt.subplot(3, 3, i + 1)
        plt.imshow(gen_img)
    plt.show()

# -20°에서 20°범위에서 랜덤으로 회전을 실시하는 이미지 생성기
generator = ImageDataGenerator(rotation_range=20)
show_images(image, generator)
```

Out

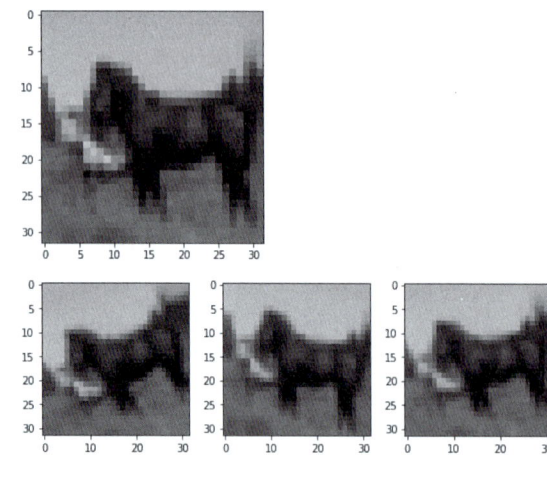

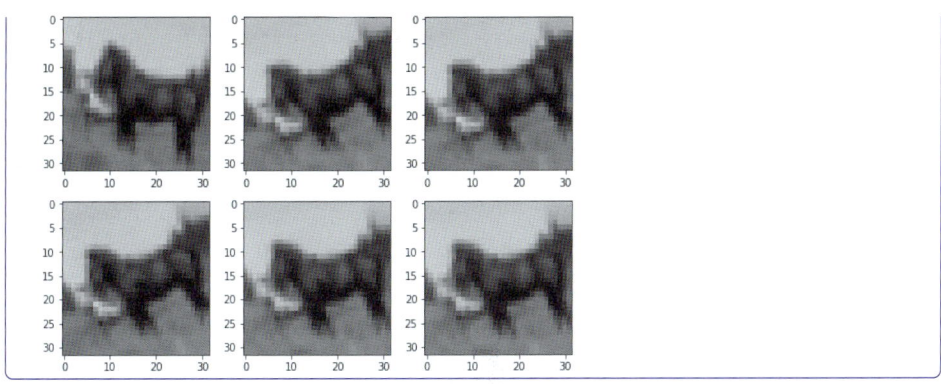

7-7-2 다양한 데이터 확장

`width_shift_range`를 지정해서 이미지를 수평 방향으로 시프트할 수 있습니다(<리스트7.17>).

<리스트7.17> 데이터 확장 -수평 방향으로 시프트-

In
```
generator = ImageDataGenerator(width_shift_range=0.5)   # 이미지 →
크기의 반의 범위에서 랜덤으로 시프트한다
show_images(image, generator)
```

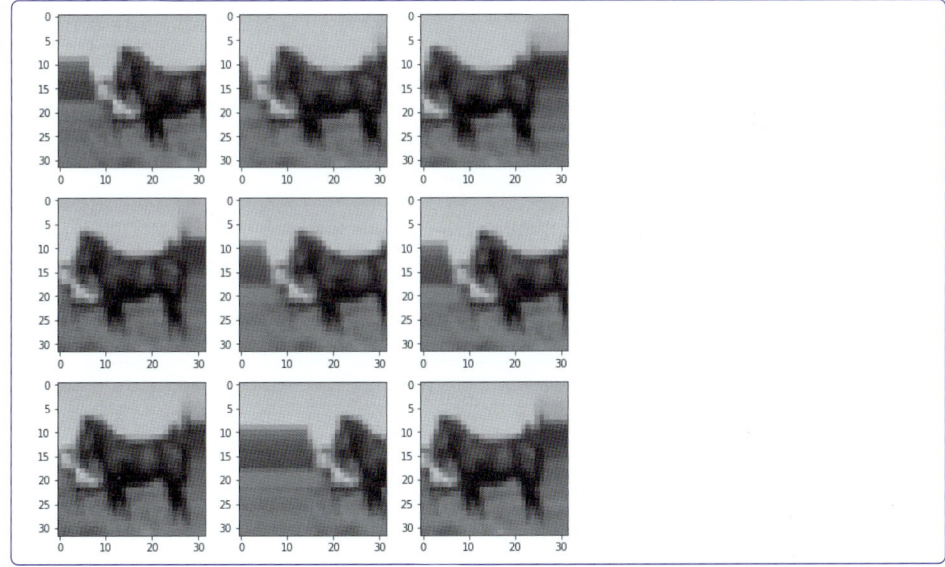

height_shift_range를 지정해서 이미지를 수직 방향으로 시프트할 수 있습니다(<리스트7.18>).

<리스트7.18> 데이터 확장 -수직 방향으로 시프트-

In ▷
```
generator = ImageDataGenerator(height_shift_range=0.5)  # 이미지 ➡
크기의 반의 범위에서 랜덤으로 시프트한다
show_images(image, generator)
```

Out ▷
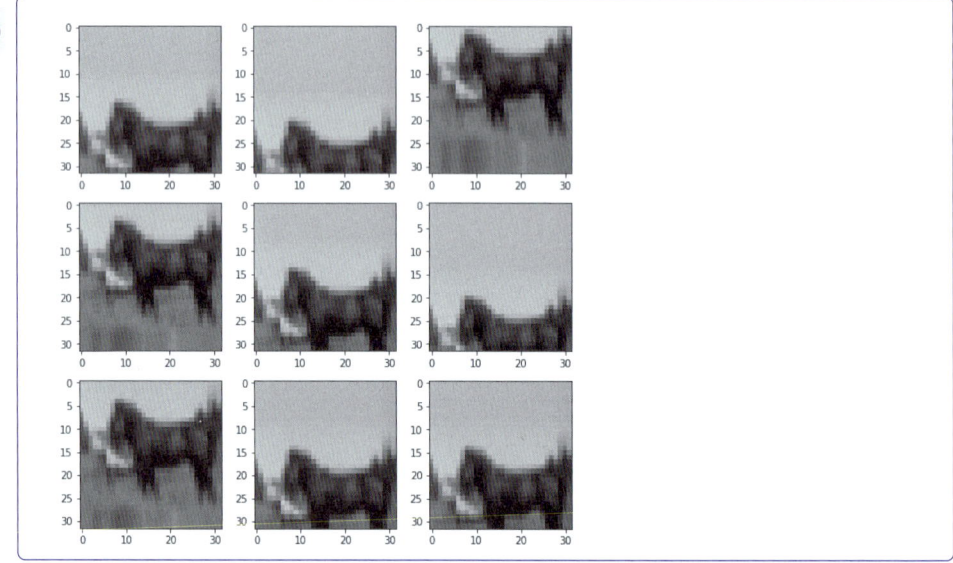

shear_range에 의해 시어 강도의 범위를 지정하면 당긴 것처럼 변환을 가한 이미지를 생성할 수 있습니다(<리스트7.19>).

<리스트7.19> 데이터 확장 -시어 강도-

In ▷
```
generator = ImageDataGenerator(shear_range=20)  # 시어 강도의 ➡
범위를 지정
show_images(image, generator)
```

Out ▷
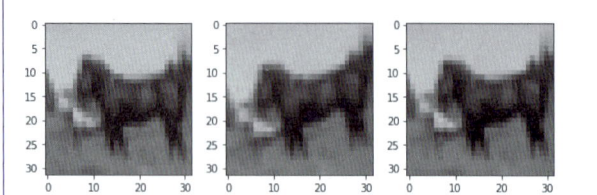

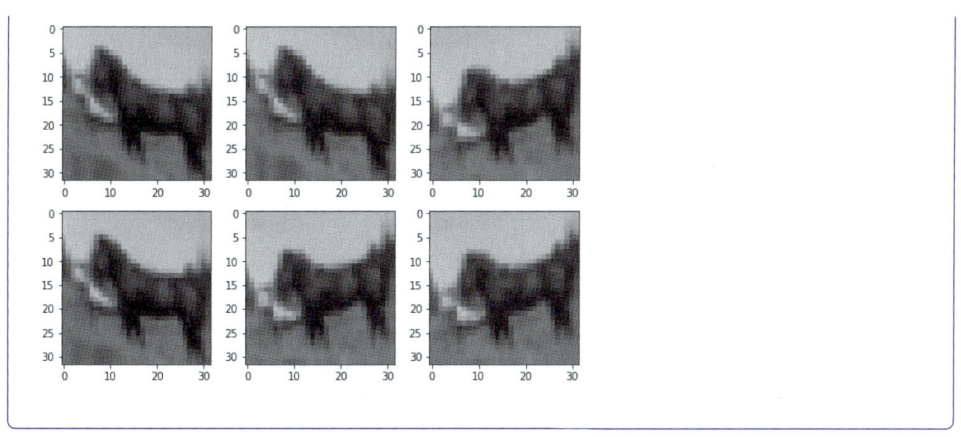

zoom_range로 확대 축소하는 범위를 지정할 수 있습니다. 이 범위 내에서 수평 방향, 수직 방향 각각의 확대율이 랜덤으로 지정됩니다(<리스트7.20>).

<리스트7.20> 데이터 확장 -확대 축소-

```
generator = ImageDataGenerator(zoom_range=0.4)   # 확대 축소하는 범위를 지정
show_images(image, generator)
```

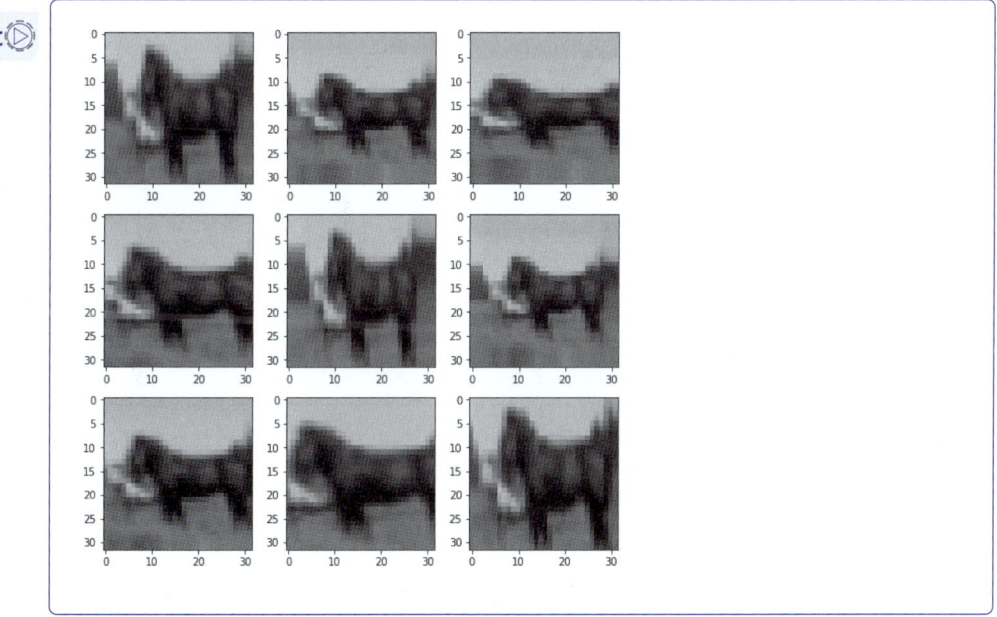

horizontal_flip과 vertical_flip으로 수평 및 수직 방향으로 반전할 수 있습니다(<리스트7.21>).

<리스트7.21> 데이터 확장 -랜덤으로 반전-

In ▷
```
generator = ImageDataGenerator(horizontal_flip=True, ➡
vertical_flip=True)  # 수평, 수직 방향으로 랜덤으로 반전
show_images(image, generator)
```

Out ▷
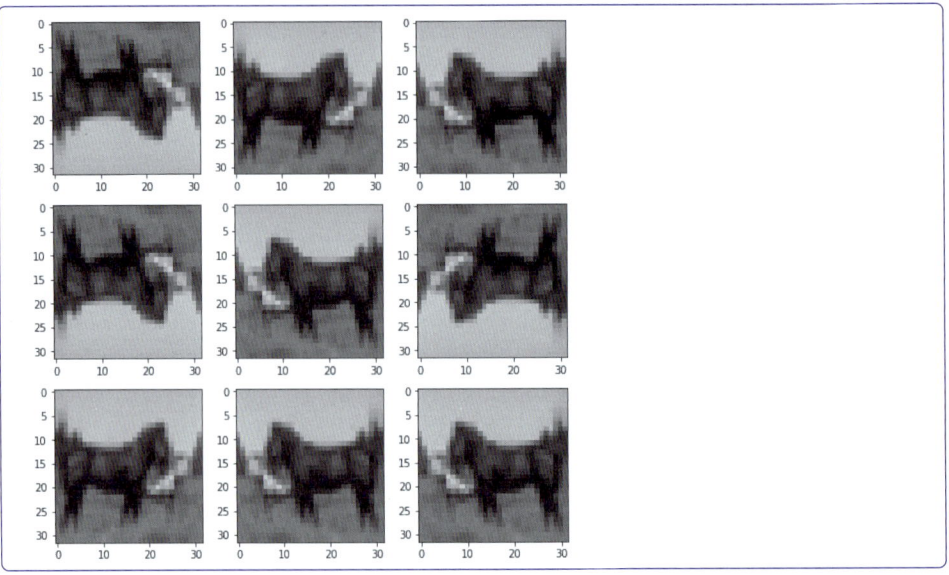

7-7-3 CNN 모델

CNN의 입력을 데이터 확장하는데 사용하는 모델은 이전 절에서 구축한 것과 같습니다(<리스트 7.22>).

<리스트7.22> CNN 모델을 구축한다

In ▷
```
from tensorflow.keras.models import Sequential
from tensorflow.keras.layers import Dense, Dropout, Activation, ➡
Flatten
from tensorflow.keras.layers import Conv2D, MaxPooling2D
from tensorflow.keras.optimizers import Adam
```

```python
batch_size = 32
epochs = 20
n_class = 10

t_train = tf.keras.utils.to_categorical(t_train, n_class)  # one-hot 표현으로
t_test = tf.keras.utils.to_categorical(t_test, n_class)

model = Sequential()

model.add(Conv2D(32, (3, 3), padding='same', input_shape=x_train.shape[1:]))  # 제로 패딩, 배치 크기 이외의 이미지의 형태를 지정
model.add(Activation('relu'))
model.add(Conv2D(32, (3, 3)))
model.add(Activation('relu'))
model.add(MaxPooling2D(pool_size=(2, 2)))

model.add(Conv2D(64, (3, 3), padding='same'))
model.add(Activation('relu'))
model.add(Conv2D(64, (3, 3)))
model.add(Activation('relu'))
model.add(MaxPooling2D(pool_size=(2, 2)))

model.add(Flatten())  # 1차원 배열로 변환
model.add(Dense(256))
model.add(Activation('relu'))
model.add(Dropout(0.5))  # 드롭 아웃
model.add(Dense(n_class))
model.add(Activation('softmax'))

# 최적화 알고리즘에 Adam, 손실 함수에 교차 엔트로피를 지정해서 컴파일
```

```python
model.compile(optimizer=Adam(), loss='categorical_crossentropy',
metrics=['accuracy'])
model.summary()
```

```
Model: "sequential"
_____
Layer (type)                 Output Shape              Param #
=================================================================
conv2d (Conv2D)              (None, 32, 32, 32)        896

activation (Activation)      (None, 32, 32, 32)        0

conv2d_1 (Conv2D)            (None, 30, 30, 32)        9248

activation_1 (Activation)    (None, 30, 30, 32)        0

max_pooling2d (MaxPooling2D) (None, 15, 15, 32)        0

conv2d_2 (Conv2D)            (None, 15, 15, 64)        18496

activation_2 (Activation)    (None, 15, 15, 64)        0

conv2d_3 (Conv2D)            (None, 13, 13, 64)        36928

activation_3 (Activation)    (None, 13, 13, 64)        0

max_pooling2d_1 (MaxPooling2D)(None, 6, 6, 64)         0

flatten (Flatten)            (None, 2304)              0

dense (Dense)                (None, 256)               590080
```

```
activation_4 (Activation)     (None, 256)      0

dropout (Dropout)             (None, 256)      0

dense_1 (Dense)               (None, 10)       2570

activation_5 (Activation)     (None, 10)       0
=================================================================
Total params: 658,218
Trainable params: 658,218
Non-trainable params: 0
_____
```

7-7-4 학습

CNN 모델을 훈련합니다. **ImageDataGenerator()** 함수를 사용해 입력 이미지에 랜덤한 회전과 수평 방향의 반전을 가합니다<리스트7.23>.

<리스트7.23> CNN 모델을 데이터 확장과 함께 훈련한다

```
x_train = x_train / 255   # 0에서 1의 범위에 넣는다
x_test = x_test / 255

generator = ImageDataGenerator(
        rotation_range=0.2,    # 랜덤으로 회전
        horizontal_flip=True)  # 랜덤으로, 수평 방향으로 반전
generator.fit(x_train)

history = model.fit(generator.flow(x_train, t_train, ➡
batch_size=batch_size),
```

```
                    epochs=epochs,
                    validation_data=(x_test, t_test))
```

Out▶

```
Epoch 1/20
/usr/local/lib/python3.10/dist-packages/keras/src/trainers/data_adapters/py_dataset_adapter.py:121: UserWarning: Your `PyDataset` class should call `super().__init__(**kwargs)` in its constructor. `**kwargs` can include `workers`, `use_multiprocessing`, `max_queue_size`. Do not pass these arguments to `fit()`, as they will be ignored.
  self._warn_if_super_not_called()
1563/1563 ──────────── 42s 23ms/step - accuracy: 0.3475 - loss: 1.7673 - val_accuracy: 0.6029 - val_loss: 1.1136
Epoch 2/20
1563/1563 ──────────── 32s 21ms/step - accuracy: 0.5858 - loss: 1.1732 - val_accuracy: 0.6621 - val_loss: 0.9575
Epoch 3/20
1563/1563 ──────────── 41s 21ms/step - accuracy: 0.6594 - loss: 0.9701 - val_accuracy: 0.6986 - val_loss: 0.8719
Epoch 4/20
1563/1563 ──────────── 42s 21ms/step - accuracy: 0.6942 - loss: 0.8764 - val_accuracy: 0.7250 - val_loss: 0.8110
Epoch 5/20
1563/1563 ──────────── 32s 21ms/step - accuracy: 0.7176 - loss: 0.8133 - val_accuracy: 0.7394 - val_loss: 0.7742
Epoch 6/20
1563/1563 ──────────── 42s 21ms/step - accuracy: 0.7358 - loss: 0.7610 - val_accuracy: 0.7461 - val_loss: 0.7377
Epoch 7/20
1563/1563 ──────────── 32s 20ms/step - accuracy: 0.7503 - loss: 0.7179 - val_accuracy: 0.7567 - val_loss: 0.7210
Epoch 8/20
```

1563/1563 ──────────── 42s 21ms/step - accuracy: 0.7606 - loss: 0.6861 - val_accuracy: 0.7457 - val_loss: 0.7449
Epoch 9/20
1563/1563 ──────────── 32s 21ms/step - accuracy: 0.7731 - loss: 0.6439 - val_accuracy: 0.7629 - val_loss: 0.6900
Epoch 10/20
1563/1563 ──────────── 33s 21ms/step - accuracy: 0.7848 - loss: 0.6175 - val_accuracy: 0.7623 - val_loss: 0.7033
Epoch 11/20
1563/1563 ──────────── 41s 21ms/step - accuracy: 0.7900 - loss: 0.5960 - val_accuracy: 0.7719 - val_loss: 0.6771
Epoch 12/20
1563/1563 ──────────── 33s 21ms/step - accuracy: 0.7971 - loss: 0.5717 - val_accuracy: 0.7841 - val_loss: 0.6568
Epoch 13/20
1563/1563 ──────────── 33s 21ms/step - accuracy: 0.8071 - loss: 0.5585 - val_accuracy: 0.7769 - val_loss: 0.6672
Epoch 14/20
1563/1563 ──────────── 33s 21ms/step - accuracy: 0.8093 - loss: 0.5403 - val_accuracy: 0.7857 - val_loss: 0.6576
Epoch 15/20
1563/1563 ──────────── 41s 21ms/step - accuracy: 0.8171 - loss: 0.5252 - val_accuracy: 0.7758 - val_loss: 0.6928
Epoch 16/20
1563/1563 ──────────── 41s 21ms/step - accuracy: 0.8220 - loss: 0.5068 - val_accuracy: 0.7775 - val_loss: 0.6790
Epoch 17/20
1563/1563 ──────────── 33s 21ms/step - accuracy: 0.8286 - loss: 0.4890 - val_accuracy: 0.7862 - val_loss: 0.6884
Epoch 18/20
1563/1563 ──────────── 32s 21ms/step - accuracy: 0.8327 -

```
loss: 0.4787 - val_accuracy: 0.7883 - val_loss: 0.6641
Epoch 19/20
1563/1563 ──────────── 33s 21ms/step - accuracy: 0.8316 -
loss: 0.4739 - val_accuracy: 0.7861 - val_loss: 0.6550
Epoch 20/20
1563/1563 ──────────── 32s 21ms/step - accuracy: 0.8378 -
loss: 0.4554 - val_accuracy: 0.7940 - val_loss: 0.6502
```

7-7-5 학습의 추이

학습의 추이를 표시합니다. 데이터 확장을 하지 않은 경우와 비교하여 범화 성능이 향상되고 있는 것을 확인합시다(<리스트7.24>).

<리스트7.24> 학습의 추이를 표시

```python
import matplotlib.pyplot as plt

train_loss = history.history['loss']         # 훈련용 데이터의 오차
train_acc = history.history['accuracy']      # 훈련용 데이터의 정밀도
val_loss = history.history['val_loss']       # 검증용 데이터의 오차
val_acc = history.history['val_accuracy']    # 검증용 데이터의 정밀도

plt.plot(np.arange(len(train_loss)), train_loss, label='loss')
plt.plot(np.arange(len(val_loss)), val_loss, label='val_loss')
plt.legend()
plt.show()

plt.plot(np.arange(len(train_acc)), train_acc, label='acc')
plt.plot(np.arange(len(val_acc)), val_acc, label='val_acc')
plt.legend()
plt.show()
```

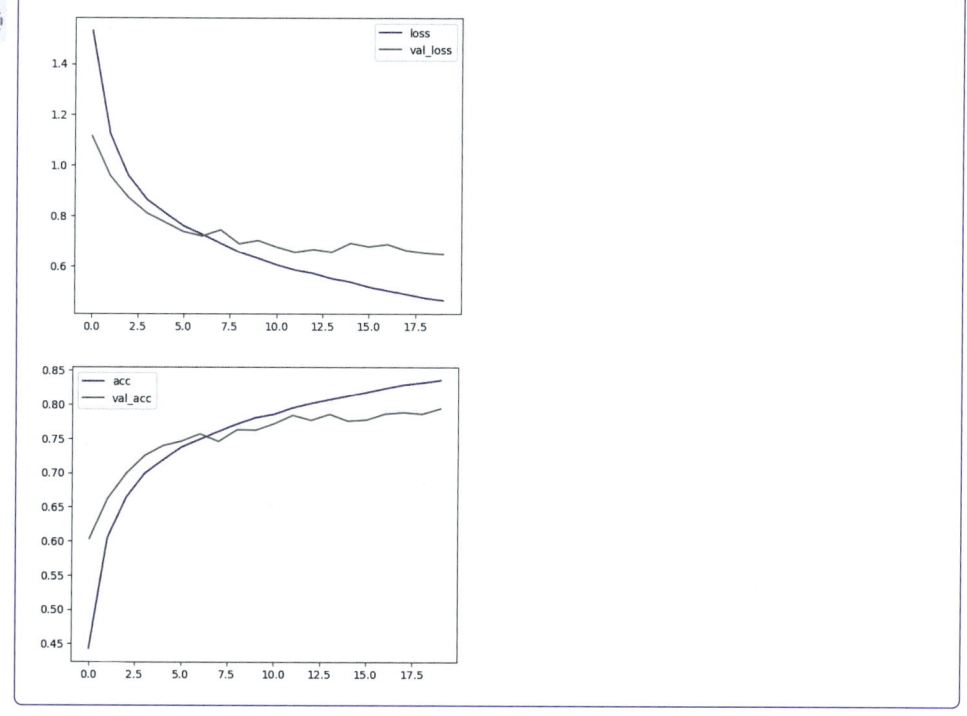

이전 절의 상태와 비교해서 테스트용 데이터의 오차가 훈련용 데이터의 오차와 크게 떨어지는 것이 없어졌습니다. 테스트용 데이터의 정밀도는 훈련용 데이터의 정밀도보다 몇 개인가 낮은 것과 매끄럽게 계속해서 향상되고 있습니다. 데이터 확장의 도입에 따라 범화 성능의 향상을 확인할 수 있습니다.

7-7-6 평가

훈련한 모델의 오차와 정밀도를 평가합니다(<리스트7.25>).

<리스트7.25> 모델의 평가

```
loss, accuracy = model.evaluate(x_test, t_test)
print("오차: ", loss, "정밀도: ", accuracy)
```

313/313 ⎯⎯⎯⎯⎯⎯⎯⎯⎯⎯⎯⎯⎯ ➡

```
1s 2ms/step - accuracy: 0.7955 - loss: 0.6390
오차: 0.6501876711845398 정밀도: 0.7940000295639038
```

훈련한 모델은 80퍼센트 미만의 정밀도가 되었습니다.

7-7-7 예측

훈련한 모델을 사용해서 예측을 실시합니다. 예측 결과를 입력 이미지상에 표시합니다(<리스트 7.26>).

<리스트7.26> 학습한 모델로 예측

```python
n_image = 25  # 이미지의 표시 수
rand_idx = np.random.randint(0, len(x_test), n_image)  # 난수

y_rand = model.predict(x_test[rand_idx])  # 랜덤인 이미지를 입력으로서 예측
predicted_class = np.argmax(y_rand, axis=1)

plt.figure(figsize=(10, 10))  # 이미지의 표시 크기
for i in range(n_image):
    cifar_img=plt.subplot(5, 5, i+1)
    plt.imshow(x_test[rand_idx[i]])
    label = cifar10_labels[predicted_class[i]]  # 라벨명의 취득
    plt.title(label)
    plt.tick_params(labelbottom=False, labelleft=False, bottom=False, left=False)
plt.show()
```

예측 결과는 대체로 맞지만, 드문드문 틀리는 경우가 있는 것 같네요.

7-7-8 모델의 저장

학습한 모델을 구글 드라이브에 저장합니다. 저장된 모델은 다음부터 읽어 들어서 이용할 수 있습니다(<리스트7.27>).

<리스트7.27> 모델의 저장

```
from google.colab import drive
drive.mount('/content/drive/')
```

실행 후 Chapter3 의 그림 3.2 ❶ ~ ❺의 순서로 Google 드라이브와 연동

Out ▷ | `Mounted at /content/drive/`

In ▷
```
import os
from keras.models import load_model

path = '/content/drive/My Drive/cnn_cifar10/'

# 디렉터리를 작성한다
if not os.path.exists(path):
    os.makedirs(path)

# 파일을 저장한다
model.save(path + "model_cnn_cifar10.h5")
```

Google 드라이브를 열어서 모델이 저장된 것을 확인합시다(<그림7.17>).

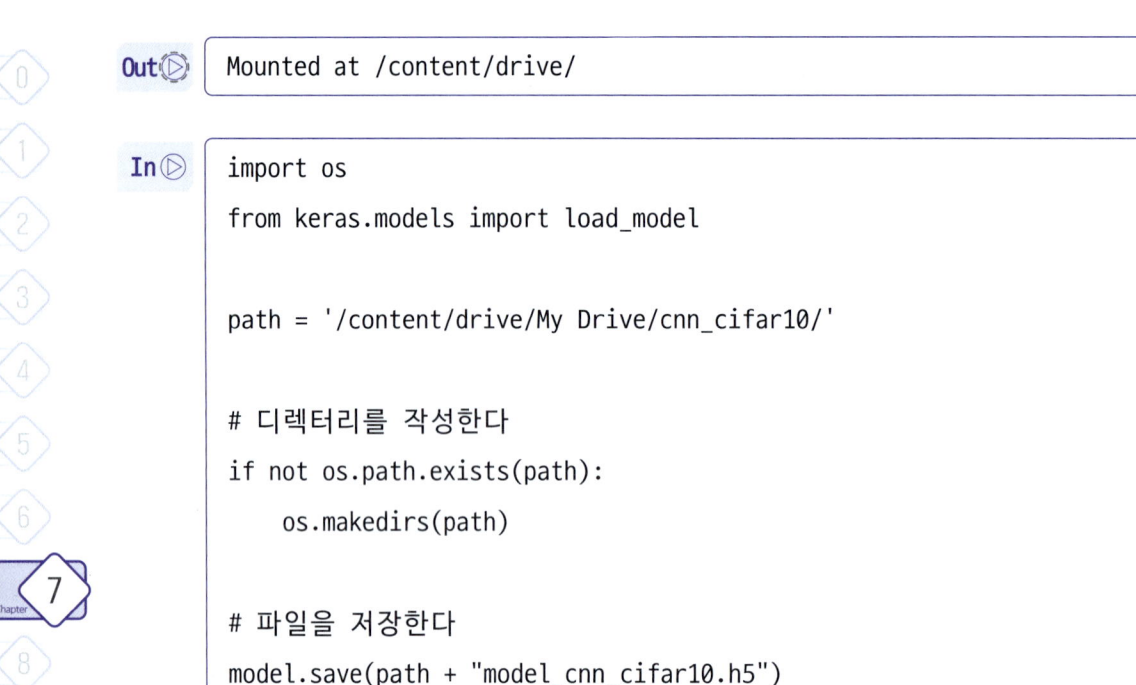

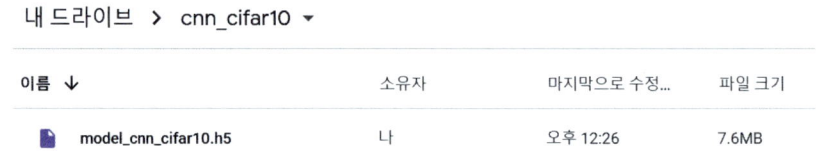
<그림7.17> 모델의 저장을 확인

7.8 연습

좀 더 성능이 좋은 CNN 모델을 구축합시다. 이 챕터에서 구축한 모델을 개선해 테스트 데이터의 정밀도 80퍼센트 이상을 목표로 합시다.

7-8-1 데이터셋 읽어 들이기와 전처리

여기에서도 CIFAR-10을 사용합니다. <리스트7.28>의 배치 크기와 에포크 수는 변경해도 됩니다.

<리스트7.28> 데이터셋 읽어 들이기와 전처리

```python
import numpy as np
import tensorflow as tf
from tensorflow.keras.datasets import cifar10
from tensorflow.keras.preprocessing.image import ImageDataGenerator

(x_train, t_train), (x_test, t_test) = cifar10.load_data()

batch_size = 32
epochs = 20
n_class = 10

x_train = x_train / 255  # 0에서 1의 범위에 넣는다
x_test = x_test / 255
t_train = tf.keras.utils.to_categorical(t_train, n_class) # one-hot 표현으로
t_test = tf.keras.utils.to_categorical(t_test, n_class)
```

<리스트7.29>의 모델은 이 챕터에서 구축한 것과 같습니다. 층의 추가 및 삭제, 하이퍼 파라미터의 조정, 드롭아웃의 삽입 등을 실시해 이 모델에 개선을 가합시다.

<리스트7.29> 모델의 구축

```python
from tensorflow.keras.models import Sequential
from tensorflow.keras.layers import Dense, Dropout, Activation, Flatten
from tensorflow.keras.layers import Conv2D, MaxPooling2D
from tensorflow.keras.optimizers import Adam

model = Sequential()

model.add(Conv2D(32, (3, 3), padding='same', input_shape=x_train.shape[1:]))  # 제로 패딩, 배치 크기 이외의 이미지의 형태를 지정
model.add(Activation('relu'))
model.add(Conv2D(32, (3, 3)))
model.add(Activation('relu'))
model.add(MaxPooling2D(pool_size=(2, 2)))

model.add(Conv2D(64, (3, 3), padding='same'))
model.add(Activation('relu'))
model.add(Conv2D(64, (3, 3)))
model.add(Activation('relu'))
model.add(MaxPooling2D(pool_size=(2, 2)))

model.add(Flatten())  # 1차원 배열로 변환
model.add(Dense(256))
model.add(Activation('relu'))
model.add(Dropout(0.5))  # 드롭 아웃
model.add(Dense(n_class))
model.add(Activation('softmax'))
```

```
model.compile(optimizer=Adam(), loss='categorical_crossentropy', →
metrics=['accuracy'])
model.summary()
```

7-8-2 학습

ImageDataGenerator의 설정은 **7.7**절의 데이터 확장 시와 같습니다. 이곳의 설정에도 개선을 가합시다(<리스트7.30>).

<리스트7.30> 학습

```
from tensorflow.keras.preprocessing.image import ImageDataGenerator

generator = ImageDataGenerator(
            rotation_range=0.2,
            horizontal_flip=True)
generator.fit(x_train)

history = model.fit_generator(generator.flow(x_train, t_train, →
batch_size=batch_size), epochs=epochs, validation_data=(x_test, →
t_test))
```

7-8-3 학습의 추이

학습의 추이는 <리스트7.31>과 같습니다.

<리스트7.31> 학습의 추이

```python
import matplotlib.pyplot as plt

train_loss = history.history['loss']      # 훈련용 데이터의 오차
train_acc = history.history['accuracy']   # 훈련용 데이터의 정밀도
val_loss = history.history['val_loss']    # 검증용 데이터의 오차
val_acc = history.history['val_accuracy'] # 검증용 데이터의 정밀도

plt.plot(np.arange(len(train_loss)), train_loss, label='loss')
plt.plot(np.arange(len(val_loss)), val_loss, label='val_loss')
plt.legend()
plt.show()

plt.plot(np.arange(len(train_acc)), train_acc, label='acc')
plt.plot(np.arange(len(val_acc)), val_acc, label='val_acc')
plt.legend()
plt.show()
```

7-8-4 평가

이번 시도의 정답률이 0.8을 넘도록 모델 및 학습 방법을 개선합시다(<리스트7.32>).

<리스트7.32> 모델의 평가

```
loss, accuracy = model.evaluate(x_test, t_test)
print("오차: ", loss, "정밀도: ", accuracy)
```

이 연습에 해답 예는 없습니다. 비록 정밀도가 0.8에 미치지 않더라도 모델이나 조건에 여러 가지 궁리를 했다면 그걸로 충분합니다.

7.9 7장의 마무리

이 장에서는 합성곱 신경망CNN에 대해서 구조를 설명하고 구현을 했습니다. 합성곱층 및 풀링층은 im2col 및 col2im을 사용해서 자신이 구현할 수도 있지만 Keras를 사용하면 간단하게 모델에 도입할 수 있습니다.

CNN을 사용한 합성곱층, 풀링층 등의 각 층은 뒤의 GAN 챕터(10장)에서도 사용하는데 이 장에서 사용법을 확실히 이해해둡시다.

Chapter 8
순환 신경망RNN

이 장에서는 순환 신경망, 즉 RNN의 원리와 구현에 관해서 설명합니다.
RNN은 시간 방향에 중간층이 연결된 신경망이므로, 시계열 데이터를 학습해 예측하는 것을 잘합니다.
이 장에는 다음의 내용이 포함됩니다.

- RNN의 개요
- 간단한 RNN의 구현
- LSTM, GRU의 개요
- LSTM, GRU의 구현
- RNN에 의한 문장의 자동 생성
- 자연어 처리의 개요
- 연습

먼저 RNN의 개요를 설명합니다. 그다음에 간단한 RNN을 구축하고, 시계열 데이터의 학습과 예측을 실시합니다. 나아가 RNN의 발전형인 LSTM과 GRU의 개요를 배우고 구현을 합니다.
또한, 지금까지 배워온 RNN 기술을 사용하여 간단한 자연어 처리를 합니다. 문장을 시계열 데이터로 파악해서 RNN에게 학습을 시키는데 이로 인해 문장에서의 다음 문자를 예측하여 문장을 생성할 수 있게 됩니다. 마지막으로 이 장의 연습을 실시합니다.
이번 장의 내용은 이상으로, 이를 통해서 배우는 것으로 RNN의 원리를 이해하고 스스로 구현할 수 있게 됩니다.
현실 세계에는 시계열 데이터가 넘쳐나므로 RNN은 다양한 분야에서 사용할 수 있습니다. 여기서 원리를 배워 코드로 구현함으로써 그 가능성을 느껴주셨으면 합니다.
그럼, 이번 장을 꼭 기대해주세요.

8.1 RNN의 개요

이 장의 시작으로 순환 신경망RNN의 개요를 설명합니다.

우리의 뇌는 넓은 의미에서의 '문맥'을 읽고 판단을 내릴 수 있습니다. 예를 들어 자전거를 탈 때는 보행자 및 자동차, 현재 자전거의 위치 및 속도 등 다양한 물체의 시간 변화를 고려하여 진행할 경로를 결정합니다. 또한, 회화에서의 발언은 대화의 흐름에 강하게 의존합니다.

이러한 문맥을 다룰 수 있는 신경망에 순환 신경망RNN이라는 것이 있습니다. RNN은 Recurrent Neural Network의 약어로 음성이나 문장, 동영상 등을 다루는 데 적합합니다. RNN은 시간 변화하는 데이터 즉, 시계열 데이터를 입력할 수 있습니다.

8-1-1 순환 신경망이란

RNN은 <그림8.1>과 같이 중간층이 반복되는 구조를 가집니다. 중간층이 앞 시각의 중간층과 연결되어있으며 이로써 시계열의 데이터를 다룰 수 있게 됩니다.

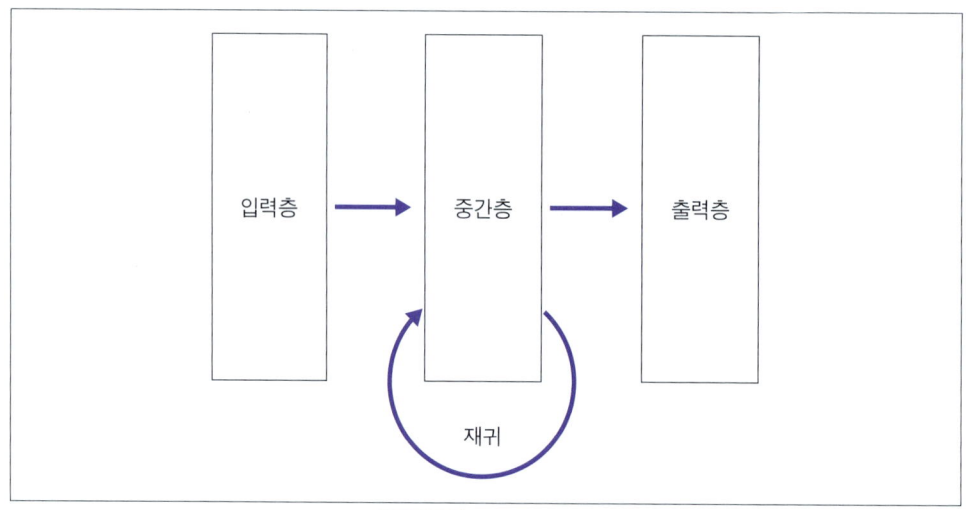

<그림8.1> RNN의 개요

RNN에서 다룰 수 있는 시계열 데이터에는 예를 들어 문서 및 음성 데이터, 음악 및 주가, 산업 기기의 상태 등이 있습니다. RNN에서는 이러한 데이터를 입력 및 정답으로 해서 다룹니다.

8-1-2 RNN의 전개

<그림8.2>는 RNN을 각 시간마다 전개한 것입니다.

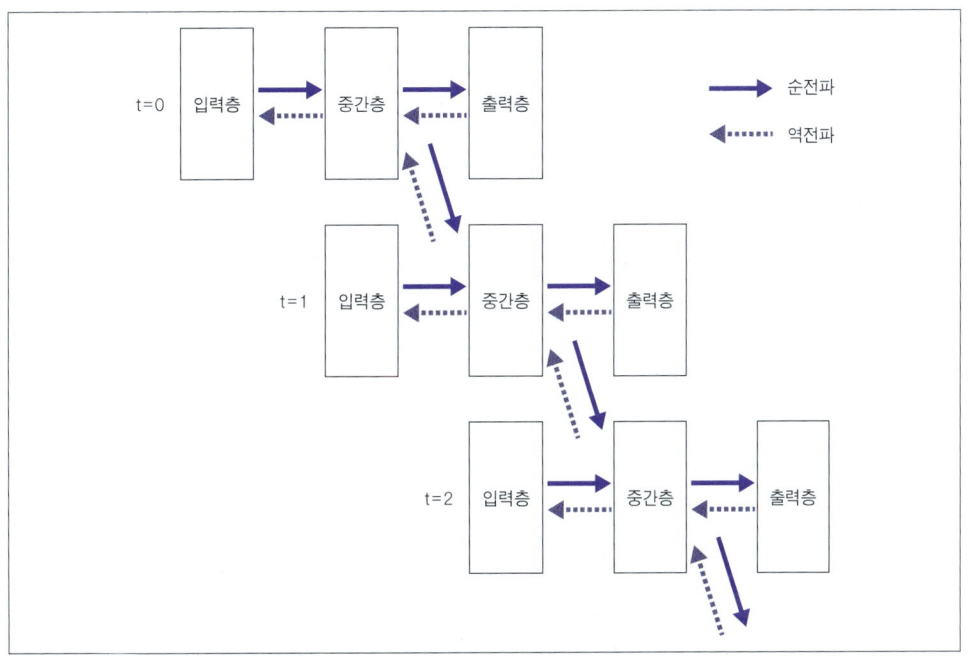

<그림8-2> RNN을 각 시간별로 전개한 그림

시간에 따라 중간층이 모두 연결되어있으며, 어떤 의미 깊은 층의 신경망으로 되어있는 것을 알 수 있습니다. <그림8.2>의 파란색 실선은 순전파를 나타냅니다. 순전파에서는 시간 방향으로 입력을 전파합니다. 또한, 파란색 점선은 역전파를 나타냅니다. 역전파에서는 신경망을 거슬러 올라가듯이 오차를 전파합니다. 이 역전파 시에 학습이 이뤄집니다.

파라미터 갱신 식은 통상의 신경망과 마찬가지로 기본적으로 다음의 식으로 나타낼 수 있습니다.

$$w \leftarrow w - \eta \frac{\partial E}{\partial w}$$

w가 학습하는 파라미터, η가 학습 계수인데 오차 E의 w에 의한 편미분, 즉 경사에 따라 파라미터의 갱신이 이뤄집니다.

이처럼 학습 시에는 통상과 반대로 정보를 전파하고, 가중치와 바이어스가 갱신되는 것인데 이 부근의 구조는 기본적으로 일반적인 신경망과 같습니다. RNN과 일반적인 신경망과의 차이는 전체 시각을 통해서 오차를 거슬러 올라가게 해서 파라미터를 갱신한다는 점입니다.

8-1-3 RNN에서 특히 현저한 문제

다음으로 RNN에서 특히 현저한 문제에 관해서 설명합니다. RNN은 시계열로 깊은 망 구조를 하고 있는데 몇 층에 걸쳐서 오차를 전파시키면 '경사 폭주'라는 경사가 발산해버리는 문제 및 '경사 소실'이라는 경사가 소실되는 문제가 종종 발생합니다. RNN의 경우 이전 시각에서 물려받은 데이터에 반복해 같은 가중치를 곱하므로 이 문제는 일반적인 신경망과 비교해서 좀 더 현저해집니다.

경사 폭주에 대해서는 '경사 클리핑' 등이 유효합니다. 경사 클리핑은 경사의 크기에 제한을 가함으로써 경사 폭주를 억제합니다. 경사 클리핑에서는 경사의 L2 노름이 임계값보다 큰 경우 다음의 식으로 경사를 조정합니다. L2 노름이란 제곱의 총합의 제곱근입니다.

- 경사 ← 임계값/L2 노름x경사

이 식은 어떤 층의 가중치나 바이어스 경사의 경사 클리핑에 의한 조정을 나타냅니다. 임계값을 층의 가중치의 L2 노름으로 나누어 경사를 곱함으로써 경사의 전체 크기에 제한을 걸 수 있습니다. 그리고 경사 소실에는 **8.3**절, **8.4**절에서 다루는 'LSTM' 등이 유효합니다.

RNN의 개요 설명은 이상으로 이후의 설명에서는 실제로 Python 코드를 작성해서 RNN에 대해서 더욱 자세히 배워나갑시다.

8.2 간단한 RNN의 구현

간단한 순환 신경망RNN을 사용해서 시계열 데이터의 학습을 실시합니다.

8-2-1 훈련용 데이터의 작성

RNN에 사용할 훈련용 데이터를 작성합니다. `sin()` 함수에 난수로 노이즈를 더한 데이터를 작성하고, 과거의 시계열 데이터로부터 미래의 값을 예측할 수 있도록 합니다. 정답은 입력 시계열을 1개 뒤로 비켜놓은 것으로 합니다(<리스트8.1>).

<리스트8.1> 훈련 데이터의 작성

```
import numpy as np
import matplotlib.pyplot as plt

x_data = np.linspace(-2*np.pi, 2*np.pi)  # -2π에서 2π까지
sin_data = np.sin(x_data)  + 0.1*np.random.randn(len(x_data))
# sin() 함수에 난수로 노이즈를 더한다

plt.plot(x_data, sin_data)
plt.show()

n_rnn = 10  # 시계열의 수
n_sample = len(x_data)-n_rnn  # 샘플 수
x = np.zeros((n_sample, n_rnn))  # 입력
t = np.zeros((n_sample, n_rnn))  # 정답
for i in range(0, n_sample):
    x[i] = sin_data[i:i+n_rnn]
```

```
        t[i] = sin_data[i+1:i+n_rnn+1]  # 시계열을 입력보다도 1개 ➡
뒤로 비켜놓는다

x = x.reshape(n_sample, n_rnn, 1)  # Keras에서의 RNN에서는 ➡
입력을 (샘플 수, 시계열의 수, 입력층의 뉴런 수)로 한다
print(x.shape)
t = t.reshape(n_sample, n_rnn, 1)  # 이번은 입력과 같은 형태
print(t.shape)
```

Out

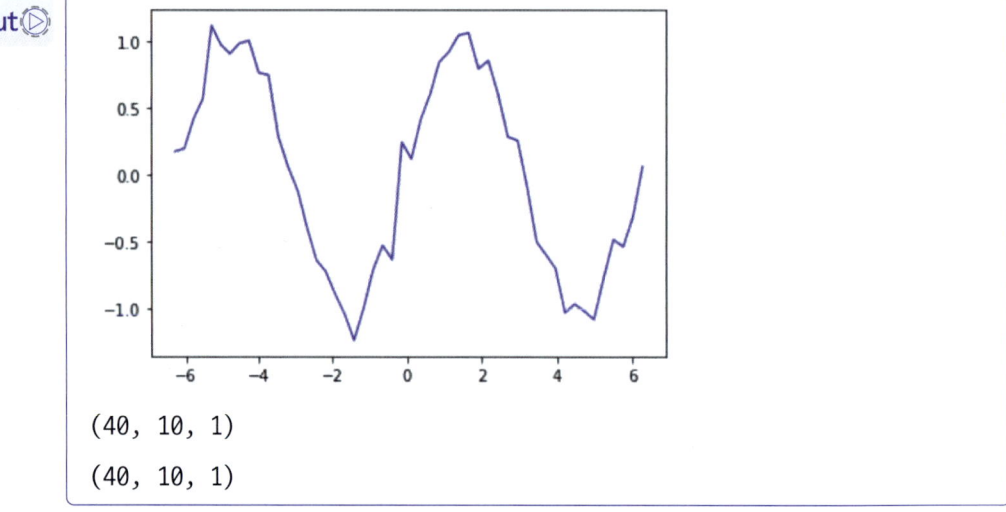

```
(40, 10, 1)
(40, 10, 1)
```

sin파 자체는 단순한 시계열 데이터이지만, 이것은 예를 들어 공기의 진동인 '소리'를 나타내고 있다고 생각할 수도 있습니다.

<리스트8.1>에서는 잡음이 없는 깨끗한 소리에 노이즈를 더합니다. 이러한 sin파를 신경망에서 학습할 수 있으면 이것을 음성 인식 등에 응용할 수도 있습니다. 또한, 노이즈가 섞인 sin파로부터 참인 sin파를 추출할 수 있으면 노이즈 제거를 할 수 있습니다.

이렇게 여기에서 다루는 대상은 간단하지만 현실 사회에서 널리 응용할 수 있습니다.

8-2-2 RNN의 구축

Keras를 사용해 간단한 RNN을 구축합니다. Keras에서 간단한 RNN층은 **SimpleRNN()** 함수에 의해 구현할 수 있습니다. 이 층은 다음의 시각과 연결되어있는 이외는 일반적인 전결합층과 같습니다.
SimpleRNN() 함수는 다음과 같이 설정합니다.

- **[SimpleRNN() 함수의 설정]**

```
SimpleRNN(뉴런 수, return_sequences=시계열을 전부 반환할지 여부)
```

return_sequences를 **True**로 하면 모든 시각에서 출력을 반환합니다. **return_sequences**를 **False**로 하면 마지막 출력만을 반환하게 됩니다.
<리스트8.2>에서는 간단한 RNN층 뒤에 전결합층을 추가합니다. **return_sequences**를 **True**로 하였으므로 모든 시각의 출력과 정답 사이에서 오차를 정의하게 됩니다.

<리스트8.2> 간단한 RNN 모델을 구축한다

```python
from tensorflow.keras.models import Sequential
from tensorflow.keras.layers import Dense, SimpleRNN

n_in = 1    # 입력층의 뉴런 수
n_mid = 20  # 중간층의 뉴런 수
n_out = 1   # 출력층의 뉴런 수

model = Sequential()
model.add(SimpleRNN(n_mid, input_shape=(n_rnn, n_in),
return_sequences=True))  # 간단한 RNN층
model.add(Dense(n_out, activation="linear"))  # 전결합층
model.compile(loss="mean_squared_error", optimizer="sgd")
# 오차는 제곱오차, 최적화 알고리즘은 SGD
print(model.summary())
```

Out ▶
```
Model: "sequential"
_____
 Layer (type)                Output Shape              Param #
=================================================================
 simple_rnn (SimpleRNN)      (None, 10, 20)            440
 dense (Dense)               (None, 10, 1)             21
=================================================================
Total params: 461
Trainable params: 461
Non-trainable params: 0
_____
None
```

8-2-3 학습

구축한 RNN 모델을 사용해서 학습을 실시합니다. **validation_split**으로 훈련 데이터 중 얼마큼을 모델의 평가에 사용할지를 지정할 수 있습니다. 여기에서는 훈련 데이터의 10퍼센트를 평가에 사용합니다(<리스트8.3>).

<리스트8.3> RNN 모델을 훈련한다

In ▶
```
history = model.fit(x, t, epochs=20, batch_size=8, ➡
validation_split=0.1)
```

Out ▶
```
Epoch 1/20
5/5 ━━━━━━━━━━━━━━━━━━━ ➡
3s 278ms/step - loss: 0.4259 - val_loss: 0.2151
Epoch 2/20
5/5 ━━━━━━━━━━━━━━━━━━━ ➡
0s 7ms/step - loss: 0.3019 - val_loss: 0.1609
```

```
Epoch 3/20
5/5 ──────────────→
0s 8ms/step - loss: 0.2267 - val_loss: 0.1285
Epoch 4/20
5/5 ──────────────→
0s 7ms/step - loss: 0.1728 - val_loss: 0.1043
Epoch 5/20
5/5 ──────────────→
0s 11ms/step - loss: 0.1310 - val_loss: 0.0916
Epoch 6/20
5/5 ──────────────→
0s 7ms/step - loss: 0.1138 - val_loss: 0.0853
Epoch 7/20
5/5 ──────────────→
0s 7ms/step - loss: 0.0991 - val_loss: 0.0774
Epoch 8/20
5/5 ──────────────→
0s 7ms/step - loss: 0.0888 - val_loss: 0.0766
Epoch 9/20
5/5 ──────────────→
0s 7ms/step - loss: 0.0852 - val_loss: 0.0708
Epoch 10/20
5/5 ──────────────→
0s 7ms/step - loss: 0.0802 - val_loss: 0.0674
Epoch 11/20
5/5 ──────────────→
0s 8ms/step - loss: 0.0713 - val_loss: 0.0671
Epoch 12/20
5/5 ──────────────→
0s 7ms/step - loss: 0.0725 - val_loss: 0.0651
Epoch 13/20
```

```
5/5 ━━━━━━━━━━━━━━━━━━━━ 0s 7ms/step - loss: 0.0694 - val_loss: 0.0626
Epoch 14/20
5/5 ━━━━━━━━━━━━━━━━━━━━ 0s 7ms/step - loss: 0.0668 - val_loss: 0.0597
Epoch 15/20
5/5 ━━━━━━━━━━━━━━━━━━━━ 0s 7ms/step - loss: 0.0636 - val_loss: 0.0589
Epoch 16/20
5/5 ━━━━━━━━━━━━━━━━━━━━ 0s 7ms/step - loss: 0.0618 - val_loss: 0.0576
Epoch 17/20
5/5 ━━━━━━━━━━━━━━━━━━━━ 0s 7ms/step - loss: 0.0655 - val_loss: 0.0569
Epoch 18/20
5/5 ━━━━━━━━━━━━━━━━━━━━ 0s 9ms/step - loss: 0.0607 - val_loss: 0.0563
Epoch 19/20
5/5 ━━━━━━━━━━━━━━━━━━━━ 0s 9ms/step - loss: 0.0613 - val_loss: 0.0546
Epoch 20/20
5/5 ━━━━━━━━━━━━━━━━━━━━ 0s 9ms/step - loss: 0.0571 - val_loss: 0.0557a
```

8-2-4 학습의 추이

오차의 추이를 확인합니다(<리스트8.4>).

<리스트8.4> 학습의 추이를 표시

```
loss = history.history['loss']
vloss = history.history['val_loss']

plt.plot(np.arange(len(loss)), loss)
plt.plot(np.arange(len(vloss)), vloss)
plt.show()
```

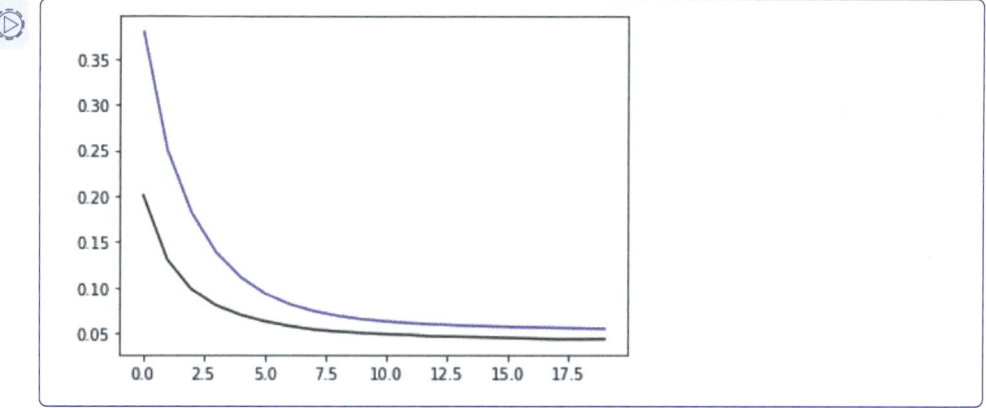

8-2-5 학습한 모델의 사용

RNN 학습한 모델을 사용해서 **sin()** 함수의 다음 값을 예측합니다. 예측한 결과는 기록해둡니다. 그리고 최근 시각의 시계열 데이터를 사용해서 다음 시각의 값을 예측하는 것을 반복합니다.

모델이 적절하게 훈련되어있으면 이로써 사인 커브와 같은 곡선을 생성할 수 있습니다(<리스트8.5>).

<리스트8.5> 학습한 RNN 모델을 사용해서 예측한 결과

```python
predicted = x[0].reshape(-1)  # 처음의 입력. reshape(-1)으로
1차원의 벡터로 한다

for i in range(0, n_sample):
    y = model.predict(predicted[-n_rnn:].reshape(1, n_rnn, 1))
# 최근 데이터를 사용해서 예측을 실시한다
    predicted = np.append(predicted, y[0][n_rnn-1][0])
# 출력의 최후 결과를 predicted에 추가한다

plt.plot(np.arange(len(sin_data)), sin_data,
label="Training data")  # 훈련에 사용한 데이터
plt.plot(np.arange(len(predicted)), predicted, label="Predicted")
# 예측 결과
plt.legend()
plt.show()
```

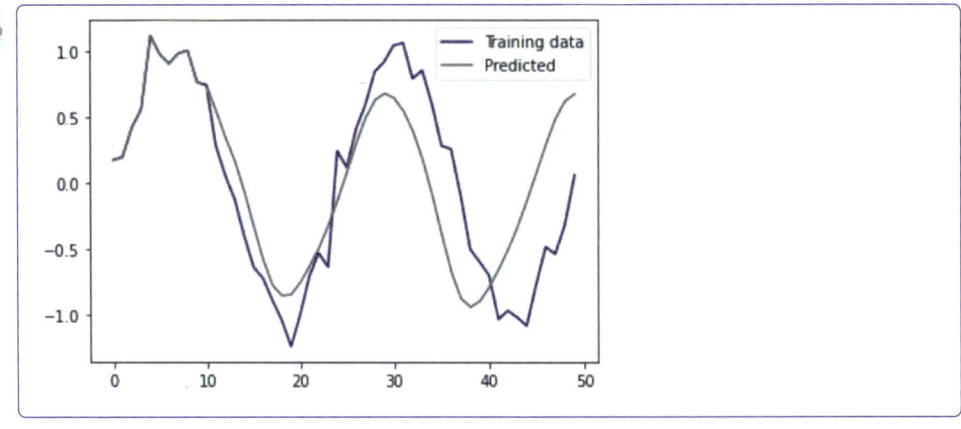

최근 시계열 데이터를 사용해서 다음 값을 예측하는 것을 반복한 결과 훈련 모델은 사인 커브와 같은 곡선을 생성할 수 있게 되었습니다. 어떤 의미 있는 미래의 예측이 되었습니다. 예측 결과를 바탕으로 거듭 예측하는 것을 반복하고 있으므로 시각이 경과함과 함께 원본 훈련 데이터와의 편차는 커지게 됩니다.

여기에서는 사인 커브의 예측을 했는데 이 예측의 원리는 가격 예측 등에 응용할 수도 있습니다.

8.3 LSTM의 개요

RNN의 장기 기억을 보유하기 어렵다는 문제점을 극복한 것이 LSTM입니다. LSTM은 장기의 기억도 단기의 기억도 함께 보유할 수 있습니다.

8-3-1 LSTM이란?

LSTM은 Long Short Term Memory의 약어로 RNN의 일종입니다. 이 이름이 나타내는 바와 같이 LSTM은 장기의 기억도 단기의 기억도 함께 보유할 수 있습니다. 일반적인 RNN은 장기 기억을 잘못하는데 LSTM은 이 장기 기억을 잘합니다.
<그림8.3>은 LSTM과 일반적인 RNN의 비교입니다.

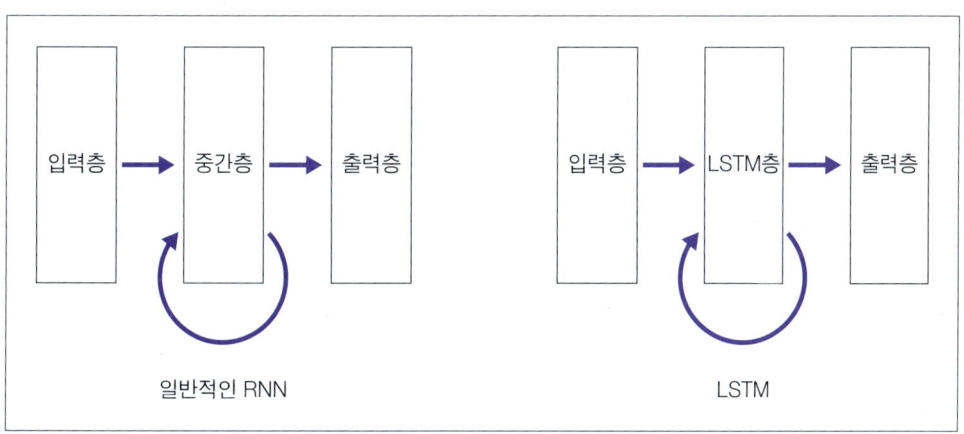

<그림8.3> LSTM과 일반적인 RNN의 비교

LSTM은 일반적인 RNN과 마찬가지로 중간층을 반복하는 재귀 구조를 갖추고 있는데, RNN에서의 중간층 대신 LSTM층이라 불리는 회로와 같은 구조를 가진 층을 사용합니다. LSTM은 내부에 '게이트'라는 구조를 도입함으로써 과거의 정보를 '잊을지 말지' 판단하면서 필요한 정보만을 다음 시각으로 계승시킬 수 있습니다.

8-3-2 LSTM층의 내부 요소

LSTM층은 일반적인 RNN층과 비교해서 복잡한 내부 구조로 되어있습니다. LSTM층의 내부에는 다음의 구조가 있습니다.

- 출력 게이트(Output gate) : 기억 셀의 내용을 어느 정도로 층의 출력에 반영할지를 조정합니다.
- 망각 게이트(Forget gate) : 기억 셀의 내용을 어느 정도로 남길지를 조정합니다.
- 입력 게이트(Input gate) : 입력 및 하나 전의 시각 출력을 어느 정도로 기억 셀에 반영할지를 조정합니다.
- 기억 셀(Memory cell) : 과거의 기억을 보유합니다.

LSTM층의 구조는 다소 복잡하지만 이러한 각 요소의 역할을 하나씩 이해할 수 있으면 전체로서 어떻게 기능하는 층인지를 이해할 수 있습니다.
위의 내용을 바탕으로 LSTM층의 구조를 <그림8.4>에 나타냅니다.

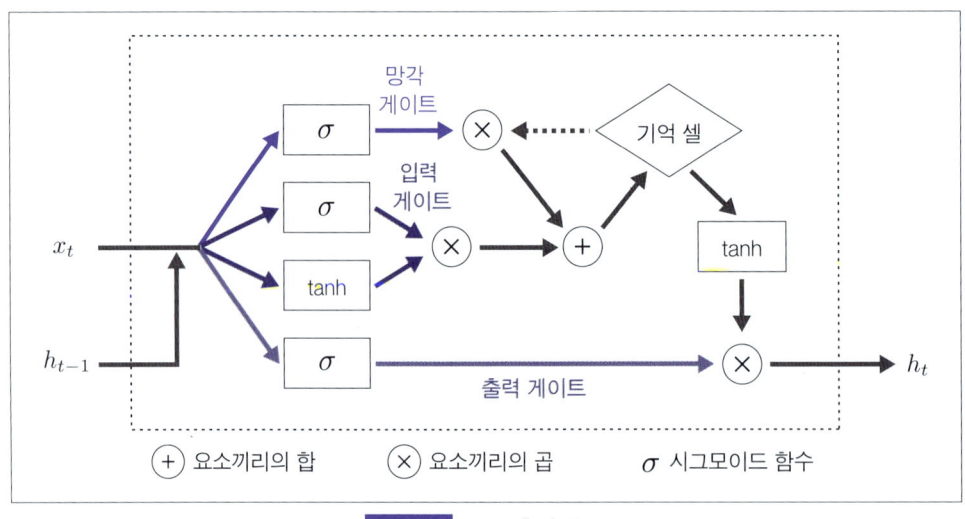

<그림8.4> LSTM층의 구조

<그림8.4>에서 실선은 현재의 데이터 흐름을 나타내고 점선은 1개 이전의 시각 데이터의 흐름을 나타냅니다. x_t가 이 시각에서의 층으로의 입력, h_t가 이 시각에서의 출력, h_{t-1}은 1개 이전 시각에서의 출력입니다. ○는 요소끼리의 연산인데, +가 들어있는 것은 요소끼리의 합, ×가

들어있는 것은 요소끼리의 곱을 나타냅니다. 또 σ기호는 시그모이드 함수를 나타냅니다.
마름모가 기억 셀이고, Output이 출력 게이트, Forget이 망각 게이트, Input이 입력 게이트입니다. 게이트에서는 시그모이드 함수가 사용되며, 0에서 1의 범위에서 데이터의 흐름을 조정하는 이른바 '수문'의 역할을 완수합니다. 그에 비해 기억 셀은 데이터를 모으는 '저수지'에 비유할 수 있습니다. 이것들이 기능함으로써 LSTM층은 장기간에 걸쳐 기억을 계승할 수 있습니다.
다음으로 LSTM의 각 구성요소를 설명합니다.

8-3-3 출력 게이트

<그림8.5>에 출력 게이트(Output gate)의 주변을 하이라이트해서 나타냅니다.

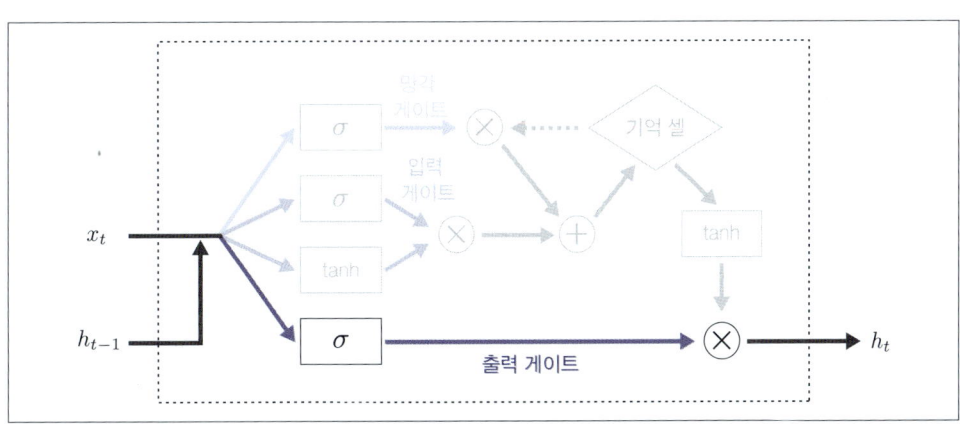

<그림8.5> LSTM의 출력 게이트

출력 게이트에서는 입력과 이전 시각의 출력에 각각 가중치를 곱한 다음에 합류시켜 바이어스를 더한 시그모이드 함수에 넣습니다. 그리고 출력 게이트를 거친 데이터는 기억 셀에서 온 데이터와 요소별 곱을 취합니다. 이로써 출력 게이트는 기억 셀의 내용을 어느 정도 층의 출력에 반영할 것인지 조정하는 역할을 담당하게 됩니다.

8-3-4 망각 게이트

<그림8.6>에 망각 게이트(Forget gate)의 주변을 하이라이트해서 나타냅니다.

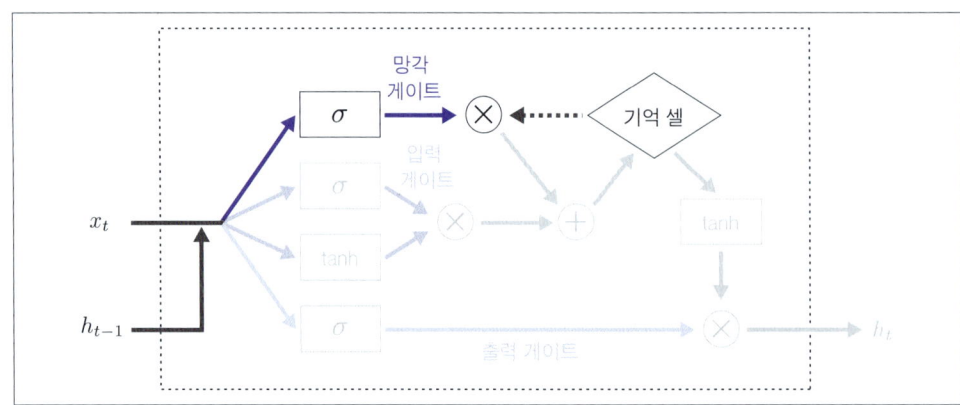

<그림8.6> LSTM의 망각 게이트

입력과 이전 시각의 출력에 각각 가중치를 곱한 다음에 합류시켜 바이어스를 더해 시그모이드 함수에 넣습니다. 망각 게이트를 거친 데이터는 기억 셀에 보유되어있는 과거의 기억과 곱합니다. 이로써 과거의 기억을 어느 정도 남길지 이 게이트에서는 조정됩니다.

8-3-5 입력 게이트

<그림8.7>에 입력 게이트(Input gate)의 주변을 하이라이트해서 표시합니다.

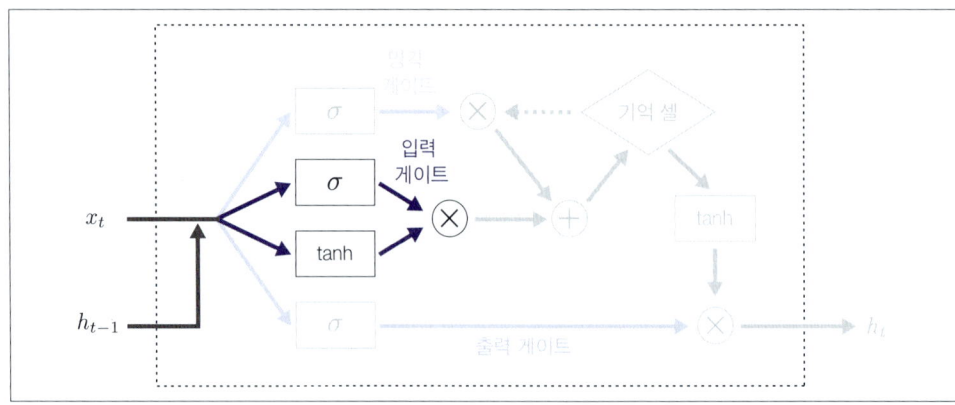

<그림8.7> LSTM의 입력 게이트

입력과 이전 시각의 출력에 각각 가중치를 곱한 다음에 합류시켜 바이어스를 더해 시그모이드 함수 및 tanh에 넣습니다. 시그모이드 함수와 tanh를 거친 데이터는 곱합니다. 이로써 tanh 경로의 새로운 정보를 시그모이드 함수가 0에서 1의 범위에서 조정하고 있는 것입니다. 새로운 정보를 어느 정도 기억 셀에 넣을지를 이 게이트는 조정하게 됩니다.

8-3-6 기억 셀

마지막으로 기억 셀(Memory cell) 주위의 동작을 살펴봅시다. <그림8.8>에서는 기억 셀의 주변이 하이라이트되어있습니다.

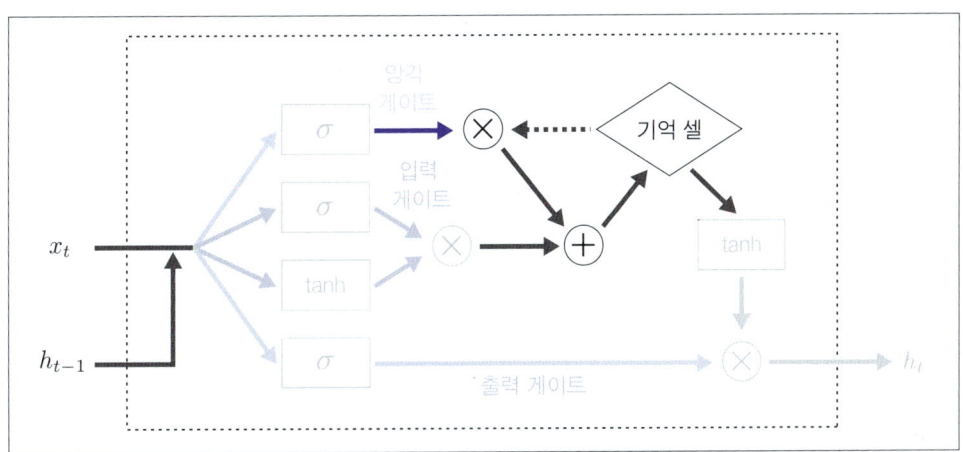

<그림8.8> LSTM의 기억 셀

기억 셀의 주위에서는 망각 게이트로부터의 흐름과 입력 게이트로부터의 흐름을 더해서 새로운 기억으로서 기억 셀에 보유합니다. 이로써 장기 기억이 망각되거나 새롭게 추가되면서 보유하게 됩니다. 기억 셀의 내용은 출력 게이트의 결과와 매번 곱해집니다.

지금까지 LSTM의 개요를 설명했습니다. 이어서 LSTM을 실제로 구현해나갑시다.

8.4 간단한 LSTM의 구현

LSTM층을 사용한 모델을 구축하여 시계열 데이터를 학습합니다. 이번은 일반적인 RNN과 LSTM을 비교합니다.

8-4-1 훈련용 데이터의 작성

sin() 함수에 난수로 노이즈를 더한 데이터를 생성하고 과거의 시계열 데이터로부터 미래의 값을 예측할 수 있도록 합니다. RNN의 경우와 마찬가지로 정답은 입력의 시계열을 1개 뒤로 비켜놓는 것으로 합니다(<리스트8.6>).

<리스트8.6> 훈련용 데이터의 작성

```
import numpy as np
import matplotlib.pyplot as plt


x_data = np.linspace(-2*np.pi, 2*np.pi)  # -2π에서 2π까지
sin_data = np.sin(x_data) + 0.1*np.random.randn(len(x_data))
# sin() 함수에 난수로 노이즈를 더한다

plt.plot(x_data, sin_data)
plt.show()


n_rnn = 10  # 시계열의 수
n_sample = len(x_data)-n_rnn      # 샘플 수
x = np.zeros((n_sample, n_rnn))   # 입력
t = np.zeros((n_sample, n_rnn))   # 정답
for i in range(0, n_sample):
```

```
        x[i] = sin_data[i:i+n_rnn]
        t[i] = sin_data[i+1:i+n_rnn+1]  # 시계열을 입력보다도 →
1개 뒤로 비켜놓는다

x = x.reshape(n_sample, n_rnn, 1)  # 샘플 수, 시계열의 수, →
입력층의 뉴런 수
print(x.shape)
t = t.reshape(n_sample, n_rnn, 1)  # 이번은 입력과 같은 형태
print(t.shape)
```

Out

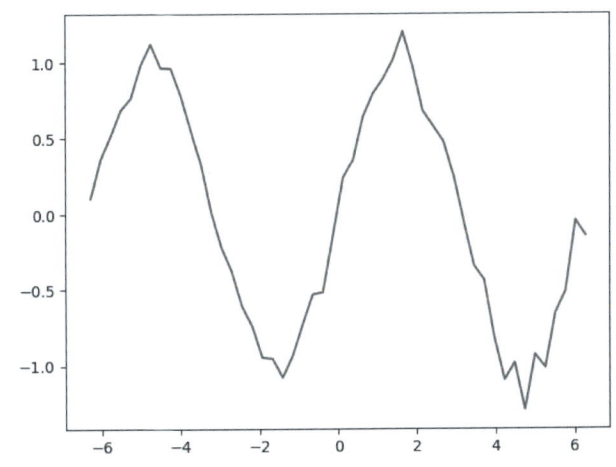

```
(40, 10, 1)
(40, 10, 1)
```

8-4-2 SimpleRNN과 LSTM의 비교

Keras를 사용하여 일반적인 RNN 및 LSTM을 구현합니다. Keras에서 LSTM층은 Simple RNN층과 동일하게 다룰 수 있습니다.
LSTM층은 LSTM에 의해 구현하는데 다음과 같이 설정합니다.

- **[LSTM층의 설정]**

LSTM(뉴런 수, return_sequences=시계열을 모두 반환할지 여부)

<리스트8.7>의 코드에서는 일반적인 RNN층을 사용한 모델 및 LSTM층을 사용한 모델을 각각 구현합니다.

<리스트8.7> RNN과 LSTM 구현

```python
from tensorflow.python.keras.models import Sequential
from tensorflow.python.keras.layers import Dense, SimpleRNN, LSTM

n_in = 1     # 입력층의 뉴런 수
n_mid = 20   # 중간층의 뉴런 수
n_out = 1    # 출력층의 뉴런 수

# 비교를 위한 통상의 RNN
model_rnn = Sequential()
model_rnn.add(SimpleRNN(n_mid, input_shape=(n_rnn, n_in), return_sequences=True))
model_rnn.add(Dense(n_out, activation="linear"))
model_rnn.compile(loss="mean_squared_error", optimizer="sgd")
print(model_rnn.summary())

# LSTM
model_lstm = Sequential()
model_lstm.add(LSTM(n_mid, input_shape=(n_rnn, n_in), return_sequences=True))
model_lstm.add(Dense(n_out, activation="linear"))
model_lstm.compile(loss="mean_squared_error", optimizer="sgd")
print(model_lstm.summary())
```

Out ▶

```
Model: "sequential"
_____
Layer (type)                 Output Shape              Param #
=================================================================
simple_rnn (SimpleRNN)       (None, 10, 20)            440
_____
dense (Dense)                (None, 10, 1)             21
=================================================================
Total params: 461
Trainable params: 461
Non-trainable params: 0
_____
None
Model: "sequential_1"
_____
Layer (type)                 Output Shape              Param #
=================================================================
lstm (LSTM)                  (None, 10, 20)            1760
_____
dense_1 (Dense)              (None, 10, 1)             21
=================================================================
Total params: 1,781
Trainable params: 1,781
Non-trainable params: 0
_____
None
```

SimpleRNN보다도 LSTM이 파라미터가 훨씬 많네요.

8-4-3 학습

구축한 모델을 사용해 학습을 실시합니다. 일반적인 RNN과 LSTM에서 학습에 걸린 시간을 각각 표시합니다(<리스트8.8>).

<리스트8.8> 모델의 학습

```
import time

epochs = 500
batch_size = 8  # 배치 크기

# 일반적인 RNN
start_time = time.time()
history_rnn = model_rnn.fit(x, t, epochs=epochs, ➡
batch_size=batch_size, verbose=0)
print("학습 시간 --일반적인 RNN--:", time.time() - start_time)

# LSTM
start_time = time.time()
history_lstm = model_lstm.fit(x, t, epochs=epochs, ➡
batch_size=batch_size, verbose=0)
print("학습 시간 --LSTM--:", time.time() - start_time)
```

```
학습 시간 --일반적인 RNN--: 8.561610221862793
학습 시간 --LSTM--: 11.210780143737793
```

<리스트8.8>의 결과에서 알 수 있는데 에포크 수가 같은 경우 LSTM 쪽이 학습에 많은 시간을 요합니다. LSTM 쪽이 일반적인 RNN보다도 파라미터 수가 많기 때문입니다.

8-4-4 학습의 추이

오차의 추이를 확인합니다(<리스트8.9>).

<리스트8.9> 학습의 추이를 표시

```
loss_rnn = history_rnn.history['loss']
loss_lstm = history_lstm.history['loss']

plt.plot(np.arange(len(loss_rnn)), loss_rnn, label="RNN")
plt.plot(np.arange(len(loss_lstm)), loss_lstm, label="LSTM")
plt.legend()
plt.show()
```

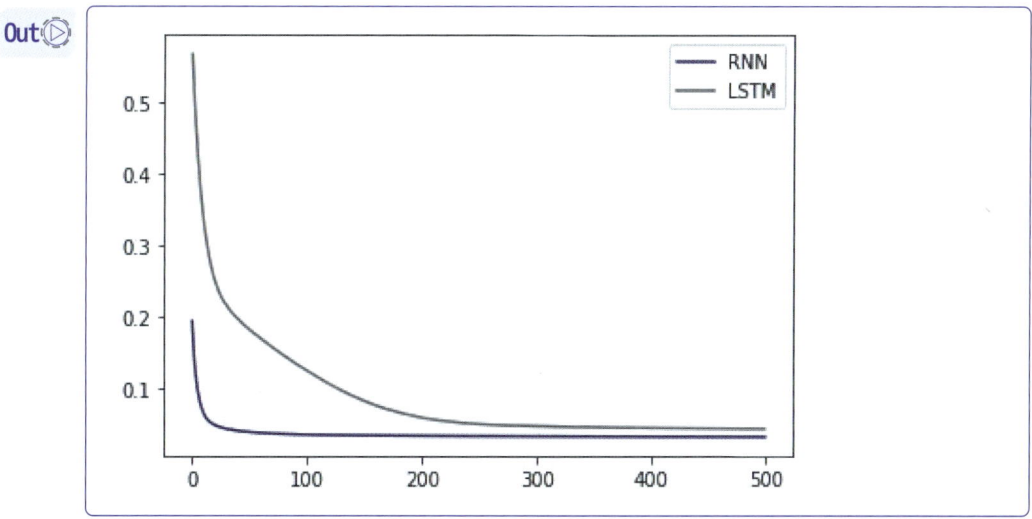

모델이 복잡하므로 LSTM 쪽이 오차의 수렴에 에포크 수가 필요합니다.

8-4-5 학습한 모델의 사용

각각의 학습한 모델을 사용해서 **sin()** 함수의 다음 값을 예측합니다(<리스트8.10>).

<리스트8.10> 학습한 모델을 사용한 예측

```python
predicted_rnn = x[0].reshape(-1)
predicted_lstm = x[0].reshape(-1)

for i in range(0, n_sample):
    y_rnn = model_rnn.predict(predicted_rnn[-n_rnn:].reshape(1, n_rnn, 1))
    predicted_rnn = np.append(predicted_rnn, y_rnn[0][n_rnn-1][0])
    y_lstm = model_lstm.predict(predicted_lstm[-n_rnn:].reshape(1, n_rnn, 1))
    predicted_lstm = np.append(predicted_lstm, y_lstm[0][n_rnn-1][0])

plt.plot(np.arange(len(sin_data)), sin_data, label="Training data")
plt.plot(np.arange(len(predicted_rnn)), predicted_rnn, label="Predicted_RNN")
plt.plot(np.arange(len(predicted_lstm)), predicted_lstm, label="Predicted_LSTM")
plt.legend()
plt.show()
```

Out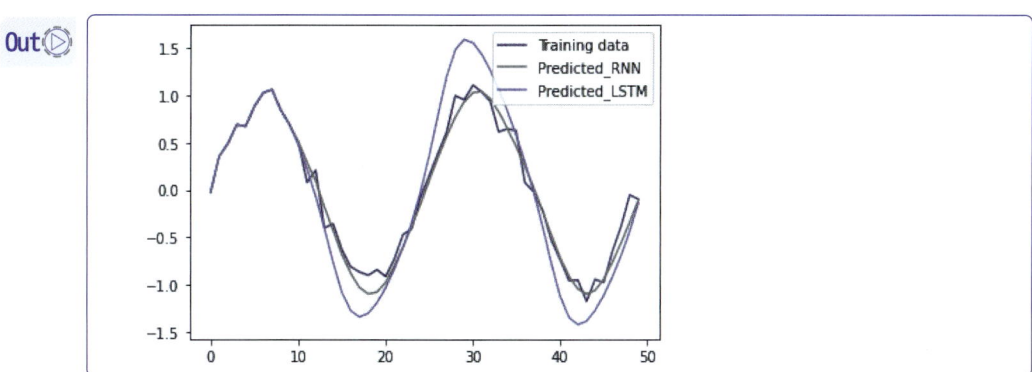

LSTM을 사용한 모델이 사인 커브가 학습되어있는 것을 알 수 있습니다. 하지만 이러한 간단한 경우에서는 일반적인 RNN쪽이 빠르고 오리지널의 사인 커브에 딱 맞는다는 결과가 나왔습니다.

LSTM은 RNN과 마찬가지로 시계열 데이터의 학습을 할 수 있지만, 파라미터 수가 많은 모델이 복잡하기에 학습에 시간이 걸립니다. 이 예로부터는 LSTM의 장점은 잘 모르겠지만 문맥이 매우 중요한 자연어 처리 등에서 LSTM은 그 진가를 발휘하게 됩니다.

8.5 GRU의 개요

GRU의 개요를 설명합니다. GRU는 LSTM과 비슷하나 더욱 간단한 구조로 되어있습니다.

8-5-1 GRU란?

GRU는 Gated Recurrent Unit의 약어로 LSTM을 개량한 것입니다. LSTM과 비교해서 전체적으로 간단한 구조로 계산량이 적어집니다.

GRU에서는 입력 게이트와 망각 게이트가 통합되어 '갱신 게이트Update gate'로 되어있습니다.

또한, 기억 셀과 출력 게이트는 없지만 값을 제로로 리셋하는 '리셋 게이트Reset gate'가 존재합니다. <그림8.9>에 GRU층의 구조를 나타냅니다.

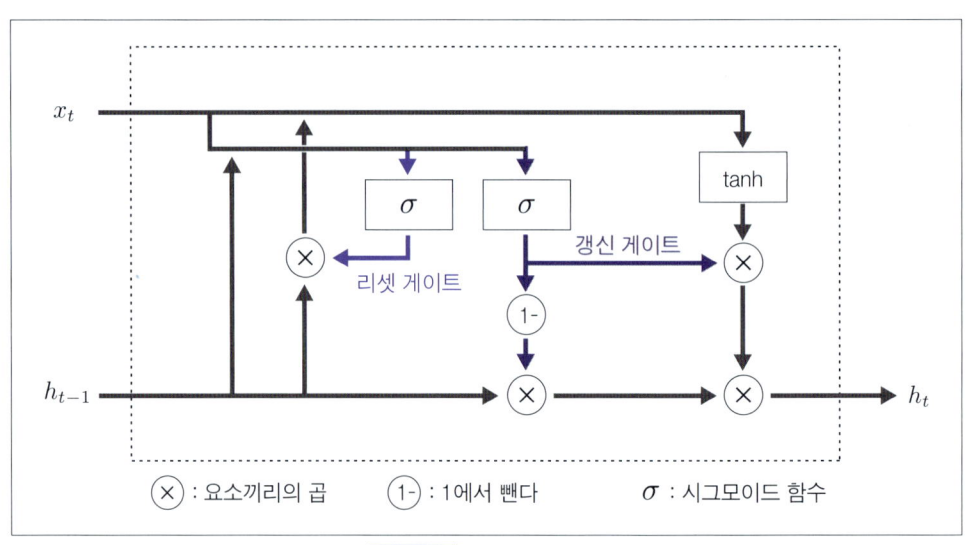

<그림8.9> GRU층의 구조

<그림8.9>에서 x_t가 이 시각에서 층으로의 입력, h_t가 이 시각에서의 출력, h_{t-1}은 1개 이전의 시각에서의 출력입니다. ○는 요소끼리의 연산인데, x가 들어있는 것은 요소끼리의 곱을, 1-가 들어있는 것은 1에서 그 값을 빼는 것을 의미합니다. 또한, σ 기호는 시그모이드 함수를 나타냅니다. 전체적으로 LSTM에 비해 간단한 구조를 하고 있습니다. 기억 셀도 없고, 게이트의 수도 줄어들었습니다.

리셋 게이트에서는 과거의 데이터에 리셋 게이트의 값을 곱함으로써 새로운 데이터와 합류하는 과거의 데이터의 크기가 조정됩니다. 이 시각의 새로운 데이터에 과거의 데이터를 일부분 얽히게 해서 이 시각의 기억으로 하고 있습니다.

또한, 갱신 게이트 주변에서는 과거의 데이터에 갱신 게이트의 값에서 1을 뺀 것을 곱합니다. 이로써 과거의 기억을 어느 정도의 비율로 이어받을지가 조정됩니다. 그리고 이 시각의 기억에는 갱신 게이트의 값을 곱하고 있습니다. 이 시각의 기억과 과거의 기억을 비율을 조정해서 더하는 것으로 이 층의 출력으로 합니다. 이러한 게이트가 기능함으로써 GRU는 LSTM과 마찬가지로 장기간에 걸쳐서 기억을 이어받을 수 있습니다.

여기에서는 LSTM의 개량형으로 GRU를 소개했는데 이 밖에도 다양한 LSTM을 개량한 모델이 지금까지 제안되고 있습니다.

여기에서는 GRU의 개요에 관해 설명했습니다. 다음은 GRU의 구현 쪽을 실시해봅시다.

8.6 간단한 GRU의 구현

GRU층을 사용해서 모델을 구축하고, 시계열 데이터를 학습합니다. 이번은 LSTM과 GRU를 비교합니다.

8-6-1 훈련용 데이터의 작성

훈련용의 **sin()** 함수에 난수로 노이즈를 더한 데이터를 작성합니다. 지금까지와 마찬가지로 정답은 입력의 시계열을 1개 뒤로 비켜놓은 것으로 합니다(<리스트8.11>).

<리스트8.11> 훈련용 데이터의 작성

```
import numpy as np
import matplotlib.pyplot as plt

x_data = np.linspace(-2*np.pi, 2*np.pi)  # -2π에서 2π까지
sin_data = np.sin(x_data) + 0.1*np.random.randn(len(x_data))
# sin() 함수에 난수로 노이즈를 더한다
plt.plot(x_data, sin_data)
plt.show()


n_rnn = 10  # 시계열의 수
n_sample = len(x_data)-n_rnn  # 샘플 수
x = np.zeros((n_sample, n_rnn))  # 입력
```

```
t = np.zeros((n_sample, n_rnn))  # 정답
for i in range(0, n_sample):
    x[i] = sin_data[i:i+n_rnn]
    t[i] = sin_data[i+1:i+n_rnn+1]   # 시계열을 입력보다도 ➡
1개 뒤로 비켜놓는다

x = x.reshape(n_sample, n_rnn, 1)  # 샘플 수, 시계열의 수, ➡
입력층의 뉴런 수
print(x.shape)
t = t.reshape(n_sample, n_rnn, 1)  # 이번은 입력과 같은 형태
print(t.shape)
```

Out

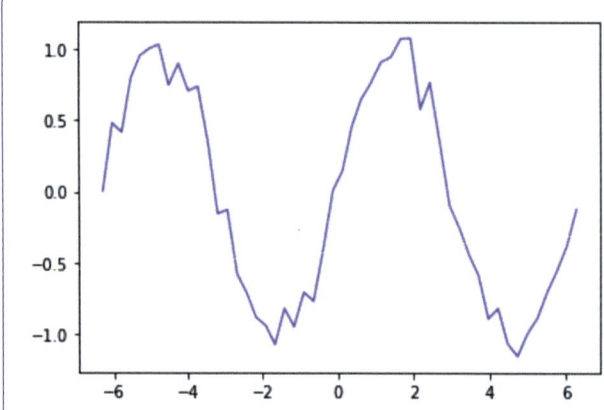

```
(40, 10, 1)
(40, 10, 1)
```

8-6-2 LSTM과 GRU의 비교

Keras를 사용해서 LSTM 및 GRU를 구축합니다. Keras에서 GRU층은 SimpleRNN층이나 LSTM층과 마찬가지로 다룰 수 있습니다.
GRU층은 GRU에 의해 구현하는데 다음과 같이 설정합니다.

• **[GRU층의 설정]**

```
GRU(뉴런 수, return_sequences=시계열을 전부 반환할지 여부)
```

<리스트8.12>의 코드에서는 LSTM층을 사용한 모델 및 GRU층을 사용한 모델을 각각 구축합니다.

<리스트8.12> LSTM과 GRU의 비교

```python
from tensorflow.python.keras.models import Sequential
from tensorflow.python.keras.layers import Dense, LSTM, GRU

n_in = 1    # 입력층의 뉴런 수
n_mid = 20  # 중간층의 뉴런 수
n_out = 1   # 출력층의 뉴런 수

# 비교를 위한 LSTM
model_lstm = Sequential()
model_lstm.add(Input(shape=(n_rnn, n_in)))
model_lstm.add(LSTM(n_mid, return_sequences=True))
model_lstm.add(Dense(n_out, activation="linear"))
model_lstm.compile(loss="mean_squared_error", optimizer="sgd")
print(model_lstm.summary())

# GRU
model_gru = Sequential()
model_gru.add(Input(shape=(n_rnn, n_in)))
model_gru.add(GRU(n_mid, return_sequences=True))
```

```
model_gru.add(Dense(n_out, activation="linear"))
model_gru.compile(loss="mean_squared_error", optimizer="sgd")
print(model_gru.summary())
```

Out

```
Model: "sequential"
_____
Layer (type)                 Output Shape              Param #
=================================================================
lstm (LSTM)                  (None, 10, 20)            1760
_____
dense (Dense)                (None, 10, 1)             21
=================================================================
Total params: 1,781
Trainable params: 1,781
Non-trainable params: 0
_____
None
Model: "sequential_1"
_____
Layer (type)                 Output Shape              Param #
=================================================================
gru (GRU)                    (None, 10, 20)            1380
dense_1 (Dense)              (None, 10, 1)             21
=================================================================
Total params: 1,401
Trainable params: 1,401
Non-trainable params: 0
_____
None
```

LSTM보다도 GRU 쪽이 모델이 간단하므로 파라미터가 적은 것을 확인할 수 있습니다.

8-6-3 학습

구축한 모델을 사용해 학습을 실시합니다. LSTM과 GRU에서 학습에 걸린 시간을 각각 표시합니다(<리스트8.13>).

<리스트8.13> 모델의 학습

In ▷
```
import time

epochs = 500
batch_size = 8  # 배치 크기

# LSTM
start_time = time.time()
history_lstm = model_lstm.fit(x, t, epochs=epochs,
batch_size=batch_size, verbose=0)
print("학습 시간 --LSTM--:", time.time() - start_time)

# GRU
start_time = time.time()
history_gru = model_gru.fit(x, t, epochs=epochs,
batch_size=batch_size, verbose=0)
print("학습 시간 --GRU--:", time.time() - start_time)
```

Out ▷
```
학습 시간 --LSTM--: 33.6339852809906
학습 시간 --GRU--: 23.03200387954712
```

에포크 수가 같은 경우 파라미터 수가 적은 GRU 쪽이 학습에 걸리는 시간이 짧습니다.

8-6-4 학습의 추이

오차의 추이를 확인합니다(<리스트8.14>).

<리스트8.14> 학습의 추이를 표시

In ▷
```
loss_lstm = history_lstm.history['loss']
loss_gru = history_gru.history['loss']

plt.plot(np.arange(len(loss_lstm)), loss_lstm, label="LSTM")
plt.plot(np.arange(len(loss_gru)), loss_gru, label="GRU")
plt.legend()
plt.show()
```

Out ▷

LSTM과 비교해서 GRU 쪽이 빨리 수렴합니다.

8-6-5 학습한 모델의 사용

각각의 학습한 모델을 사용해서 sin() 함수의 다음 값을 예측합니다(<리스트8.15>).

<리스트8.15> 예측한 모델을 사용해서 예측

In ▷
```
predicted_lstm = x[0].reshape(-1)
```

```
predicted_gru = x[0].reshape(-1)

for i in range(0, n_sample):
    y_lstm = model_lstm.predict(predicted_lstm[-n_rnn:].→
reshape(1, n_rnn, 1))
    predicted_lstm = np.append(predicted_lstm, y_lstm[0][n_rnn-1][0])
    y_gru = model_gru.predict(predicted_gru[-n_rnn:].→
reshape(1, n_rnn, 1))
    predicted_gru = np.append(predicted_gru, y_gru[0][n_rnn-1][0])

plt.plot(np.arange(len(sin_data)), sin_data, label="Training data")
plt.plot(np.arange(len(predicted_lstm)), predicted_lstm, →
label="Predicted_LSTM")
plt.plot(np.arange(len(predicted_gru)), predicted_gru, →
label="Predicted_GRU")
plt.legend()
plt.show()
```

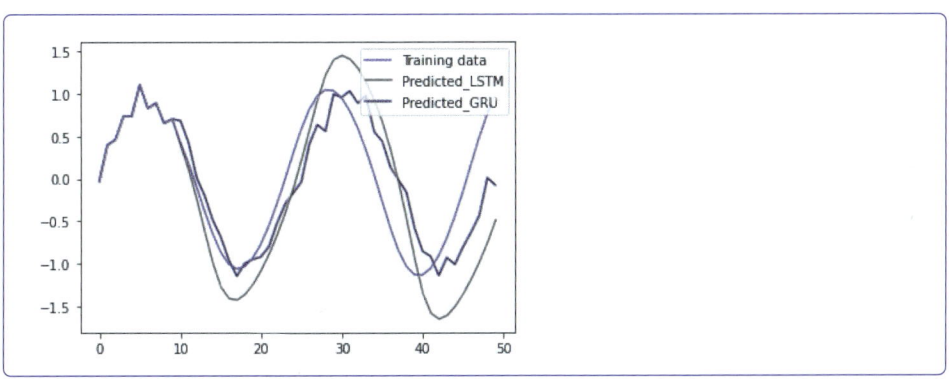

GRU를 사용한 모델도 간단한 RNN이나 LSTM과 마찬가지로 사인 커브를 학습할 수 있는 것을 알 수 있습니다. 이 그래프에서는 GRU 쪽이 잘 수렴하고 있습니다. 이처럼 GRU는 파라미터 수가 적기 때문에 1에포크에 필요한 시간은 짧고, LSTM보다 빠르게 수렴하는 경향이 있습니다. 다만 LSTM이 복잡한 시계열의 학습에 적합한 경우도 있으므로 상황에 따라 LSTM과 GRU를 구분해 사용해야 합니다.

8.7 RNN에 의한 문장의 자동 생성

미야자와 겐지의 『은하철도의 밤』을 학습 데이터로 사용하여 겐지풍의 문장을 자동 생성합니다. 문장에서의 문자의 나열을 시계열 데이터로 파악해서 다음 문자를 예측하도록 RNN을 훈련합니다.

일반적인 RNN, LSTM 및 GRU의 세 가지 RNN으로 각각 모델을 구축하여 문장의 생성 결과를 비교합니다. 또한, 이 절에서의 문장 생성의 구조는 『Python과 Keras에 의한 딥러닝』 (Francois Chollet, 2018)을 참고하였습니다.

8-7-1 텍스트 데이터 읽어 들이기

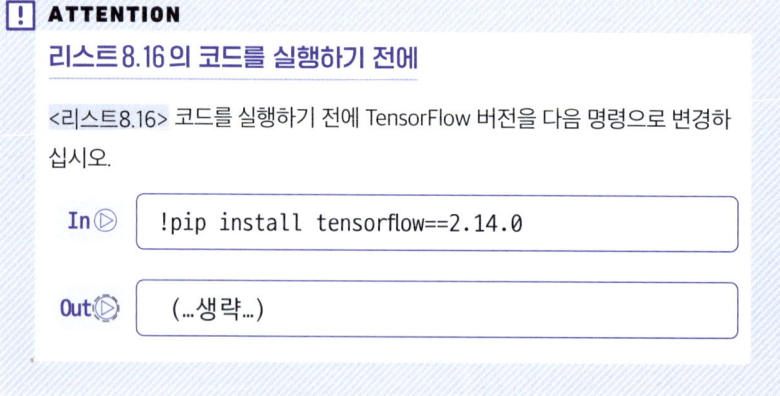

구글 드라이브를 사용해 훈련에 사용하는 텍스트 데이터를 읽어 들입니다. 다운로드한 샘플의 8장 폴더에 『은하철도의 밤』의 텍스트 데이터 '은하철도의 밤.txt'가 있습니다. <리스트8.16>의 코드로 구글 드라이브상의 이 파일로 경로를 지정하고 파일을 읽어 들입시다.

<리스트8.16> 텍스트 데이터 읽어 들이기

In ▷
```
from google.colab import drive

drive.mount('/content/drive/')
```
실행 후 Chapter3 의 그림 3.2 ❶ ~ ❺의
순서로 Google 드라이브와 연동

```
# Google 드라이브상의 텍스트 데이터로의 경로를 지정하세요
nov_path = '/content/drive/MyDrive/' + 'Colab Notebooks/ ➜
chapter_08/novels/은하철도의 밤.txt'

# 파일을 읽어 들인다
with open(nov_path, 'r') as f:
    nov_text = f.read()
    print(nov_text[:500])  # 첫 500문자만 표시
```

Out ▷
Mounted at /content/drive/
"그럼, 여러분은 이렇게 강이라고 하거나 우유가 흐른 흔적이라고 말하고 있는 이 희미하고 하얀 것이 실제로는 무엇인지 알고 있습니까?" 선생님은 칠판에 걸어 놓은 커다란 검은 별자리 지도의 위에서 아래쪽으로 희뿌연 띠 모양을 한 은하를 가리키며 모두에게 질문을 던졌습니다.
캄파넬라가 손을 들었습니다. 그리고 나서 네다섯 명이 손을 더 들었습니다. 조바니도 손을 들려고 하다가 황급히 그대로 멈추었습니다. 분명 그것이 모두 별이라고 언젠가 잡지에서 읽었지만, 요즘은 조바니는 교실에서도 졸고, 책을 읽을 틈도 읽을 책도 없기 때문에 왠지 아는 게 아무 것도 없는 듯한 기분이 들었습니다.
그런데 선생님은 벌써 그것을 눈치챘습니다.
"조바니, 너는 알고 있겠지?"
조바니는 기세 좋게 일어났지만 막상 일어나보니 분명하게 대답할 수가 없었습니다. 자네리가 앞자리에서 뒤돌아보고 조바니를 보고 키득키득 웃었습니다. 조바니는 더 당황해서 얼굴이 새빨개졌습니다. 선생님이 또 말했습니다.
"큰 망원경으로

8-7-2 정규표현에 의한 전처리

Python의 정규표현을 사용하여 괄호 등을 제거합니다. 이 책에서는 정규표현에 대해서 자세한 설명은 하지 않으므로 관심이 있는 분은 'Python 정규표현'으로 검색해보세요(<리스트8.17>).

<리스트8.17> 정규표현에 의한 전처리

In
```
import re   # 정규표현에 필요한 라이브러리

text = re.sub("[|   ]", "", nov_text)  # |과 공백의 삭제
print("문자 수", len(text)) ➡
# len() 으로 문자열의 문자 수도 취득 가능
```

Out
```
문자 수 1721
```

8-7-3 RNN의 각 설정

RNN의 각 설정을 실시합니다(<리스트8.18>).

<리스트8.18> RNN의 각 설정

In
```
n_rnn = 10   # 시계열의 수
batch_size = 128
epochs = 60
n_mid = 128   # 중간층의 뉴런 수
```

8-7-4 문자의 벡터화

문서 내의 각 문자를 one-hot 표현(1개의 요소만 1로 나머지가 0인 벡터)으로 변환합니다. 그러면 각 문장은 one-hot 표현으로 나타내게 됩니다. one-hot 표현으로 변환된 문자는 RNN의 입력 데이터 및 정답 데이터가 됩니다.

각 문자에는 0으로 시작하는 인덱스를 할당합니다. 그리고 문자가 키로 인덱스가 값인 사전과 인덱스가 키로 문자가 값인 사전을 각각 작성해둡니다. 이러한 사전은 one-hot 표현의 작성 및 모델의 출력을 문자로 변환하는 데 이용합니다.

여기에서는 RNN의 마지막 시각 출력만 이용하므로 마지막 출력에 대응하는 정답만 필요하게 됩니다(<리스트 8.19>).

<리스트 8.19> 문자의 벡터화

```
import numpy as np

# 인덱스와 문자로 사전을 작성
chars = sorted(list(set(text)))  # set으로 문자의 중복을 없애고,
각 문자를 리스트에 저장한다
print("문자 수(중복 없음)", len(chars))
char_indices = {}  # 문자가 키로 인덱스가 값
for i, char in enumerate(chars):
    char_indices[char] = i
indices_char = {}  # 인덱스가 키로 문자가 값
for i, char in enumerate(chars):
    indices_char[i] = char

# 시계열로 늘어선 문자와 그 다음에 예측해야 할 문자를 꺼낸다
time_chars = []  # 시계열에 늘어선 문자
next_chars = []  # 예측해야 할 문자
for i in range(0, len(text) - n_rnn):
    time_chars.append(text[i: i + n_rnn])
```

```
        next_chars.append(text[i + n_rnn])

# 입력과 정답을 one-hot 표현으로 나타냅니다
x = np.zeros((len(time_chars), n_rnn, len(chars)), dtype=np.bool_) →
# 입력
t = np.zeros((len(time_chars), len(chars)), dtype=np.bool_)  # 정답
for i, t_cs in enumerate(time_chars):
    t[i, char_indices[next_chars[i]]] = 1  # 정답을 one-hot →
표현으로 나타낸다
    for j, char in enumerate(t_cs):
        x[i, j, char_indices[char]] = 1  # 입력을 one-hot →
표현으로 나타낸다

print("x의 형태", x.shape)
print("t의 형태", t.shape)
```

Out

문자 수(중복 없음) 301
x의 형태 (1711, 10, 301)
t의 형태 (1711, 301)

여기에서는 텍스트 데이터에서 사용되고 있는 문자 수가 301이므로 각 문자는 요소 수가 301인 one-hot 표현으로 나타낼 수 있습니다.

8-7-5 모델의 구축

일반적인 RNN, LSTM, GRU 모델을 각각 구축합니다(<리스트8.20>).

<리스트8.20> 일반적인 RNN, LSTM, GRU 모델을 구축

```
from tensorflow.python.keras.models import Sequential
from tensorflow.python.keras.layers import Dense, SimpleRNN, LSTM, GRU

# 일반적인 RNN
model_rnn = Sequential()
model_rnn.add(SimpleRNN(n_mid, input_shape=(n_rnn, len(chars))))
model_rnn.add(Dense(len(chars), activation="softmax"))
model_rnn.compile(loss='categorical_crossentropy', optimizer="adam")
print(model_rnn.summary())

print()

# LSTM
model_lstm = Sequential()
model_lstm.add(LSTM(n_mid, input_shape=(n_rnn, len(chars))))
model_lstm.add(Dense(len(chars), activation="softmax"))
model_lstm.compile(loss='categorical_crossentropy', optimizer="adam")
print(model_lstm.summary())

print()

# GRU
model_gru = Sequential()
model_gru.add(GRU(n_mid, input_shape=(n_rnn, len(chars))))
```

```
model_gru.add(Dense(len(chars), activation="softmax"))
model_gru.compile(loss='categorical_crossentropy', optimizer="adam")
print(model_gru.summary())
```

Out ▷

```
Model: "sequential"
_____
 Layer (type)                Output Shape              Param #
=================================================================
 simple_rnn (SimpleRNN)      (None, 128)               55040
 dense (Dense)               (None, 301)               38829
=================================================================
Total params: 93,869
Trainable params: 93,869
Non-trainable params: 0
_____
None
Model: "sequential_1"
_____
 Layer (type)                Output Shape              Param #
=================================================================
 lstm (LSTM)                 (None, 128)               220160
 dense_1 (Dense)             (None, 301)               38829
=================================================================
Total params: 258,989
Trainable params: 258,989
Non-trainable params: 0
_____
None
Model: "sequential_2"
_____
 Layer (type)                Output Shape              Param #
```

```
=================================================================
gru (GRU)                    (None, 128)              165504
dense_2 (Dense)              (None, 301)              38829
=================================================================
Total params: 204,333
Trainable params: 204,333
Non-trainable params: 0
_____
None
```

8-7-6 문장 생성용의 함수

각 에포크의 종료 후 문장을 생성하기 위한 함수를 기술합니다. **LambdaCallback**을 사용해 에포크 종료 시에 실행되는 함수를 설정합니다(<리스트8.21>).

<리스트8.21> 문장 생성용의 함수

```python
from tensorflow.python.keras.callbacks import LambdaCallback

def on_epoch_end(epoch, logs):
    print("에포크: ", epoch)

    beta = 5   # 확률 분포를 조정하는 상수
    prev_text = text[0:n_rnn]   # 입력에 사용하는 문자
    created_text = prev_text    # 생성되는 텍스트

    print("시드: ", created_text)

    for i in range(400):   # 400 문자를 생성한다
        # 입력을 one-hot 표현으로
```

```
            x_pred = np.zeros((1, n_rnn, len(chars)))
            for j, char in enumerate(prev_text):
                x_pred[0, j, char_indices[char]] = 1
            
            # 예측을 실시, 다음 문자를 얻는다
            y = model.predict(x_pred)
            p_power = y[0] ** beta  # 확률 분포의 조정
            next_index = np.random.choice(len(p_power), →
p=p_power/np.sum(p_power))
            next_char = indices_char[next_index]
            
            created_text += next_char
            prev_text = prev_text[1:] + next_char
    
    print(created_text)
    print()

# 에포크 종료 후에 실행할 함수를 설정
epock_end_callback= LambdaCallback(on_epoch_end=on_epoch_end)
```

8-7-7 학습과 문장의 생성

구축한 일반적인 RNN, LSTM, GRU 모델을 사용해 각각 학습을 실시합니다. fit() 메소드에서는 콜백 설정을 하며, 에포크 종료 후 문장 생성용 함수가 호출되도록 합니다.
<리스트8.22>에서 <리스트8.24>의 코드를 실행하면 일정한 간격으로 문장이 생성됩니다. 학습이 진행되면 조금씩 자연스러운 문장으로 되어갑니다. 학습에는 시간이 걸리므로 Google Colaboratory 메뉴에서 '수정'→'노트 설정'의 '하드웨어 가속기'에서 'GPU'를 선택합시다.

<리스트8.22> 일반적인 RNN 모델의 학습

```
# 일반적인 RNN
model = model_rnn
history_rnn = model_rnn.fit(x, t,
                            batch_size=batch_size,
                            epochs=epochs,
                            callbacks=[epock_end_callback])
```

<리스트8.23> LSTM 모델의 학습

```
# LSTM
model = model_lstm
history_lstm = model_lstm.fit(x, t,
                              batch_size=batch_size,
                              epochs=epochs,
                              callbacks=[epock_end_callback])
```

<리스트8.24> GRU 모델의 학습

```
# GRU
model = model_gru
history_gru = model_gru.fit(x, t,
                            batch_size=batch_size,
                            epochs=epochs,
                            callbacks=[epock_end_callback])
```

위 세 가지 실행에서 저자는 RNN<LSTM<GRU 순으로 문장이 자연스럽게 보였습니다. SimpleRNN에서는 옛 문맥을 이용하기 힘든데 GRU에서 어느 정도 이용할 수 있는 것 같습니다.

다음에 GRU 모델이 생성한 문장을 몇 개 픽업합니다.

```
14/14 [==============================] - 14s 1s/step - loss: 1.0174
Epoch 58/60
```

```
11/14 [=====================>.......] - ETA: 0s - loss: 0.9646에포
크:   57
```
시드: "그럼,여러분은이렇
"그럼,여러분은이렇게강이라고하고하수가캄파넬라가잊어버릴리없는데대
답하지않게것을요.
그고생각해보세요.
"
그렌즈가모두우에들의태양도
고생각할수가어서에서뒤해는한기하자하게보이지않을책을도도가고하고있
을정도고고하고생각해보면요.
그것을은은하수가리며일어에서뒤리며모두우유가흐른고적이라고멀하고있
어나는것이라한가하게보면이라고있었지요.
"그럼로를보면이하고생각은다면그것을보이더고하수없었습니다.
"그렇니다.이라고말하수의대이는고있는것이라도
고있고있는것이라고가하고서에이가하고보을캄파넬라가잊어그릴리없는
데대답할수가었습니다.
"그리고는생님은잠시난이한기색이아버지만에서이하고일어서,즉은별들에
서서이지하게빛나는알갱이가모두우유속에떠있는미한은하얗게보이는것입
니다.
"그리로를보이는것입니다.그렇다면이렌즈가모두에서뒤고를보고고하자은
하는알갱이가모두에서있는고있라가득고그리로,가하게을책을캄파넬라가

```
14/14 [==============================] - 14s 1s/step - loss: 0.9636
Epoch 59/60
11/14 [=====================>.......] - ETA: 0s - loss: 0.8907에포
크:   58
```
시드: "그럼,여러분은이렇
"그럼,여러분은이렇게강이라고하고하은하수의속에떠있는것입니다.그렇게
면이렌즈가하고있는알고가고하를바로은하수의대한일어이서희미한은하수
축제이이은별들었습니다.
그리고의강물은까?"

그하나의강이별이모고언젠가가아리고잘문에해서하는것이렌즈가얇아서희미하게빛나는알갱이즉별이많이모이고있한가운고이가고하고가리고을하고는가캄파넬라가잊어지읽읽을들었어니다.

그리나의작은별이에서이렌즈가하을서에라도가하을정을''가고그그렇다생"그하수교실에한은하수의덮에떠있는것이지도읽을고있는도도을로가득고였습니다.그렇게면이렌즈가하고보나는고하고가별이에도이고고하수의대에해당하는것입니다.그렇다면이렌즈가하에서있어고가하고의강에가모하고가캄파넬라가잊어지리없었습니다.

"그리로의형은는?"

조바니는모두에게질이고는바로는모두밖보로에서있었습니다.그러면이별이라고있었습니다.

그러을이라고말하게보을는고하고생각할수가었습니다.

```
14/14 [==============================] - 15s 1s/step - loss: 0.9153
Epoch 60/60
11/14 [=====================>.......] - ETA: 0s - loss: 0.8669에포
크:  59
```

시드： "그럼,여러분은이렇

"그럼,여러분은이렇게강이라고하고나은하자나나는알갱이가모두우리들의태양이빼고가득한은서이야기하게하을게을캄파넬라가역시그그리고있나고나

"그렇게의이이고하고하나나나나알갱이별별이많이가고하고와의태는것이렌은별수리리의태는이실한로기하게게것을을도.
"

그리히그진은은별들에대답할수없었습니다.

"그리로보면이은하수시물이가득고도없었도을캄파넬라쪽으로'없여겨.그다니다.

선생님은은하수록날이모두보이이고있고있어서"캄파넬라가잊어읽읽리없의태양에이이지구,그럼지만어서

"게리한보면이모두우유가에들에서돌도쌍

```
그리고있었어,요.
그리고있어나은하게빛나의나나는알갱이가별자리리서도하의태양이함께가
진공속에있고하고있었어캄파넬라라가잡지에서읽고지않을어요.다하고하나
하의나나는알갱이가모두우리들의태양이라고있지들은하고자캄파넬라가잊
어읽읽쭈없의태양서이한속돌국에있고하고하수의의태양이이고가득켰습니다.
"그것이가흐른

14/14 [==============================] - 15s 1s/step - loss: 0.8734
```

또한, 이번은 다음 문자를 확률적으로 예측하는 것에 지나지 않으므로 진정한 의미에서 문맥을 이해한다고는 할 수 없습니다. 관심 있으신 분은 다양한 조건을 설정해 좀 더 자연스러운 문장의 생성에 시도해보세요.

8-7-8 학습의 추이

오차의 추이를 확인합니다(<리스트8.25>).

<리스트8.25> 학습의 추이를 표시

```python
import matplotlib.pyplot as plt

loss_rnn = history_rnn.history['loss']
loss_lstm = history_lstm.history['loss']
loss_gru = history_gru.history['loss']

plt.plot(np.arange(len(loss_rnn)), loss_rnn, label="RNN")
plt.plot(np.arange(len(loss_lstm)), loss_lstm, label="LSTM")
plt.plot(np.arange(len(loss_gru)), loss_gru, label="GRU")
plt.legend()
plt.show()
```

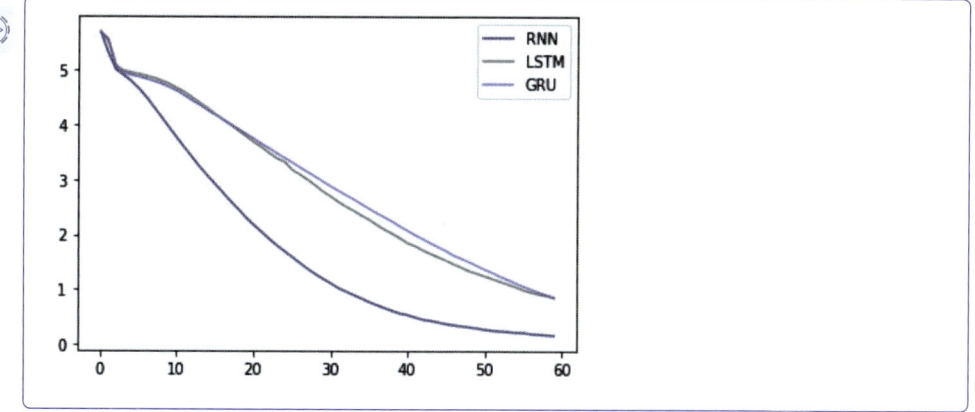

오차는 아직 수렴하고 있지 않으므로 더욱더 에포크 수를 거듭함으로써 결과는 개선된 것 같습니다. 다만, 여기에서는 테스트 데이터에 의한 오차의 확인을 하지 않았는데 어쩌면 과학습이 발생하고 있는지도 모르겠습니다.

여기에서는 문장의 생성을 했는데, 이런 원리를 시장 예측이나 자동 작곡 등에 응용할 수도 있습니다.

8.8 자연언어 처리의 개요

이 절에서는 RNN이 많이 이용되는 '자연언어 처리'에 대해서 개요를 설명합니다.

8-8-1 자연언어 처리란?

머신러닝은 '자연언어 처리'(Natural Language Processing, NLP)에 많이 사용됩니다. 자연언어란 한국어나 영어 등 우리가 평소 사용하는 언어를 가리키는데 자연언어 처리란 이 자연언어를 컴퓨터에서 처리하는 기술을 말합니다. 그럼 머신러닝에 의한 자연언어 처리는 어떠한 상황에서 사용되는 걸까요?

우선은, 구글 등의 검색 엔진을 들 수 있습니다. 검색 엔진을 구축하기 위해서는 키워드에서 사용자의 의도를 정확하게 알 수 있도록 고도의 자연언어 처리가 필요합니다. 기계 번역에서도 자연언어 처리는 사용되고 있습니다. 언어에 따라 단어의 뉘앙스가 다르므로 어려운 작업이지만 점차 고정밀도의 번역이 가능해지고 있습니다. 또 스팸 필터에서도 자연언어 처리는 사용되고 있습니다. 우리가 스팸 메일에 시달리지 않아도 되는 것도 자연언어 처리의 덕분입니다. 그 밖에도 예측 변환, 음성 어시스턴트, 소설 집필, 대화 시스템 등 다양한 분야에서 자연언어 처리는 응용되고 있습니다. 자연언어에 의한 소설은 문자 및 단어가 나열된 시계열 데이터라고 볼 수 있으므로 자연언어 처리에서는 RNN을 많이 사용합니다.

8-8-2 Seq2Seq란?

여기에서 RNN의 발전형인 Seq2Seq라는 기술을 소개합니다. Seq2Seq는 계열, 즉 시퀀스 sequence를 받고, 다른 계열의 sequence로 변환하는 모델로 자연어 언어 처리 등에서 많이 이용합니다.

Seq2Seq는 문장 등의 입력을 압축하는 인코더encoder와 문장 등의 출력을 전개하는 디코더decoder로 구성됩니다.

encoder, decoder 모두 LSTM 등의 RNN으로 구축합니다.

Seq2Seq의 활용 사례를 몇 가지 소개합니다. 먼저 기계 번역입니다. 예를 들어, 영어의 문장을 프랑스어의 문장으로 번역할 때 사용합니다. 그리고 문장의 요약에서도 사용합니다. 원본 문장을 Seq2Seq로의 입력으로 하고 요약문을 출력으로 합니다. 또한, 대화문의 생성에도 사용합니다. 자신의 발언을 Seq2Seq로 입력하고 상대의 발언을 얻을 수 있습니다.

이처럼 Seq2Seq는 자연언어 처리에서 다양한 용도로 사용하고 있습니다.

<그림8.10>에 나타낸 것은 Seq2Seq에 의한 번역의 예입니다.

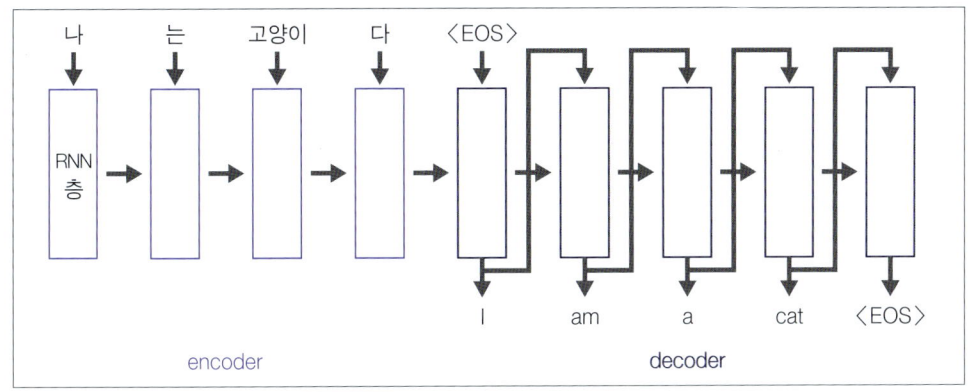

<그림8.10> Seq2Se1에 의한 번역의 예

'나는 고양이다'라는 문장을 I am a cat이라는 영문으로 번역하고 있습니다. <그림8.10>의 그림에서 여러 개의 직사각형은 RNN의 층을 나타냅니다. 하늘색의 직사각형은 encoder를 나타내고, 남색의 직사각형은 decoder를 나타냅니다.

encoder에는 시계열 데이터가 각 시각에 입력됩니다. 이 경우는 한국어 문장의 각 단어가 순서대로 RNN에 입력으로 들어갑니다.

decoder는 encoder의 상태를 상속받습니다. 그리고 먼저 문장의 끝을 나타내는 EOS(End of Sentence)가 입력으로 들어갑니다. 그리고 출력으로 얻을 수 있는 단어를 다음 시각에서의 입력으로 합니다. 이것을 반복함으로써 번역된 영문을 출력으로 얻을 수 있습니다.

이처럼 Seq2Seq에서는 시계열 데이터를 다른 시계열 데이터로 변환할 수 있습니다.

8-8-3 Seq2Seq에 의한 대화문의 생성

Seq2Seq에 의한 대화문 생성의 예를 설명합니다.

먼저 대량의 대화문 코퍼스를 준비합니다. 그런 다음, encoder에 문장을 입력하면 decoder로부터 답변이 출력되도록 Seq2Seq 모델을 훈련합니다.

훈련에서는 decoder로의 입력을 대화문에서의 답변으로 사전에 준비해둡니다. 그리고 어떤 시각에서의 decoder의 출력이 다음 시각에서의 입력이 되는 방법을 '티쳐 포싱(Teacher forcing)'이라고 합니다.

또한, 훈련이 끝난 모델을 사용할 때는 어떤 시각에서의 decoder의 출력을 다음 시각에서의 decoder의 입력으로 사용합니다. 이로써 단어 및 문자가 연속적으로 출력되고 답변문이 생성되게 됩니다.

Seq2Seq에 의한 대화문 생성에 관한 것은 다음에 나타내는 저자의 Udemy 코스에서 구현이 자세하게 설명되어있습니다.

- 「자연언어 처리와 챗봇: AI에 의한 문자 생성과 회화 엔진 개발」
  URL https://www.udemy.com/course/ai-nlp-bot/
- 「인공지능(AI)를 탑재한 Twitter 봇을 만들자
  【Seq2Seq+Attention+Colab】」
  URL https://www.udemy.com/course/twitter-bot/

흥미가 있는 부분은 꼭 참고하세요.

8.9 연습

오리지널 RNN 모델을 구축하고 소설을 집필합시다. 되도록 자연스러운 문장 생성에 도전해 보세요.

8-9-1 텍스트 데이터 읽어 들이기

구글 드라이브를 사용해 훈련에 사용할 텍스트 데이터를 읽어 들입니다. 다운로드한 샘플 8장 폴더에 『은하철도의 밤』의 텍스트 데이터[※1] "은하철도의 밤.txt"가 있습니다.
<리스트8.26> 코드에서 구글 드라이브상 이 파일에 대한 경로를 지정하고 파일을 불러옵시다.

[※1] 독자 여러분이 원하는 한글 텍스트 파일을 지정해서 사용하세요.

<리스트8.26> 구글 드라이브상의 파일 경로를 지정해 파일을 읽어 들인다

```
from google.colab import drive

drive.mount('/content/drive/')    실행 후 Chapter3의 그림 3.2 ❶ ~ ❺의
                                  순서로 Google 드라이브와 연동

# Google 드라이브상의 텍스트 데이터로의 경로를 지정하세요.
nov_path = '/content/drive/My Drive/' + 'Colab Notebooks/ ➡
chapter_08/novels/은하철도의 밤.txt'

# 파일을 읽어 들인다
with open(nov_path, 'r') as f:
    nov_text = f.read()
    print(nov_text[:1000])    # 첫 1000문자만 표시
```

8-9-2 정규표현에 의한 전처리

정규표현을 사용해 공백 등을 제거합니다. 여기 코드는 변경할 필요는 없습니다.

<리스트8.27> 정규표현을 사용해 공백 등을 제거

```
import re   # 정규표현에 필요한 라이브러리

text = re.sub("[|    ]", "", nov_text) # |과 공백의 삭제
print("문자 수", len(text)) # len()으로 문자열의 문자 수도 취득 가능
```

8-9-3 RNN의 각 설정

RNN의 각 설정입니다. 자유롭게 설정을 변경합시다(<리스트8.28>).

<리스트8.28> RNN의 각 설정

```
n_rnn = 10   # 시계열의 수
batch_size = 128
epochs = 60
n_mid = 128   # 중간층의 뉴런 수
```

8-9-4 문자의 벡터화

문장 중의 각 문자를 one-hot 표현으로 변환합니다. <리스트8.29>의 코드는 변경할 필요는 없습니다.

<리스트8.29> 문자의 벡터화

```
import numpy as np

# 인덱스와 문자로 사전을 작성
chars = sorted(list(set(text)))   # set으로 문자의 중복을 없이 ➡
각 문자를 리스트에 저장한다
print("문자 수(중복 없음)", len(chars))
char_indices = {}   # 문자가 키로 인덱스가 값
for i, char in enumerate(chars):
    char_indices[char] = i
indices_char = {}   # 인덱스가 키로 문자가 값
for i, char in enumerate(chars):
    indices_char[i] = char
```

```
# 시계열로 늘어선 문자와 앞으로 예측해야 할 문자를 꺼낸다
time_chars = []   # 시계열로 늘어선 문자
next_chars = []   # 예측해야 할 문자
for i in range(0, len(text) - n_rnn):
    time_chars.append(text[i: i + n_rnn])
    next_chars.append(text[i + n_rnn])

# 입력과 정답을 one-hot 표현으로 나타냅니다
x = np.zeros((len(time_chars), n_rnn, len(chars)), ➡
dtype=np.bool_)   # 입력
t = np.zeros((len(time_chars), len(chars)), dtype=np.bool_)   # 정답
for i, t_cs in enumerate(time_chars):
    t[i, char_indices[next_chars[i]]] = 1   # 정답을 one-hot ➡
표현으로 나타낸다
    for j, char in enumerate(t_cs):
        x[i, j, char_indices[char]] = 1   # 입력을 one-hot ➡
표현으로 나타낸다

print("x의 형태", x.shape)
print("t의 형태", t.shape)
```

8-9-5 모델의 구축

<리스트8.30>의 셀에 코드를 추가하고 문장을 생성하는 RNN 모델을 자유롭게 구축합시다.

<리스트8.30> 모델의 구축

```
from tensorflow.python.keras.models import Sequential
from tensorflow.python.keras.layers import Dense, SimpleRNN, ➡
LSTM, GRU
```

```
model = Sequential()
# ----- 다음에 코드를 덧붙여 쓴다 -----
```

8-9-6 문장 생성용의 함수

각 에포크의 종료 후, 문장을 생성하기 위한 함수를 기술합니다. 이곳의 코드는 변경할 필요는 없습니다(<리스트8.31>).

<리스트8.31> 문자 생성용의 함수

In ▷
```python
from tensorflow.python.keras.callbacks import LambdaCallback

def on_epoch_end(epoch, logs):
    print("에포크: ", epoch)

    beta = 5  # 확률 분포를 조정하는 상수
    prev_text = text[0:n_rnn]  # 입력에 사용하는 문자
    created_text = prev_text  # 생성되는 텍스트

    print("시드: ", created_text)

    for i in range(400):
        # 입력을 one-hot 표현으로
        x_pred = np.zeros((1, n_rnn, len(chars)))
        for j, char in enumerate(prev_text):
            x_pred[0, j, char_indices[char]] = 1

        # 예측을 실시, 다음 문자를 얻는다
```

```
            y = model.predict(x_pred)
            p_power = y[0] ** beta   # 확률 분포의 조정
            next_index = np.random.choice(len(p_power), ➡
p=p_power/np.sum(p_power))
            next_char = indices_char[next_index]

            created_text += next_char
            prev_text = prev_text[1:] + next_char

    print(created_text)
    print()

# 에포크 종료 후에 실행되는 함수를 설정
epock_end_callback= LambdaCallback(on_epoch_end=on_epoch_end)
```

8-9-7 학습

구축한 모델을 사용해 학습을 실시합니다. 이곳의 코드는 변경할 필요는 없습니다.
학습에는 시간이 걸리므로 Google Colaboratory의 메뉴에서 '수정'→'노트 설정'의 '하드웨어 가속기'에서 'GPU'를 선택합시다(<리스트8.32>).

<리스트8.32> 학습

```
model = model
history = model.fit(x, t,
                    batch_size=batch_size,
                    epochs=epochs,
                    callbacks=[epock_end_callback])
```

8.10 정답 예

<리스트8.33>은 GRU를 사용해 구축한 모델의 예입니다.

<리스트8.33> 정답 예

```
model = Sequential()
# ----- 다음에 코드를 추기한다 -----
model.add(GRU(n_mid, input_shape=(n_rnn, len(chars))))
model.add(Dense(len(chars), activation="softmax"))
model.compile(loss='categorical_crossentropy', optimizer="adam")
print(model.summary())
```

8.11 8장의 마무리

이 장에서는 간단한 RNN의 개요와 구현부터 시작했습니다. RNN 모델을 사인 커브의 다음 값을 예측하도록 훈련했는데 훈련된 RNN은 원본의 훈련 데이터에 가까운 곡선을 생성하게 되었습니다. 그리고 기억 세포 및 게이트 등의 복잡한 구조를 내부에 가진 LSTM, LSTM을 좀 더 간단하게 한 GRU을 설명하고 최소한의 코드로 구현을 실시했습니다. 또한, 문장의 문자 나열에서 다음의 문자를 예측하도록 RNN 모델을 훈련해 문장의 생성을 했습니다. RNN은 일종의 '미래 예측'을 할 수 있는 기술입니다. 응용 범위도 넓으므로 꼭 활용해보세요.

하지만 RNN은 장기적인 의존 관계를 파악하기 어렵다는 문제점이 있습니다. 최근 이 문제를 해결하기 위해 Transformer라는 새로운 아키텍처가 등장하여 자연어 처리, 생성 AI 분야에서 큰 성공을 거두고 있습니다. 이 책에서는 Transformer에 대한 자세한 설명은 하지 않겠지만, 시계열 데이터 처리의 최신 동향에 관심이 있는 독자라면 Transformer에 대해 알아보는 것을 추천드립니다. 이때 RNN의 기초에 대한 이해가 도움이 될 것입니다.

Chapter 9
변분 오토인코더
VAE

이 챕터에서는 변분 오토인코더, 즉 VAE의 원리와 구현에 관해서 설명합니다.
VAE는 잠재 변수라 불리는 변수에 데이터의 특징을 압축하는 것으로, 데이터를 연속적으로 재현할 수 있습니다.
이 챕터에는 다음의 내용이 포함됩니다.

- VAE의 개요
- VAE의 구조
- 오토인코더의 구현
- VAE의 구현
- 한층 더 VAE를 배우고 싶은 분을 위해서
- 연습

이 장에서는 먼저 VAE의 개요와 구조를 설명합니다. 그 후에 VAE의 개념적 기반이 되는 오토인코더를 구현합니다.
다음으로 VAE를 구현하여 잠재 변수를 매핑하여 잠재 변수가 생성하는 이미지에 미치는 영향을 살펴보겠습니다.
잠재 변수를 조작함으로써 생성되는 이미지가 조금씩 연속적으로 변화하는 것을 확인합니다.
한층 더 배우고 싶은 분에게 참고가 될 문헌을 소개한 다음에 마지막으로 연습합니다.
이 장을 통해 배우는 것으로 VAE의 원리를 이해하고 스스로 구현할 수 있게 됩니다.
VAE는 잠재 변수가 연속적인 분포이므로 잠재 변수를 조정함으로써 출력의 특징을 조정할 수 있습니다. 이 장에서 원리를 배워 코드로 구현함으로써 그 가능성을 느껴주셨으면 합니다.
그럼, 이 장을 꼭 기대해주세요.

9.1 VAE의 개요

'VAE'는 '생성 모델'의 일종으로 확률 분포를 이용하여 연속적으로 변화하는 이미지를 생성할 수 있습니다. 이 챕터에서는 생성 모델의 설명, 오토인코더의 설명, 그리고 VAE의 설명이라는 흐름으로 VAE의 전체 과정을 설명합니다.

9-1-1 생성 모델이란?

생성 모델이란 훈련 데이터를 학습하고, 그러한 데이터와 유사한 새로운 데이터를 생성하는 모델을 말합니다. 다른 표현을 하면, 훈련 데이터의 분포와 생성 데이터의 분포가 일치하도록 학습하는 것과 같은 모델입니다. 실은 머신러닝에는 '식별 모델'과 '생성 모델'이 있습니다.
식별 모델은 소속 확률을 구함으로써 입력을 그룹화하는 모델입니다. 이미지 분류 등에서는 이 식별 모델을 사용합니다. 그것에 비해 생성 모델은 데이터 그 자체를 만들 수 있는 모델입니다.
딥러닝의 용도는 뭔가의 식별만은 아닙니다. 생성 모델을 사용하면 뭔가를 창조할 수 있습니다. 대표적인 생성 모델에는 'VAE'와 'GAN'이 있는데 이 챕터에서는 이 중 VAE에 대해서 설명합니다.

9-1-2 오토인코더란?

VAE는 오토인코더라 불리는 신경망이 발전한 것이므로 먼저 오토인코더에 대해서 설명합니다.
오토인코더는 자기 부호화기라고도 하는데 <그림9.1>과 같이 Encoder와 Decoder로 구성되어 있습니다.
입력과 출력의 크기는 같으며, 중간층의 크기는 그것들보다 작아집니다. 출력이 입력을 재현하도록 네트워크는 학습하지만, 중간층의 크기는 입력보다 작기에 데이터가 압축됩니다. 특히 이미지를 다루는 경우 중간층은 원래 이미지보다 적은 데이터양으로 이미지를 보유할 수 있게 됩니다.

이처럼 오토인코더에서는 이른바 신경망에 의한 입력의 압축과 복원이 이뤄집니다. 지도 데이터가 필요 없으므로 오토인코더는 비지도 학습으로 분류됩니다.

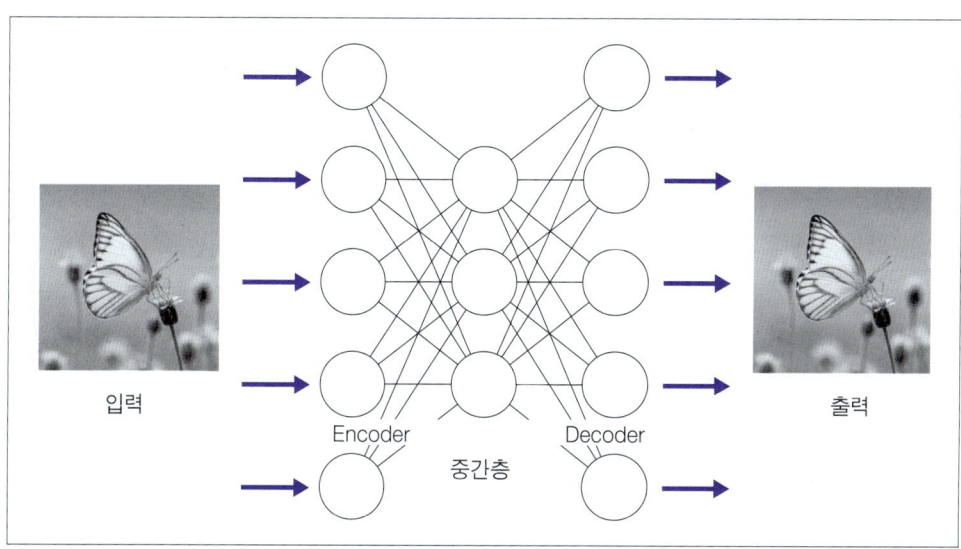

<그림9.1> 오토인코더의 이미지

9-1-3 VAE란?

오토인코더를 발전시킨 VAE(Varietional Autoencoder, 변분 오토인코더)는 <그림9.2>에 나타내는 망 구조를 하고 있습니다.

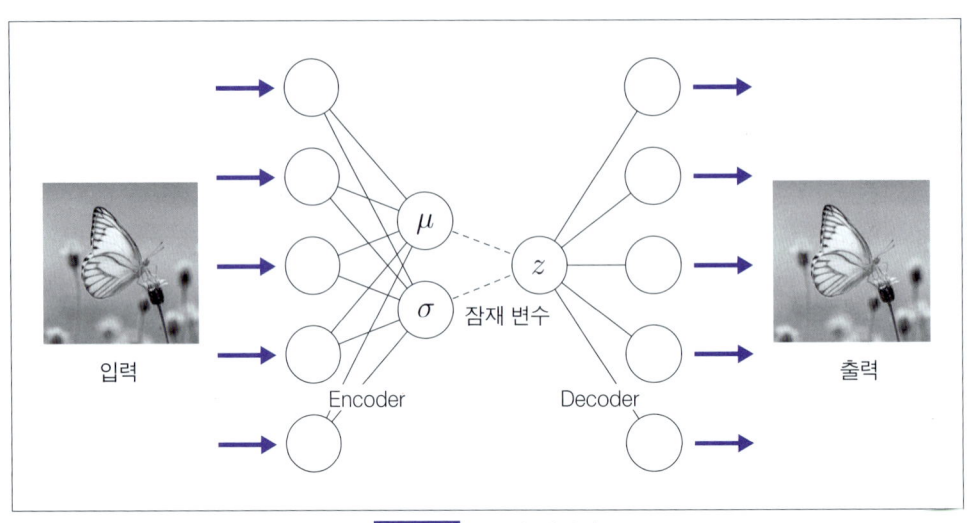

<그림9.2> VAE의 이미지

VAE에서는 먼저 Encoder에 의해 입력으로부터 평균 벡터 μ와 분산 벡터 σ를 구합니다. 이들을 바탕으로 잠재변수 z가 확률적으로 샘플링되고 z로부터 Decoder에 의해 원본 데이터가 재현됩니다. VAE는 이 잠재 변수 z를 조정함으로써 연속적으로 변화하는 데이터를 생성할 수 있는 것이 하나의 특징입니다.

잠재 변수를 변화시킴으로써 <그림9.3>에 나타낸 것처럼 연속적으로 변화하는 손으로 쓴 문자 이미지를 생성할 수 있습니다.

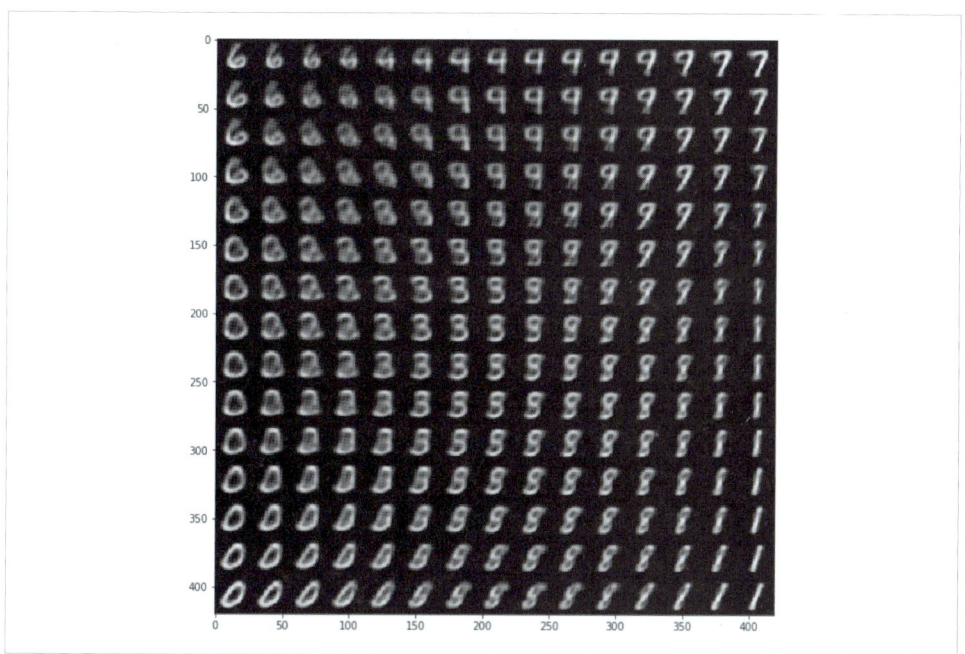

<그림9.3> 연속적으로 변화하는 손으로 쓴 문자 이미지

여기에서는 2개의 잠재 변수를 가로축, 세로축으로 연속적으로 변화시키고 있는데, 이에 따라 6이나 9, 7 등의 숫자가 경계 없이 연속적으로 생성되고 있습니다. 이것을 응용해서 예를 들어 사람의 표정을 연속적으로 생성할 수도 있습니다.

VAE는 오토인코더와 달리 잠재 변수의 부분이 확률 분포가 되는 특징이 있습니다. 이로 인한 장점으로 같은 입력이라도 매번 다른 출력을 생성하는 점을 들 수 있습니다. 그러므로 노이즈에 대해서 완강해지며 본질적인 특징을 추출하는 능력이 향상됩니다. 또한, 미지의 입력에 대한 동작의 담보로도 연결됩니다.

그리고 잠재 변수가 연속적인 분포이기 때문에 잠재 변수를 조정함으로써 출력의 특징을 조정할 수 있습니다.

예를 들어 얼굴의 이미지를 VAE에 의해 복원하는 경우 잠재 변수를 바꿈으로써 얼굴의 특징을 바꿀 수도 있습니다.

실제로 VAE는 노이즈 제거 및 이상 검지에서의 이상 부분의 특정, 잠재 변수를 이용한 클러스터링 등에 유용하며 활용하고 있습니다. VAE는 유연성이 높고 연속성을 표현할 수 있어서 현재 주목을 받는 생성 모델입니다.

9.2 VAE의 구조

VAE의 구조를 설명합니다. 구현에 들어가기 전에 VAE의 배경이 되는 원리를 파악해둡시다.

9-2-1 Reparametrization Trick

VAE에서는 잠재 변수를 확률적으로 샘플링합니다. 잠재 변수는 입력의 특징을 Encoder를 사용하여 좀 더 낮은 차원으로 밀어 넣은 것입니다. 이 잠재 변수를 Decoder로 처리함으로써 입력이 재구축됩니다.

Encoder의 출력은 평균값 μ와 표준 편차 σ가 됩니다. 보통 μ, σ, 그리고 잠재 변수 z는 벡터가 됩니다. μ와 σ로부터 잠재 변수 z를 정규 분포에 의해 샘플링합니다.

Decoder는 이 잠재 변수 z로부터 입력을 재구축하게 됩니다. VAE는 입력을 재현하도록 학습하는데 확률 분포에 의한 샘플링이 중간에 끼어있어서 그대로는 역전파에 의한 학습을 할 수 없습니다. 그래서 VAE에서는 '재변수화 트릭Reparametrization Trick'이라는 방법을 사용합니다. Reparametrization Trick으로는 평균값 0, 표준 편차 1의 노이즈 ϵ을 발생시켜서 확률 분포에 따른 샘플링을 피해 VAE를 구축합니다.

Reparametrization Trick은 다음의 식으로 나타낼 수 있습니다.

$$z = \mu + \epsilon \odot \sigma$$

이 식의 ϵ이 평균값 0, 표준 편차 1의 노이즈가 됩니다. ϵ은 순전파, 역전파를 통해서 같은 값을 취하는 상수로서 취급합니다. 그리고 이 ϵ에 표준 편차 σ를 곱해서 평균값 μ에 더합니다. Reparametrization Trick을 그림으로 나타내면 <그림9.4>와 같습니다.

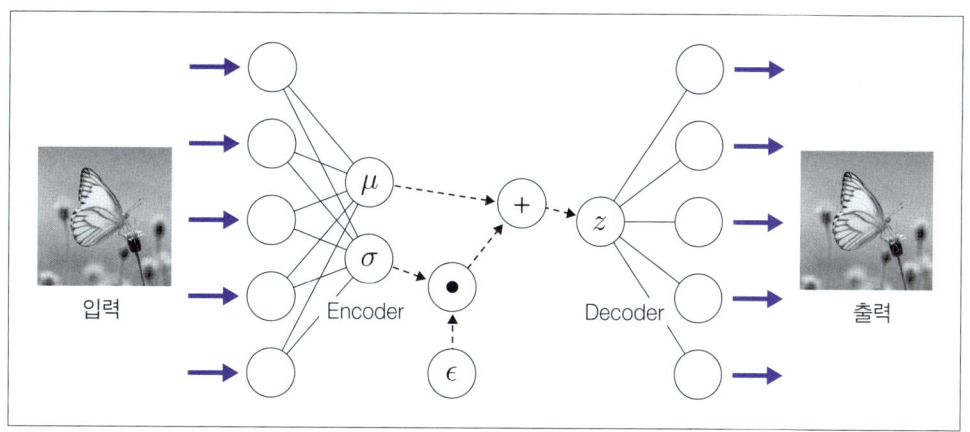

<그림9.4> Reparametrization Trick

μ와 σ는 Encoder 신경망의 출력이 됩니다. ⊙는 요소별 곱을 나타냅니다. σ의 쪽에 ϵ을 곱하고, μ와 더해서 잠재 변수 z를 생성합니다. 연산을 곱과 합으로 나타낼 수 있어서 확률에 의한 샘플링이 없어졌네요.

이로써 편미분을 할 수 있으므로 2개의 신경망에서의 각 파라미터의 경사를 역전파에 의해 구할 수 있게 됩니다.

9-2-2 오차의 정의

VAE 모델을 학습하기 위해서는 오차를 정의해야 합니다. VAE의 오차는 '입력을 재구축한 것이 얼마나 입력으로부터 어긋나있는가'를 나타냄과 동시에 '잠재 변수가 얼마나 발산하고 있는가'를 나타내야 합니다.

잠재 변수에는 학습을 진행하면 0으로부터 떨어져 발산하는 성질이 있습니다. 이러한 발산을 방지하기 위해서 VAE의 오차에는 정규화 항 E_{reg}를 더합니다.

출력이 입력으로부터 얼마나 어긋나있는지를 나타내는 재구성 오차 E_{rec}와 잠재 변수가 얼마나 발산하고 있는지를 나타내는 정규화 항 E_{reg}를 더해서 VAE의 오차는 다음과 같이 나타낼 수 있습니다.

$$E = E_{rec} + E_{reg}$$

<식9.2.1>

VAE는 이 오차 E를 최소화하도록 학습합니다. 학습이 적절하게 진행되고 있을 때는 E_{rec}와 E_{reg}가 제대로 균형합니다.

9-2-3 재구성 오차

<식9.2.1>에서의 재구성 오차 E_{rec}는 다음 식과 같이 나타냅니다.

$$E_{rec} = \frac{1}{h} \sum_{i=1}^{h} \sum_{j=1}^{m} (-x_{ij} \log y_{ij} - (1-x_{ij}) \log(1-y_{ij}))$$

여기에서 x_{ij}는 VAE의 입력, y_{ij}는 VAE의 출력, h는 배치 크기, m은 입력층, 출력층의 뉴런 수입니다. 모든 입출력에서 총합을 취하고, 배치 내에서 평균을 취하게 됩니다.

$\frac{1}{h} \sum_{i=1}^{h} \sum_{j=1}^{m}$ 인의 식은 x_{ij}와 y_{ij}가 같을 때 최솟값을 취하므로 x_{ij}와 y_{ij}의 2개 값의 간격의 크기를 나타냅니다.

이 재구성 오차를 사용할 수 있는 것은 ($0 < y_{ij} < 1$)의 경우에 한합니다. 하지만 제곱합 오차와 비교해서 오차 변화의 완급차가 커지므로 간격이 클 때 학습 속도가 커지게 됩니다. 그러므로 VAE 재구성 오차에는 상기의 식이 많이 사용됩니다.

9-2-4 정규화 항

<식9.2.1>에서의 VAE의 정규화 항 E_{reg}는 다음의 식과 같이 나타냅니다.

$$E_{reg} = \frac{1}{h} \sum_{i=1}^{h} \sum_{k=1}^{n} -\frac{1}{2}(1 + \log \sigma_{ik}^2 - \mu_{ik}^2 - \sigma_{ik}^2)$$

이 식에서 h는 배치 크기, n은 잠재 변수의 수, σ_{ik}는 표준 편차, μ_{ik}는 평균값입니다. 모든 잠재 변수에서 총합을 취하고, 배치 내에서 평균을 취하게 됩니다.

$\frac{1}{h}\sum_{i=1}^{h}\sum_{k=1}^{n}$ 내의 식은 표준 편차 σ_{ik}가 1, 평균값 μ_{ik}가 0일 때 최솟값 0을 취합니다. 그리고 σ_{ik}가 1을 벗어나던가, μ_{ik}가 0을 벗어나면 커집니다. σ_{ik}와 μ_{ik}로 잠재 변수가 샘플링되므로 '잠재 변수가 얼마나 표준 편차 1, 평균값 0으로부터 떨어져 있는지'를 나타내게 됩니다.
모든 잠재 변수에서 총합을 취하고 배치 내에서 평균을 취하는 것으로 위의 식은 잠재 변수 전체의 발산 정도를 나타내는 정규화 항으로써 사용합니다.

9-2-5 구현 기법

Encoder의 신경망의 출력은 평균값 및 표준 편차라고 설명했는데, 구현의 형편상 표준 편차 그 자체가 아닌 표준 편차의 거듭제곱의 대수, 즉 분산의 대수를 출력하기로 합니다. 이것을 다음의 식으로 나타냅니다.

$$\phi = \log \sigma^2$$

이 식에서 σ가 표준 편차로 ϕ가 분산의 자연대수입니다. 이것을 <그림9.5>에 나타냅니다.

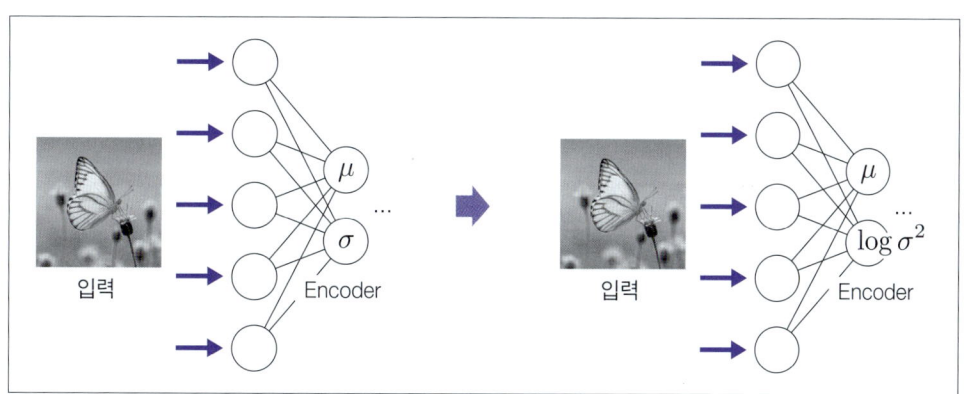

<그림9.5> Encoder 신경망의 출력

Encoder 신경망의 출력이 $\log \sigma^2$이 됩니다.

$$\phi = \log \sigma^2$$

이 식을 사용하면 정규화 항 E_{reg}는 다음과 같이 됩니다.

$$E_{reg} = \frac{1}{h}\sum_{i=1}^{h}\sum_{k=1}^{n} -\frac{1}{2}(1 + \phi - \mu_{ik}^2 - \exp(\phi))$$

이 ϕ는 음의 값을 취할 수 있어 값의 범위에 제한이 없습니다. 이로써 활성화 함수에 항등 함수를 사용할 수 있게 되어 구현이 간단해집니다.

그럼, 이상을 바탕으로 VAE를 구현합시다.

9.3 오토인코더의 구현

VAE를 구현하기 전에 그 기반인 오토인코더(자기부호화기)를 먼저 구현합니다. Encoder에서 중간층에 이미지를 압축한 후에 Decoder로 원본 이미지를 재구축합시다.

9-3-1 훈련용 데이터의 준비

오토인코더에 사용할 훈련용의 데이터를 준비합니다. 여기에서는 손으로 쓴 흑백 문자 이미지 데이터를 사용합니다.

<리스트9.1>의 코드는 tensorflow.keras.datasets로부터 MNIST를 읽어 들여 표시합니다.

<리스트9.1> 훈련용 데이터를 준비한다

```python
import numpy as np
import matplotlib.pyplot as plt
import tensorflow as tf
from tensorflow.keras.datasets import mnist

(x_train, t_train), (x_test, t_test) = mnist.load_data()
# MNIST 읽어 들이기
print(x_train.shape, x_test.shape)  # 28x28의 손으로 쓴 문자 이미지가 6만 장

# 각 픽셀의 값을 0-1 범위에 넣는다
x_train = x_train / 255
x_test = x_test / 255

# 손으로 쓴 문자 이미지를 1개 표시
plt.imshow(x_train[0].reshape(28, 28), cmap="gray")
plt.title(t_train[0])
plt.show()

# 1차원으로 변환한다
x_train = x_train.reshape(x_train.shape[0], -1)
x_test = x_test.reshape(x_test.shape[0], -1)
print("훈련용 데이터의 형태:", x_train.shape, "테스트용 데이터의 형태:", x_test.shape)
```

Out

```
Downloading data from https://storage.googleapis.com/tensorflow/
tf-keras-datasets/mnist.npz
11493376/11490434 [==============================] - 0s 0us/step
11501568/11490434 [==============================] - 0s 0us/step
(60000, 28, 28) (10000, 28, 28)
```

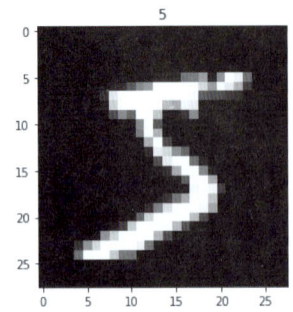

훈련용 데이터의 형태: (60000, 784) 테스트용 데이터의 형태:
(10000, 784)

9-3-2 오토인코더의 각 설정

오토인코더에 필요한 각 설정을 실시합니다. 이미지의 폭과 높이가 28픽셀이므로 입력층에는 28×28=784의 뉴런이 필요합니다. 또한, 출력이 입력을 재현하도록 학습하므로 출력층의 뉴런 수는 입력층과 같게 됩니다. 중간층의 뉴런 수는 이것들보다 적게 합니다(<리스트9.2>).

<리스트9.2> 오토인코더의 각 설정

In
```
epochs = 20
batch_size = 128
n_in_out = 784   # 입출력층의 뉴런 수
n_mid = 64   # 중간층의 뉴런 수
```

9-3-3 모델의 구축

Keras로 오토인코더 모델을 구축합니다. 입력, Encoder, Decoder 순으로 층을 쌓는데 여기에서는 Sequential이 아닌 Model 클래스를 사용해 모델을 구축합니다. Model 클래스는 다음과 같이 설정합니다.

• **[Model 클래스의 설정]**
```
Model(입력, 출력)
```

이 `Model` 클래스를 사용함으로써 오토인코더, Encoder만의 모델, Decoder만의 모델을 개별로 설정할 수 있습니다. 학습은 오토인코더로서만 실시하므로 Encoder, Decoder는 개별적으로 컴파일할 필요는 없습니다(<리스트9.3>).

<리스트9.3> 오토인코더 모델의 구축

```python
from tensorflow.python.keras.models import Model
from tensorflow.python.keras.layers import Input, Dense

# 각 층
x = Input(shape=(n_in_out,))  # 입력
encoder = Dense(n_mid, activation="relu")  # Encoder
decoder = Dense(n_in_out, activation="sigmoid")   #D ecoder

# 망
h = encoder(x)
y = decoder(h)

# 오토인코더의 모델
model_autoencoder = Model(x, y)
model_autoencoder.compile(optimizer="adam", ➜
loss="binary_crossentropy")
model_autoencoder.summary()
```

```python
print()

# Encoder만의 모델
model_encoder = Model(x, h)
model_encoder.summary()
print()

# Decoder만의 모델
input_decoder = Input(shape=(n_mid,))
model_decoder = Model(input_decoder, decoder(input_decoder))
model_decoder.summary()
```

Out ▷
```
Model: "model"
_____
Layer (type)                 Output Shape              Param #
=================================================================
input_1 (InputLayer)         [(None, 784)]             0
_____
dense (Dense)                (None, 64)                50240
_____
dense_1 (Dense)              (None, 784)               50960
=================================================================
Total params: 101,200
Trainable params: 101,200
Non-trainable params: 0
_____

Model: "model_1"
_____
Layer (type)                 Output Shape              Param #
=================================================================
```

```
input_1 (InputLayer)         [(None, 784)]         0
_____
dense (Dense)                (None, 64)            50240
=================================================================
Total params: 50,240
Trainable params: 50,240
Non-trainable params: 0
_____

Model: "model_2"
_____
Layer (type)                 Output Shape         Param #
=================================================================
input_2 (InputLayer)         [(None, 64)]          0
_____
dense_1 (Dense)              (None, 784)           50960
=================================================================
Total params: 50,960
Trainable params: 50,960
Non-trainable params: 0
_____
```

9-3-4 학습

구축한 오토인코더의 모델을 훈련합니다. 입력을 재현하도록 학습하므로 정답은 입력 그 자체가 됩니다(<리스트9.4>).

<리스트9.4> 오토인코더의 학습

```
In ▷  model_autoencoder.fit(x_train, x_train,
```

```
                        shuffle=True,
                        epochs=epochs,
                        batch_size=batch_size,
                        validation_data=(x_test, x_test))
```

Out

```
Epoch 1/20
469/469 [==============================] - 5s 4ms/step - loss: ➡
0.1993 - val_loss: 0.1324
Epoch 2/20
469/469 [==============================] - 2s 3ms/step - loss: ➡
0.1167 - val_loss: 0.1028
Epoch 3/20
469/469 [==============================] - 2s 3ms/step - loss: ➡
0.0967 - val_loss: 0.0893
Epoch 4/20
469/469 [==============================] - 1s 3ms/step - loss: ➡
0.0863 - val_loss: 0.0820
Epoch 5/20
469/469 [==============================] - 1s 3ms/step - loss: ➡
0.0808 - val_loss: 0.0783
Epoch 6/20
469/469 [==============================] - 1s 3ms/step - loss: ➡
0.0780 - val_loss: 0.0763
Epoch 7/20
469/469 [==============================] - 2s 3ms/step - loss: ➡
0.0765 - val_loss: 0.0752
Epoch 8/20
469/469 [==============================] - 1s 3ms/step - loss: ➡
0.0756 - val_loss: 0.0745
Epoch 9/20
469/469 [==============================] - 1s 3ms/step - loss: ➡
```

```
0.0750 - val_loss: 0.0740
Epoch 10/20
469/469 [==============================] - 1s 3ms/step - loss: ➡
0.0746 - val_loss: 0.0737
Epoch 11/20
469/469 [==============================] - 1s 3ms/step - loss: ➡
0.0743 - val_loss: 0.0736
Epoch 12/20
469/469 [==============================] - 2s 3ms/step - loss: ➡
0.0740 - val_loss: 0.0734
Epoch 13/20
469/469 [==============================] - 1s 3ms/step - loss: ➡
0.0739 - val_loss: 0.0732
Epoch 14/20
469/469 [==============================] - 1s 3ms/step - loss: ➡
0.0737 - val_loss: 0.0731
Epoch 15/20
469/469 [==============================] - 2s 3ms/step - loss: ➡
0.0736 - val_loss: 0.0730
Epoch 16/20
469/469 [==============================] - 1s 3ms/step - loss: ➡
0.0735 - val_loss: 0.0728
Epoch 17/20
469/469 [==============================] - 1s 3ms/step - loss: ➡
0.0734 - val_loss: 0.0728
Epoch 18/20
469/469 [==============================] - 1s 3ms/step - loss: ➡
0.0734 - val_loss: 0.0728
Epoch 19/20
469/469 [==============================] - 1s 3ms/step - loss: ➡
0.0733 - val_loss: 0.0728
```

```
Epoch 20/20
469/469 [==============================] - 1s 3ms/step - loss: ➡
0.0733 - val_loss: 0.0728
<keras.callbacks.History at 0x7efed3bbad50>
```

9-3-5 생성 결과

이미지가 적절하게 재구축되어있는지 여부, 중간층이 어떠한 상태에 있는지를 확인합니다. <리스트9.5>의 코드는 입력 이미지와 재구축된 이미지를 나열해 표시합니다. 또한, Encoder의 출력도 8×8의 이미지로 표시합니다.

<리스트9.5> 오토인코더에 의한 이미지 생성

```
encoded = model_encoder.predict(x_test)
decoded = model_decoder.predict(encoded)

n = 8  # 표시할 이미지 수
plt.figure(figsize=(16, 4))
for i in range(n):
    # 입력 이미지
    ax = plt.subplot(3, n, i+1)
    plt.imshow(x_test[i].reshape(28, 28), cmap="Greys_r")
    ax.get_xaxis().set_visible(False)
    ax.get_yaxis().set_visible(False)

    # 중간층의 출력
    ax = plt.subplot(3, n, i+1+n)
    plt.imshow(encoded[i].reshape(8,8), cmap="Greys_r") #이미지 ➡
크기는 중간층의 뉴런 수에 맞춰서 변경한다
    ax.get_xaxis().set_visible(False)
    ax.get_yaxis().set_visible(False)
```

```
        # 출력 이미지
        ax = plt.subplot(3, n, i+1+2*n)
        plt.imshow(decoded[i].reshape(28, 28), cmap="Greys_r")
        ax.get_xaxis().set_visible(False)
        ax.get_yaxis().set_visible(False)

plt.show()
```

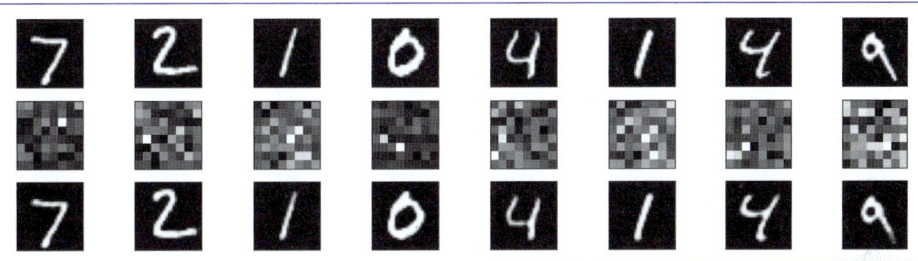

28×28의 이미지가 Encoder에 의해 8×8로 압축된 후 Decoder에 의해 전개되어 원본 이미지가 재구축되었습니다. 출력은 입력을 어느 정도 재현한 이미지이며, 중간층은 숫자 이미지마다 다른 상태입니다. 784픽셀의 이미지를 특징짓는 정보를 64의 상태로 압축할 수 있게 됩니다. 하지만 오토인코더에서는 중간층의 상태와 출력 이미지의 대응 관계를 직감적으로 파악하거나 중간층의 상태를 조정해서 출력 이미지를 의도적으로 변화시키는 것은 어려울 것 같습니다.

9.4 VAE의 구현

VAE를 구현합니다. Encoder로 이미지를 잠재 변수로 압축한 후, Decoder로 원본 이미지를 복원합니다. 또 잠재 변수가 넓어지는 잠재 공간을 가시화하여 잠재 변수가 생성 이미지에 미치는 영향을 확인합니다.

9-4-1 훈련용 데이터의 준비

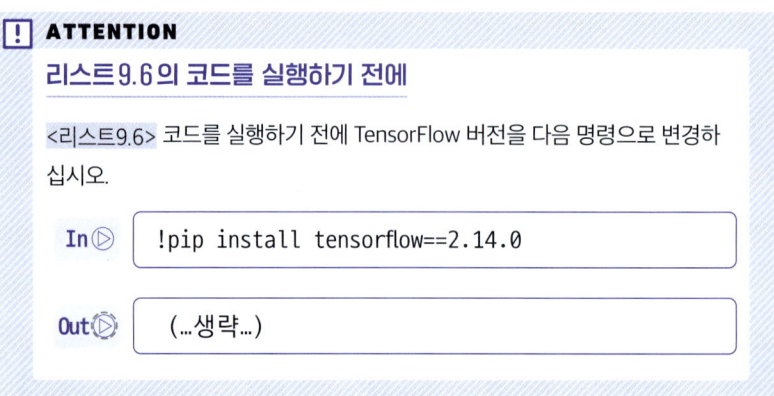

> **ATTENTION**
> **리스트 9.6의 코드를 실행하기 전에**
>
> <리스트9.6> 코드를 실행하기 전에 TensorFlow 버전을 다음 명령으로 변경하십시오.
>
> In ▷ `!pip install tensorflow==2.14.0`
>
> Out ⚙ (…생략…)

VAE에 사용하는 훈련용 데이터를 준비합니다. 오토인코더 때와 마찬가지로 손으로 쓴 흑백 숫자 이미지 데이터를 사용합니다(<리스트9.6>).

<리스트9.6> 훈련용 데이터의 준비

In ▷
```python
import numpy as np
import matplotlib.pyplot as plt
import tensorflow as tf
from tensorflow.keras.datasets import mnist

(x_train, t_train), (x_test, t_test) = mnist.load_data()   ➡
# MNIST 읽어 들이기
print(x_train.shape, x_test.shape)  # 28x28의 손으로 쓴 문자 ➡
이미지가 6만 장

# 각 픽셀의 값을 0-1의 범위에 넣는다
x_train = x_train / 255
x_test = x_test / 255

# 손으로 쓴 문자 이미지를 1개 표시
```

```
plt.imshow(x_train[0].reshape(28, 28), cmap="gray")
plt.title(t_train[0])
plt.show()

# 1차원으로 변환한다
x_train = x_train.reshape(x_train.shape[0], -1)
x_test = x_test.reshape(x_test.shape[0], -1)
print("훈련용 데이터의 형태: ", x_train.shape, "테스트용 데이터의 ➡
형태: ", x_test.shape)
```

Out

```
Downloading data from https://storage.googleapis.com/tensorflow/ ➡
tf-keras-datasets/mnist.npz
11493376/11490434 [==============================] - 0s 0us/step
11501568/11490434 [==============================] - 0s 0us/step
(60000, 28, 28) (10000, 28, 28)
```

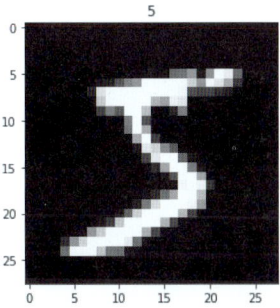

훈련용 데이터의 형태: (60000, 784) 테스트용 데이터의 형태: ➡
(10000, 784)

9-4-2 VAE의 각 설정

VAE에 필요한 각 설정을 합니다. 이미지의 폭과 높이가 각각 28픽셀이므로 입력층에는 28×28=784의 뉴런이 필요합니다. 또한, 출력이 입력을 재현하도록 학습하므로 출력층의 뉴런 수는 입력층과 같아집니다.

여기에서는 잠재 변수와 라벨의 관계를 2차원으로 가시화하기 위해 잠재 변수의 수는 2로 합니다(<리스트9.7>).

<리스트9.7> VAE의 각 설정

```
epochs = 10
batch_size = 128
n_in_out = 784   # 입출력층의 뉴런 수
n_z = 2   # 잠재 변수의 수(차원 수)
n_mid = 256   # 중간층의 뉴런 수
```

9-4-3 모델의 구축

Keras로 VAE 모델을 구축합니다(<리스트9.8>). Encoder의 출력은 잠재 변수의 평균값 μ 및 표준편차 σ의 거듭제곱(=분산)의 대수로 합니다.

VAE의 코드에서는 역전파에 의한 학습을 위해서 Reparametrization Trick을 사용합니다. 평균값 0, 표준 편차 1의 노이즈 ϵ을 발생시켜서 표준 편차와 곱해 평균값에 더해 잠재 변수 z로 합니다.

$$z = \mu + \epsilon \odot \sigma$$

손실 함수는 다음으로 나타낼 수 있습니다.

$$E = E_{rec} + E_{reg}$$

여기에서 우변 제1항의 재구성 오차 E_{rec}는 출력과 입력의 편차를 나타냅니다.

$$E_{rec} = \frac{1}{h} \sum_{i=1}^{h} \sum_{j=1}^{m} (-x_{ij} \log y_{ij} - (1 - x_{ij}) \log(1 - y_{ij}))$$

h: 배치 크기, m: 입출력층의 뉴런 수, x_{ij}: VAE 입력, y_{ij}: VAE의 출력
또한, 우변 제2항의 정규화 항 E_{reg}는 평균값이 0, 표준 편차가 1에 가까워지도록 기능합니다.

$$E_{reg} = \frac{1}{h} \sum_{i=1}^{h} \sum_{k=1}^{n} -\frac{1}{2}(1 + \phi_{ik} - \mu_{ik}^2 - \exp(\phi_{ik}))$$

h: 배치 크기, n: 잠재 변수의 수, μ_{ik}: 평균값, ϕ_{ik}: 분산의 대수

<리스트9.8> VAE의 모델 구축

```python
from tensorflow.python.keras.models import Model
from tensorflow.python.keras import metrics  # 평가 함수
from tensorflow.python.keras.layers import Input, Dense, Lambda
from tensorflow.python.keras import backend as K  # 난수의 발생에 사용

# 잠재 변수를 샘플링하기 위한 함수
def z_sample(args):
    mu, log_var = args  # 잠재 변수의 평균값과 분산의 대수
    epsilon = K.random_normal(shape=K.shape(log_var), mean=0, stddev=1)
    return mu + epsilon * K.exp(log_var / 2)  # Reparametrization Trick에 의해 잠재 변수를 구한다

# Encoder
x = Input(shape=(n_in_out,))
h_encoder = Dense(n_mid, activation="relu")(x)
mu = Dense(n_z)(h_encoder)
log_var = Dense(n_z)(h_encoder)
z = Lambda(z_sample, output_shape=(n_z,))([mu, log_var])

# Decoder
mid_decoder = Dense(n_mid, activation="relu")  # 뒤에서 사용
h_decoder = mid_decoder(z)
```

```python
out_decoder = Dense(n_in_out, activation="sigmoid")  # 뒤에서 사용
y = out_decoder(h_decoder)

# VAE의 모델을 생성
model_vae = Model(x, y)

# 손실 함수
eps = 1e-7  # log 안이 0이 되는 것을 막는다
rec_loss = K.sum(-x*K.log(y + eps) - (1 - x)*K.log(1 - y + eps)) ⇒
 / batch_size  # 재구성 오차
reg_loss = - 0.5 * K.sum(1 + log_var - K.square(mu) - ⇒
K.exp(log_var)) / batch_size  # 정규화 항
vae_loss = rec_loss + reg_loss

model_vae.add_loss(vae_loss)
model_vae.compile(optimizer="adam")
model_vae.summary()
```

Out

```
Model: "model"
_____
 Layer (type)                    Output Shape         Param #   ⇒
 Connected to
==================================================================
 input_1 (InputLayer)            [(None, 784)]  0

 dense (Dense)                   (None, 256)          200960    ⇒
 ['input_1[0][0]']

 dense_1 (Dense)                 (None, 2)            514       ⇒
 ['dense[0][0]']
```

dense_2 (Dense) ['dense[0][0]']	(None, 2)	514	→
lambda (Lambda) ['dense_1[0][0]', 'dense_2[0][0]']	(None, 2)	0	→
dense_3 (Dense) ['lambda[0][0]']	(None, 256)	768	→
dense_4 (Dense) ['dense_3[0][0]']	(None, 784)	201488	→
tf.math.subtract_1 (TFOpLambda) ['dense_4[0][0]']	(None, 784)	0	→
tf.__operators__.add (TFOpLambda) ['dense_4[0][0]']	(None, 784)	0	→
tf.__operators__.add_1 (TFOpLambda) ['tf.math.subtract_1[0][0]']	(None, 784)	0	→
tf.__operators__.add_2 (TFOpLambda) ['dense_2[0][0]']	(None, 2)	0	→
tf.math.square (TFOpLambda) ['dense_1[0][0]']	(None, 2)	0	→
tf.math.negative (TFOpLambda) ['input_1[0][0]']	(None, 784)	0	→

tf.math.log (TFOpLambda) ['tf.__operators__.add[0][0]']	(None, 784)	0	→
tf.math.subtract (TFOpLambda) ['input_1[0][0]']	(None, 784)	0	→
tf.math.log_1 (TFOpLambda) ['tf.__operators__.add_1[0][0]']	(None, 784)	0	→
tf.math.subtract_3 (TFOpLambda) ['tf.__operators__.add_2[0][0]', 'tf.math.square[0][0]']	(None, 2)	0	→
tf.math.exp (TFOpLambda) ['dense_2[0][0]']	(None, 2)	0	→
tf.math.multiply (TFOpLambda) ['tf.math.negative[0][0]', 'tf.math.log[0][0]']	(None, 784)	0	→
tf.math.multiply_1 (TFOpLambda) ['tf.math.subtract[0][0]', 'tf.math.log_1[0][0]']	(None, 784)	0	→
tf.math.subtract_4 (TFOpLambda) ['tf.math.subtract_3[0][0]', 'tf.math.exp[0][0]']	(None, 2)	0	→
tf.math.subtract_2 (TFOpLambda) ['tf.math.multiply[0][0]', 'tf.math.multiply_1[0][0]']	(None, 784)	0	→

```
_____
 tf.math.reduce_sum_1 (TFOpLambda)  ()                 0          →
 ['tf.math.subtract_4[0][0]']
_____
 tf.math.reduce_sum (TFOpLambda)    ()                 0          →
 ['tf.math.subtract_2[0][0]']
_____
 tf.math.multiply_2 (TFOpLambda)    ()                 0          →
 ['tf.math.reduce_sum_1[0][0]']
_____
 tf.math.truediv (TFOpLambda)       ()                 0          →
 ['tf.math.reduce_sum[0][0]']
_____
 tf.math.truediv_1 (TFOpLambda)     ()                 0          →
 ['tf.math.multiply_2[0][0]']
_____
 tf.__operators__.add_3 (TFOpLambda) ()                0          →
 ['tf.math.truediv[0][0]',
  'tf.math.truediv_1[0][0]']
_____
 add_loss (AddLoss)                 ()                 0          →
 ['tf.__operators__.add_3[0][0]']
_____
Total params: 404,244
Trainable params: 404,244
Non-trainable params: 0
_____
```

9-4-4 학습

구축한 VAE의 모델을 훈련합니다. 입력을 재현하도록 학습하므로 정답은 입력 그 자체가 됩니다(<리스트9.9>).

<리스트9.9> VAE의 학습

In ▷
```
model_vae.fit(x_train, x_train,
              shuffle=True,
              epochs=epochs,
              batch_size=batch_size,
              validation_data=(x_test, None))
```

Out ▷
```
Epoch 1/10
469/469 [==============================] - 5s 5ms/step - loss: → 207.1349 - val_loss: 176.4461
Epoch 2/10
469/469 [==============================] - 2s 5ms/step - loss: → 172.6335 - val_loss: 167.6382
Epoch 3/10
469/469 [==============================] - 2s 4ms/step - loss: → 167.6844 - val_loss: 164.8594
Epoch 4/10
469/469 [==============================] - 2s 5ms/step - loss: → 165.3393 - val_loss: 162.8932
Epoch 5/10
469/469 [==============================] - 2s 4ms/step - loss: → 163.5953 - val_loss: 161.5843
Epoch 6/10
469/469 [==============================] - 2s 5ms/step - loss: → 162.1273 - val_loss: 159.9227
Epoch 7/10
```

```
469/469 [==============================] - 2s 5ms/step - loss: ➡
160.7962 - val_loss: 158.6172
Epoch 8/10
469/469 [==============================] - 2s 5ms/step - loss: ➡
159.5372 - val_loss: 157.6078
Epoch 9/10
469/469 [==============================] - 2s 4ms/step - loss: ➡
158.4621 - val_loss: 156.5666
Epoch 10/10
469/469 [==============================] - 2s 5ms/step - loss: ➡
157.5493 - val_loss: 156.0644
<keras.callbacks.History at 0x7f39eb0a15d0>
```

9-4-5 잠재 공간의 가시화

2개의 잠재 변수를 각각 가로축, 세로축으로 평면에 플롯합니다. 이로써 잠재 공간을 가시화합니다. 잠재 변수는 훈련이 끝난 VAE의 모델을 사용해 작성합니다.

<리스트9.10>의 코드를 실행하면 잠재 변수가 라벨별로 분류되어 산포도로 표시되는데, 지면으로는 이해하기 어려울 수 있으므로 Google Colaboratory 노트북에서 확인하는 것을 권장합니다.

<리스트9.10> 잠재 공간의 가시화

```python
# 잠재 변수를 얻기 위한 모델
encoder = Model(x, z)

# 훈련 데이터로부터 만든 잠재 변수를 2차원 플롯
z_train = encoder.predict(x_train, batch_size=batch_size)
plt.figure(figsize=(6, 6))
plt.scatter(z_train[:, 0], z_train[:, 1], c=t_train)  # 라벨을 ➡
색으로 나타낸다
plt.title("Train")
```

```
plt.colorbar()
plt.show()

# 테스트 데이터를 입력해서 잠재 공간에 2차원 플롯한다 ➡ 정답 라벨을 색으로 표시
z_test = encoder.predict(x_test, batch_size=batch_size)
plt.figure(figsize=(6, 6))
plt.scatter(z_test[:, 0], z_test[:, 1], c=t_test)
plt.title("Test")
plt.colorbar()
plt.show()
```

Out

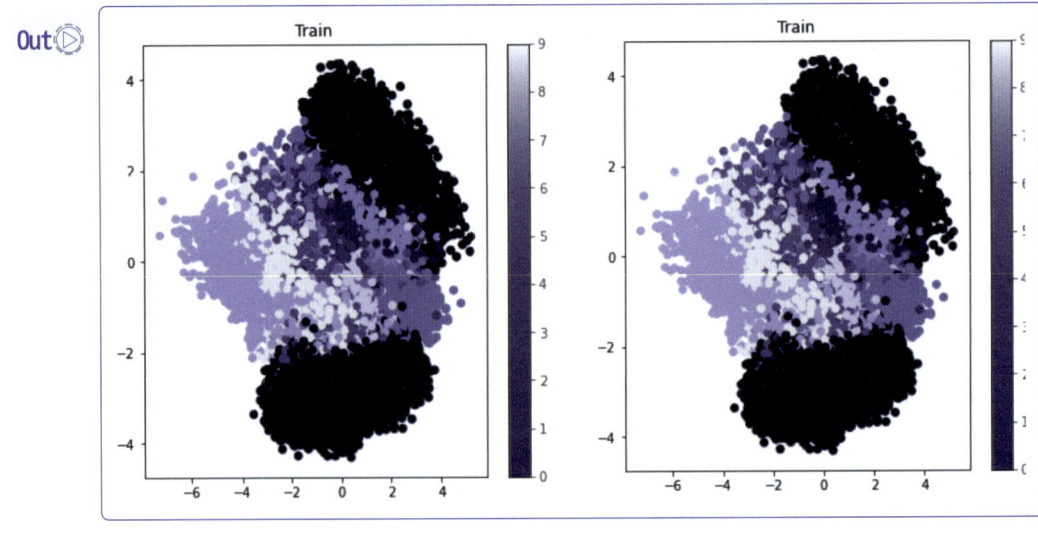

각 라벨별로 다른 잠재 공간의 영역이 차지하고 있음을 확인할 수 있습니다. 단일 라벨로 차지한 영역도 있으면, 여러 개의 라벨이 겹쳐져 있는 영역도 있습니다. 이처럼 VAE는 입력을 잠재 공간에 할당하도록 학습합니다. 명확하게 잠재 변수가 분포하는 영역이 형성되므로 잠재 변수가 Decoder에 의해 생성하는 데이터에 어떻게 영향을 미치는지 직감적으로 파악하기 쉬워졌습니다.

또한, 훈련 데이터, 테스트 데이터와 함께 같은 영역에 각 숫자의 잠재 변수가 분포하고 있는 것도 확인할 수 있습니다.

9-4-6 이미지의 생성

잠재 변수가 생성할 이미지에 주는 영향을 확인합니다. 훈련한 VAE의 Decoder를 사용해 2개의 연속적으로 변화하는 잠재 변수에서 이미지를 16×16장 생성합니다(<리스트9.11>).

<리스트9.11> 잠재 변수를 연속적으로 변화시켜서 이미지를 생성

```python
# 이미지 생성기
input_decoder = Input(shape=(n_z,))
h_decoder = mid_decoder(input_decoder)
y = out_decoder(h_decoder)
generator = Model(input_decoder, y)

# 이미지를 나열하는 설정
n = 16  # 손으로 쓴 문자 이미지를 16x16 나열한다
image_size = 28
matrix_image = np.zeros((image_size*n, image_size*n))  # 전체 이미지

# 잠재 변수
z_1 = np.linspace(2, -2, n)  # 각 행
z_2 = np.linspace(-2, 2, n)  # 각 열

#  잠재 변수를 변화시켜서 이미지를 생성
for i, z1 in enumerate(z_1):
    for j, z2 in enumerate(z_2):
        decoded = generator.predict(np.array([[z2, z1]]))  # x축, 
y축의 순서로 넣는다
        image = decoded[0].reshape(image_size, image_size)
        matrix_image[i*image_size : (i+1)*image_size, 
j*image_size: (j+1)*image_size] = image

plt.figure(figsize=(10, 10))
```

```
plt.imshow(matrix_image, cmap="Greys_r")
plt.tick_params(labelbottom=False, labelleft=False, bottom=False, ➡
left=False)  # 축 눈금의 라벨과 선을 지운다
plt.show()
```

Out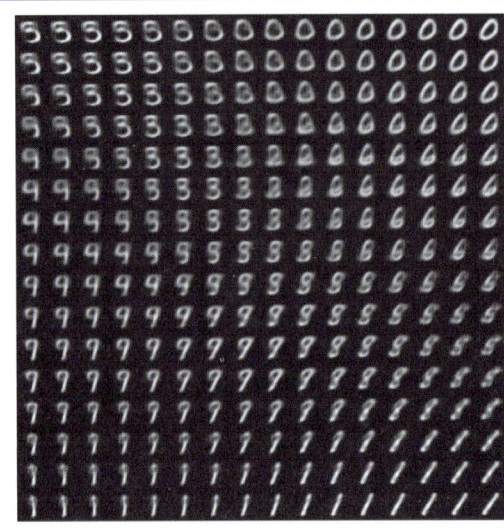

잠재 변수로부터 16×16장의 이미지가 생성되었습니다. 잠재 변수의 변화에 따른 이미지의 변화를 확인할 수 있습니다. 영역별 다른 숫자 이미지가 생성되고 있는데 영역과 영역의 사이에는 이러한 중간의 숫자 이미지를 관찰할 수 있습니다.

VAE에 의해 단 2개의 잠재 변수에 28×28의 이미지가 압축되게 됩니다. 오토인코더와 마찬가지로 데이터를 압축할 수 있는데 잠재 변수가 생성 데이터에 미치는 영향이 명료한 것이 VAE의 큰 특징입니다.

9.5 한층 더 VAE를 배우고 싶은 분을 위해

VAE에 대해 한층 더 배우고 싶은 분을 위해 참고 문헌 몇 가지 소개합니다.

9-5-1 이론적 배경

VAE의 이론적 배경에 대해 더 자세히 알고 싶은 분에게 권하는 문헌입니다.
먼저 Kingma 등에 의해 쓰여진 VAE의 오리지널 논문입니다. VAE 본래의 사고방식을 배우고 싶은 분에게 권합니다.

- Semi-Supervised Learning with Deep Generative Models
  URL https://arxiv.org/abs/1406.5298

다음으로 VAE의 튜토리얼적인 논문을 소개합니다. 「Tutorial on Variational Autoencoders」라는 제목의 2016년에 쓴 논문인데, VAE의 전체 과정을 알기 쉽게 정리했습니다.

- Tutorial on Variational Autoencoders
  URL https://arxiv.org/abs/1606.05908

또한, 이쪽의 Kingma 등에 의해 쓰인 논문에서는 VAE의 이론적 측면에 대해서 자세한 기재가 있습니다.

- Auto-Encoding Variational Bayes
  URL https://arxiv.org/abs/1312.6114

9-5-2 VAE의 전개 기술

VAE의 발전 기술을 알고 싶은 분에게 추천하는 문헌입니다.
「Conditional VAE」(2014)에서는 잠재 변수뿐만 아니라 라벨도 Decoder에 입력함으로써 라벨을 지정한 생성을 실시합니다. VAE는 비지도 학습인데 이것에 지도 학습의 요소를 더한 반지도 학습으로 함으로써 복원하는 데이터의 지정을 할 수 있게 됩니다.

- Semi-Supervised Learning with Deep Generative Models
    URL https://arxiv.org/abs/1406.5298

「β-VAE」(2017)는 이미지 특징의 disentanglement, 즉 '엉클어짐'을 푸는 것이 특징으로, 이미지의 특징을 잠재 공간상에서 분리할 수 있습니다.
예를 들어 얼굴 이미지의 경우, 첫 번째 잠재 변수가 눈 모양, 두 번째 잠재 변수가 얼굴의 방향과 같이 잠재 변수의 각 요소가 독립된 다른 특징을 담당하게 됩니다. 이로써 첫 번째 잠재 변수를 조정해서 눈의 모양을 조정하고, 두 번째 잠재 변수를 조정해서 얼굴의 방향을 조정하는 것과 같은 것을 할 수 있게 됩니다.

- beta-VAE: Learning Basic Visual Concepts with a Constrained Variational Framework
    URL https://openreview.net/forum?id=Sy2fzU9gl

「Vector Quantised-VEE」(2017)에서는 잠재 변수를 이산값, 즉 0, 1, 2, ... 등의 띄엄띄엄한 값으로 변환합니다. 이렇게 해서 이미지의 특징을 이산적인 잠재 공간으로 압축하는 것에 의해 고품질인 이미지의 생성을 할 수 있게 됩니다.

- Neural Discrete Representation Learning
    URL https://arxiv.org/abs/1711.00937

「VQ-VAE-2」는 VQ-VAE를 계층 구조로 만들어 고해상도 이미지를 생성할 수 있도록 한 것입니다. 이 기술에서는 잠재 표현을 다른 스케일별로 계층적으로 학습합니다. 이 잠재 표현은 원본 이미지보다 훨씬 작아지는데, 이것을 Decoder에 입력하는 것으로 더욱 선명하고 리얼한 이미지를 재구축할 수 있습니다.

- Generating Diverse High-Fidelity Images with VQ-VAE-2
  URL https://arxiv.org/abs/1906.00446

이상과 같이 VAE의 기술은 나날이 발전하고 있으며 AI의 새로운 가능성을 보여주고 있습니다.

9-5-3 PyTorch에 의한 구현

저자의 Udemy 코스「AI에 의한 이미지 생성을 배우자! [VAE, GAN] - Google Colab과 PyTorch로 기초부터 배우는 생성 모델-」에서는 VAE의 파이토치PyTorch에 의한 구현을 설명합니다. Keras가 아닌 PyTorch로 VAE를 배우고 싶으신 분, 동영상으로 VAE를 배우고 싶으신 분에게 추천합니다.

- AI에 의한 이미지 생성을 배우자!【VAE, GAN】
  - Google Colab과 PyTorch로 기초부터 배우는 생성 모델 -
  URL https://www.udemy.com/course/image_generation/

9-5-4 프레임워크를 사용하지 않는 구현

저자의 책『첫 딥러닝2 Python으로 구현하는 순환 신경망 VAE, GAN』(SB 크리에이티브)에서는 Keras 등의 프레임워크를 사용하지 않는 VAE의 구현 방법을 설명합니다. Keras에서는 그다지 의식할 필요가 없는 VAE에서의 역전파의 구조와 구현에 대해서 자세히 알고 싶은 분에게 추천합니다.

- 첫 딥러닝2
  Python으로 구현하는 순환 신경망, VAE, GAN

URL https://www.sbcr.jp/product/4815605582/

9.6 연습

9.4절과는 다른 데이터셋으로 VAE를 훈련해봅시다.

9-6-1 Fashion-MNIST

Fashion-MNIST는 6만 장의 훈련용 영상, 1만 장의 테스트용 영상, 10개의 패션 카테고리로 이루어진 데이터셋입니다.

- Fashion-MNIST 패션 기사 데이터베이스
    URL https://keras.io/api/datasets/fashion_mnist/

패션의 카테고리는 다음과 같습니다.

0 티셔츠/상의
1 바지
2 풀오버
3 드레스
4 코트
5 샌들
6 셔츠
7 운동화

8 백

9 앵클 부츠

훈련 데이터에 이 Fashion-MNIST를 사용하여 VAE를 훈련시킵니다. 그리고 잠재 변수의 분포 및 잠재 변수에서 생성되는 이미지를 확인합시다.

다음과 같은 코드를 기술해서 fashion-mnist를 이용할 수 있습니다.

```
from tensorflow.keras.datasets import fashion_mnist
```

9-6-2 해답 예

<리스트9.12>는 해답 예입니다. 9.4절의 VAE 코드에서 이미지 데이터 읽어 들이기 부분을 다음과 같이 변경하면 VAE 훈련을 할 수 있습니다.

<리스트9.12> 정답 예

```
import numpy as np
import matplotlib.pyplot as plt
import tensorflow as tf
from tensorflow.keras.datasets import fashion_mnist

(x_train, t_train), (x_test, t_test) = fashion_mnist.load_data()
# Fashion-MNIST 읽어 들이기
print(x_train.shape, x_test.shape)

# 각 픽셀의 값을 0-1의 범위에 넣는다
x_train = x_train / 255
x_test = x_test / 255

# 패션 아이템 이미지를 1개 표시
```

```python
plt.imshow(x_train[0].reshape(28, 28), cmap="gray")
plt.title(t_train[0])
plt.show()

# 1차원으로 변환한다
x_train = x_train.reshape(x_train.shape[0], -1)
x_test = x_test.reshape(x_test.shape[0], -1)
print("훈련용 데이터의 형태: ", x_train.shape, →
 "테스트용 데이터의 형태: ", x_test.shape)
```

<리스트9.12> 변경에 더해서 이미지가 더욱 선명해지도록 다양한 궁리를 해봅시다.

9.7 9장의 마무리

9장에서는 먼저 VAE의 개요와 구조를 설명했습니다.

다음으로 VAE의 개념적인 기반이 되는 오토인코더를 구현했습니다. 이미지를 뉴런 수가 적은 중간층으로 압축할 수 있었지만, 중간층이 생성 이미지에 어떠한 영향을 주는지는 명료하지 않았습니다.

그다음에 VAE를 구축해 훈련하고 잠재 변수를 매핑하여 잠재 변수가 생성 이미지에 미치는 영향을 확인했습니다. 28×28이미지를 단 2개의 잠재 변수로 압축할 수 있고, 게다가 잠재 변수가 생성하는 이미지에 미치는 영향은 명료했습니다.

VAE는 잠재 변수가 연속적인 분포이므로 잠재 변수를 변화시킴으로써 출력의 특징을 조정할 수 있습니다. 표현력과 유연성이 높아 연속성을 표현할 수 있으므로 주목을 받고 있습니다. AI의 가능성을 더욱 넓히는 기술이 아닐까요?

Chapter 10
적대적 생성망GAN

이번 장에서는 적대적 생성망, 즉 GAN의 원리와 구현에 관해서 설명합니다. GAN에서는 생성기Generator와 식별기Discriminator라는 2개의 신경망이 서로 경쟁하도록 해서 이미지 등의 데이터 생성이 이뤄지는 흥미로운 기술입니다. 이 장에는 다음의 내용이 포함됩니다.

- GAN의 개요
- GAN의 구조
- GAN의 구현
- 한층 더 GAN을 배우고 싶은 분을 위해서
- 연습

이번 장에서는 먼저 GAN의 개요와 구조를 설명합니다. 다음에 이미지를 생성하는 Generator와 그것이 진짜인지 아닌지를 식별하는 Discriminator 모델을 구축해 GAN을 구현합니다. GAN에서 Generator와 Discriminator가 경쟁해 점차 이미지를 생성해가는 모습을 확인합니다. 그리고 한층 더 배우고 싶은 분에게 참고가 되는 문헌을 소개한 다음에 마지막으로 연습을 실시합니다.
이번 장의 내용은 이상으로, 이 장을 통해서 학습하는 것으로 GAN의 원리를 이해하고 스스로 구현할 수 있게 됩니다. 그럼 이 장을 꼭 기대해주세요.

10.1 GAN의 개요

GAN의 개요를 설명합니다. GAN에서는 Generator와 Discriminator라는 2개의 신경망을 경쟁하게 하여 이미지 등의 데이터를 생성할 수 있습니다.

10-1-1 GAN이란?

'GAN'(Generative Adversarial Networks, 적대적 생성 네트워크)은 2개의 모델을 서로 경쟁하도록 해서 훈련해 생성하는 생성 모델의 일종입니다. 그 2개의 모델은 'Discriminator' 즉 식별기와 'Generator' 즉 생성기입니다.

Discriminator 쪽은 이미지 등의 진짜 데이터와 Generator가 생성한 데이터를 올바르게 식별할 수 있도록 학습합니다. 데이터가 진짜인지 여부를 판정하는 판별자의 역할을 Discriminator는 맡게 됩니다. 또한 Generator는 랜덤한 노이즈를 입력으로해서 가짜 데이터를 출력합니다. Generator는 Discriminator가 진짜로 오인할 만한 데이터를 생성할 수 있도록 학습하게 됩니다.

Discriminator와 Generator의 2개 모델이 서로 역할을 하려고 절차탁마함으로써 더욱 진짜다운 데이터가 만들어지게 됩니다.

10-1-2 GAN의 구성

GAN의 구성에 관해서 설명합니다. <그림10.1>에 GAN의 구성을 개략도로 나타냅니다.

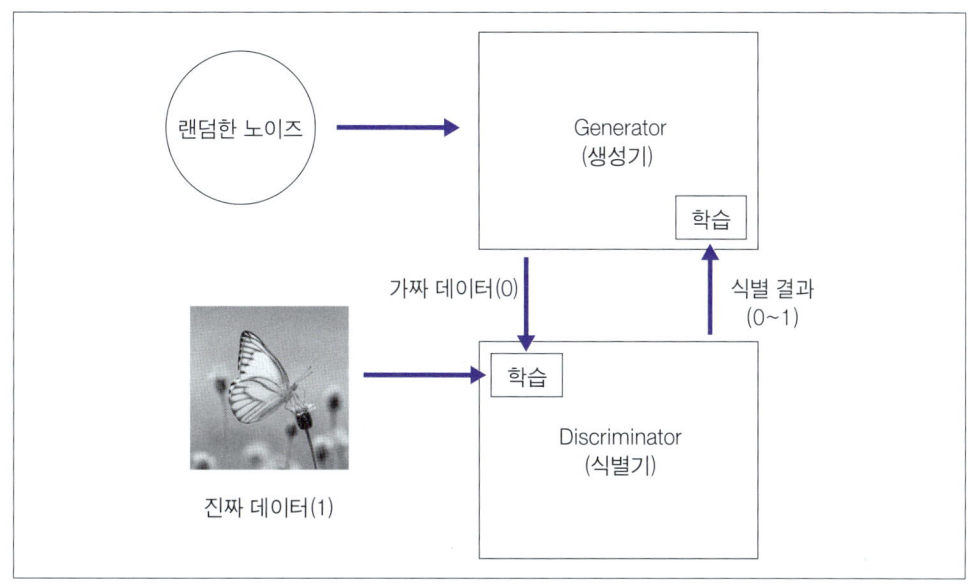

<그림10.1> GAN의 구성

먼저 Generator는 랜덤한 노이즈를 입력으로 해 가짜 데이터를 생성합니다. 그리고 Discriminator는 가짜 데이터에는 정답 라벨 0을 붙이고 진짜 데이터에는 정답 라벨 1을 붙임으로써 가짜 데이터와 진짜 데이터를 식별할 수 있도록 학습합니다. 그다음에 Generator는 생성한 가짜 데이터의 식별 결과가 '진짜'가 되도록 계속 학습합니다. 가짜 데이터의 식별 결과는 0에서 1의 범위로 되돌아가는데 이것이 1에 가까워질 수 있도록 Generator는 학습을 반복합니다.

이상과 같이 GAN은 Generator와 Discriminator가 데이터 및 식별 결과를 교환하고 서로 경쟁하면서 학습하는 구조입니다.

10-1-3 DCGAN

DCGAN(Deep Convolutional GAN)에서는 Discriminator와 Generator 각각의 네트워크에서 합성곱층 및 그 반대를 실시하는 층을 사용합니다. GAN에 CNN의 요소를 도입함으로써 DCGAN은 일반적인 GAN보다 자연스러운 이미지를 효율적으로 생성할 수 있게 됩니다.

<그림10.2>에서 나타내는 것은 DCGAN에 사용되는 Generator의 예입니다.

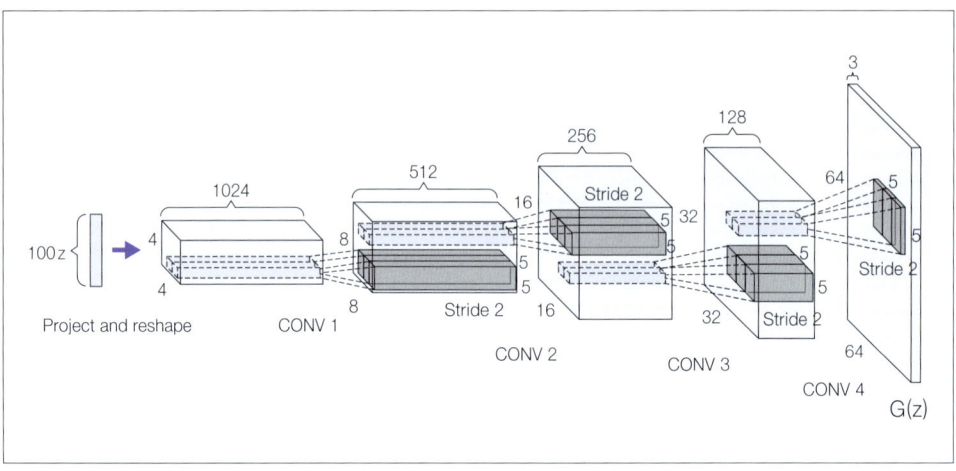

<그림10.2> DCGAN에 사용되는 Generator의 예
출처 『Unsupervised Representation Learning with Deep Convolutional Generative Adversarial Networks (2015)』(Alec Radford, Luke Metz, Soumith Chintala), Figure1로부터 인용
URL https://arxiv.org/pdf/1511.06434.pdf

맨 처음 있는 것은 노이즈의 입력인데 이것에 몇 번이고 합성곱의 역을 반복하는 것에 의해 최종적으로는 이미지를 생성합니다. 일반적인 합성곱에서는 이미지의 크기가 작아지고 채널 수가 많아지는데, 이 처리에서는 이미지 크기가 커지고 채널 수가 줄어듭니다.

한편 Discriminator에서는 일반적인 합성곱이 이뤄지고 입력 이미지가 진짜인지 여부의 판정이 이뤄집니다. 이처럼 Generator와 Discriminator가 서로 경쟁하도록 학습함으로써 DCGAN에서는 GAN보다 자연스러운 이미지를 생성합니다.

10-1-4 GAN의 용도

GAN의 용도를 몇 가지 소개합니다.

먼저 고해상도의 이미지 생성입니다. 딥러닝은 지금까지 분류 및 회귀 등을 이용했으나 GAN에 의해 그 반대인 '생성'이 실용화되고 있습니다. GAN에 의해 생성된 이미지를 학습용 데이터 부풀리기에 이용하는 연구가 이뤄지고 있으며, GAN에 의해 생성된 이미지를 저작권 프리 이미지로서 배포하는 서비스도 이미 제공되고 있습니다.

다음으로 이미지 합성입니다. 예를 들어 GAN을 통해 고흐나 모네 화풍 등의 모방이 시도됩니다. 그 밖에도 선화 착색 등 기존 이미지의 패턴을 모델로 학습시켜서 다양한 이미지의 합성을 할 수 있습니다. 그리고 GAN은 이미지끼리의 연산도 할 수 있습니다. <그림10.3>은 DCGAN에 의한 얼굴 이미지끼리의 연산 예입니다.

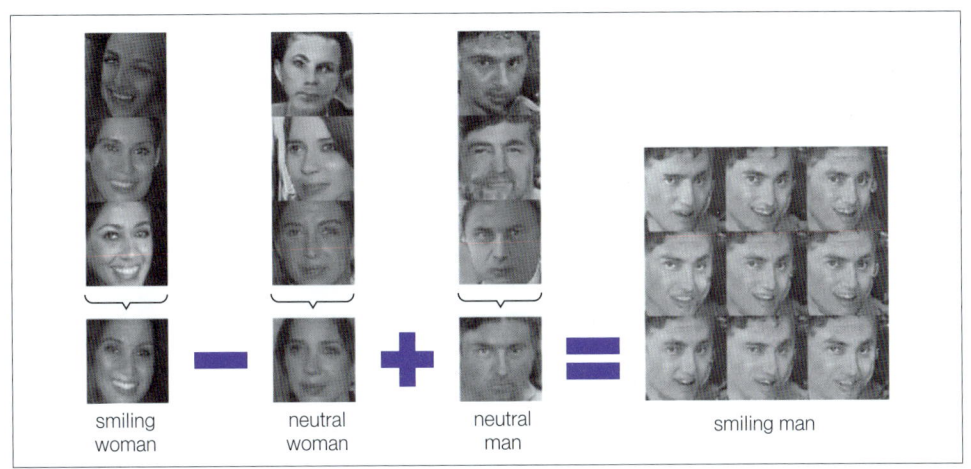

<그림10.3> DCGAN에 의한 얼굴 이미지의 연산
출처 『Unsupervised Representation Learning with Deep Convolutional Generative Adversarial Networks (2015)』(Alec Radford, Luke Metz, Soumith Chintala), Figure7로부터 인용
URL https://arxiv.org/pdf/1511.06434.pdf

미소 짓고 있는 여자의 이미지로부터 무표정인 여자의 이미지를 빼고, 무표정인 남자의 이미지를 더해 미소 짓고 있는 남자의 이미지를 생성할 수 있습니다. 이러한 표정의 조정이나 이미지의 일부 교체 등이 GAN에 의해 가능해지고 있습니다.

그 밖에도 문장으로부터 이미지를 생성하는 기술 및 자동으로 디자인을 하는 기술 등 다양한 기술들이 GAN을 기반으로 연구 개발되고 있습니다. 필요한 데이터는 AI가 그 자리에서 생성하는 미래가 다가오고 있는지도 모르겠네요.

10.2 GAN의 구조

GAN의 구조에 대해서 Generator, Discriminator 각각이 학습하는 구조를 중심으로 설명합니다.

10-2-1 Discriminator의 학습

<그림10.4>에 Discriminator에서 이뤄지는 처리의 개요를 나타냅니다. 아래가 Generator가 생성한 가짜 데이터를 입력했을 때의 처리, 위가 진짜 이미지 등의 데이터를 입력했을 때의 처리입니다.

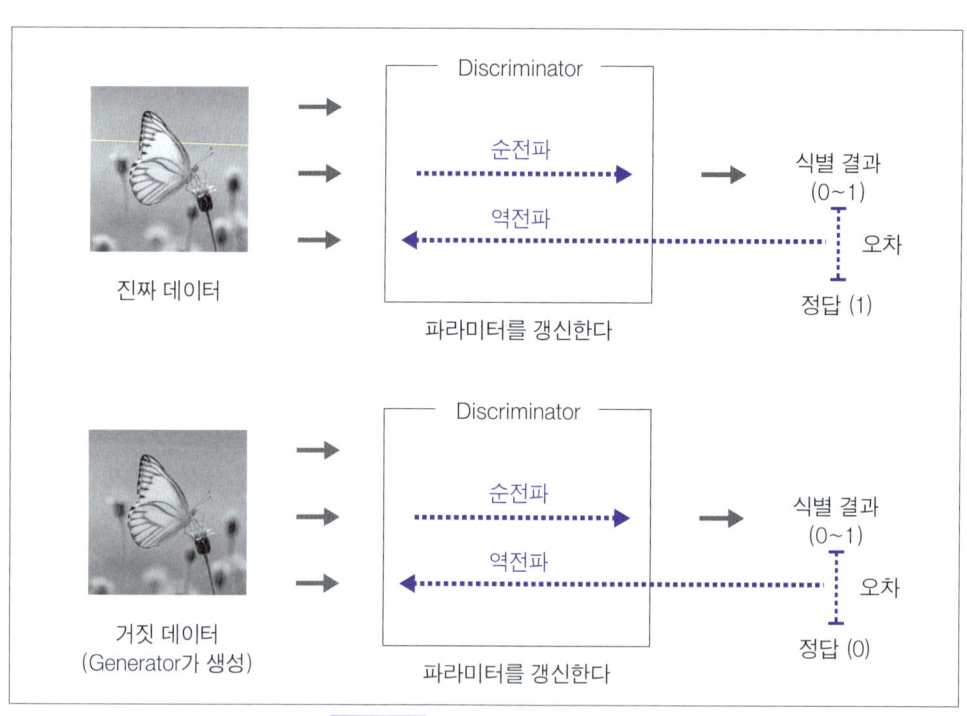

<그림10.4> Discriminator의 학습

Discriminator의 출력층은 뉴런 수가 1이 됩니다. 또 이 뉴런에서는 시그모이드 함수가 사용되므로 출력의 범위는 0에서 1이 됩니다. 이 0에서 1의 범위의 출력이 Discriminator의 식별 결과가 됩니다. 입력이 진짜에 가깝다고 판단한 경우는 식별 결과는 1에 가깝고, 가짜에 가깝다고 판단했을 경우는 0에 가까워집니다. 그리고 진짜 데이터를 입력할 때는 정답을 1로 하고 Generator가 생성한 가짜 데이터를 입력할 때는 정답을 0으로 합니다. 이로써 역전파에 의한 학습을 할 수 있습니다. 진짜와 가짜에서 다른 정답을 사용함으로써 양자를 분별할 수 있도록 Discriminator는 학습하게 됩니다.

10-2-2 Generator의 학습

다음으로 Generator 학습에 관해서 설명합니다. Generator는 랜덤한 노이즈를 입력해 이미지 등의 데이터가 출력입니다. Generator를 학습시킬 때는 <그림10.5>와 같이 Generator와 Discriminator를 연결합니다.

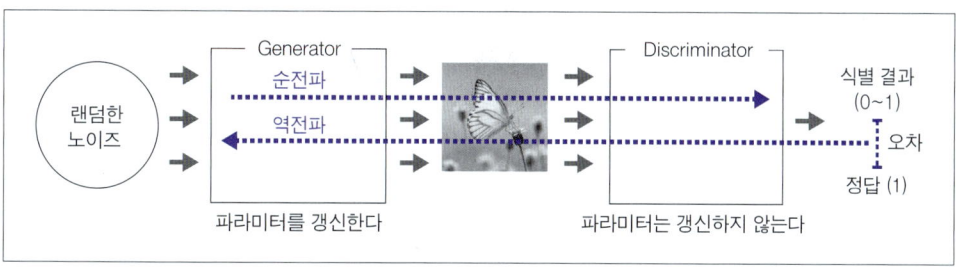

<그림10.5> Generator의 학습

Generator는 Discriminator가 진짜라고 잘못 판단하도록 학습하므로 이 경우의 정답은 1입니다. Generator도 역전파에 의해 학습하는 것인데 Generator를 학습시키는 경우는 Discriminator의 파라미터는 갱신하지 않습니다. Generator만 파라미터를 갱신하게 됩니다. 생성 이미지의 식별 결과가 1, 즉 '진짜'에 가까워질 수 있도록 Generator는 학습해나갑니다.

10-2-3 GAN의 평가 함수

GAN의 '평가 함수'에 대해서 설명합니다. 평가 함수는 학습의 진행 상황을 평가하는 함수입니다. 이론상으로 GAN은 이 평가 함수를 기준으로 학습을 진행해나갑니다.
<그림10.6>에 나타낸 것은 2014년에서의 GAN의 원 논문(『Generative Adversarial Networks, 2014』 URL https://arxiv.org/abs/1406.2661)에 기재된 GAN의 평가 함수에 설명을 추가한 것입니다.

$$\min_G \max_D V(D, G) = \mathbb{E}_{x \sim p_{data}(x)}[\log D(x)] + \mathbb{E}_{z \sim p_z(z)}[\log(1 - D(G(z)))]$$

- G는 V를 최소화한다
- D는 V를 최대화한다
- x가 입력일 때의 기댓값
- 식별 결과
- 노이즈가 입력일 때의 기댓값
- 생성 결과

<그림10.6> GAN의 평가 함수

<그림10.6>의 식에서 G는 Generator, D는 Discriminator, V는 평가 함수, x는 실제 데이터, z는 노이즈, $\mathbb{E}$는 기댓값, p는 확률 분포를 나타냅니다.

먼저 좌변을 살펴봅시다. V는 D와 G의 함수가 됩니다 $\min_G$는 G가 V를 작게 하도록 학습하는 것을 의미하며, $\max_D$는 D가 V를 최대화하도록 학습하는 것을 의미합니다.
다음으로 우변을 살펴봅시다. 우변 제1항은 진짜 데이터 x가 입력일 때의 $\log D(x)$의 기댓값입니다. 이 항은 Discriminator가 x를 진짜라고 식별했을 때 커집니다.
다음으로 우변 제2항인데 이 항은 노이즈 z가 입력일 때의 기댓값을 나타냅니다. G에 의한 생성 데이터를 D에 넣고 1에서 그것을 뺀 것의 기댓값을 취합니다. 이 항은 Generator의 생성 데이터가 진짜라고 식별되었을 때 작아지고 가짜라고 식별되었을 때 커집니다.
이상과 같이 Discriminator의 식별 결과는 우변 제1항, 제2항 양쪽에 영향을 줍니다. Generator 식별 결과는 우변의 제2항에만 영향을 줍니다. Generator와 Discriminator는 각각 반대 방향으로 V를 움직이려고 하는데, 학습이 제대로 진행되고 있을 때는 어떤 균형점에서 균형이 잡히게 됩니다. 이러한 균형은 내시(Nash) 균형이라고 부릅니다. 이후의 절에서 GAN의 학습이 진행됨과 동시에 내시 균형이 출현하는 것을 확인해봅시다.

10.3 GAN의 구현

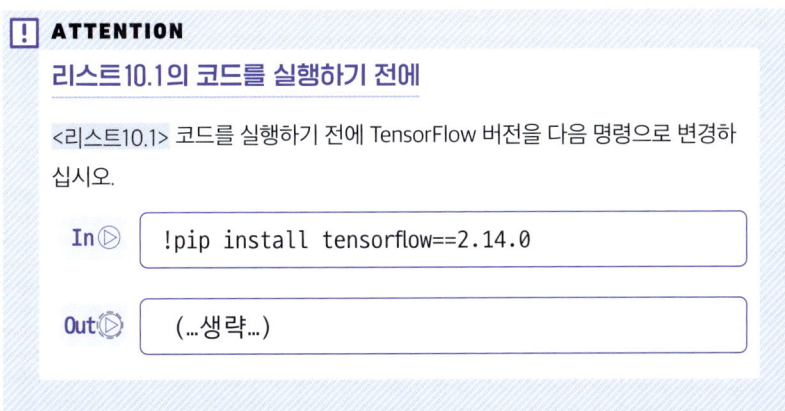

GAN의 구현을 설명합니다. Discriminator의 학습에 사용하는 진짜 이미지에는 손으로 쓴 숫자 이미지의 데이터셋을 사용합니다. 노이즈에서 이미지가 생성되는 과정을 관찰한 다음에 Generator와 Discriminator가 균형을 유지하려는 것을 확인합시다.

10-3-1 훈련용 데이터의 준비

GAN에 사용하는 훈련용의 데이터를 준비합니다. MNIST(손으로 쓴 문자) 데이터를 읽어 들여 첫 이미지를 표시합니다. 여기에서는 각 픽셀의 값은 Generator의 활성화 함수에 맞춰서 -1에서 1의 범위에 들어가도록 조정합니다(<리스트10.1>).

<리스트10.1> 훈련용 데이터의 준비

```
import numpy as np
import matplotlib.pyplot as plt
from keras.datasets import mnist

(x_train, t_train), (x_test, t_test) = mnist.load_data()  # MNIST 읽어 들이기
```

```python
print(x_train.shape, x_test.shape)  # 28×28의 손으로 쓴 문자 ➡
이미지가 6만 장

# 각 픽셀의 값을 -1에서 1의 범위에 넣는다
x_train = x_train / 255 * 2 - 1
x_test = x_test / 255 * 2 - 1

# 손으로 쓴 문자 이미지의 표시
plt.imshow(x_train[0].reshape(28, 28), cmap="gray")
plt.title(t_train[0])
plt.show()

# 1차원으로 변환한다
x_train = x_train.reshape(x_train.shape[0], -1)
x_test = x_test.reshape(x_test.shape[0], -1)
print(x_train.shape, x_test.shape)
```

Out

```
Downloading data from https://storage.googleapis.com/tensorflow/ ➡
tf-keras-datasets/mnist.npz
11493376/11490434 [==============================] - 0s 0us/step
11501568/11490434 [==============================] - 0s 0us/step
(60000, 28, 28) (10000, 28, 28)
```

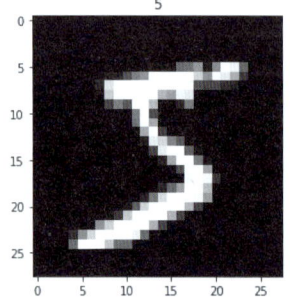

```
(60000, 784) (10000, 784)
```

10-3-2 GAN의 각 설정

GAN에 필요한 각 설정을 실시합니다.

여기에서는 에포크 수 대신에 '학습 횟수'를 설정합니다. 훈련 데이터를 전부 사용하도록 학습하는 것이 아니라 훈련 데이터에서 매번 랜덤으로 미니 배치를 꺼내서 학습합니다. 미니 배치를 꺼내서 학습한 횟수가 학습 횟수 **n_learn**입니다. 이처럼 설정함으로써 이미지의 생성 과정을 세밀하게 관찰할 수 있습니다.

또한, Generator에 입력하는 노이즈 수도 여기서 설정합니다. 최적화 알고리즘에는 파라미터를 조정한 Adam을 사용합니다(<리스트10.2>).

<리스트10.2> GAN의 각 설정

```
n_learn = 20001  # 학습 횟수
interval = 2000  # 이미지를 생성하는 간격
batch_size = 32
n_noize = 128    # 노이즈의 수
img_size = 28    # 생성되는 이미지의 높이와 폭
alpha = 0.2      # Leaky ReLU의 음의 영역에서의 기울기

from tensorflow.python.keras.optimizers import adam_v2
optimizer = adam_v2.Adam(0.0002, 0.5)
```

10-3-3 Generator의 구축

Keras로 Generator 모델을 구축합니다. 중간층의 활성화 함수에는 리키 렐루Leaky ReLU를 사용합니다. Leaky ReLU는 ReLU가 음의 영역에서도 작은 기울기를 가진 것으로 다음의 식으로 나타낼 수 있습니다.

$$y = \begin{cases} \alpha x & (x \leq 0) \\ x & (x > 0) \end{cases}$$

α에는 보통 0.01 등의 작은 값이 사용됩니다.

ReLU에서는 출력이 0이 되어 학습이 진행되지 않는 뉴런이 다수 출현하는 죽은 렐루dying ReLU라고 하는 현상이 알려져 있습니다. Leaky ReLU는 음의 영역으로 약간 기울게 함으로써 이 dying ReLU의 문제를 회피할 수 있습니다. GAN에서는 Generator에서 경사가 소실되기 쉽고 학습이 정체되므로 값을 크게 한 Leaky ReLU를 자주 사용합니다.

또한, 출력층의 활성화 함수에는 Discriminator로의 입력을 -1에서 1의 범위로 하기 위해서 tanh를 사용합니다. Generator 단독으로 학습하는 것은 아니므로 이 단계에서 컴파일할 필요는 없습니다(<리스트10.3>).

<리스트10.3> Generator의 구축

```python
from tensorflow.python.keras.models import Sequential
from tensorflow.python.keras.layers import Dense, LeakyReLU

# Generator의 망 구축
generator = Sequential()
generator.add(Dense(256, input_shape=(n_noize,)))
generator.add(LeakyReLU(alpha=alpha))
generator.add(Dense(512))
generator.add(LeakyReLU(alpha=alpha))
generator.add(Dense(1024))
generator.add(LeakyReLU(alpha=alpha))
generator.add(Dense(img_size**2, activation="tanh"))
```

10-3-4 Discriminator의 구축

Keras로 Discriminator 모델을 구축합니다. 중간층의 활성화 함수에는 Generator와 마찬가지로 Leaky ReLU를 사용하고, 출력층의 활성화 함수에는 0에서 1의 값에서 진짜인지 여부를 식별하기 위해서 시그모이드 함수를 사용합니다 (<리스트10.4>).
손실 함수에는 출력층의 뉴런 수가 1개의 분류 문제에서 많이 사용되는 두 값의 교차 엔트로피를 사용합니다.

- tf.keras.losses.binary_crossentropy
  URL https://www.tensorflow.org/api_docs/python/tf/keras/losses/binary_crossentropy

Discriminator는 단독으로 학습을 하므로 컴파일을 진행해야 합니다.

<리스트10.4> Discriminator 구축

In
```
# Discriminator의 망 구축
discriminator = Sequential()
discriminator.add(Dense(512, input_shape=(img_size**2,)))
discriminator.add(LeakyReLU(alpha=alpha))
discriminator.add(Dense(256))
discriminator.add(LeakyReLU(alpha=alpha))
discriminator.add(Dense(1, activation="sigmoid"))
discriminator.compile(loss="binary_crossentropy", →
optimizer=optimizer, metrics=["accuracy"])
print(discriminator.summary())
```

Out
```
Model: "sequential_1"
_____
 Layer (type)                Output Shape              Param #
=================================================================
```

```
dense_4 (Dense)              (None, 512)               401920
_____
leaky_re_lu_3 (LeakyReLU)    (None, 512)               0
_____
dense_5 (Dense)              (None, 256)               131328
_____
leaky_re_lu_4 (LeakyReLU)    (None, 256)               0
_____
dense_6 (Dense)              (None, 1)                 257
=================================================================
Total params: 533,505
Trainable params: 533,505
Non-trainable params: 0
_____
None
```

10-3-5 모델의 결합

Generator와 Discriminator를 결합한 모델을 만듭니다(<리스트10.5>).
노이즈로부터 Generator에 의해 이미지를 생성하고, Discriminator에 의해 그것이 진짜 이미지인지 여부를 판정하도록 결합을 합니다. 결합 모델에서는 Generator만 훈련하므로 Discriminator는 훈련하지 않도록 설정합니다.

<리스트10.5> Generator와 Discriminator를 결합한다

```python
from tensorflow.python.keras.models import Model
from tensorflow.python.keras.layers import Input

# 결합 시는 Generator만 훈련한다
discriminator.trainable = False

# Generator에 의해 노이즈로부터 생성된 이미지를 Discriminator가
판정한다
noise = Input(shape=(n_noize,))
img = generator(noise)
reality = discriminator(img)

# Generator와 Discriminator의 결합
combined = Model(noise, reality)
combined.compile(loss='binary_crossentropy', optimizer=optimizer)
print(combined.summary())
```

```
Model: "model"
_____
Layer (type)                 Output Shape              Param #
=================================================================
input_1 (InputLayer)         [(None, 128)]             0
_____
```

```
 sequential (Sequential)      (None, 784)                  1493520
_____
 sequential_1 (Sequential)    (None, 1)                    533505
=================================================================
Total params: 2,027,025
Trainable params: 1,493,520
Non-trainable params: 533,505
_____
None
```

10-3-6 이미지를 생성하는 함수

Generator를 사용하여 노이즈로부터 이미지를 생성하고 표시하기 위한 함수를 정의합니다 (<리스트10.6>).

훈련된 Generator에 노이즈를 입력하면 이미지가 생성됩니다. 이미지는 5×5장 생성되는데, 일반적으로 1장의 이미지로 만든 다음에 표시합니다.

<리스트10.6> 이미지를 생성하는 함수

```python
def generate_images(i):
    n_rows = 5  # 행 수
    n_cols = 5  # 열 수
    noise = np.random.normal(0, 1, (n_rows*n_cols, n_noize))
    g_imgs = generator.predict(noise)
    g_imgs = g_imgs/2 + 0.5  # 0-1의 범위로 한다

    matrix_image = np.zeros((img_size*n_rows, img_size*n_cols))  ➡
# 전체의 이미지

    # 생성된 이미지를 나열해 1장의 이미지로 한다
```

```
        for r in range(n_rows):
            for c in range(n_cols):
                g_img = g_imgs[r*n_cols + c].reshape(img_size, img_size)
                matrix_image[r*img_size : (r+1)*img_size, c*img_size: ➡
(c+1)*img_size] = g_img

        plt.figure(figsize=(10, 10))
        plt.imshow(matrix_image, cmap="Greys_r")
        plt.tick_params(labelbottom=False, labelleft=False, ➡
bottom=False, left=False)  # 축 눈금의 라벨과 선을 지운다
        plt.show()
```

10-3-7 학습

구축한 GAN의 모델을 사용해 학습을 합니다(<리스트10.7>).
Generator가 생성한 이미지에는 정답 라벨 0, 진짜 이미지에는 정답 라벨 1을 주어서 Discriminator를 훈련시킵니다. 그다음에 결합된 모델을 사용해 Generator를 훈련시키는데, 이 경우의 정답 라벨은 1이 됩니다. 이러한 훈련을 반복함으로써 진짜와 분간할 수 없는 손으로 쓴 문자 이미지가 생성됩니다. 학습에는 시간이 걸리므로 가능한한 GPU를 사용합시다.

<리스트10.7> GAN의 학습

```
In▷  batch_half = batch_size // 2

     loss_record = np.zeros((n_learn, 3))
     acc_record = np.zeros((n_learn, 2))

     for i in range(n_learn):

         # 노이즈로부터 이미지를 생성해 Discriminator를 훈련
```

```python
        g_noise = np.random.normal(0, 1, (batch_half, n_noize))
        g_imgs = generator.predict(g_noise)
        loss_fake, acc_fake = discriminator.train_on_batch(g_imgs, ➡
np.zeros((batch_half, 1)))
        loss_record[i][0] = loss_fake
        acc_record[i][0] = acc_fake

        # 진짜 이미지를 사용해서 Discriminator를 훈련
        rand_ids = np.random.randint(len(x_train), size=batch_half)
        real_imgs = x_train[rand_ids, :]
        loss_real, acc_real = discriminator.train_on_batch ➡
(real_imgs, np.ones((batch_half, 1)))
        loss_record[i][1] = loss_real
        acc_record[i][1] = acc_real

        # 결합한 모델에 의해 Generator를 훈련
        c_noise = np.random.normal(0, 1, (batch_size, n_noize))
        loss_comb = combined.train_on_batch(c_noise, np.ones ➡
((batch_size, 1)))
        loss_record[i][2] = loss_comb

        # 일정 간격으로 생성된 이미지를 표시
        if i % interval == 0:
            print ("n_learn:", i)
            print ("loss_fake:", loss_fake, "acc_fake:", acc_fake)
            print ("loss_real:", loss_real, "acc_real:", acc_real)
            print ("loss_comb:", loss_comb)

            generate_images(i)
```

Out

n_learn: 0

loss_fake: 0.6824028491973877 acc_fake: 0.5

loss_real: 0.7248601317405701 acc_real: 0.3125

loss_comb: 0.851651668548584

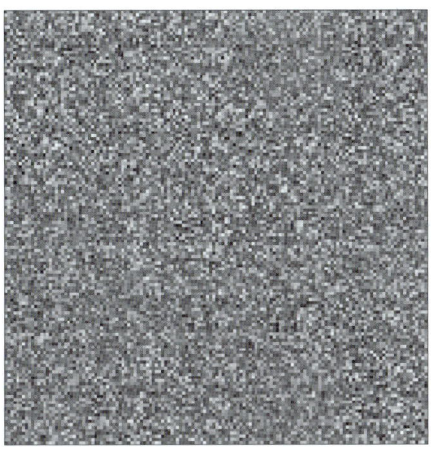

n_learn: 2000

loss_fake: 0.5889846086502075 acc_fake: 0.6875

loss_real: 0.5955324769020081 acc_real: 0.6875

loss_comb: 0.9055048227310181

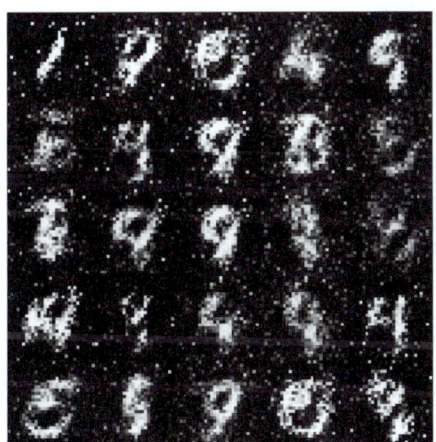

n_learn: 4000

loss_fake: 0.5615257024765015 acc_fake: 0.9375

loss_real: 0.683075487613678 acc_real: 0.5625

loss_comb: 0.8601620197296143

n_learn: 6000
loss_fake: 0.548008918762207 acc_fake: 0.8125
loss_real: 0.6803638935089111 acc_real: 0.6875
loss_comb: 0.9283592104911804

n_learn: 8000
loss_fake: 0.7034049034118652 acc_fake: 0.5625
loss_real: 0.5239253044128418 acc_real: 0.8125
loss_comb: 0.7635056972503662

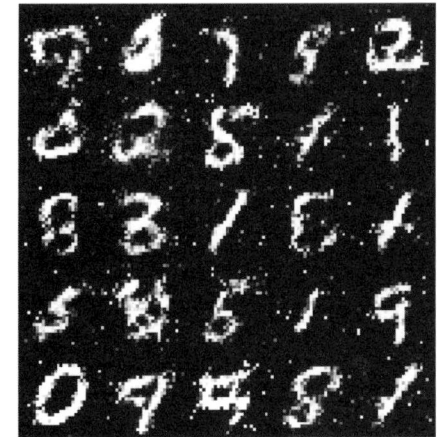

n_learn: 10000
loss_fake: 0.5460236668586731 acc_fake: 0.8125
loss_real: 0.5692331790924072 acc_real: 0.8125
loss_comb: 0.7900898456573486

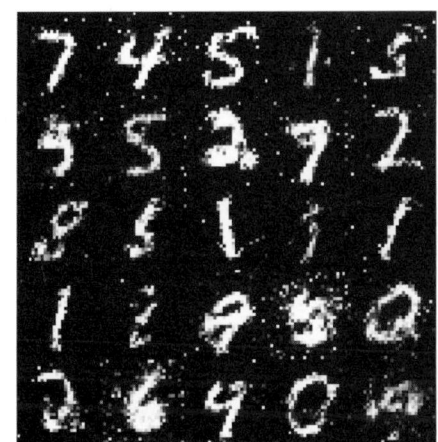

n_learn: 12000
loss_fake: 0.7959291934967041 acc_fake: 0.5
loss_real: 0.7758381366729736 acc_real: 0.3125
loss_comb: 0.7997537851333618

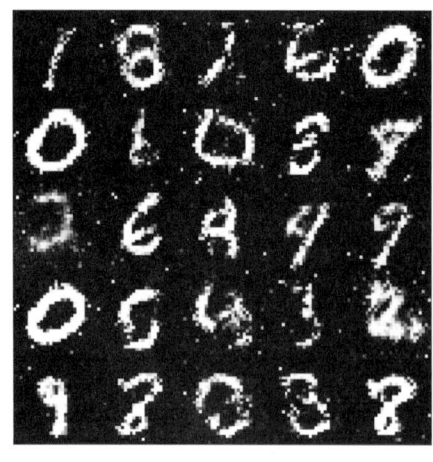

n_learn: 14000

loss_fake: 0.6242882013320923 acc_fake: 0.6875

loss_real: 0.6316325664520264 acc_real: 0.75

loss_comb: 0.782072901725769

n_learn: 16000

loss_fake: 0.7264850735664368 acc_fake: 0.5625

loss_real: 0.6956872940063477 acc_real: 0.625

loss_comb: 0.789034366607666

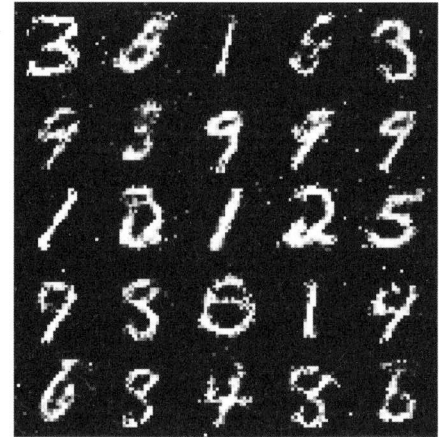

n_learn: 18000

loss_fake: 0.7018081545829773 acc_fake: 0.5

loss_real: 0.7669963240623474 acc_real: 0.375

loss_comb: 0.8937332630157471

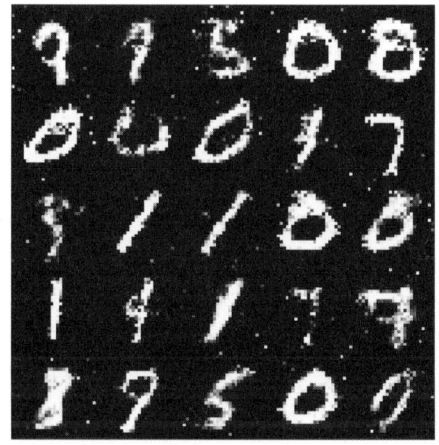

n_learn: 20000

loss_fake: 0.6761823892593384 acc_fake: 0.5

loss_real: 0.5203593373298645 acc_real: 0.875

loss_comb: 0.7316848039627075

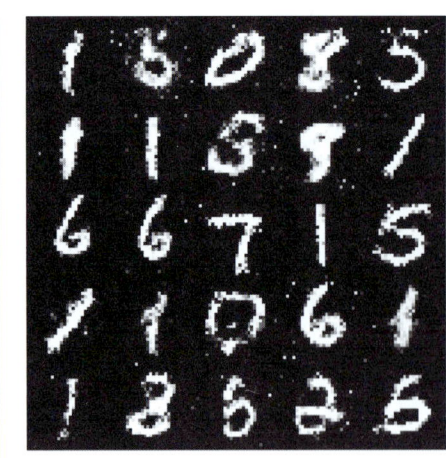

학습이 진행됨에 따라 점차 명료한 손으로 쓴 숫자 이미지가 형성되어갑니다. Generator는 Discriminator를 속일 수 있게, Discriminator는 Generator에게 속지 않도록 서로 절차탁마한 결과, 진짜 손으로 쓴 숫자 이미지에 가까운 이미지가 생성되었습니다.

또한, 학습이 잘 진행되지 않는 경우도 있으므로 이런 경우는 학습을 처음부터 다시 해봅시다.

10-3-8 오차 및 정밀도의 추이

학습 중에서의 오차와 정밀도(정답률)의 추이를 확인합니다. Discriminator에 진짜 이미지를 대입시켰을 때 오차 추이와 가짜 이미지를 대입시켰을 때 오차 추이를 그래프로 표시합니다(<리스트10.8>). 또한, 정밀도의 추이도 표시합니다.

<리스트10.8> 오차와 정밀도의 추이

```
# 오차의 추이
n_plt_loss = 1000  # 오차의 표시 범위
plt.plot(np.arange(n_plt_loss), loss_record[:n_plt_loss, 0], ➔
label="loss_fake")
plt.plot(np.arange(n_plt_loss), loss_record[:n_plt_loss, 1], ➔
label="loss_real")
plt.plot(np.arange(n_plt_loss), loss_record[:n_plt_loss, 2], ➔
```

```
label="loss_comb")
plt.legend()
plt.title("Loss")
plt.show()

# 정밀도의 추이
n_plt_acc = 1000  # 정밀도의 표시 범위
plt.plot(np.arange(n_plt_acc), acc_record[:n_plt_acc, 0], →
label="acc_fake")
plt.plot(np.arange(n_plt_acc), acc_record[:n_plt_acc, 1], →
label="acc_real")
plt.legend()
plt.title("Accuracy")
plt.show()
```

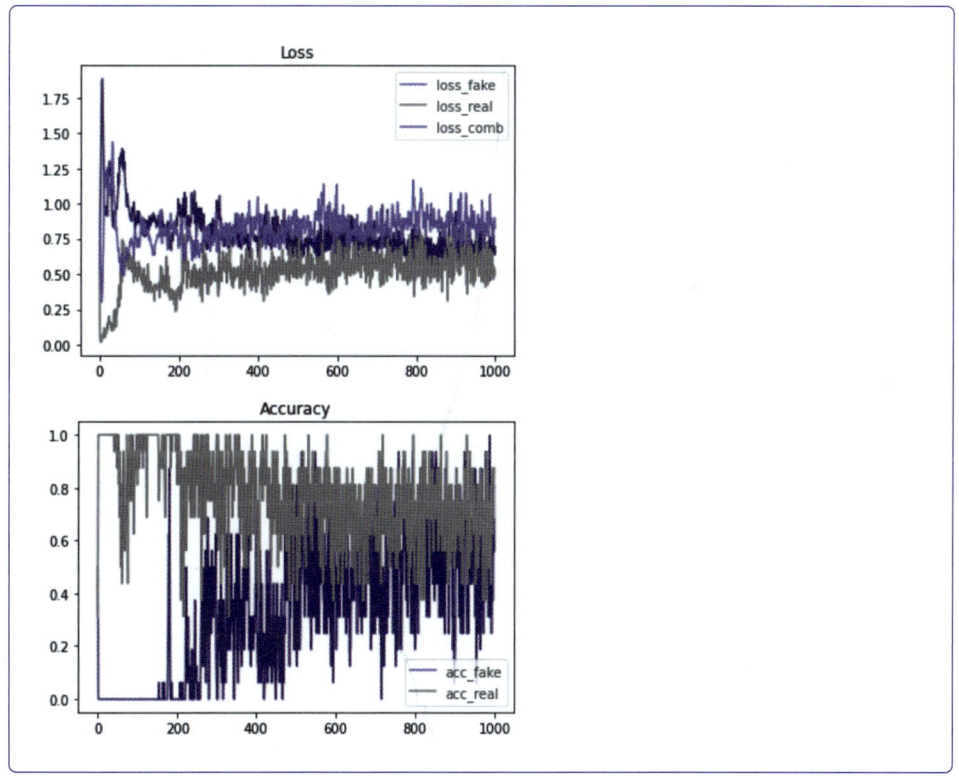

처음 오차는 크게 변동하지만, 어느 정도 시간이 지나면 거의 움직이지 않게 됩니다.

가짜 이미지를 입력한 경우, Generator는 오차를 올리려고 하고 Discriminator는 낮추려고 하므로 일종의 균형이 형성되었습니다. 또한, 진짜 이미지를 입력한 경우 Generator는 진위의 판정을 방해하도록 학습하므로 오차를 높이려고 하고, 이때 Discriminator는 이를 낮추려고 하므로 이쪽에서도 균형이 생깁니다.

정답률에 대하여 Generator가 완벽하면 정답률은 0.5가 되며, Discriminator가 완벽하다면 정답률은 1.0이 될 것입니다. 학습이 진행되면 정답률은 가짜, 진짜와 함께 대략 0.5에서 1.0의 범위에 들어가게 되므로 Generator와 Discriminator의 균형이 이쪽에서도 관찰됩니다. Generator와 Discriminator가 경쟁하도록 학습하고, 그 결과 생긴 균형의 안에서 조금씩 진짜다운 이미지가 형성되고 있습니다.

또한, 난수의 값에 따라서는 양쪽이 잘 균형할 수 없는 경우도 있습니다.

10.4 좀 더 GAN을 배우고 싶은 분을 위해서

GAN에 대해서 좀 더 배우고 싶은 분을 위해서 참고 문헌을 몇 개 소개합니다.

10-4-1 이론적 배경

GAN의 이론적 배경에 대해 좀 더 자세히 알고 싶은 분에게 추천하는 문헌입니다. 『Generative Adversarial Networks』라는 타이틀의 Goodfellow들에 의해 쓰여진 GAN의 오리지널 논문입니다. GAN의 원 사고방식을 배우고 싶은 분에게 추천합니다.

- 『Generative Adversarial Networks』
  URL https://arxiv.org/abs/1406.2661

『Unsupervised Representation Learning with Deep Convolutional Generative Adversarial Networks』라는 제목의 DCGAN을 제안하고 있는 논문입니다. DCGAN의 기반이 되는 사고방식을 자세히 배우고 싶은 분에게 추천합니다.

- 『Unsupervised Representation Learning with Deep Convolutional Generative Adversarial Networks』
  URL https://arxiv.org/abs/1511.06434

10-4-2 GAN의 발전 기술

GAN의 발전 기술을 알고 싶은 분에게 추천하는 문헌입니다.
일반적인 GAN에서는 랜덤한 샘플링을 하므로 생성되는 데이터의 종류를 제어하는 것은 어려운데, 『Conditional GAN』(2014)은 학습 시에 라벨을 주는 것으로 종류를 지정한 데이터 생성을 가능하게 합니다.

- 『Conditional Generative Adversarial Nets』
  URL https://arxiv.org/abs/1411.1784

「pix2pix」(2016)는 언어 번역과 같이 이미지의 어느 특징을 다른 특징으로 변환합니다. 이 경우, Generator는 어떤 이미지를 입력으로 하고, 출력은 특징이 변환된 이미지가 됩니다. pix2pix에서는 짝의 이미지로부터 이미지 간의 관계를 학습합니다.
그리고 이미 학습한 모델은 학습한 2개 이미지 간의 관계를 고려해서 이미지로부터 이미지로의 번역을 합니다. pix2pix에 의해 흑백 사진으로부터 컬러 사진을 생성하거나 선화線로부터 사진을 생성할 수 있습니다.

- 『Image-to-Image Translation with Conditional Adversarial Networks』
  URL https://arxiv.org/abs/1611.07004

『Cycle GAN』(2017)은 pix2pix처럼 이미지 쌍을 사용하는 것이 아니라, 이미지군의 짝을 사용해 학습하는 것이 특징입니다. 사실은 pix2pix에서 윤곽이 일치한 이미지의 짝을 대량으로 준비하는 것은 꽤 힘든데 대응하는 이미지끼리 짝으로 되어있지 않아도 되는 것은 Cycle GAN의 큰 장점입니다.

Cycle GAN에서는 예를 들어 사진을 모네풍의 회화로 변환하거나 여름 경치를 겨울 경치로 변환할 수도 있습니다. 이처럼 매우 유연하게 학습을 할 수 있으므로 앞으로의 발전 및 응용이 기대되는 기술입니다.

- 『Unpaired Image-to-Image Translation using Cycle-ConsistentAdversarial Networks』
  URL https://arxiv.org/abs/1703.10593

GAN의 기술은 나날이 발전을 계속하고 있으며 AI의 새로운 가능성을 보여주고 있습니다.

10-4-3 GAN을 사용한 서비스

이제까지 여러 가지 GAN을 사용한 서비스가 공개되었습니다. 여기서는 그중에서도 특히 흥미로운 2가지를 소개합니다.

'This person does not exist'는 GAN의 파생 기술 'StyleGAN2'를 이용한 얼굴 이미지를 생성하는 사이트입니다. 지극히 해상도가 높은 가상 인물의 얼굴 이미지가 페이지를 갱신할 때마다 생성됩니다.

- This Person Does Not Exist
  URL https://thispersondoesnotexist.com/

'Petalica Paint'는 일본의 Preffered Networks사가 제공하는 선화의 착색을 하는 서비스합니다. GAN을 이용함으로써 인물 얼굴 등의 선화에 순식간에 색을 입힐 수 있습니다.

- Petalica Paint
  URL https://petalica-paint.pixiv.dev/

10-4-4 PyTorch에 의한 구현

저자의 Udemy 코스 'AI에 의한 이미지 생성을 배우자! [VAE, GAN] -Google Colab과 PyTorch로 기초부터 배우는 생성 모델-'에서는 GAN의 PyTorch에 의한 구현을 설명합니다. Keras가 아닌 PyTorch로 GAN을 배우고 싶으신 분, 동영상으로 GAN을 배우고 싶은 분에게 추천합니다.

- AI에 의한 이미지 생성을 배우자! [VAE, GAN] -Google Colab과 PyTorch로 기초부터 배우는 생성 모델 -
  URL https://www.udemy.com/course/image_generation/

10-4-5 프레임워크를 사용하지 않는 구현

저자의 책 『첫 딥러닝2 Python으로 구현하는 순환 신경망, VAE, GAN』(SB 크리에이티브)에서는 Keras 등의 프레임워크를 사용하지 않는 GAN의 구현 방법을 설명합니다. Keras에서는 그다지 의식할 필요가 없는 GAN에서의 역전파의 구조와 구현에 대해서 자세히 배우고 싶은 분에게 추천합니다.

- 『첫 딥러닝2 Python으로 구현하는 순환 신경망, VAE, GAN』(SB 크리에이티브)
  URL https://www.sbcr.jp/product/4815605582/

10.5 연습

GAN에 배치 정규화를 도입합시다. Generator의 중간층에서의 데이터의 분산을 억제함으로써 GAN의 결과에 어떠한 영향이 미치는지를 확인해봅시다.

10-5-1 배치 정규화의 도입

'배치 정규화'에서는 신경망의 도중에 배치별로 평균값을 0, 표준 편차를 1로 합니다. 이로써 중간층에서 데이터가 흩어지는 것을 방지하고 학습을 효율화합니다.
배치 정규화는 다음의 식으로 나타낼 수 있습니다.

$$Y = \gamma \frac{X - \mu}{\sigma} + \beta$$

μ가 배치 내의 평균값, σ가 배치 내의 표준 편차, X와 Y가 배치 정규화층의 입출력, γ과 β는 가중치 및 바이어스와 같은 학습할 파라미터입니다.
GAN은 일반적인 신경망과 비교해서 학습 방법이 복잡하므로 학습이 불안정해지기 쉽습니다. 그러므로 배치 정규화에 의한 중간층의 안정화를 많이 시도합니다.
Keras에서는 배치 정규화를 `BatchNormalization` 클래스에 의해 층으로서 간단하게 추가할 수 있습니다. 다음은 `BatchNormalization` 클래스의 사용 예입니다.

```
model = Sequential()
...
model.add(BatchNormalization())
...
```

- tf.keras.layers.BatchNormalization
    URL https://www.tensorflow.org/api_docs/python/tf/keras/layers/

BatchNormalization

위의 배치 정규화를 **10.3**절의 코드의 Generator에 도입해 GAN의 결과를 확인해봅시다. 배치 정규화층은 중간층의 활성화 함수의 전후에 많이 삽입됩니다.

10.6 정답 예

<리스트10.9>는 정답 예입니다. 이 예에서는 중간층의 활성화 함수 직후에 배치 정규화를 BatchNormalization에 의해 도입하고 있습니다.

<리스트10.9> 정답 예

```python
from tensorflow.python.keras.models import Sequential
from tensorflow.python.keras.layers import Dense, LeakyReLU
from keras.layers.normalization.batch_normalization import BatchNormalization

# Generator의 망 구축
generator = Sequential()
generator.add(Dense(256, input_shape=(n_noize,)))
generator.add(LeakyReLU(alpha=alpha))
generator.add(BatchNormalization())
generator.add(Dense(512))
generator.add(LeakyReLU(alpha=alpha))
generator.add(BatchNormalization())
generator.add(Dense(1024))
generator.add(LeakyReLU(alpha=alpha))
```

```
generator.add(BatchNormalization())
generator.add(Dense(img_size**2, activation="tanh"))
print(generator.summary())
```

10.7 10장의 마무리

이번 장에서는 생성 모델의 일종인 GAN에 관해서 설명했습니다. GAN에서는 Generator, Discriminator가 서로 경쟁하도록 학습하는데, 각각의 학습 방법을 설명하고 Keras로 구현을 했습니다.

GAN을 구축하고 훈련한 결과, Generator의 학습 진행과 함께 점차 명료해지는 생성 이미지를 확인했습니다. 또한, 학습 중에 Generator와 Discriminator의 사이에서 일종의 내시 균형을 관찰했습니다. Generator는 Discriminator를 속이려고, Discriminator는 Generator가 생성한 가짜 이미지를 판별하려고 학습했는데 일종의 인간다움을 느낄 수 있다는 것도 흥미로운 점입니다.

GAN은 응용 범위가 넓어 다양한 데이터 생성을 할 수 있습니다. VAE랑 마찬가지로 AI의 가능성을 크게 넓히고 있습니다.

최근 생성 모델 분야에서는 VAE나 GAN 외에도 새로운 접근법이 등장하고 있습니다. 그 중에서도 '확산 모델'이라는 기법이 이미지 생성 작업에서 뛰어난 성능을 보여 주목을 받고 있습니다. 확산 모델은 노이즈를 단계적으로 제거하여 고품질의 이미지를 생성하는 새로운 패러다임을 제공하고 있습니다.

이 책에서는 확산 모델에 대한 자세한 설명은 다루지 않지만, VAE와 GAN의 개념을 이해하는 것은 고급 생성 모델을 학습하는 데 있어 중요한 기초가 됩니다. AI의 가능성은 나날이 확장되고 있고, VAE와 확산 모델과 같은 기술도 그 한 축을 담당하고 있습니다. 관심있는 독자들은 이러한 최신 기술들에 대해서도 알아보는 것을 추천해 드립니다.

Chapter 11
강화 학습

이번 장에서는 강화 학습 및 이것을 딥러닝과 조합한 심층 강화 학습의 원리와 구현에 관해서 설명합니다. 강화 학습에서는 보상을 최대화하도록 에이전트의 행동을 최적화하는데, 지도 데이터가 없어도 에이전트가 자발적으로 다양한 행동 패턴을 획득합니다.
이번 장에는 다음의 내용이 포함됩니다.

- 강화 학습의 개요
- 강화 학습의 알고리즘
- 심층 강화 학습의 개요
- 카트폴Cart Pole 문제
- 심층 강화 학습의 구현
- 달 표면 착륙선의 제어(개요 및 장착)
- 연습

먼저 강화 학습의 개요와 알고리즘에 관해서 설명합니다. 강화 학습에서는 에이전트의 상태와 행동의 조합으로 가치를 설정하고, 그 가치를 조정하는 것으로 학습이 이뤄집니다. 다음으로 강화 학습과 딥러닝을 조합한 심층 강화 학습에 대해서 개요를 설명합니다. 딥러닝을 사용함으로써 에이전트가 놓인 상태에서 취해야 하는 행동을 효율적으로 결정할 수 있습니다.
다음으로 강화 학습이 다룰 수 있는 고전적인 과제인 Cart Pole 문제에 관해서 설명합니다. 그다음에 Keras를 사용해 간단한 심층 강화 학습을 구현하고, 강화 학습용 라이브러리를 사용해서 달 표면 착륙선 제어를 합니다. 그리고 마지막으로 이번 장의 연습을 실시합니다.
이번 장의 내용은 이상으로, 여기서 배우는 것으로 강화 학습 구조를 이해하고, 직접 구현할 수 있게 됩니다. 그럼, 이번 장을 꼭 기대해주세요.

11.1 강화 학습의 개요

강화 학습에서는 얻을 수 있는 보상을 최대화하도록 학습함으로써 AI가 최적의 행동을 선택하게 합니다. 이 절에서는 강화 학습의 개요에 대해서 전체 상을 이해하도록 설명합니다.

11-1-1 인공지능, 머신러닝, 강화 학습

먼저 인공지능AI과 머신러닝 그리고 강화 학습에 대한 개념을 정리합니다<그림11.1>.

이중 가장 넓은 개념은 인공지능입니다. 또한 인공지능은 머신러닝을 포함합니다. 더욱이 머신러닝 학습은 종종 '지도 학습' '비지도 학습' '강화 학습'으로 분류됩니다. 이처럼 강화 학습은 머신러닝의 한 분야로서 많이 다뤄집니다.

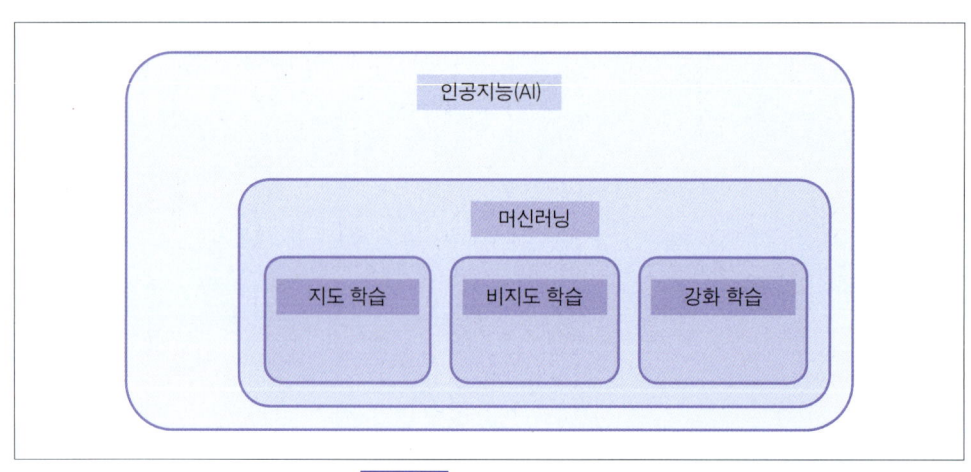

<그림11.1> 강화 학습의 위치

참고로 일반적인 정답 데이터를 필요로 하는 딥러닝은 지도 학습에 포함됩니다.

11-1-2 강화 학습이란?

강화 학습의 개요인데, 강화 학습은 머신러닝의 일종이며, '환경에서 가장 보상을 받기 쉬운 행동'을 '에이전트'가 학습합니다. 즉, 에이전트가 행동한 결과, 환경으로부터 보상을 받으면 에이전트가 그 보상을 최대한 얻을 수 있도록 행동의 규칙을 개선해나가게 됩니다. 이러한 강화 학습 절차를 <그림11.2>에 나타냅니다.

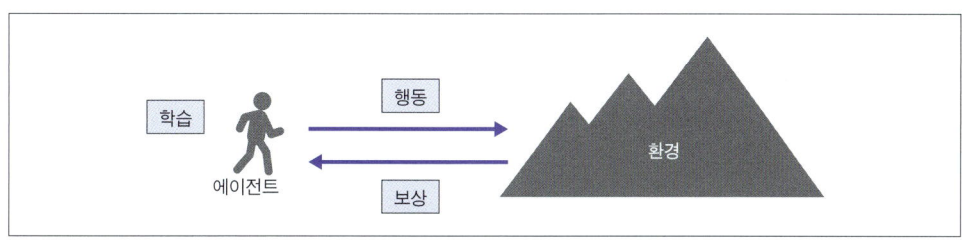

<그림11.2> 강화 학습 절차

여기에서 강화 학습의 응용 예를 몇 개 듭니다.

가장 유명한 것은 게임의 공략법이 아닐까요? 바둑 챔피언에게 승리한 AlphaGo의 AI는 심층 강화 학습이 기반이며, 심층 강화 학습이 블록 무너뜨리기 및 스페이스 인베이더, 루빅 큐브 등의 게임을 공략한 예가 있습니다. 또한, 로봇 제어에 대해서도 강화 학습을 활용하고 있습니다. 2족 보행 로봇의 행동 및 산업용 로봇의 동작 제어 등에서 강화 학습은 유효하게 활동합니다. 데이터 센터의 전력 삭감에 사용된 예도 보고되고 있습니다. 기후 및 서버의 가동 상황에 맞춰 공조를 최적화하기 위해서 심층 강화 학습이 활용되었습니다. 이 밖에도 빌딩의 지진 대책 및 광고의 최적화 등 다양한 분야에서 강화 학습을 활용하기 시작하였습니다.

11-1-3 강화 학습에 필요한 개념

여기에서 강화 학습에 필요한 개념을 설명합니다. 예로서, 다음에 나타낸 것과 같은 미로의 공략을 생각해봅시다 <그림11.3>.

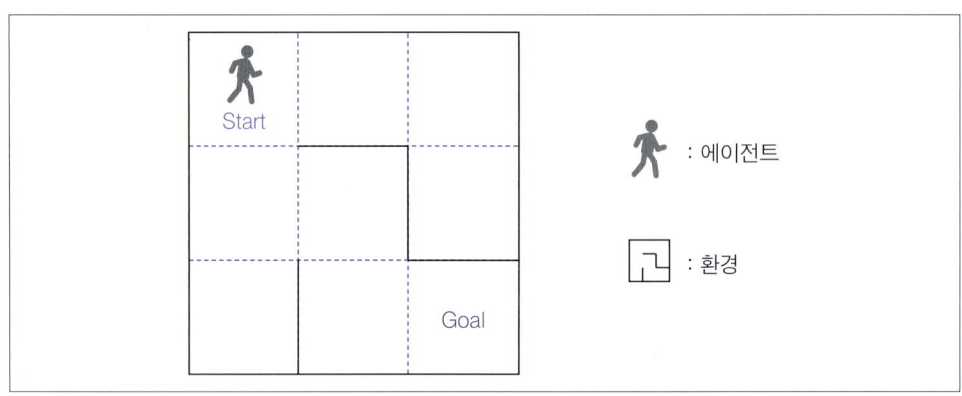

<그림11.3> 강화 학습에 의한 미로의 공략

이 미로 자체가 환경이고 이 사람 모양의 아이콘이 에이전트입니다. 에이전트는 이웃하는 칸으로 이동할 수 있지만, 벽을 벗어날 수는 없습니다. 이 미로에서 에이전트가 목표까지 최단으로 도달하기 위해서 필요한 강화 학습 알고리즘을 생각합니다.

이를 위해 필요한 개념은 다음의 네 가지입니다.

- 행동(action)
- 보상(reward)
- 상태(state)
- 정책(policy)

이후, 각각에 대해서 설명합니다.

1. 행동

'행동action'이란 에이전트가 환경에 작용하는 것입니다. 조금 전 미로의 예로 말하면 에이전트가 미로 안을 이동하는 것이 행동에 해당합니다. 미로 안에서 에이전트가 이동하는 방향에는 상하좌우를 생각할 수 있는데 에이전트는 이 중에서 1개의 행동을 선택하게 됩니다<그림11.4>.

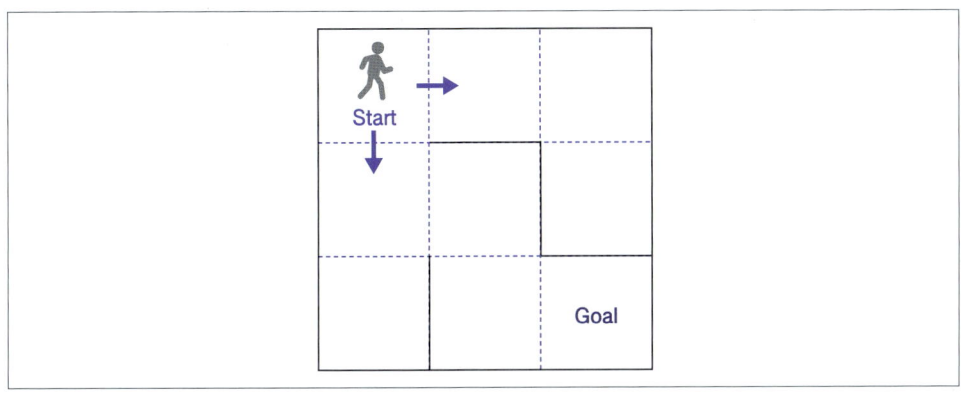

<그림11.4> 행동action의 예

2. 상태

'상태state'란 에이전트가 환경에서 놓인 상태를 말합니다. 이번 미로의 예에서는 에이전트의 위치가 상태가 됩니다. 이 미로의 예에서는 <그림11.5>와 같이 S1에서 S9까지의 9개 상태가 존재하게 됩니다.

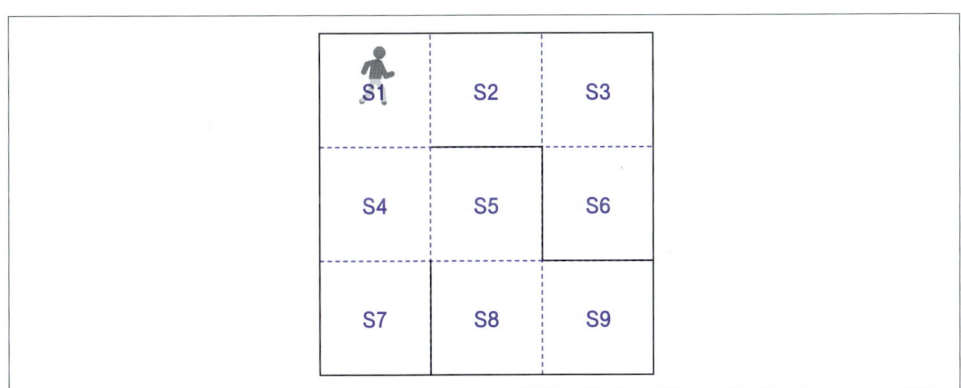

<그림11.5> 상태state의 예

이런 상태는 행동에 따라 변화합니다. 에이전트 이동이라는 행동에 따라 에이전트 위치, 즉 상태가 변하게 됩니다.

3. 보상

'보상reward'이란 에이전트가 받는 보상입니다. 이 미로의 예로 말하면 <그림11.6>처럼 에이전트가 목표에 도달하면 +1의 보상, 에이전트가 함정에 도달하면 -1의 보상과 같은 보상의 설정을 생각할 수 있습니다.

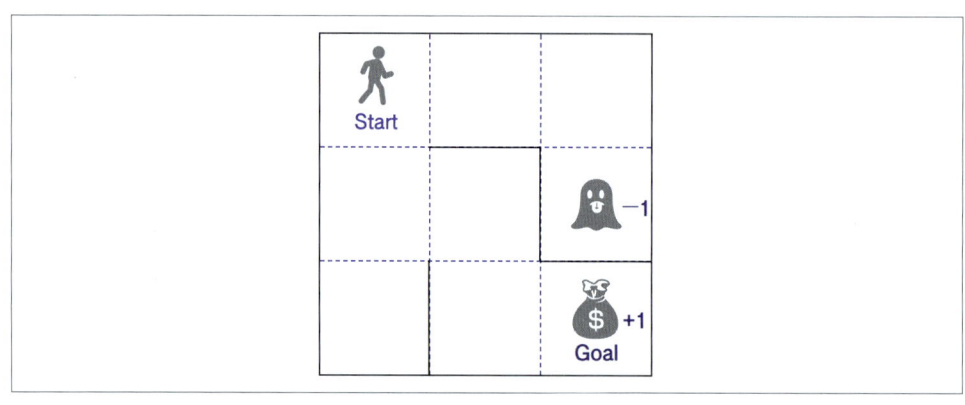

<그림11.6> 보상reward의 예

이 보상을 바탕으로 에이전트가 최적인 행동을 학습해나갑니다.

4. 정책

'정책policy'이란 상태를 토대로 에이전트가 어떻게 행동하는지를 정한 규칙을 말합니다. 에이전트는 현재의 상태로부터 생각해서 앞으로 가장 보상을 얻기 쉬운 행동은 무엇인가를 정책에 따라 결정합니다<그림11.7>.

강화 학습에서는 이 정책을 코드로 구현하게 됩니다.

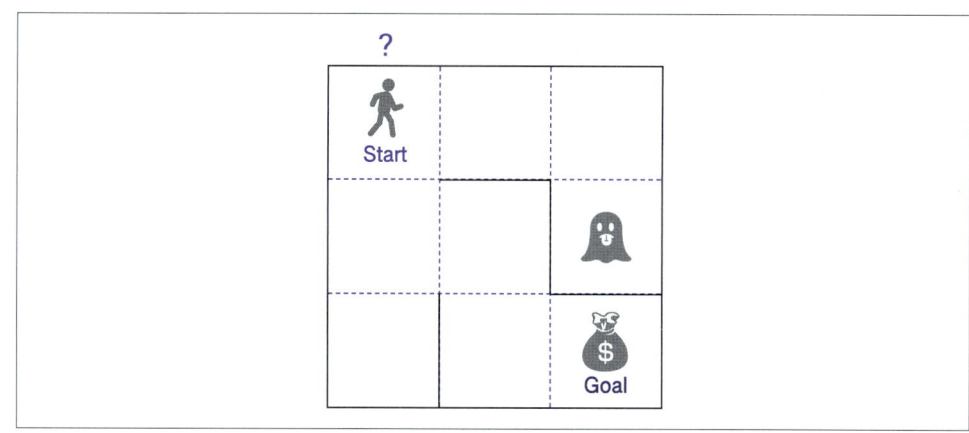

<그림11.7> 정책policy의 예

이상으로 행동, 상태, 보상, 정책의 요소 4개를 파악해두면 강화 학습을 이해하기 쉬울 것입니다.

11.2 강화 학습의 알고리즘

강화 학습의 대표적인 알고리즘인 Q 학습과 SARSA에 대해서 설명합니다.

11-2-1 Q 학습

Q 학습은 강화 학습의 일종으로 각 상태와 행동의 조합으로 Q값을 설정합니다<그림11.8>. Q 학습에서 에이전트는 가장 Q값이 높은 행동을 선택합니다. Q 학습에서는 'Q-Table'이라는 것을 설정합니다<그림11.9>.

Q-Table이란 각 상태를 행으로 하고 각 행동을 열로 한 표입니다.

다음 미로의 문제를 생각해봅시다. 미로에서의 에이전트의 위치를 상태로 하고, S1에서 S9로 나타냅니다.

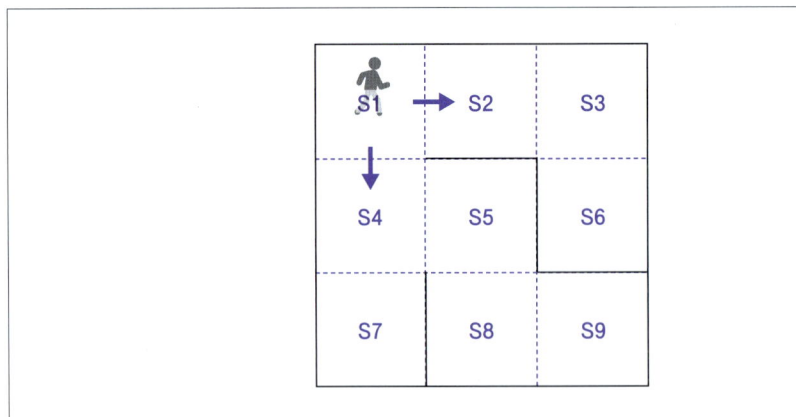

<그림11.8> 에이전트의 상태

그리고 이때의 Q-Table은 <그림11.9>와 같습니다.

	↑	↓	←	→
S1	-	0.78	-	-0.21
S2	-	-	0.51	0.05
S3	-	0.89	0.34	-
...	...	...	...	...

<그림11.9> Q-Table

예를 들어 에이전트가 왼쪽 위의 S1 상태에 있을 때, 취할 수 있는 행동은 아래쪽으로의 이동과 오른쪽으로의 이동 두 가지입니다. 이때, S1과 아래, S1과 오른쪽 조합 각각에 Q값을 설정합니다. 이 경우 아래쪽으로 이동하는 Q값이 오른쪽으로 이동하는 Q값보다 크므로 에이전트는 아래쪽으로 이동하는 경향이 커집니다.

마찬가지로 에이전트가 S2의 상태에 있을 때, 취할 수 있는 행동은 왼쪽으로의 이동과 오른쪽으로의 이동입니다. 따라서 S2와 왼쪽, S2와 오른쪽의 조합에 각각 Q값을 설정합니다. 이 경우는 왼쪽으로 이동하는 Q값이 오른쪽으로 이동하는 Q값보다 크므로 에이전트는 왼쪽으로 이동하는 경향이 커집니다.

이렇게 해서 모든 상태와 행동의 조합에 Q값을 설정하는데, 이러한 Q-Table의 각 값을 최적화하도록 학습을 합니다.

11-2-2 Q값의 갱신

Q값 갱신에 관해서 설명합니다. Q값은 에이전트가 행동하고 상태가 변화할 때 갱신합니다. 이로써 학습이 진행됩니다.

미로의 예에서는 목표에서 양의 보상, 함정에서 음의 보상을 받는데, 이러한 보상이 전파됨으로써 각 Q값이 변화합니다.

다음은 Q 학습에서의 Q값의 갱신식입니다.

$$Q(s_t, a_t) \leftarrow Q(s_t, a_t) + \eta \left(R_{t+1} + \gamma \max_a Q(s_{t+1}, a) - Q(s_t, a_t) \right)$$

이 식에서 첨자 t는 시각을 나타냅니다. $t+1$은 다음 시각입니다. a_t는 시각 t에서의 행동, s_t는 시각 t에서의 상태, $Q(s_t, a_t)$는 Q값, η는 학습 계수, R_{t+1}는 시각 $t+1$에서 얻을 수 있는 보상, γ은 할인율이라고 불리는 상수입니다. 화살표는 Q값의 갱신을 나타냅니다.

행동의 결과 얻어진 보상과 다음 상태에서 최대의 Q값에 할인율을 곱한 값에서 현재의 Q값을 뺍니다. 다음의 상태에서 취할 수 있는 행동은 여러 개가 있는데 이 중에서 Q값이 최대가 되는 행동의 Q값을 선택합니다. 다음 시각에서 실제로 선택하는 행동의 Q값이 아니라는 점에 주의합니다. 보상은 미로의 예로 말하면 목표와 함정 부분에서만 얻을 수 있습니다.

다음 상태에서 최대의 Q값에는 할인율이라는 값을 곱해서 가치를 뺍니다. 이것은 1개 앞 시각의 Q값보다 현재의 Q값을 낮게 설정하기 때문입니다. 이곳은 값은 마땅히 있어야 할 이상의 Q값과 현재 Q값의 갭인데, 이것에 0.1 등의 작은 계수를 곱해서 Q값의 갱신양으로 합니다. 학습 계수가 작으므로 Q값은 조금씩 갱신되어갑니다.

이상으로 에이전트가 행동함으로써 Q값은 갱신되어갑니다. 에이전트는 Q값이 높은 행동을 선택하는 경향이 큰데, Q값이 제대로 계속 갱신되면 에이전트는 점차 최적의 행동을 취합니다.

11-2-3 SARSA

다음으로 SARSA 식을 살펴봅니다. SARSA는 Q 학습과 비슷한데, 다음 시각의 상태에서의 최대 Q값이 아니라 다음 시각에서 실제로 선택된 행동의 Q값을 사용합니다. 정책에 따라서는 반드시 Q값이 최대의 행동이 선택된다고는 할 수 없으므로 SARSA는 Q 학습과 비교하여 좀 더 실제 행동에 따른 알고리즘이 됩니다.

다음은 SARSA에서의 Q값의 갱신식입니다.

$$Q(s_t, a_t) \leftarrow Q(s_t, a_t) + \eta \left(R_{t+1} + \gamma Q(s_{t+1}, a_{t+1}) - Q(s_t, a_t) \right)$$

이처럼 Q 학습은 다음 시각의 최대 Q값을, SARSA는 다음 시각에서 실제로 선택된 Q값을 사용하게 됩니다.

11-2-4 ε-greedy법

'탐색과 활용의 트레이드 오프'는 탐색에서의 시간과 활용하는 시간을 어떻게 할당할지에 따라 일어나는 트레이드 오프입니다.

강화 학습에서 '탐색'에서는 랜덤한 행동을 선택합니다. 보통 학습 초기는 이 탐색이 중심이 됩니다. '활용'에서는 학습 결과를 활용해 최적인 행동을 선택합니다. 통상, 학습이 진행됨에 따라 이 활용으로 이행하게 됩니다.

강화 학습에서의 탐색과 활용의 트레이드 오프 문제를 해결하기 위한 구체적인 알고리즘으로서 'ε-greedy법'을 자주 사용합니다. ε-greedy법에서는 확률 ε으로 랜덤한 행동을 취하도록 하고, 확률 1-ε으로 Q값이 최대의 행동을 취하도록 합니다. 그리고 이 ε을 학습을 거듭할수록 감소시킵니다. 이로써 학습의 초기에는 랜덤한 탐색이 많이 이뤄지지만, 점차 Q값에 따라 행동이 결정되게 됩니다.

굳이 랜덤한 행동을 섞는 것은 탐색 범위가 좁은 영역에 사로잡히는 것을 막는 데 매우 효과적입니다. 랜덤한 행동을 섞음으로써 학습이 국소적인 최적해에 빠지는 것을 방지합니다.

11.3 심층 강화 학습의 개요

심층 강화 학습의 개요에 관해서 설명합니다. 강화 학습은 신경망을 조합함으로써 좀 더 유효하게 기능하게 됩니다.

11-3-1 Q-Table의 문제점과 심층 강화 학습

먼저 이전 절에서 설명한 Q-Table의 문제점을 설명합니다. Q-Table은 다루는 상태의 수가 많으면 거대해지고 학습이 잘 진행되지 않게 됩니다.

예를 들어, <그림11.10>의 Q-Table은 칸이 100×100로 10000개인 미로인 것입니다. 이 경우 상태의 수는 10000이 되고, Q-Tabel의 행 수는 10000이 됩니다. 이러한 거대한 Q-Table에서 제대로 보상을 전파시켜서 Q값을 최적화하는 것은 어려우므로 Q-Table을 사용한 Q 학습에는 한계가 있습니다.

	↑	↓	←	→
S1	-	0.78	-	-0.21
S2	-	-	0.51	0.05
...	...	...	...	...
S10000	-	-0.89	0.34	-

<그림11.10> 거대한 Q-Table

이러한 문제에 대처하기 위해서 생겨난 것이 '심층 강화 학습'입니다. 심층 강화 학습은 강화 학습에 심층 학습, 즉 딥러닝을 도입한 것입니다. 딥큐 네트워크Deep Q-Network는 이러한 심층 강화 학습의 일종인데, Q 학습에서의 Q-Table 대신 신경망을 사용합니다.

11-3-2 Deep Q-Network(DQN)

그럼, Deep Q-Network의 예를 살펴봅시다<그림11.11>. 여기에서는 Deep Q-Network에 의한 게임의 자동 플레이의 예를 생각해봅시다.

상태 S_t는 플레이어의 위치, 플레이어의 속도, 적 캐릭터의 위치, 적 캐릭터의 속도로 결정하는 것으로 합니다. 이것들을 신경망의 각 입력으로 하는데 각 출력은 각 행동에 대응한 Q값이 됩니다. 즉, 신경망이 상태로부터 각 Q값을 계산하는 것입니다.

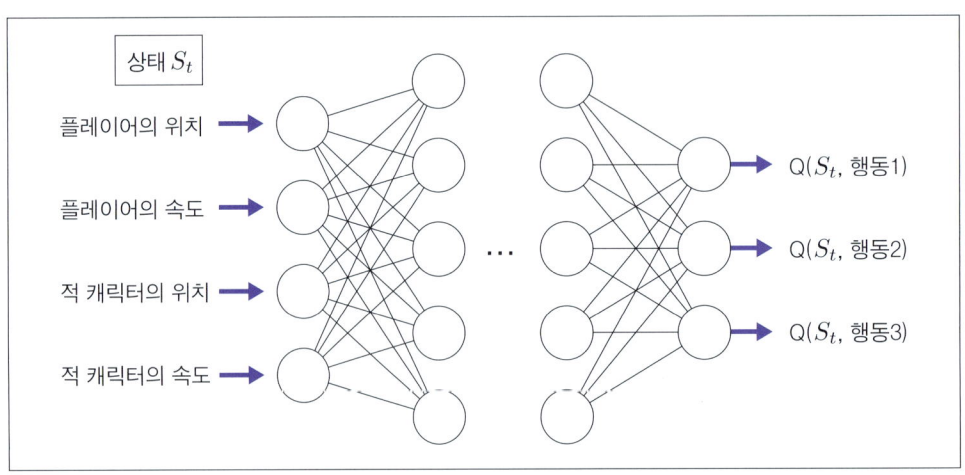

<그림11.11> Deep Q-Network의 예

덧붙여 Q-Table에서는 행이 상태를 나타냈는데, Deep Q-Network에서는 연속값으로 상태를 표현할 수 있습니다.

11-3-3 Deep Q-Network의 학습

Deep Q-Network에서는 신경망이 학습을 담당합니다. Q값으로부터 오차를 계산하고, 그 오차를 역전파시킴으로써 신경망에 학습을 하게 합니다. 이때의 오차에는 Q값 갱신량을 구할 때 사용한 식의 일부를 사용합니다. 다음은 Deep Q-Network에서 사용되는 오차의 예입니다.

$$\frac{1}{2}\left(R_{t+1} + \gamma \max_a Q(s_{t+1}, a) - Q(s_t, a_t)\right)^2$$

보상과 다음의 상태에서 Q값의 최댓값에 할인율을 곱한 것을 더합니다. 그리고 또 여기에서 현재의 Q값을 빼고 Q값이 있어야 할 값으로부터의 편차로 합니다. 이것을 제곱해서 오차로 하며 역전파에 의해 학습이 이뤄집니다.

이상과 같이 심층 강화 학습은 딥러닝과 강화 학습을 결합한 것입니다.

11.4 Cart Pole 문제

강화 학습의 고전적인 문제, Cart Pole 문제에 관해서 설명합니다. 강화 학습이 어떻게 기능하는지 그 예를 살펴봅시다.

11-4-1 Cart Pole 문제란?

Cart Pole 문제에서는 <그림11.12>에 나타낸 것과 같이 Pole이 올라간 Cart를 좌우로 이동시켜서 위에 올린 Pole이 쓰러지지 않도록 합니다.

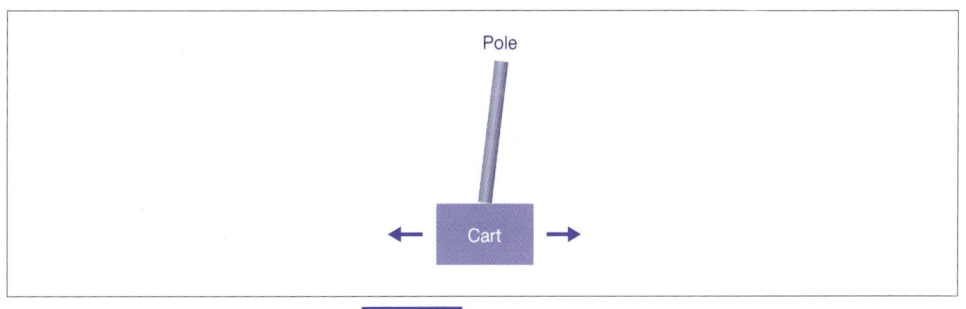

<그림11.12> Cart Pole 문제

강화 학습에서 이 문제를 다루는 경우, 상태는 Cart의 위치, Cart의 속도, Pole의 각도, Pole

의 각속도로 결정됩니다. 또한, 행동은 Cart를 왼쪽으로 움직이거나 Cart를 오른쪽으로 움직이는 두 가지뿐입니다. 이처럼 Cart Pole 문제에서는 4개의 상태와 2개의 행동을 다룹니다. Cart Pole 문제는 현실 세계의 로봇으로 구현하는 경우도 있는데, 컴퓨터상 시뮬레이션으로 구현되는 경우도 많습니다. <그림11.13>는 Cart Pole 문제로 주어지는 보상의 예입니다.

<그림11.13> Cart Pole 문제에서의 보상의 예

이 예에서는 Pole이 45도 이상 기울어지지 않는 상태를 200 프레임 유지하면 성공으로 하고, +1의 보상이 주어집니다. 또한, Pole이 45노 기울면 실패로 보고 -1의 보상이 주어집니다. 이렇게 보상을 설정함으로써 에이전트는 점차 보상을 최대화하도록 즉 Pole을 세우도록 행동합니다.

11-4-2 Q-Table의 설정

그러면 Q 학습에서 Cart Pole 문제를 다루는 경우의 Q-Table 설정에 관해서 설명합니다. Cart Pole 문제는 Cart의 위치와 속도가 없어도 구현할 수 있으므로 간단히 하기 위해서 Pole의 각도와 각속도만으로 상태를 결정하는 예를 살펴봅시다.

Pole의 각도와 각속도의 값을 각각 12개의 영역으로 나눕니다. 이 결과, 상태의 수는 12×12로 144개입니다. <그림11.14>에 Q-Table의 예를 나타내는데 상태를 나타내는 행의 수가 144, 행동을 나타내는 열의 수는 왼쪽과 오른쪽의 이동으로 2가 됩니다.

	←	→
S1	0.43	-0.21
S2	0.51	0.05
…	…	…
S144	0.34	-0.47

<그림11.14> Cart Pole 문제에서의 Q-Table의 예

이 경우 144×144=288의 칸에 Q값이 설정됩니다. 각각의 Q값이 보상을 최대화할 수 있도록 조정되어가는 것입니다.

11-4-3 신경망의 설정

다음으로 Deep Q-Network, 즉 DQN에서 Cart Pole 문제를 다루는 경우의 망 구성에 관해서 설명합니다. <그림11.15>는 DQN의 망의 구성 예입니다.

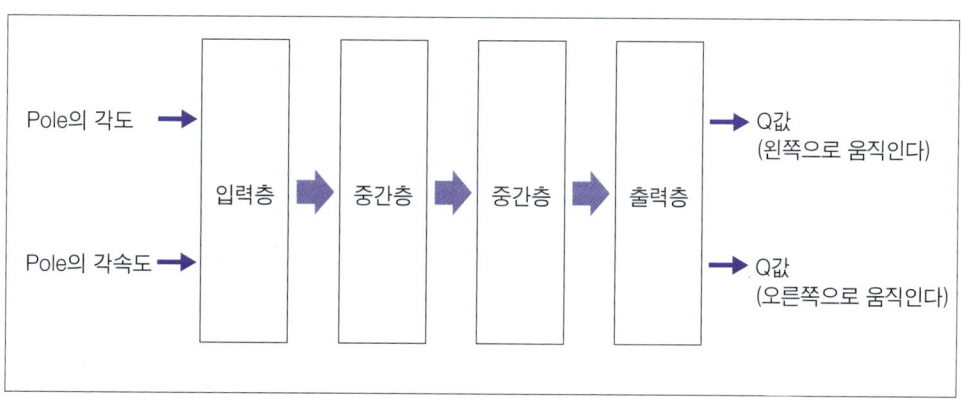

<그림11.15> Cart Pole 문제를 다루는 DQN의 구성 예

이 경우 입력층, 중간층이 2개, 출력층의 4층 구조입니다. 입력에는 상태로서 Pole의 각도와 Pole의 각속도 2개가 있으며, 출력에는 왼쪽으로 움직이는 행동의 Q값과 오른쪽으로 움직이는 행동의 Q값이 있습니다.

이처럼 DQN에서 사용하는 네트워크는 Q-Table을 신경망으로 대체한 것입니다.

11-4-4 데모: Cart Pole 문제

그럼, Cart Pole 문제의 데모를 살펴봅시다. 다음의 링크처는 DQN에서 Cart Pole 문제를 다룬 동영상입니다. iOS 앱으로 Cart Pole 문제를 구현한 예입니다.

- Cart Pole 문제(DQN)
  URL https://youtu.be/gLi2kRYZAf8

또, Q-Table을 사용한 Q 학습의 경우도 같은 결과가 됩니다. <그림11.16>은 동영상 일부를 발췌한 이미지입니다.

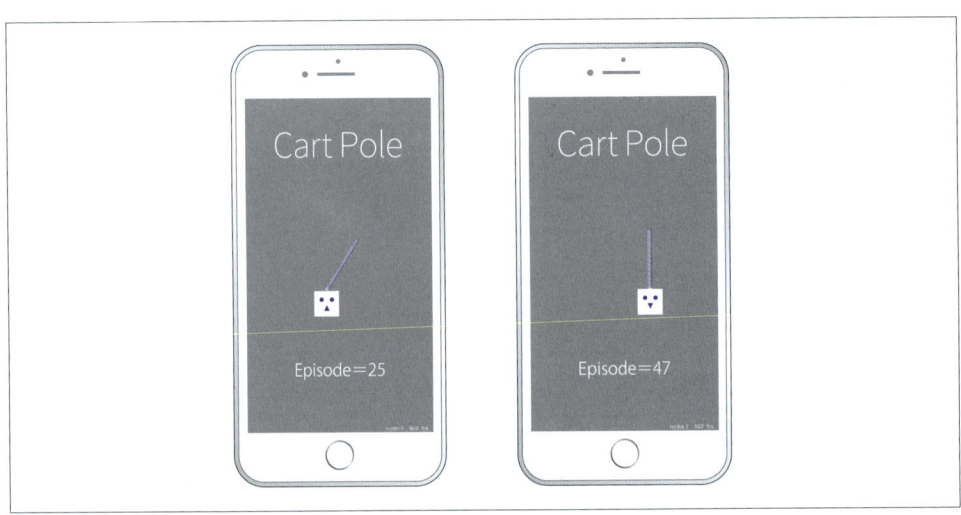

<그림11.16> 앱으로 Cart Pole 문제를 구현(왼쪽: 실패 예 오른쪽: 성공 예)

이 로봇에 감정 이입을 할 수 있도록 성공했을 때는 웃는 얼굴, 실패했을 때는 슬픈 얼굴이 되게 하고 있습니다. 각 프레임별로 상태에 따라 좌우 어느 쪽으로 작게 이동합니다. 처음에는 실패만 하는데, 이때는 음의 보상에 따라 학습함으로써 점차 실패에 이어지는 행동을 반복하지 않도록 합니다. 머지않아 신경망이 학습함으로써 안정되어 Pole을 세울 수 있게 됩니다. 로봇이 실패를 반복해도 꺾이지 않고 훈련하고 이윽고 성공하는 모습을 보면 나도 모르게 감정 이입이 되네요.

11.5 심층 강화 학습의 구현

간단한 DQN을 구현합니다. 알기 쉽게 하도록 일반적으로 사용되는 DQN을 대폭 간략화합니다. 여기에서는 DQN에 의해 중력하에 비행하는 물체의 제어를 실시합니다.

11-5-1 에이전트의 비행

<그림11.17>에 여기에서 다루는 문제를 나타냅니다. 에이전트가 오른쪽 끝까지 도달할 수 있으면 성공이고, 오른쪽 끝에 도달하기 전에 위쪽, 아래쪽에 닿으면 실패입니다.

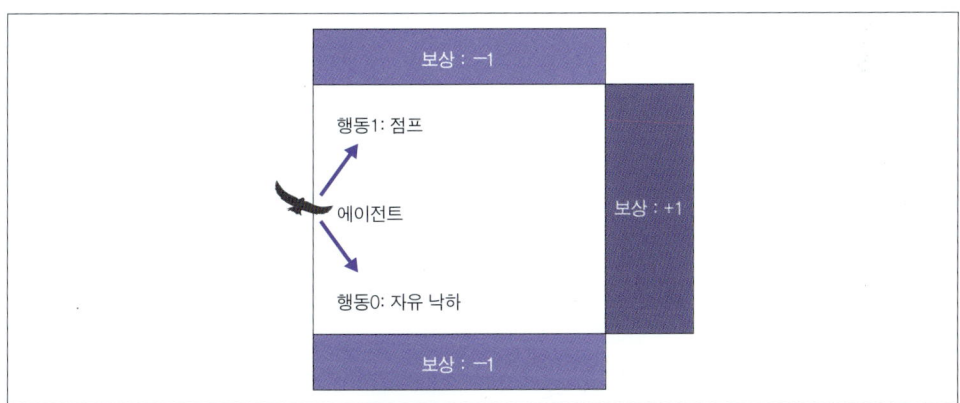

<그림11.17> 에이전트의 비행

에이전트 비행에는 다음 규칙을 설정합니다.

- 에이전트의 초기 위치는 왼쪽 끝 중앙
- 에이전트가 오른쪽 끝에 도달했을 때는 보상으로 +1을 주고 종료
- 에이전트가 위쪽 또는 아래쪽에 도달했을 때는 보상으로 -1을 주고 종료
- 수평축 방향에는 등속도로 이동
- 행동은 자유 낙하(행동 0)와 점프(행동 1)의 두 종류

상기를 강화 학습으로 구현하는데 환경, 에이전트, 브레인Brain을 클래스로서 <그림11.18>과 같이 구현합니다.

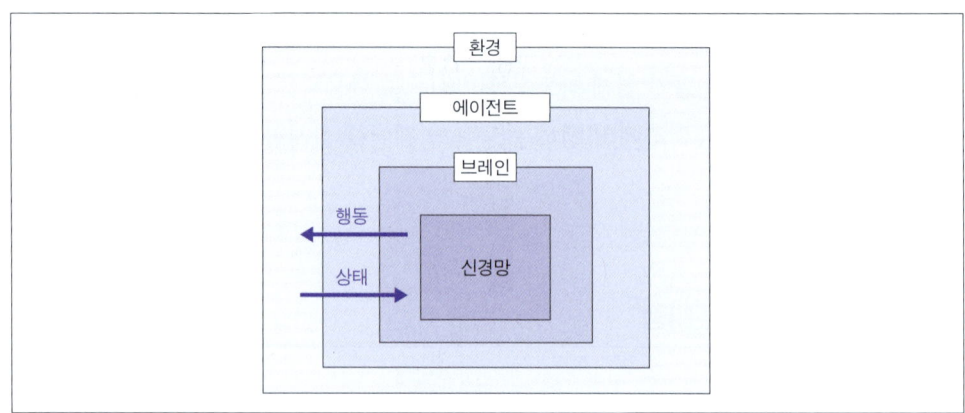

<그림11.18> 구현 절차

브레인 클래스는 에이전트의 두뇌가 되는 클래스로 DQN 알고리즘을 구현합니다. 환경에서 에이전트의 상태에서 브레인이 행동을 결정합니다. 행동에 따라 상태가 달라지는데 이에 따라 브레인 내부의 신경망을 학습합니다.

11-5-2 각 설정

> **ATTENTION**
> **리스트11.1의 코드를 실행하기 전에**
>
> <리스트11.1> 코드를 실행하기 전에 TensorFlow 버전을 다음 명령으로 변경하십시오.
>
> In ▷ `!pip install tensorflow==2.14.0`
>
> Out ▷ (…생략…)

필요한 모듈의 임포트 및 최적화 알고리즘을 설정합니다(<리스트11.1>).

<리스트11.1> 모듈의 임포트와 최적화 알고리즘의 설정

```
import numpy as np
import matplotlib.pyplot as plt
from matplotlib import animation, rc

from tensorflow.python.keras.models import Sequential
from tensorflow.python.keras.layers import Dense, ReLU
from tensorflow.python.keras.optimizer_v2.rmsprop import RMSprop

optimizer = RMSprop()
```

11-5-3 브레인 클래스

에이전트의 브레인이 되는 클래스입니다. Q값을 출력하는 신경망을 구축하고, Q값이 정답에 근접하도록 훈련합니다.
Q 학습에 이용하는 식은 다음과 같습니다.

$$Q(s_t, a_t) \leftarrow Q(s_t, a_t) + \eta \left(R_{t+1} + \gamma \max_a Q(s_{t+1}, a) - Q(s_t, a_t) \right)$$

여기에서 a_t는 행동, s_t는 상태, $Q(s_t, a_t)$는 Q값, η는 학습 계수, R_{t+1}은 보상, γ는 할인율입니다. 다음 상태에서의 최대의 Q값을 사용하는데 딥러닝의 정답으로서 사용하는 것은 위의 식 중 다음 부분입니다.

$$R_{t+1} + \gamma \max_a Q(s_{t+1}, a_t)$$

<리스트11.2>의 **브레인** 클래스에서의 **train()** 메소드에서는 정답으로서 위 식을 사용합니다. 또한, 어떤 상태에서의 행동을 결정하는 **get_action()** 메소드에서는 ε-greedy법에 의해 행

동이 선택됩니다.

<리스트11.2> 브레인 클래스

In ▷
```
class Brain:
    def __init__(self, n_state, n_mid, n_action, gamma=0.9, r=0.99):
        self.eps = 1.0   # ε
        self.gamma = gamma   # 할인율
        self.r = r   # ε의 감쇠율

        model = Sequential()
        model.add(Dense(n_mid, input_shape=(n_state,)))
        model.add(ReLU())
        model.add(Dense(n_mid))
        model.add(ReLU())
        model.add(Dense(n_action))
        model.compile(loss="mse", optimizer=optimizer)
        self.model = model

    def train(self, states, next_states, action, reward, terminal):
        q = self.model.predict(states)
        next_q = self.model.predict(next_states)
        t = np.copy(q)
        if terminal:
            t[:, action] = reward   # 에피소드 종류 시의 정답은 보수만
        else:
            t[:, action] = reward + self.gamma*np.max(next_q, axis=1)
        self.model.train_on_batch(states, t)

    def get_action(self, states):
        q = self.model.predict(states)
        if np.random.rand() < self.eps:
            action = np.random.randint(q.shape[1], →
```

```
        size=q.shape[0])  # 랜덤한 행동
            else:
                action = np.argmax(q, axis=1)  # Q값의 높은 행동
        if self.eps > 0.1:  # ε의 하한
            self.eps *= self.r
        return action
```

11-5-4 에이전트의 클래스

에이전트를 클래스로서 구현합니다(<리스트 11.3>).
x 좌표가 -1에서 1까지, **y** 좌표가 -1에서 1까지의 정사각형 영역을 생각하는데, 에이전트의 초기 위치는 왼쪽 끝 중앙으로 합니다. 그리고 에이전트가 오른쪽 끝에 도달했을 때는 보상으로서 +1을 주고, 종료로 합니다. 또한, 에이전트가 위쪽 또는 아래쪽에 도달했을 때는 보상으로서 -1을 주고 종료로 합니다. **x**축 방향에는 등속도로 이동합니다.

행동에는 자유 낙하와 점프 두 종류가 있습니다. 자유 낙하의 경우는 중력 가속도를 **y 속도**에 더합니다. 점프의 경우는 **y 속도**를 미리 설정한 값으로 변경합니다.

<리스트11.3> 에이전트를 클래스로서 구현

```
class Agent:
    def __init__(self, v_x, v_y_sigma, v_jump, brain):
        self.v_x = v_x  # x속도
        self.v_y_sigma = v_y_sigma  # y 속도, 초기값의 표준 편차
        self.v_jump = v_jump  # 점프 속도
        self.brain = brain
        self.reset()

    def reset(self):
        self.x = -1  # 초기 x 좌표
        self.y = 0  # 초기 y 좌표
        self.v_y = self.v_y_sigma * np.random.randn()  # 초기 y 속도
        states = np.array([[self.y, self.v_y]])
```

```python
        self.action = self.brain.get_action(states)

    def step(self, g):  # 시간을 1개 앞으로 움직인다 g:중력 가속도
        states = np.array([[self.y, self.v_y]])
        self.x += self.v_x
        self.y += self.v_y

        reward = 0   # 보상
        terminal = False  # 종료 판정
        if self.x>1.0:
            reward = 1
            terminal = True
        elif self.y<-1.0 or self.y>1.0:
            reward = -1
            terminal = True
        reward = np.array([reward])

        if self.action[0] == 0:
            self.v_y -= g    # 자유 낙하
        else:
            self.v_y = self.v_jump  # 점프
        next_states = np.array([[self.y, self.v_y]])

        next_action = self.brain.get_action(next_states)
        self.brain.train(states, next_states, self.action, ➝
next_action, reward, terminal)
        self.action = next_action

        if terminal:
            self.reset()  # 앞으로 움직인다  g:중력 가속도
            states = np.array([[self.y, self.v_y]])
```

```python
        self.x += self.v_x
        self.y += self.v_y

        reward = 0  # 보상
        terminal = False  # 종료 판정
        if self.x>1.0:
            reward = 1
            terminal = True
        elif self.y<-1.0 or self.y>1.0:
            reward = -1
            terminal = True
        reward = np.array([reward])

        action = self.brain.get_action(states)
        if action[0] == 0:
            self.v_y -= g    # 자유 낙하
        else:
            self.v_y = self.v_jump  # 점프
        next_states = np.array([[self.y, self.v_y]])
        self.brain.train(states, next_states, action, reward, →
terminal)

        if terminal:
            self.reset()
```

11-5-5 환경의 클래스

환경을 클래스로서 구현합니다. 이 클래스의 역할은 중력 가속도를 설정하고 시간을 앞으로 움직이기만 합니다(<리스트11.4>).

<리스트 11.4> 환경을 클래스로 구현

```
class Environment:
    def __init__(self, agent, g):
        self.agent = agent
        self.g = g

    def step(self):
        self.agent.step(self.g)
        return (self.agent.x, self.agent.y)
```

11-5-6 애니메이션

여기에서는 matplotlib을 사용해서 물체의 비행을 애니메이션으로 나타냅니다(<리스트11.5>). 애니메이션에는 **matplotlib.animation**의 **FuncAnimation()** 함수를 사용합니다.

<리스트 11.5> 물체의 비행을 애니메이션으로 나타내는 FuncAnimation() 함수

```
def animate(environment, interval, frames):
    fig, ax = plt.subplots()
    plt.close()
    ax.set_xlim((-1, 1))
    ax.set_ylim((-1, 1))
    sc = ax.scatter([], [])

    def plot(data):
        x, y = environment.step()
        sc.set_offsets(np.array([[x, y]]))
        return (sc,)

    return animation.FuncAnimation(fig, plot, interval=interval, ➡
```

```
frames=frames, blit=True)
```

11-5-7 랜덤한 행동

먼저 에이전트가 랜덤하게 행동하는 예를 살펴봅시다<리스트11.6>. r의 값을 1로 설정하고 ε이 감쇠하지 않게 함으로써 에이전트는 완전히 랜덤한 행동을 선택합니다.
<리스트11.6>의 코드를 실행하면 에이전트가 비행을 시작합니다. 지정한 프레임 수의 행동이 종료하면 동영상이 표시되므로 재생해봅시다.

<리스트11.6> 에이전트가 랜덤으로 행동

In ▷
```
n_state = 2  # 상태의 수
n_mid = 32  # 중간층의 뉴런 수
n_action = 2  # 행동의 수
brain = Brain(n_state, n_mid, n_action, r=1.0) # ε이 감쇠하지 않는다

v_x = 0.05  # 수평 방향의 이동 속도
v_y_sigma = 0.1  # 초기 이동 속도(수직 방향)의 퍼지는 정도
v_jump = 0.2  # 점프 시의 수직 방향 속도
agent = Agent(v_x, v_y_sigma, v_jump, brain)

g = 0.2  # 중력 가속도
environment = Environment(agent, g)

interval = 50  # 애니메이션 순간(밀리초)
frames = 1024  # 프레임 수
anim = animate(environment, interval, frames)
rc('animation', html='jshtml')
anim
```

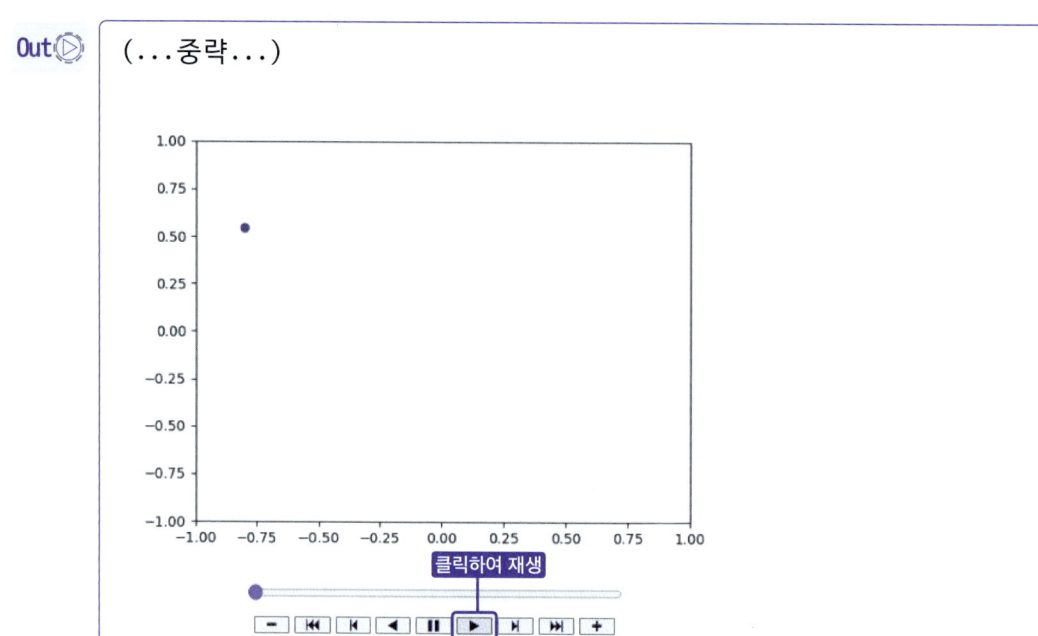

동영상에서 에이전트는 운 좋게 오른쪽 끝에 도달하기도 하지만, 대개는 위쪽 또는 아래쪽에 부딪힙니다. 랜덤한 행동에서는 오른쪽 끝에 도달하는 것은 어려울 것 같습니다.

<그림11.19>는 10 프레임 간격으로 기록한 에이전트의 위치입니다.

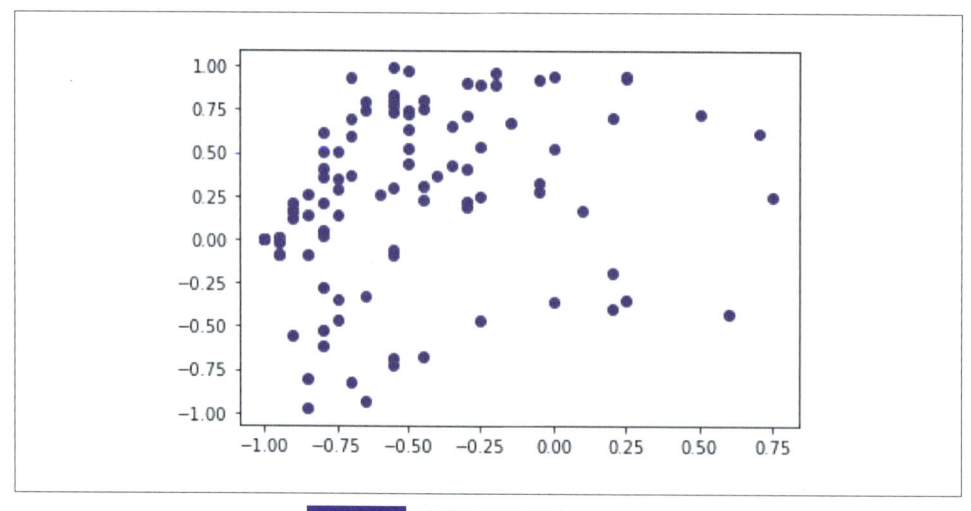

<그림11.19> 에이전트의 위치(랜덤한 행동)

역시 대개는 위쪽 끝이나 아래쪽 끝에 부딪혀서 좀처럼 오른쪽 끝까지는 도달하지 않는 것 같습니다.

11-5-8 DQN의 도입

r 값을 0.99로 설정하고 ε이 감쇠하도록 합니다. 이로써 점차 Q값이 최대의 행동을 선택합니다. <리스트11.7>의 코드를 실행하면 에이전트가 비행을 시작하는데, 여기에서는 DQN에 의한 학습을 수반합니다. 지정한 프레임 수의 행동이 종료되면 동영상이 표시되므로 재생해봅시다.

<리스트11.7> DQN에 의한 학습

```
n_state = 2  # 상태의 수
n_mid = 32  # 중간층의 뉴런 수
n_action = 2  # 행동의 수
brain = Brain(n_state, n_mid, n_action, r=0.99)  # ε이 감쇠한다

v_x = 0.05  # 수평 방향의 이동 속도
v_y_sigma = 0.1  # 초기 이동 속도(수직 방향)의 퍼지는 상태
v_jump = 0.2  # 점프 시의 수직 방향 속도
agent = Agent(v_x, v_y_sigma, v_jump, brain)

g = 0.2  # 중력 가속도
environment = Environment(agent, g)

interval = 50  # 애니메이션의 간격(밀리초)
frames = 1024  # 프레임 수
anim = animate(environment, interval, frames)
rc('animation', html='jshtml')
anim
```

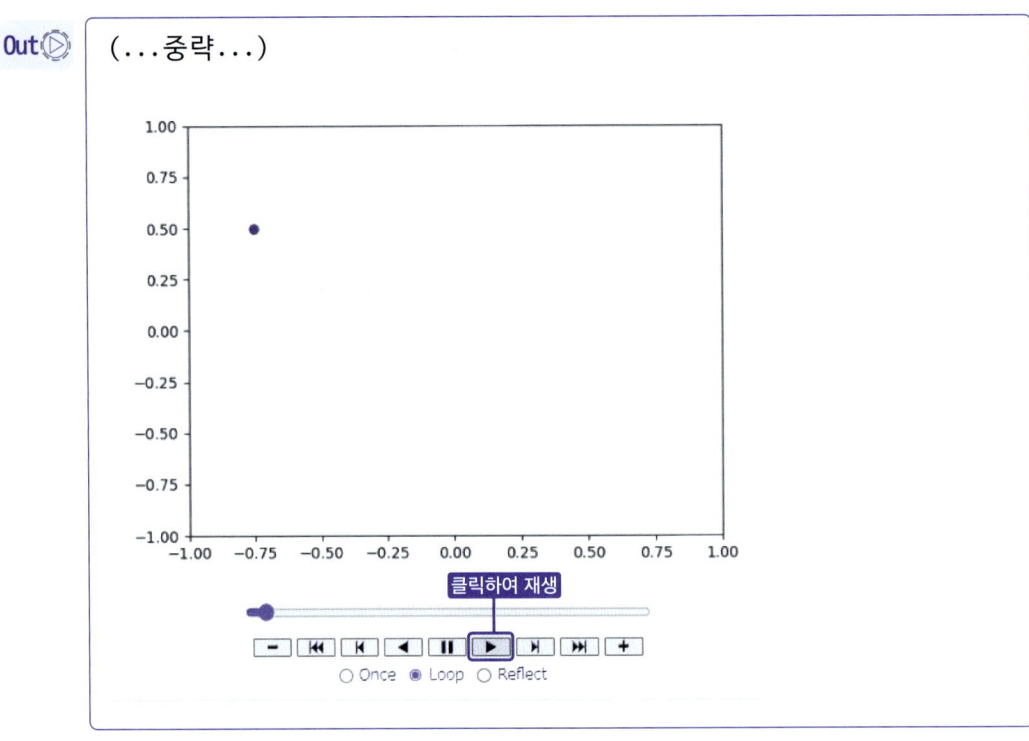

동영상에서 시간이 경과하면 에이전트는 위아래의 끝에 부딪치지 않고 오른쪽 끝까지 날 수 있게 되는 것을 확인할 수 있습니다. 또한, 초기 조건에 따라서는 학습에 실패할 수도 있으므로 그때는 학습을 다시 합시다. <그림11.20>은 10 프레임 간격으로 기록한 에이전트의 위치입니다.

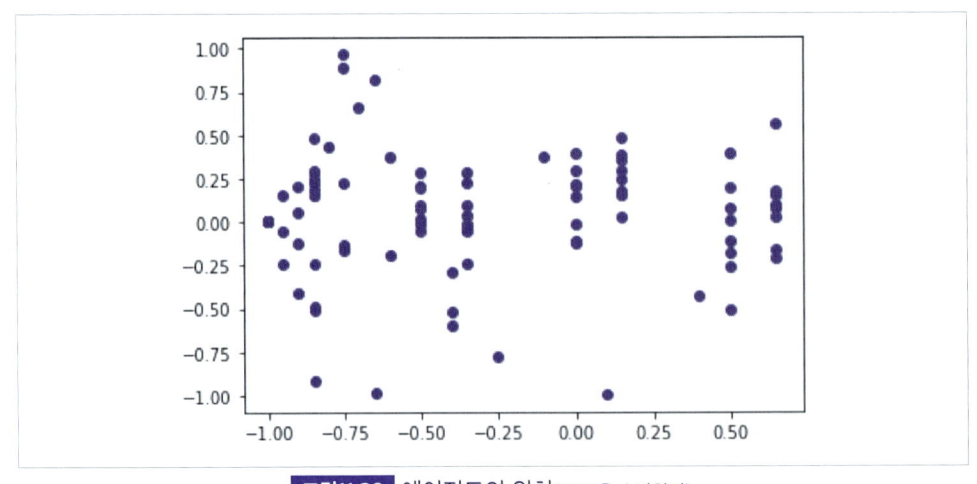

<그림11.20> 에이전트의 위치(DQN을 수반한다)

화면 중앙 부근에 에이전트의 위치는 집중되어있으며, 비행을 안정적으로 하는 것을 확인할 수 있습니다. 양의 보상을 좀 더 많이 받을 수 있도록 음의 보상을 피하도록 학습한 결과, 에이전트는 적절한 행동을 취할 수 있게 되었습니다.

11-5-9 DQN의 테크닉

이 절의 마지막으로 DQN에서 자주 사용하는 테크닉을 소개합니다.

Experience Replay

각 스텝의 내용을 메모리에 저장해두고, 메모리에서 랜덤으로 기록을 꺼내서 학습합니다. 이로써 미니 배치법을 사용할 수 있습니다. 또한, 미니 배치에 시간적으로 흩어진 기록이 들어가게 되므로 학습이 안정적입니다.

Fixed Target Q-Network

행동을 결정하는 데 사용하는 main-network와 오차 계산 시에 정답을 구하는 것에 사용하는 target-network를 준비합니다. target-network의 파라미터는 일정 시간 고정되는데 main-network의 파라미터는 미니 배치별로 갱신합니다. 그리고 정기적으로 main-network의 파라미터가 target-network에 덮어써집니다. 이로써 정답이 짧은 시간에 흔들리는 문제가 저감되어 학습이 안정적이라고 생각할 수 있습니다.

11.6 달 표면 착륙선의 제어 -개요-

심층 강화 학습을 사용해 컴퓨터상의 달 표면 착륙선을 제어합니다. 이번은 강화 학습에 의한 제어의 개요를 설명합니다.

11-6-1 사용할 라이브러리

달 표면 착륙선 환경에는 'OpenAI Gym'에서 제공하는 'LunarLander'를 이용합니다. OpenAI Gym은 강화 학습을 위한 툴킷으로 게임 및 로봇의 제어 등 다양한 강화 학습용 환경이 준비되어있습니다.

> **! ATTENTION**
> **OpenAI Gym**
> 2022년 10월 OpenAI는 OpenAI Gym의 유지보수를 Farama Foundation에 이관한다고 발표했습니다. Farama Foundation은 OpenAI Gym을 포크한 Gymnasium을 제공하고 있습니다. 이 책에서는 OpenAI Gym을 이용하고 있습니다.

- LunarLander-v2
  URL https://gym.openai.com/envs/LunarLander-v2/

또한, 심층 강화 학습의 구현에는 'Stable Baselines'를 이용합니다. Stable Baselines는 다양한 강화 학습의 알고리즘을 포함하는 강화 학습의 구현집입니다.

- DQN
  URL https://stable-baselines.readthedocs.io/en/master/modules/dqn.html

11-6-2 LunarLander란?

OpenAI Gym이 제공하는 환경 'LunarLander'는 달 표면 착륙선이 매끄럽게 목적지에 도달할 수 있도록 제어하는 문제를 제공합니다. <그림11.21>은 LunarLander의 개략도입니다.

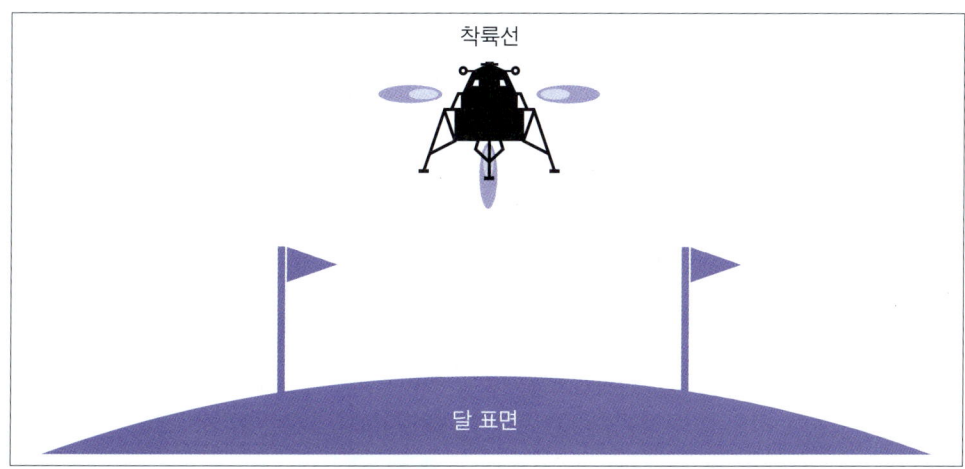

<그림11.21> LunarLander의 개략

달 표면 착륙선이 선택할 수 있는 행동은 다음 네 가지입니다.

- 아무것도 하지 않는다
- 메인 엔진의 분사
- 왼쪽 방향 엔진의 분사
- 오른쪽 방향 엔진의 분사

위에서 어느 한 개를 선택해 착륙선을 제어합니다. 또한, 착륙선 상태는 다음 여덟 가지입니다.

- X 좌표
- 수평 속도
- 각도
- 왼발이 지면에 닿아있는지(0 or 1)
- Y 좌표
- 수직 속도
- 각속도
- 오른발이 지면에 닿아있는지(0 or 1)

이러한 상태가 신경망의 입력이 됩니다.

보상은 다음과 같이 부여됩니다.

- 목적지에서 속도가 0이 되었을 때의 보상은 대략 100~140 포인트
- 목적지에서 벗어나면 마이너스 보상
- 추락에 -100포인트, 착륙에 100포인트
- 발이 지면에 접촉하면 10 포인트
- 메인 엔진의 분사는 매 프레임마다 -0.3 포인트
- 사이드 엔진의 분사는 매 프레임마다 -0.03 포인트
- 목적 달성에 200 포인트

이상의 설정을 사용해 심층 강화 학습을 구현해서 착륙선의 매끄러운 착륙을 목표로 합니다.

11.7 달 표면 착륙선의 제어 -구현-

심층 강화 학습에 따라 달 표면 착륙선을 매끄럽게 착륙하는 것을 시도합니다.

11-7-1 라이브러리의 설치

Stable Baselines 등의 필요한 라이브러리를 설치합니다(<리스트11.8>). 런타임의 재실행이 요구된 경우는 Google Colaboratory 메뉴에서 '런타임'→'런타임 다시 시작'으로 런타임을 재실행합니다.

<리스트11.8> 필요한 라이브러리 설치

```
!pip install pip==24.0
!pip install setuptools==65.5.1 wheel==0.38.4 -U
```

```
!apt-get update
!apt install swig cmake libopenmpi-dev zlib1g-dev
!pip install stable-baselines3==1.6.0 box2d box2d-kengz pyvirtualdisplay
!apt-get install -y xvfb freeglut3-dev ffmpeg
!pip install PyOpenGL PyOpenGL_accelerate
!pip install pyglet==1.5.27
!pip uninstall box2d-py
!pip install box2d-py
```

11-7-2 라이브러리의 도입

OpenAI Gym, Stable Baselines 등의 필요한 라이브러리를 설치합니다(<리스트11.9>).

<리스트11.9> 라이브러리의 사용

```
import os
import io
import glob
import base64

import gym
from gym.wrappers import Monitor

import numpy as np

from stable_baselines.deepq.policies import MlpPolicy # 2층의 신경망
from stable_baselines.common.vec_env import DummyVecEnv # 벡터화 환경
from stable_baselines import DQN
from stable_baselines.common.vec_env import VecVideoRecorder
```

```
from IPython import display as ipythondisplay
from IPython.display import HTML

import warnings
warnings.filterwarnings("ignore")
```

11-7-3 환경의 설정

OpenAI Gym을 사용해 달 표면 착륙선의 환경을 설정합니다<리스트11.10>. Dummy VecEnv 설정을 위해 환경 작성은 함수의 형으로 해야 합니다. DummyVecEnv를 설정함으로써 환경이 벡터화되어 처리가 고속화됩니다.

<리스트11.10> 달 표면 착륙선의 환경을 설정

In ▷
```
def env_func():    # 환경을 만드는 함수
    return gym.make("LunarLander-v2")

env_vec = DummyVecEnv([env_func])    # 환경의 벡터화
```

11-7-4 모델 평가용 함수

DQN의 모델을 평가하기 위한 함수를 준비합니다<리스트11.11>. 얻은 보상의 크기를 그 모델의 평가 지표로 합니다.

이후, '에피소드'라는 단어가 사용됩니다. 에피소드는 환경이 시작되고 나서 종료할 때까지의 기간입니다. 종료 조건이 충족되면 에피소드는 종료되며 새로운 에피소드가 시작됩니다.

<리스트11.11> 모델을 평가하기 위한 함수의 준비

In ▷
```
def evaluate(env, model, n_step=10000, n_ave=100):
```

```
    epi_rewards = [0.0]  # 에피소드별 보상을 저장
    states = env.reset()

    for i in range(n_step):
        action, _h = model.predict(states)  # _h는 RNN에서 사용 →
(이번은 사용하지 않는다)
        states, rewards, dones, info = env.step(action)

        epi_rewards[-1] += rewards[0]  # 마지막 요소에 누적
        if dones[0]:  # 에피소드 종료 시
            states = env.reset()
            epi_rewards.append(0.0)  # 다음 에피소드의 보수

    ave_reward = round(np.average(epi_rewards[:n_ave]), 2)  # 첫 →
100 에피소드에서 보상의 평균을 취한다
    return (ave_reward, len(epi_rewards))
```

11-7-5 동영상 표시용 함수

결과를 동영상으로서 표시하기 위한 함수를 준비합니다(<리스트11.12>). 지정된 폴더에 저장되어있는 동영상을 1개 읽어 들이고 재생합니다. <리스트11.12>의 코드는 동영상 재생용 코드이므로 건너뛰어도 됩니다.

<리스트11.12> 동영상으로 표시하기 위한 함수의 준비

In ▷
```
os.system("Xvfb :1 -screen 0 1024x768x24 &")
os.environ['DISPLAY'] = ':1'

def show_video(video_dir):
    video_list = glob.glob(video_dir+"/*.mp4")
```

```python
    if len(video_list) > 0:
      mp4 = video_list[0]
      video = io.open(mp4, 'r+b').read()
      encoded = base64.b64encode(video)
      ipythondisplay.display(HTML(data='''<video alt="test" autoplay
                loop controls style="height: 400px;">
                <source src="data:video/mp4;base64,0"
type="video/mp4" />
                </video>'''.format(encoded.decode('ascii'))))
```

11-7-6 모델의 평가[훈련 전]

DQN 모델을 설정하고 훈련 전에 평가합니다(<리스트11.13>). 훈련 전이므로 달 표면 착륙선에 제대로 제어는 이뤄지지 않습니다.

<리스트11.13> DQN 모델을 설정하고 훈련 전에 평가한다

In ▷
```
env = VecVideoRecorder(env_vec, video_folder="videos_before_
train/",  # 동영상 기록의 설정
                            record_video_trigger=lambda step:
step == 0, video_length=500,
                            name_prefix="")

model = DQN(MlpPolicy, env, verbose=0)  # DQN의 설정

ave_reward, n_episode = evaluate(env, model, n_step=10000,
n_ave=100)  # 모델의 평가
print("ave_reward:", ave_reward, "n_episode:", n_episode)
```

Out ▷
```
ave_reward: -579.01 n_episode: 149
```

이 시점에서의 동작을 동영상으로 확인합니다(<리스트11.14>).

<리스트11.14> 동작의 확인

In ▷ `show_video("videos_before_train")`

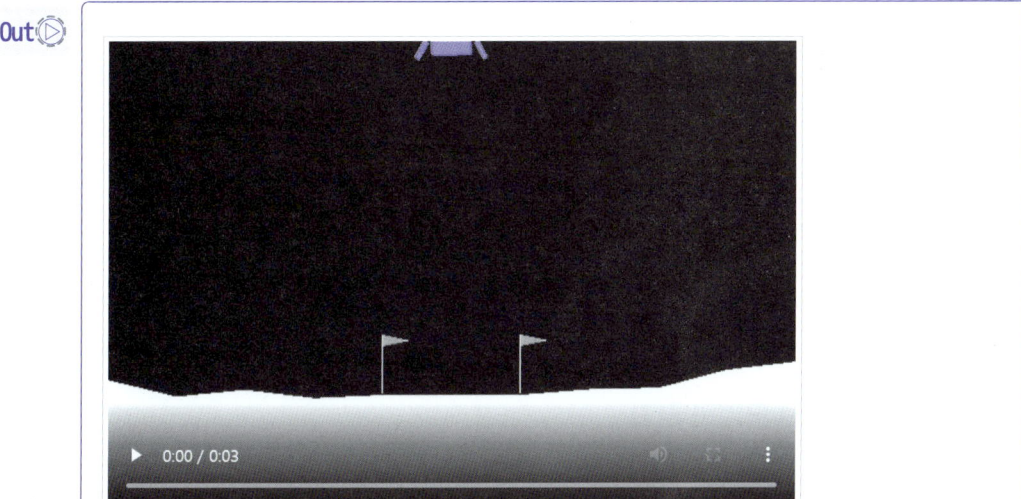

에피소드의 시작 후 착륙선은 아무렇게나 움직임을 시작합니다(<그림11.22>). 훈련 전이므로 아직 적절한 움직임을 학습하지 않았습니다.

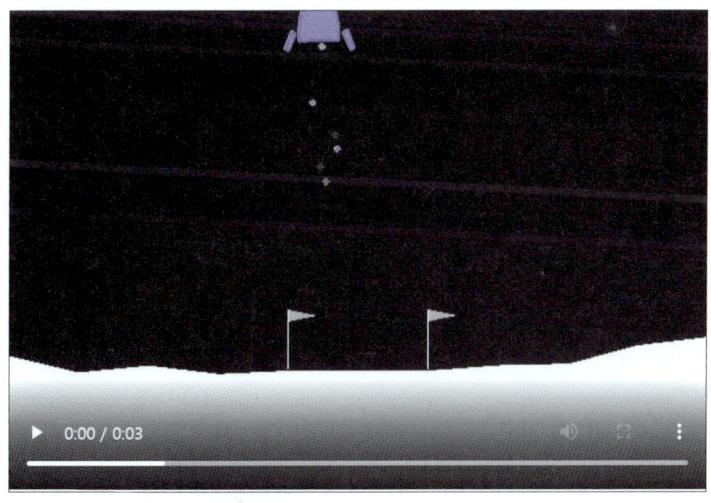

<그림11.22> 학습 전의 달 표면 착륙선

11-7-7 모델의 훈련

달 표면 착륙선이 올바르게 착륙할 수 있도록 모델을 훈련합니다(<리스트11.15>). 훈련된 모델은 언제나 이용할 수 있도록 저장해둡니다.

<리스트11.15> 모델의 훈련

```
trained_model = DQN(MlpPolicy, env_vec, verbose=0)  # 모델의 초기화

trained_model.learn(total_timesteps=100000)  # 모델의 훈련
trained_model.save("lunar_lander_control")  # 모델의 저장
```

11-7-8 훈련된 모델의 평가

학습이 진행을 잘하면 달 표면 착륙선은 적절하게 착륙할 수 있게 됩니다(<리스트11.16>).

<리스트11.16> 훈련된 모델의 평가

```
env = VecVideoRecorder(env_vec, video_folder="videos_after_ ➡
train/",  # 동영상 기록의 설정
                        record_video_trigger=lambda step: ➡
step == 0, video_length=500,
                        name_prefix="")

ave_reward, n_episode = evaluate(env, trained_model, ➡
n_step=10000, n_ave=100)  # 모델의 평가
print("ave_reward:", ave_reward, "n_episode:", n_episode)
```

```
Saving video to /content/videos_after_train/-step-0-to-step-500.mp4
Saving video to /content/videos_after_train/-step-1897-to-step-2397.mp4
ave_reward: -116.27 n_episode: 30
```

<리스트11.16>을 실행한 결과 보상의 평균, **ave_reward**가 조금 전보다 큰 폭으로 커진 것을 확인할 수 있을 것입니다. 에이전트는 더 많은 보상을 획득할 수 있도록 되어있습니다. 이 시점에서의 동작을 동영상으로 확인합니다(<리스트11.17>).

<리스트11.17> 동작의 확인

In ▷ `show_video("videos_after_train")`

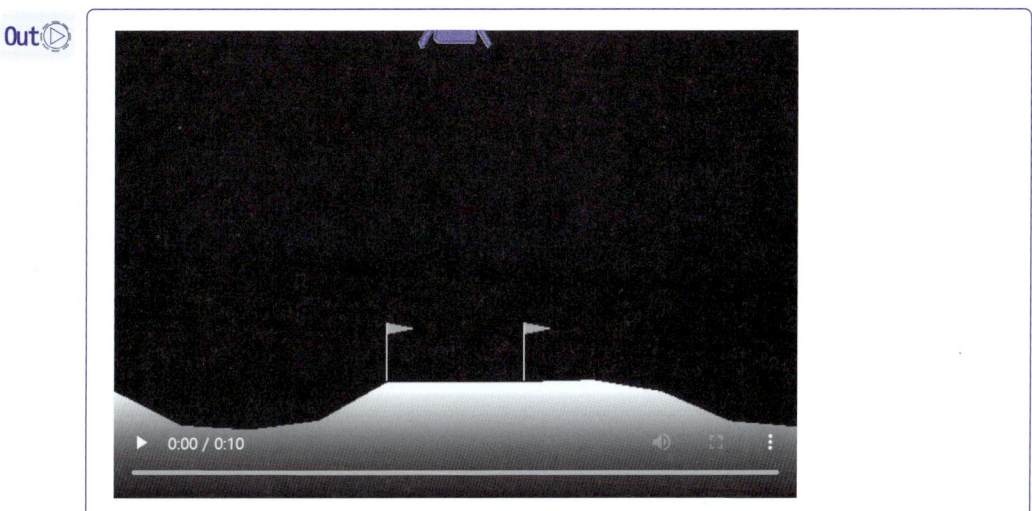

처음은 강하 속도가 빠르지만, 지면이 가까워질수록 천천히 강하합니다. 또한, 목적지를 크게 벗어나는 일도 없습니다. 달 표면 착륙선은 목적지에 매끄럽게 착륙할 수 있게 되었습니다(<그림11.23>).

<그림11.23> 학습 후의 달 표면 착륙선

11.8 연습

딥러닝을 이용한 SARSA를 구현합시다. 간단한 DQN의 브레인 클래스, 에이전트 클래스로 변경을 추가해야 하는데 이번의 연습에서는 브레인 클래스의 변경 부분을 기술합니다.

11-8-1 각 설정

각 설정을 실시하세요(<리스트11.18>).

<리스트11.18> 각 설정

```python
import numpy as np
import matplotlib.pyplot as plt
from matplotlib import animation, rc

from tensorflow.keras.models import Sequential
from tensorflow.keras.layers import Dense, ReLU
from tensorflow.keras.optimizers import RMSprop

optimizer = RMSprop()
```

11-8-2 브레인 클래스

에이전트의 두뇌가 되는 클래스입니다. Q값을 출력하는 신경망을 구축하고, Q값이 정답에 근접하도록 훈련합니다. SARSA에 사용하는 식은 다음과 같습니다.

$$Q(s_t, a_t) \leftarrow Q(s_t, a_t) + \eta\left(R_{t+1} + \gamma Q(s_{t+1}, a_{t+1}) - Q(s_t, a_t)\right)$$

여기에서 a_t는 행동, s_t는 상태, $Q(s_t, a_t)$는 Q값, η는 학습 계수, R_{t+1}는 보상, γ는 할인율입니다. Q 학습에서는 t+1의 시각에서의 최대의 Q값을 사용하는데, SARSA에서 실제로 선택한 행동의 Q값을 사용합니다.

딥러닝의 정답으로서 사용하는 것은 위의 식 중 다음의 부분입니다.

$$R_{t+1} + \gamma Q(s_{t+1}, a_{t+1})$$

<리스트11.19>의 **브레인** 클래스에서의 **train()** 메소드에서는 정답으로서 위 식을 사용합니다. 아직 코드가 기술되어있지 않은 부분이 있으므로 위의 식을 참고로 모드를 추가해서 SARSA의 **브레인** 클래스를 구축합시다.

<리스트11.19> 브레인 클래스

```
class Brain:
    def __init__(self, n_state, n_mid, n_action, gamma=0.9, r=0.99):
        self.eps = 1.0   # ε
        self.gamma = gamma   # 할인율
        self.r = r   # ε의 감쇠율

        model = Sequential()
        model.add(Dense(n_mid, input_shape=(n_state,)))
        model.add(ReLU())
        model.add(Dense(n_mid))
        model.add(ReLU())
        model.add(Dense(n_action))
        model.compile(loss="mse", optimizer=optimizer)
        self.model = model

    def train(self, states, next_states, action, next_action, →
reward, terminal):
```

```
        q = self.model.predict(states)
        next_q = self.model.predict(next_states)
        t = np.copy(q)
        if terminal:
            t[:, action] = reward  # 에피소드 종료 시의 정답은 보상만
        else:
            t[:, action] =    # ---- 이 행에 코드를 추가 ----
        self.model.train_on_batch(states, t)

    def get_action(self, states):
        q = self.model.predict(states)
        if np.random.rand() < self.eps:
            action = np.random.randint(q.shape[1], size=q. ➡
shape[0])  # 랜덤한 행동
        else:
            action = np.argmax(q, axis=1)   # Q값의 높은 행동
        if self.eps > 0.1:   # ε의 하한
            self.eps *= self.r
        return action
```

11-8-3 에이전트의 클래스

에이전트를 클래스로서 구현합니다. SARSA에서는 현재의 행동과 다음 시각의 행동을 브레인에 전달합니다(<리스트11.20>).

<리스트11.20> 에이전트 클래스

In ▷
```
class Agent:
    def __init__(self, v_x, v_y_sigma, v_jump, brain):
        self.v_x = v_x  # x 속도
```

```python
        self.v_y_sigma = v_y_sigma  # y 속도, 초기값의 표준 편차
        self.v_jump = v_jump  # 점프 속도
        self.brain = brain
        self.reset()

    def reset(self):
        self.x = -1  # 초기 x 좌표
        self.y = 0  # 초기 y 좌표
        self.v_y = self.v_y_sigma * np.random.randn()  # 초기 y 속도
        states = np.array([[self.y, self.v_y]])
        self.action = self.brain.get_action(states)

    def step(self, g):  # 시간을 1개 앞으로 움직인다 g:중력 가속도
        states = np.array([[self.y, self.v_y]])
        self.x += self.v_x
        self.y += self.v_y

        reward = 0  # 보상
        terminal = False  # 종료 판정
        if self.x>1.0:
            reward = 1
            terminal = True
        elif self.y<-1.0 or self.y>1.0:
            reward = -1
            terminal = True
        reward = np.array([reward])

        if self.action[0] == 0:
            self.v_y -= g  # 자유 낙하
        else:
            self.v_y = self.v_jump  # 점프
```

```
            next_states = np.array([[self.y, self.v_y]])

            next_action = self.brain.get_action(next_states)
            self.brain.train(states, next_states, self.action, →
next_action, reward, terminal)
            self.action = next_action
            if terminal:
                self.reset()
```

11-8-4 환경의 클래스

환경의 클래스를 준비하세요(<리스트 11.21>).

<리스트 11.21> 환경의 클래스

```
class Environment:
    def __init__(self, agent, g):
        self.agent = agent
        self.g = g

    def step(self):
        self.agent.step(self.g)
        return (self.agent.x, self.agent.y)
```

11-8-5 애니메이션

애니메이션을 설정하세요(<리스트11.22>).

<리스트11.22> 애니메이션 설정

```python
def animate(environment, interval, frames):
    fig, ax = plt.subplots()
    plt.close()
    ax.set_xlim(( -1, 1))
    ax.set_ylim((-1, 1))
    sc = ax.scatter([], [])
    def plot(data):
        x, y = environment.step()
        sc.set_offsets(np.array([[x, y]]))
        return (sc,)
    
    return animation.FuncAnimation(fig, plot, interval=interval, ➔
frames=frames, blit=True)
```

11-8-6 SARSA의 실행

SARSA를 실행하세요(<리스트11.23>).

<리스트11.23> SARSA의 실행

```python
n_state = 2  # 상태의 수
n_mid = 32  # 중간층의 뉴런 수
n_action = 2  # 행동의 수
brain = Brain(n_state, n_mid, n_action, r=0.99)  # ε이 감쇠한다
```

```
v_x = 0.05  # 수평 방향의 이동 속도
v_y_sigma = 0.1  # 초기 이동 속도(수직 방향)의 퍼지는 상태
v_jump = 0.2  # 점프 시의 수직 방향 속도
agent = Agent(v_x, v_y_sigma, v_jump, brain)

g = 0.2  # 중력 가속도
environment = Environment(agent, g)

anim = animate(environment, 50, 1024)  # 애니메이션의 설정
rc('animation', html='jshtml')
anim
```

11.9 정답 예

<리스트11.24>는 브레인 클래스의 구현 예입니다.

<리스트11.24> 정답 예

```python
class Brain:
    def __init__(self, n_state, n_mid, n_action, gamma=0.9, r=0.99):
        self.eps = 1.0    # ε
        self.gamma = gamma    # 할인율
        self.r = r    # ε의 감쇠율

        model = Sequential()
        model.add(Dense(n_mid, input_shape=(n_state,)))
        model.add(ReLU())
        model.add(Dense(n_mid))
        model.add(ReLU())
        model.add(Dense(n_action))
        model.compile(loss="mse", optimizer=optimizer)
        self.model = model

    def train(self, states, next_states, action, next_action, →
reward, terminal):
        q = self.model.predict(states)
        next_q = self.model.predict(next_states)
        t = np.copy(q)
        if terminal:
            t[:, action] = reward    # 에피소드 종료 시의 정답은 보상만
        else:
```

```
            t[:, action] = reward + self.gamma*next_q
[:, next_action]  # ---- 이 행에 코드를 추가 ----
        self.model.train_on_batch(states, t)

    def get_action(self, states):
        q = self.model.predict(states)
        if np.random.rand() < self.eps:
            action = np.random.randint(q.shape[1], 
size=q.shape[0])  # 랜덤한 행동
        else:
            action = np.argmax(q, axis=1)  # Q값의 높은 행동
        if self.eps > 0.1:  # ε의 하한
            self.eps *= self.r
        return action
```

11.10 11장의 마무리

이 장은 강화 학습의 개요와 그 알고리즘에 대한 설명으로 시작했습니다. 또 Q-Table을 사용한 Q 학습, 심층 학습과 Q 학습을 조합한 DQN 등에 대한 설명으로 이어졌습니다.

실제로 간단한 DQN을 구축하고 훈련한 결과, 중력 속에서 비행하는 에이전트는 점차 적절하게 비행할 수 있게 되었습니다. 또한, DQN에 의해 달 표면 착륙선을 제어해 매끄러운 착륙을 실현했습니다. 강화 학습은 응용 범위가 넓고, 더욱 동물의 지능에 가까운 제어를 할 수 있게 합니다. 앞으로, 다양한 분야에서 강화 학습의 가능성이 개척되어가지 않을까요?

최근 급성장하고 있는 ChatGPT의 훈련에는 강화학습이 중요한 역할을 하고 있습니다. 구체적으로 강화학습의 일종인 RLHF(Reinforcement Learning from Human Feedback, 인간 피드백에 의한 강화학습)가 사용되고 있는데, RLHF에서는 모델의 출력에 대해 인간이 평가를 하고, 그 평가를 바탕으로 모델이 개선되어 갑니다. 이 과정을 통해 모델은 인간의 의도와 기대에 부합하는 답변을 생성하는 능력을 향상시킵니다. 예를 들어, 사용자가 ChatGPT에 질문을 던지면 그 답변이 적절한지 아닌지 인간 평가자가 판단하고, 그 피드백을 바탕으로 모델이 조정됩니다. 이러한 강화 학습 기법을 통해 ChatGPT는 보다 자연스럽고 유익한 커뮤니케이션을 실현하고 있습니다.

Chapter 12
전이 학습

학습한 모델을 이용하는 전이 학습의 원리와 구현에 관해 설명합니다. 전이 학습으로는 학습 시간을 대폭 단축할 수 있는 것, 뛰어난 기존의 학습한 모델을 활용할 수 있는 것 등의 장점이 있습니다.
이번 장에는 다음의 내용이 포함됩니다.

- 전이 학습의 개요
- 전이 학습의 구현
- 파인 튜닝의 구현
- 연습

먼저 전이 학습 개요에 관해서 설명합니다. 그다음에 전이 학습의 구현을 합니다. 기존의 뛰어난 학습한 모델을 읽어 들여서 층을 추가하고, 추가한 층만 훈련을 합니다. 이로써 기존 모델의 뛰어난 특징 추출 능력을 이용할 수 있습니다. 다음으로 전이 학습과 비슷한 기술인 파인 튜닝을 구현합니다. 파인 튜닝에서는 추가한 층에 더해 기존 모델의 일부도 추가로 훈련합니다. 정밀도나 학습 시간이 어떻게 변화하는지 전이 학습의 경우와 비교해봅시다. 마지막에 이번 장의 연습을 실시합니다.
이번 장의 내용은 이상으로, 이를 통해 배우는 것으로 전이 학습의 원리를 이해하고 스스로 구현할 수 있습니다.
전이 학습에서는 기존의 리소스를 활용해서 하이퍼 파라미터 탐색의 수고를 덜고, 학습 시간을 단축할 수 있어서 지금 주목을 많이 받고 있습니다. 원리를 배워 코드로 구현함으로써 그 가능성을 느껴주셨으면 합니다. 그럼, 이번 장을 꼭 기대해주세요.

12.1 전이 학습의 개요

전이 학습에서는 기존의 뛰어난 학습한 모델을 가진 모델에 도입할 수 있어서 많은 주목을 받고 있습니다. 이번에는 전이 학습의 개요를 간단하게 설명합니다.

12-1-1 전이 학습이란?

'전이 학습'(Transfer Learning, TL)은 어떤 영역, 즉 도메인에서 학습한 모델을 다른 영역에 적용합니다. 이로써 많은 데이터를 확보한 영역에서 학습시킨 모델을 적은 데이터밖에 없는 영역에 적용시키거나 시뮬레이터 환경에서 훈련한 모델을 현실에 적용시킬 수 있습니다. 사실은 여러 개의 작업에 공통의 '파악해야 할 특징'이 존재합니다. 전이 학습은 이것을 이용해서 다른 모델에서 파악한 특징을 다른 모델에 전용転用합니다.

전이 학습에서 기존의 학습한 모델은 '특징 추출기'로서 사용하는데, 이 부분의 파라미터는 갱신하지 않습니다. 출력 측에 몇 개 새롭게 층을 추가하는데, 이러한 층의 파라미터를 갱신함으로써 학습이 이뤄집니다. 즉, 입력에 가까운 부분의 가중치를 고정하고, 출력에 가까운 부분만 학습시키는데 이로써 기존의 모델을 새로운 영역에 적용할 수 있습니다.

전이 학습에는 다양한 장점이 있습니다. 먼저 학습 시간의 단축을 들 수 있습니다. 딥러닝에는 긴 시간이 걸리는 경우가 많으나, 기존의 학습 모델을 특징 추출에 이용함으로써 학습 시간을 크게 단축할 수 있습니다.

또한, 전이 학습에서는 데이터 수집의 수고를 덜 수 있습니다. 딥러닝에서 어떠한 작업에 임할 때는 데이터 수집에는 많은 시간이 듭니다. 그러나 학습한 모델을 기반으로 해서 추가하는 데이터가 적어도 정밀도 좋은 모델을 훈련할 수 있습니다.

그 밖에 기존의 뛰어난 모델을 이용할 수 있다는 장점이 있습니다. 방대한 데이터와 많은 시행착오에 의해 확립된 기존 모델의 특징 추출 능력을 이용할 수 있어서 하나부터 모델을 구축하는 것보다 성능 좋은 모델을 구축할 수 있습니다.

이상과 같이 전이 학습은 실무상 유익하므로 최근 큰 기대를 받고 있습니다.

12-1-2 전이 학습과 파인 튜닝

여기에서 전이 학습과 전이 학습과 비슷한 튜닝인 '파인 튜닝(fine tuning)'을 비교합니다. <그림 12.1>에 전이 학습과 파인 튜닝의 개요를 나타냅니다.

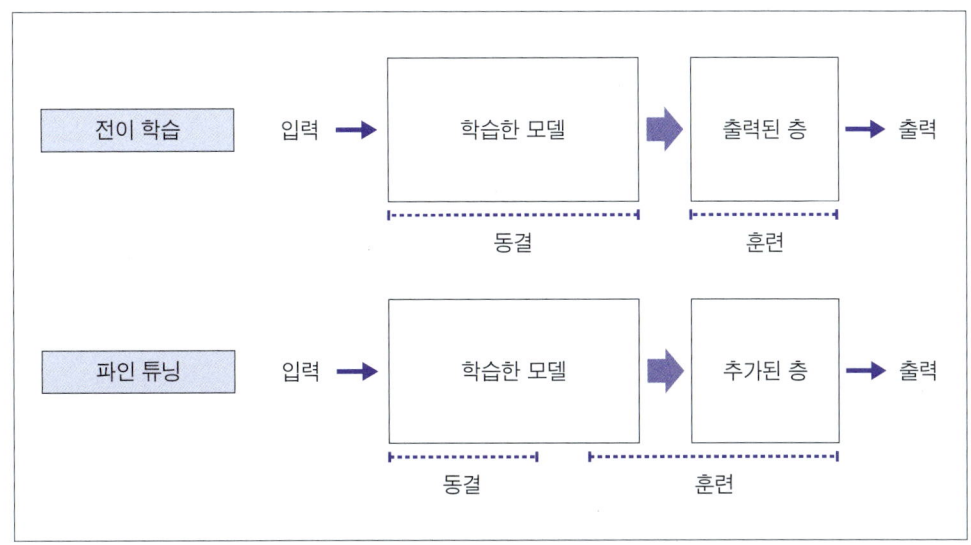

<그림12.1> 전이 학습과 파인 튜닝

학습한 모델에 입력을 넣고 추가된 층에서 출력이 나오는데 전이 학습에서는 추가된 층만을 훈련하고 학습한 모델은 동결합니다. 동결이란 파라미터를 고정해서 훈련하지 않는 것을 의미합니다.

그에 반해 파인 튜닝에서는 학습한 모델의 일부도 추가로 훈련합니다. 훈련하는 것은 추가된 층과 학습한 모델의 일부이며 나머지는 동결합니다. 파인 튜닝은 전이 학습보다도 학습하는 파라미터의 수가 많아지는데 특정 태스크에 대해서 더욱 적응하기 쉬워집니다.

12.2 전이 학습의 구현

거대한 이미지 데이터셋 'ImageNet'에 의해 학습한 모델에 전결합층을 추가합니다. 학습한 모델은 훈련하지 않고 새롭게 추가한 층만을 훈련해서 이미지 분류를 실시합니다.

12-2-1 각 설정

필요한 모듈의 임포트, 최적화 알고리즘의 설정 및 각 상수의 설정을 합니다<리스트12.1>. 여기에서는 CIFAR-10의 이미지 크기를 2배해서 사용하므로 이미지의 폭과 높이는 64, 채널 수는 3으로 설정합니다.

<리스트12.1> 각 설정

```python
import numpy as np
import matplotlib.pyplot as plt

from tensorflow.python.keras.models import Sequential
from tensorflow.python.keras.layers import Dense, Dropout, Activation, Flatten
from tensorflow.python.keras.optimizers import adam_v2

optimizer = adam_v2.Adam()

img_size = 64  # 이미지의 폭과 높이
n_channel = 3  # 채널 수
n_mid = 256  # 중간층의 뉴런 수

batch_size = 32
epochs = 20
```

12-2-2 VGG16의 도입

ImageNet을 사용해 훈련한 모델, VGG16을 읽어 들입니다<리스트12.2>. 여기에서는 이 모델을 특징 추출을 위해서 사용하는데 추가 훈련은 하지 않습니다.

- VGG16
  URL https://keras.io/api/applications/#vgg16

<리스트12.2> VGG16의 도입

```
from tensorflow.keras.applications import VGG16

model_vgg16 = VGG16(weights="imagenet",   # ImageNet에서 학습한 →
파라미터를 사용
                    include_top=False,   # 전결합층을 포함하지 않는다
                    input_shape=(img_size, img_size, n_channel)) →
# 입력의 형태
model_vgg16.summary()
```

```
Downloading data from https://storage.googleapis.com/tensorflow/ →
keras-applications/vgg16/vgg16_weights_tf_dim_ordering_tf_ →
kernels_notop.h5
58892288/58889256 [==============================] - 0s 0us/step
58900480/58889256 [==============================] - 0s 0us/step
Model: "vgg16"
_____
 Layer (type)                Output Shape              Param #
=================================================================
 input_1 (InputLayer)        [(None, 64, 64, 3)]       0
_____
 block1_conv1 (Conv2D)       (None, 64, 64, 64)        1792
_____
```

```
block1_conv2 (Conv2D)        (None, 64, 64, 64)      36928
_____
block1_pool (MaxPooling2D)   (None, 32, 32, 64)      0
_____
block2_conv1 (Conv2D)        (None, 32, 32, 128)     73856
_____
block2_conv2 (Conv2D)        (None, 32, 32, 128)     147584
_____
block2_pool (MaxPooling2D)   (None, 16, 16, 128)     0
_____
block3_conv1 (Conv2D)        (None, 16, 16, 256)     295168
_____
block3_conv2 (Conv2D)        (None, 16, 16, 256)     590080
_____
block3_conv3 (Conv2D)        (None, 16, 16, 256)     590080
_____
block3_pool (MaxPooling2D)   (None, 8, 8, 256)       0
_____
block4_conv1 (Conv2D)        (None, 8, 8, 512)       1180160
_____
block4_conv2 (Conv2D)        (None, 8, 8, 512)       2359808
_____
block4_conv3 (Conv2D)        (None, 8, 8, 512)       2359808
_____
block4_pool (MaxPooling2D)   (None, 4, 4, 512)       0
_____
block5_conv1 (Conv2D)        (None, 4, 4, 512)       2359808
_____
block5_conv2 (Conv2D)        (None, 4, 4, 512)       2359808
_____
block5_conv3 (Conv2D)        (None, 4, 4, 512)       2359808
```

```
 ------------------------------------------------------------------
  block5_pool (MaxPooling2D)    (None, 2, 2, 512)         0
 ==================================================================
 Total params: 14,714,688
 Trainable params: 14,714,688
 Non-trainable params: 0
 ------------------------------------------------------------------
```

합성곱층 및 풀링층을 여러 번 중첩하고 있으며, 학습할 수 있는 파라미터의 수는 1500만 정도 있습니다. 이렇게 큰 모델을 처음부터 훈련하려면 상당한 시간이 필요할 것 같습니다.

12-2-3 CIFAR-10

Keras를 사용해 CIFAR-10을 읽어 들입니다. 여기에서는 이중 비행기와 자동차의 이미지를 사용해 이미지가 비행기인지 자동차인지를 판정할 수 있도록 새롭게 추가한 층을 훈련합니다. <리스트12.3>에서는 CIFAR-10을 읽어 들이고 비행기와 자동차의 랜덤한 25장의 이미지를 표시합니다. 원래 이미지 크기는 32×32이지만, VGG16의 입력은 48×48이상의 크기여야 하므로, NumPy의 **repeat()** 메소드로 크기를 2배인 64×64로 조정합니다.

<리스트12.3> CIFAR-10의 도입

```
from tensorflow.keras.datasets import cifar10

(x_train, t_train), (x_test, t_test) = cifar10.load_data()

# 라벨이 0과 1의 데이터만 꺼낸다
t_train = t_train.reshape(-1)
t_test = t_test.reshape(-1)
x_train = x_train[t_train <= 1]
t_train = t_train[t_train <= 1]
```

```
x_test = x_test[t_test <= 1]
t_test = t_test[t_test <= 1]

print("Original size:", x_train.shape)

# 이미지를 2배로 확대
x_train = x_train.repeat(2, axis=1).repeat(2, axis=2)
x_test = x_test.repeat(2, axis=1).repeat(2, axis=2)

print("Input size:", x_train.shape)

n_image = 25
rand_idx = np.random.randint(0, len(x_train), n_image)
cifar10_labels = np.array(["airplane", "automobile"])
plt.figure(figsize=(10,10))  # 표시 영역의 크기
for i in range(n_image):
    cifar_img=plt.subplot(5,5,i+1)
    plt.imshow(x_train[rand_idx[i]])
    label = cifar10_labels[t_train[rand_idx[i]]]
    plt.title(label)
    plt.tick_params(labelbottom=False, labelleft=False, ➡
bottom=False, left=False)  # 라벨과 눈금을 비표시로
```

12-2-4 모델의 구축

도입한 VGG16의 전결합층을 추가합니다(<리스트12.4>). 훈련하는 것은 추가한 전결합층만으로 VGG16의 층은 훈련하지 않습니다.

<리스트12.4> 전이 학습용의 모델을 구축한다

```python
model = Sequential()
model.add(model_vgg16)

model.add(Flatten())  # 1차원의 배열로 변환
model.add(Dense(n_mid))
model.add(Activation("relu"))
model.add(Dropout(0.5))  # 드롭 아웃
model.add(Dense(1))
model.add(Activation("sigmoid"))

model_vgg16.trainable = False  # 훈련한 층은 훈련하지 않는다

model.compile(optimizer=adam_v2.Adam(), loss="binary_crossentropy", metrics=["accuracy"])
#model.summary()
```

12-2-5 학습

모델을 훈련합니다(<리스트12.5>). 과적합을 방지하기 위해서 7장에서 설명한 데이터 확장을 도입합니다.

학습에는 시간이 걸리므로 Google Colaboratory의 메뉴에서 '수정'→'노트 설정'의 '하드웨어 가속기'에서 'GPU'를 선택합시다.

<리스트12.5> 모델의 학습

```python
from tensorflow.keras.preprocessing.image import ImageDataGenerator

x_train = x_train / 255  # 0에서 1의 범위에 넣는다
x_test = x_test / 255

# 데이터 확장
generator = ImageDataGenerator(
            rotation_range=0.2,
            width_shift_range=0.2,
            height_shift_range=0.2,
            shear_range=10,
            zoom_range=0.2,
            horizontal_flip=True)
generator.fit(x_train)

# 훈련
history = model.fit(generator.flow(x_train, t_train, ➡
batch_size=batch_size),
                    epochs=epochs,
                    validation_data=(x_test, t_test))
```

```
Epoch 1/20
/usr/local/lib/python3.10/dist-packages/keras/src/
trainers/data_adapters/py_dataset_adapter.py:121:
UserWarning: Your `PyDataset` class should call
`super().__init__(**kwargs)` in its constructor.
`**kwargs` can include `workers`,
`use_multiprocessing`, `max_queue_size`. Do not pass
these arguments to `fit()`, as they will be ignored.
  self._warn_if_super_not_called()
313/313 ─────────────────────
29s 71ms/step - accuracy: 0.8540 - loss: 0.3219
- val_accuracy: 0.9365 - val_loss: 0.1640
Epoch 2/20
313/313 ─────────────────────
18s 57ms/step - accuracy: 0.9175 - loss: 0.2133
- val_accuracy: 0.9475 - val_loss: 0.1505
Epoch 3/20
313/313 ─────────────────────
21s 64ms/step - accuracy: 0.9233 - loss: 0.1875
- val_accuracy: 0.9330 - val_loss: 0.1732
   (…생략…)
Epoch 18/20
313/313 ─────────────────────
18s 58ms/step - accuracy: 0.9449 - loss: 0.1431
- val_accuracy: 0.9580 - val_loss: 0.1145
Epoch 19/20
313/313 ─────────────────────
18s 57ms/step - accuracy: 0.9417 - loss: 0.1486
- val_accuracy: 0.9590 - val_loss: 0.1120
Epoch 20/20
313/313 ─────────────────────
```

```
17s 55ms/step - accuracy: 0.9406 - loss: 0.1519 ➡
- val_accuracy: 0.9600 - val_loss: 0.1105
```

12-2-6 학습의 추이

`history`를 사용해 학습의 추이를 확인합니다<리스트12.6>.

<리스트12.6> 학습의 추이를 표시한다

```python
import matplotlib.pyplot as plt

train_loss = history.history['loss']  # 훈련용 데이터의 오차
train_acc = history.history['accuracy']  # 훈련용 데이터의 정밀도
val_loss = history.history['val_loss']  # 검증용 데이터의 오차
val_acc = history.history['val_accuracy']  # 검증용 데이터의 정밀도

plt.plot(np.arange(len(train_loss)), train_loss, label='loss')
plt.plot(np.arange(len(val_loss)), val_loss, label='val_loss')
plt.legend()
plt.show()

plt.plot(np.arange(len(train_acc)), train_acc, label='acc')
plt.plot(np.arange(len(val_acc)), val_acc, label='val_acc')
plt.legend()
plt.show()
```

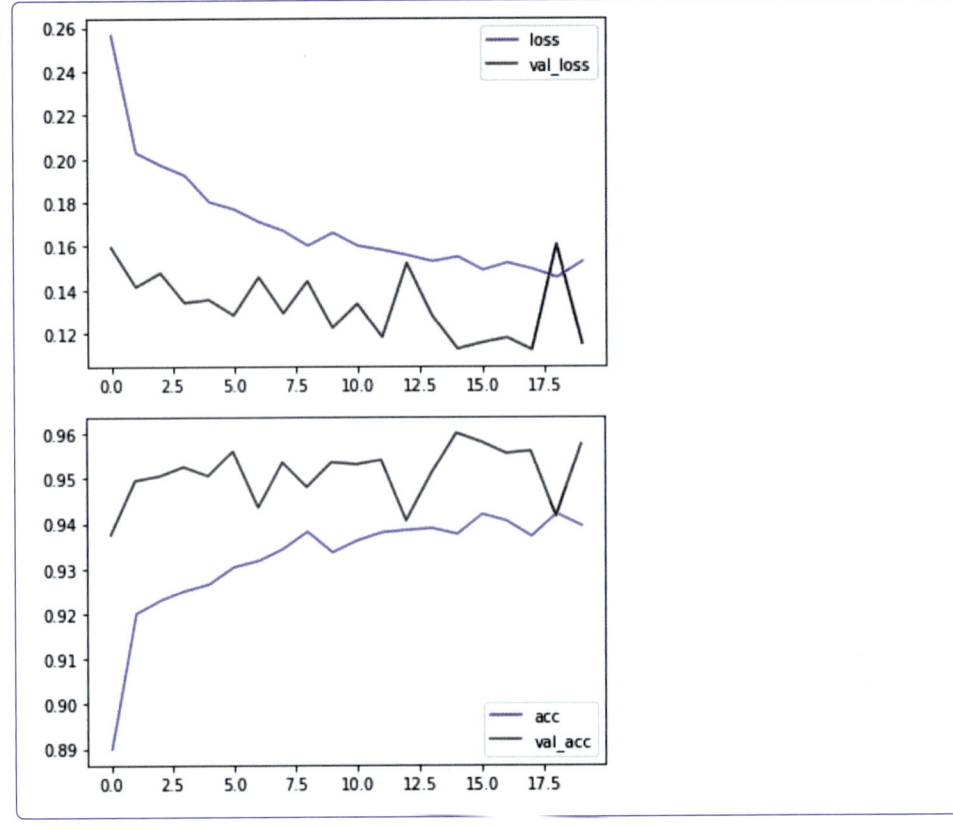

학습과 함께 정밀도는 95퍼센트 정도에 가까워지고 있으며, 높은 정밀도로 비행기와 자동차를 분류할 수 있음을 알 수 있습니다. 추가한 전결합층을 특정 업무에 맞게 훈련함으로써 모델 전체가 그 업무에서 성능을 발휘할 수 있게 되었습니다.

전이 학습을 사용함으로써 다수의 파라미터를 가지고 훈련에 시간이 필요한 모델이라도 간편하게 이용할 수 있습니다.

12.3 파인 튜닝의 구현

전이 학습에서는 학습한 모델의 훈련은 하지 않지만 파인 튜닝에서는 일부 추가 훈련을 합니다. 이번은 학습한 모델의 일부와 새롭게 추가한 층을 훈련해 이미지의 분류를 합니다.

12-3-1 각 설정

필요한 모듈의 임포트, 최적화 알고리즘의 설정 및 각 상수의 설정을 합니다(<리스트12.7>). 전이 학습 때와 마찬가지로 CIFAR-10의 이미지를 크기를 2배로 해서 사용하므로 이미지의 폭과 높이는 64, 채널 수는 3으로 설정합니다.

<리스트12.7> 각 설정

```
import numpy as np
import matplotlib.pyplot as plt

from tensorflow.keras.models import Sequential
from tensorflow.keras.layers import Dense, Dropout, Activation, ➙
Flatten
from tensorflow.python.keras.optimizers import adam_v2

optimizer = adam_v2.Adam()

img_size = 64    # 이미지의 폭과 높이
n_channel = 3    # 채널 수
n_mid = 256    # 중간층의 뉴런 수

batch_size = 32
```

```
epochs = 20
```

12-3-2 VGG16의 도입

ImageNet을 사용해 훈련한 모델 VGG16을 keras.applications로부터 도입합니다(<리스트12.8>).

- VGG16
  URL https://keras.io/api/applications/vgg/

<리스트12.8> VGG16의 도입

In ▷
```
from tensorflow.keras.applications import VGG16

model_vgg16 = VGG16(weights="imagenet",  # ImageNet에서 학습한 →
파라미터를 사용
                    include_top=False,  # 전결합층을 포함하지 않는다
                    input_shape=(img_size, img_size, n_channel))  →
# 입력의 형태
model_vgg16.summary()
```

Out ▷
```
Downloading data from https://storage.googleapis.com/tensorflow/ →
keras-applications/vgg16/vgg16_weights_tf_dim_ordering_tf_ →
kernels_notop.h5
58892288/58889256 [==============================] - 0s 0us/step
58900480/58889256 [==============================] - 0s 0us/step
Model: "vgg16"
_____
 Layer (type)                 Output Shape              Param #
=================================================================
 input_1 (InputLayer)         [(None, 64, 64, 3)]       0
```

block1_conv1 (Conv2D)	(None, 64, 64, 64)	1792
block1_conv2 (Conv2D)	(None, 64, 64, 64)	36928
block1_pool (MaxPooling2D)	(None, 32, 32, 64)	0
block2_conv1 (Conv2D)	(None, 32, 32, 128)	73856
block2_conv2 (Conv2D)	(None, 32, 32, 128)	147584
block2_pool (MaxPooling2D)	(None, 16, 16, 128)	0
block3_conv1 (Conv2D)	(None, 16, 16, 256)	295168
block3_conv2 (Conv2D)	(None, 16, 16, 256)	590080
block3_conv3 (Conv2D)	(None, 16, 16, 256)	590080
block3_pool (MaxPooling2D)	(None, 8, 8, 256)	0
block4_conv1 (Conv2D)	(None, 8, 8, 512)	1180160
block4_conv2 (Conv2D)	(None, 8, 8, 512)	2359808
block4_conv3 (Conv2D)	(None, 8, 8, 512)	2359808
block4_pool (MaxPooling2D)	(None, 4, 4, 512)	0
block5_conv1 (Conv2D)	(None, 4, 4, 512)	2359808

```
block5_conv2 (Conv2D)         (None, 4, 4, 512)         2359808
_____
block5_conv3 (Conv2D)         (None, 4, 4, 512)         2359808
_____
block5_pool (MaxPooling2D)    (None, 2, 2, 512)         0
=================================================================
Total params: 14,714,688
Trainable params: 14,714,688
Non-trainable params: 0
_____
```

12-3-3 CIFAR-10

Keras를 사용해 CIFAR-10을 읽어 들입니다(<리스트12.9>). 여기에서는 읽어 들인 데이터 중 비행기와 자동차의 이미지만을 사용해 이미지가 비행기인지 자동차인지를 판정할 수 있도록 훈련을 실시합니다.

<리스트12.9> CIFAR-10 읽어 들이기

```python
from tensorflow.keras.datasets import cifar10

(x_train, t_train), (x_test, t_test) = cifar10.load_data()

# 라벨이 0과 1의 데이터만 꺼낸다
t_train = t_train.reshape(-1)
t_test = t_test.reshape(-1)
x_train = x_train[t_train <= 1]
t_train = t_train[t_train <= 1]
x_test = x_test[t_test <= 1]
t_test = t_test[t_test <= 1]
```

```
print("Original size:", x_train.shape)

# 이미지를 확대
x_train = x_train.repeat(2, axis=1).repeat(2, axis=2)
x_test = x_test.repeat(2, axis=1).repeat(2, axis=2)

print("Input size:", x_train.shape)
```

Out>
```
Downloading data from https://www.cs.toronto.edu/~kriz/cifar-10-python.tar.gz
170500096/170498071 [==============================] - 13s 0us/step
170508288/170498071 [==============================] - 13s 0us/step
Original size: (10000, 32, 32, 3)
Input size: (10000, 64, 64, 3)
```

12-3-4 모델의 구축

도입한 VGG16에 전결합층을 추가합니다(<리스트12.10>). 훈련하는 것은 VGG의 일부 및 추가한 전결합층입니다. VGG16에서는 **block5**에 있는 여러 개의 합성곱층을 훈련 가능으로 설정합니다.

<리스트12.10> 파인 튜닝용 모델을 구축한다

```
model = Sequential()
model.add(model_vgg16)

model.add(Flatten())   # 1차원의 배열로 변환
model.add(Dense(n_mid))
model.add(Activation("relu"))
model.add(Dropout(0.5))   # 드롭 아웃
model.add(Dense(1))
model.add(Activation("sigmoid"))

# block5만 훈련한다
for layer in model_vgg16.layers:
    if layer.name.startswith("block5_conv"):
        layer.trainable = True
    else:
        layer.trainable = False

model.compile(optimizer=adam_v2.Adam(), →
loss="binary_crossentropy", metrics=["accuracy"])
#model.summary()
```

12-3-5 학습

모델을 훈련합니다(<리스트12.11>). 학습에는 시간이 걸리므로 Google Colaboratory의 메뉴에서 '수정'→'노트 설정'의 '하드웨어 가속기'에서 'GPU'를 선택합시다.

<리스트12.11> 모델의 학습

```
from tensorflow.keras.preprocessing.image import ImageDataGenerator

x_train = x_train / 255   # 0에서 1의 범위에 넣는다
x_test = x_test / 255

# 데이터 확장
generator = ImageDataGenerator(
            rotation_range=0.2,
            width_shift_range=0.2,
            height_shift_range=0.2,
            shear_range=10,
            zoom_range=0.2,
            horizontal_flip=True)
generator.fit(x_train)

# 훈련
history = model.fit(generator.flow(x_train, t_train, ➡
batch_size=batch_size),
                    epochs=epochs,
                    validation_data=(x_test, t_test))
```

Out

```
Epoch 1/20
/usr/local/lib/python3.10/dist-packages/keras/src/
trainers/data_adapters/py_dataset_adapter.py:121:
UserWarning: Your `PyDataset` class should call
`super().__init__(**kwargs)` in its constructor.
`**kwargs` can include `workers`,
`use_multiprocessing`, `max_queue_size`. Do not pass
these arguments to `fit()`, as they will be ignored.
  self._warn_if_super_not_called()
313/313 ────────────────────
26s 59ms/step - accuracy: 0.8055 - loss: 0.4992
- val_accuracy: 0.9695 - val_loss: 0.0874
Epoch 2/20
313/313 ────────────────────
13s 40ms/step - accuracy: 0.9441 - loss: 0.1568
- val_accuracy: 0.9700 - val_loss: 0.0862
Epoch 3/20
313/313 ────────────────────
12s 39ms/step - accuracy: 0.9634 - loss: 0.1108
- val_accuracy: 0.9760 - val_loss: 0.0823
(…생략…)
Epoch 18/20
313/313 ────────────────────
12s 39ms/step - accuracy: 0.9797 - loss: 0.0559
- val_accuracy: 0.9805 - val_loss: 0.0572
Epoch 19/20
313/313 ────────────────────
12s 39ms/step - accuracy: 0.9794 - loss: 0.0515
- val_accuracy: 0.9875 - val_loss: 0.0474
Epoch 20/20
313/313 ────────────────────
```

```
13s 40ms/step - accuracy: 0.9821 - loss: 0.0550 ➡
- val_accuracy: 0.9845 - val_loss: 0.0565
```

훈련할 파라미터의 수가 늘어나기 때문에 전이 학습 때보다 학습에 시간이 더 많이 걸립니다.

12-3-6 학습의 추이

history를 사용해 학습의 추이를 확인합니다(<리스트12.12>).

<리스트12.12> 학습의 추이를 표시한다

```python
import matplotlib.pyplot as plt

train_loss = history.history['loss']       # 훈련용 데이터의 오차
train_acc = history.history['accuracy']    # 훈련용 데이터의 정밀도
val_loss = history.history['val_loss']     # 검증용 데이터의 오차
val_acc = history.history['val_accuracy']  # 검증용 데이터의 정밀도

plt.plot(np.arange(len(train_loss)), train_loss, label='loss')
plt.plot(np.arange(len(val_loss)), val_loss, label='val_loss')
plt.legend()
plt.show()

plt.plot(np.arange(len(train_acc)), train_acc, label='acc')
plt.plot(np.arange(len(val_acc)), val_acc, label='val_acc')
plt.legend()
plt.show()
```

Out ▶

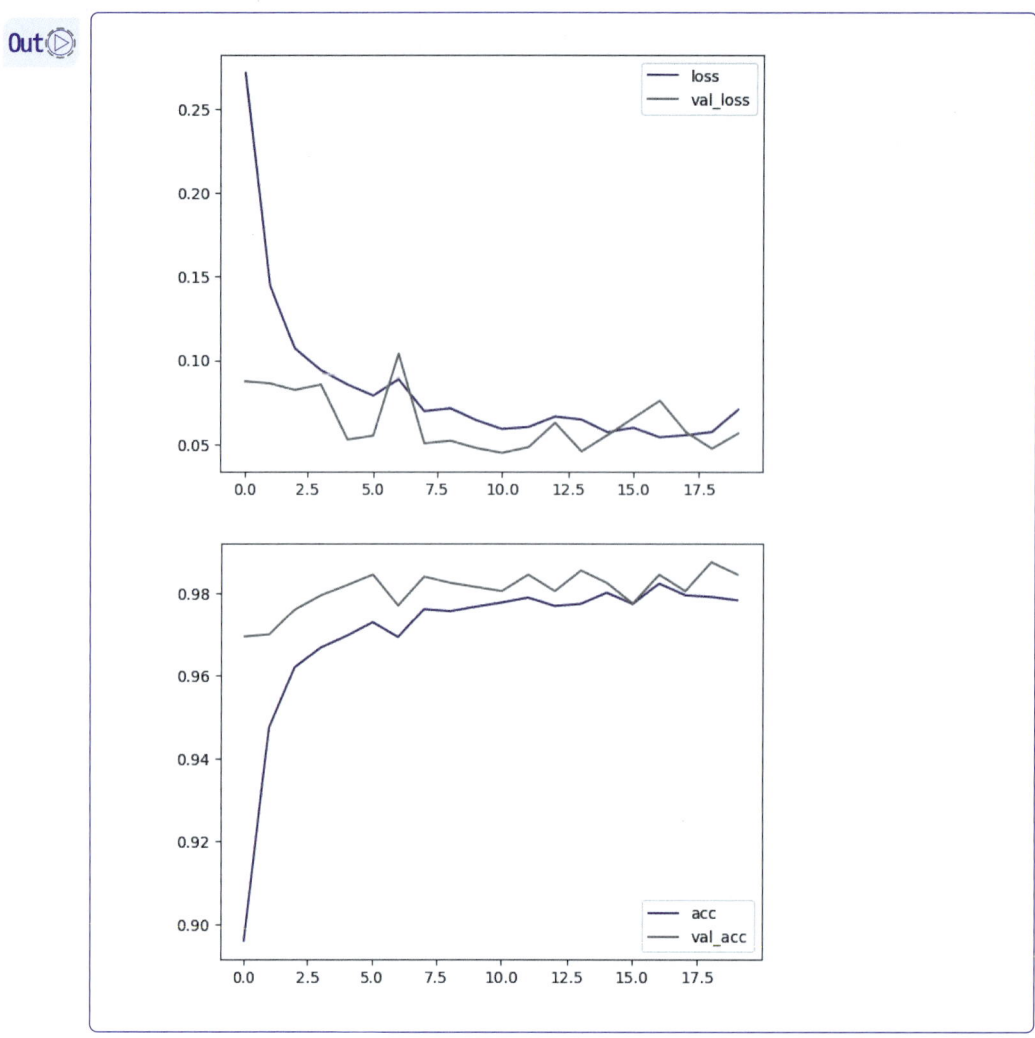

학습과 함께 정확도는 98퍼센트 정도에 가까워지고 있으며, 전이 학습 때보다 높은 정밀도로 비행기와 자동차를 분류할 수 있는 것 같습니다. 학습한 모델의 일부 및 추가한 층에 대해서 훈련을 함으로써 특정 업무에 대해 특화한 학습을 할 수 있습니다.

12.4 연습

전이 학습 혹은 파인 튜닝 코드를 적어서 개구리의 이미지와 배 이미지를 식별합시다.

12-4-1 각 설정

필요한 모듈의 임포트, 최적화 알고리즘의 설정 및 각 상수의 설정을 합니다<리스트12.13>. 전이 학습 때와 마찬가지로 CIFAR-10의 이미지를 크기를 2배로 사용하므로 이미지의 폭과 높이는 64, 채널 수는 3으로 설정합니다.

<리스트12.13> 각 설정

```
import numpy as np
import matplotlib.pyplot as plt

from tensorflow.keras.models import Sequential
from tensorflow.keras.layers import Dense, Dropout, Activation, Flatten
from tensorflow.keras.optimizers import Adam

optimizer = Adam()

img_size = 64   # 이미지의 폭과 높이
n_channel = 3   # 채널 수
n_mid = 256   # 중간층의 뉴런 수

batch_size = 32
epochs = 20
```

12-4-2 VGG16의 도입

ImageNet을 사용해 훈련한 모델, VGG16을 `keras.applications`로부터 도입합니다(<리스트 12.14>).

- VGG16
  URL https://keras.io/api/applications/vgg/

<리스트 12.14> VGG16의 도입

```
from tensorflow.keras.applications import VGG16

model_vgg16 = VGG16(weights="imagenet",  # ImageNet에서 학습한
파라미터를 사용
                    include_top=False,  # 전결합층을 포함하지 않는다
                    input_shape=(img_size, img_size, n_channel))
# 입력의 형태
model_vgg16.summary()
```

12-4-3 CIFAR-10

Keras를 사용해 CIFAR-10을 읽어 들입니다. 여기에서는 이중 개구리와 배의 이미지만을 사용해 이미지가 개구리인지 배인지를 판정할 수 있도록 훈련합니다.

<리스트 12.15>의 코드에서는 CIFAR-10을 읽어 들여 랜덤한 25장의 이미지를 표시합니다. 원래 이미지 크기는 32×32이지만 VGG16의 입력은 48×48이상의 크기여야 하므로 NumPy의 **repeat()** 함수로 크기를 2배로 조정합니다.

<리스트 12.15> CIFAR-10 읽어 들이기

```
from tensorflow.keras.datasets import cifar10
```

```python
(x_train, t_train), (x_test, t_test) = cifar10.load_data()

# 인덱스가 6과 8의 데이터만 꺼낸다
cifar10_labels = np.array(["airplane", "automobile", "bird", ➡
"cat", "deer",
                          "dog", "frog", "horse", "ship", "truck"])
t1, t2 = 6, 8   # frog와 ship
t_train = t_train.reshape(-1)
t_test = t_test.reshape(-1)
mask_train = np.logical_or(t_train==t1, t_train==t2)   # 6과 8만 True
x_train = x_train[mask_train]
t_train = t_train[mask_train]
mask_test = np.logical_or(t_test==t1, t_test==t2)   # 6과 8만 True
x_test = x_test[mask_test]
t_test = t_test[mask_test]

# 이미지를 확대
print("Original size:", x_train.shape)
x_train = x_train.repeat(2, axis=1).repeat(2, axis=2)
x_test = x_test.repeat(2, axis=1).repeat(2, axis=2)
print("Input size:", x_train.shape)

n_image = 25
rand_idx = np.random.randint(0, len(x_train), n_image)
plt.figure(figsize=(10,10))   # 이미지의 표시 크기
for i in range(n_image):
    cifar_img=plt.subplot(5,5,i+1)
    plt.imshow(x_train[rand_idx[i]])
    label = cifar10_labels[t_train[rand_idx[i]]]
    plt.title(label)
    plt.tick_params(labelbottom=False, labelleft=False, ➡
```

```
bottom=False, left=False)  # 라벨과 눈금을 비표시로


# 정답을 0 또는 1로
t_train[t_train==t1] = 0  # frog
t_train[t_train==t2] = 1  # ship
t_test[t_test==t1] = 0  # frog
t_test[t_test==t2] = 1  # ship
```

12-4-4 모델의 구축

전이 학습 또는 파인 튜닝의 모델을 구축합시다. <리스트12.16>의 지정한 범위에 코드를 기술해서 전이 학습 또는 파인 튜닝이 이뤄지도록 합시다.

<리스트12.16> 모델의 구축

In ▷
```
model = Sequential()
model.add(model_vgg16)

model.add(Flatten())  # 1차원 배열로 변환
model.add(Dense(n_mid))
model.add(Activation("relu"))
model.add(Dropout(0.5))  # 드롭 아웃
model.add(Dense(1))
model.add(Activation("sigmoid"))

# 다음에 코드를 추가한다
# ---------------- 여기부터 ----------------
```

```
# ---------------- 여기까지 ----------------

model.compile(optimizer=Adam(), loss="binary_crossentropy",
metrics=["accuracy"])
model.summary()
```

12-4-5 학습

모델을 훈련합니다(<리스트12.17>). 학습에는 시간이 걸리므로 Google Colaboratory의 메뉴에서 '수정'→'노트 설정'의 '하드웨어 가속기'에서 'GPU'를 선택합시다.

<리스트12.17> 학습

```
from tensorflow.keras.preprocessing.image import ImageDataGenerator

x_train = x_train / 255  # 0에서 1의 범위에 넣는다
x_test = x_test / 255

# 데이터 확장
generator = ImageDataGenerator(
        rotation_range=0.2,
        width_shift_range=0.2,
        height_shift_range=0.2,
        shear_range=10,
        zoom_range=0.2,
        horizontal_flip=True)
generator.fit(x_train)
```

```
# 훈련
history = model.fit_generator(generator.flow(x_train, t_train, →
batch_size=batch_size),
                                epochs=epochs,
                                validation_data=(x_test, t_test))
```

12-4-6 학습의 추이

history를 사용해 학습의 추이를 확인합니다(<리스트12.18>).

<리스트12.18> 학습의 추이 확인

```
import matplotlib.pyplot as plt

train_loss = history.history['loss']   # 훈련용 데이터의 오차
train_acc = history.history['accuracy']  # 훈련용 데이터의 정밀도
val_loss = history.history['val_loss']   # 검증용 데이터의 오차
val_acc = history.history['val_accuracy']  # 검증용 데이터의 정밀도

plt.plot(np.arange(len(train_loss)), train_loss, label='loss')
plt.plot(np.arange(len(val_loss)), val_loss, label='val_loss')
plt.legend()
plt.show()

plt.plot(np.arange(len(train_acc)), train_acc, label='acc')
plt.plot(np.arange(len(val_acc)), val_acc, label='val_acc')
plt.legend()
plt.show()
```

12.5 정답 예

<리스트12.19>는 전이 학습의 정답 예입니다. <리스트12.20>은 파인 튜닝의 정답 예입니다.

12-5-1 전이 학습

전이 학습의 정답 예입니다(<리스트12.19>).

<리스트12.19> 전이 학습의 정답 예

```
model = Sequential()
model.add(model_vgg16)

model.add(Flatten())  # 1차원의 배열로 변환
model.add(Dense(n_mid))
model.add(Activation("relu"))
model.add(Dropout(0.5))  # 드롭 아웃
model.add(Dense(1))
model.add(Activation("sigmoid"))

# 다음에 코드를 추가한다
# ---------------- 여기부터 ----------------
model_vgg16.trainable = False
# ---------------- 여기까지 ----------------

model.compile(optimizer=adam_v2.Adam(), loss="binary_crossentropy",
metrics=["accuracy"])
model.summary()
```

12-5-2 파인 튜닝

파인 튜닝의 정답 예입니다(<리스트12.20>).

<리스트12.20> 파인 튜닝의 정답 예

```python
model = Sequential()
model.add(model_vgg16)

model.add(Flatten())  # 1차원의 배열로 변환
model.add(Dense(n_mid))
model.add(Activation("relu"))
model.add(Dropout(0.5))  # 드롭 아웃
model.add(Dense(1))
model.add(Activation("sigmoid"))

# 다음에 코드를 추가한다
# ---------------- 여기부터 ----------------
for layer in model_vgg16.layers:
    if layer.name.startswith("block5_conv"):
        layer.trainable = True
    else:
        layer.trainable = False
# ---------------- 여기까지 ----------------

model.compile(optimizer=Adam(), loss="binary_crossentropy", metrics=["accuracy"])
model.summary()
```

12.6 12장의 마무리

이번 장은 전이 학습 개요의 설명으로 시작했습니다. 그다음에 전이 학습 및 파인 튜닝의 구현을 했습니다. 여러 개의 파라미터를 가진 훈련한 모델을 활용함으로써 특정 업무용의 모델을 효과적으로 훈련할 수 있었습니다.

전이 학습, 파인 튜닝은 응용 범위가 넓고 실용적인 기술입니다. 앞으로 여러 분야에서 전이 학습이 활용되지 않을까요?

Appendix
좀 더 배우고 싶은 분을 위해서

마지막으로, 좀 더 배우고 싶은 분을 위해서 유용한 정보를 제공합니다.

AP.1 좀 더 배우고 싶은 분을 위해서

더 배우고 싶은 분들을 위해 유용한 정보를 공유해 드립니다.

AP-1-1 '자유연구실 AIRS-Lab'

'AI'를 주제로 교류하고 창조하는 웹 커뮤니티 '자유연구실 AIRSLab'을 개설했습니다. 회원에게는 유데미(Udemy) 신규 강좌 무료 제공, 월간 이벤트 참여, Slack 커뮤니티 참여 등의 혜택이 주어집니다.

- 자유연구실 AIRS-Lab
  URL https://www.airs-lab.jp/

AP-1-2 저자의 다른 저서들을 소개합니다.

『생성 AI 프롬프트 엔지니어링 입문 ChatGPT와 Midjourney로 배우는 기본 기법』(쇼에이샤)
  URL https://www.shoeisha.co.jp/book/detail/9784798181981

생성 AI를 활용한 프롬프트 엔지니어링의 실전 기법을 설명한 책입니다. 생성 AI의 개요와 기본적인 활용 방법을 시작으로, 문장 생성 AI와 이미지 생성 AI를 이용한 콘텐츠 생성의 기본적인 방법을 설명합니다. 마지막 장에서는 향후 생성 AI의 전망에 대해서도 다루고 있습니다.

『파이토치와 구글 코랩으로 배우는 BERT 입문』(AK커뮤니케이션즈)

파이토치(PyTorch)와 구글 코랩을 이용해 라이브러리 Transformers를 사용한 대규모 언어 모델 BERT의 구현법을 해설하고 있습니다.
Attention, Transformer의 자연어 처리기술을 베이스로 BERT의 구조와 구현법에 대해 샘플을 기반으로 해설하고 있습니다.

『파이토치 딥러닝 모델 AI 앱 개발 입문』(AK커뮤니케이션즈)

파이토치를 통해 CNN을 이용한 이미지 인식, RNN을 이용한 시계열 데이터 처리, 딥러닝 모델을 이용한 AI 앱 구축 방법을 배울 수 있습니다.
이 책을 통해 파이토치를 이용한 딥러닝 모델 구축부터 앱 구현까지 할 수 있게 됩니다.

『첫 딥러닝-Python으로 배우는 신경망과 역전파』(SB 크리에이티브)
URL https://www.sbcr.jp/product/4797396812/

이 서적에서는 지능이란 무엇인가부터 시작해서 조금씩 딥러닝을 구축합니다. 인공지능의 배경 지식과 실제 구축 방법을 균형 있게 배웁니다. TensorFlow나 PyTorch 등의 프레임워크를 사용하지 않으므로 딥러닝, 인공지능에 대한 범용적인 기술을 익힐 수 있습니다.

『Python으로 동작하고 배운다! 새로운 수학 교과서 머신러닝·심층 학습에 필요한 기초 지식』(쇼에이사)
URL https://www.shoeisha.co.jp/book/detail/9784798161174

이 서적은 AI용의 수학을 프로그래밍 언어 Python과 함께 기초부터 설명합니다. 손을 움직이면서 체험 기반으로 배우므로 AI를 배우고 싶은데 수학에 문턱 높이를 느끼는 분에게 특히 추천합니다. 선형 대수, 확률, 통계/미분과 같은 수학의 기초 지식을 코드와 함께 이해하기 쉽게 설명합니다.

『첫 딥러닝2 Python으로 구현하는 순환 신경망, VAE, GAN』(SB 크리에이티브)
URL https://www.sbcr.jp/product/4815605582/

이 책에서는 자연언어 처리의 분야에서 유용한 순환 신경망(RNN)과 생성 모델인 VAE(Variational Autoencoder)와 GAN(Generative Adversarial Networks)에 대해 수식에서 코드로 매끄럽게 구현합니다. 구현은 전저(前著)를 답습하여 Python, NumPy로만 하고, 기존의 프레임워크에 의지하지 않습니다.

『새로운 뇌과학과 인공지능의 교과서』(쇼에이사)
URL https://www.shoeisha.co.jp/book/detail/9784798164953

이 책은 뇌와 인공지능 각각의 개요부터 시작하여, 뇌의 각 부위와 기능을 설명한 다음에 인공지능의 여러 알고리즘과의 접점을 알기 쉽게 설명합니다. 뇌와 인공지능의 유사점과 차이점을 배울 수 있는데 후반의 장에서는 '의식의 수수께끼'까지 파고듭니다.

AP-1-3 NEWS! AIRS-Lab

AI 주제, 강의 동영상, Udemy 강좌 할인 등의 콘텐츠를 매주 제공합니다.

- note : 我妻幸長 (Yukinaga Azuma)

    URL https://note.com/yuky_az

AP-1-4 온라인 강좌

저자는 세계 최대의 온라인 교육 플랫폼 Udemy에서 온라인 강좌를 여러 개 전개하고 있습니다. 인공지능 등의 테크놀로지에 관해서 좀 더 자세히 배우고 싶은 분은 꼭 활용하세요.

- Udemy: Yukinaga Azuma

    URL https://www.udemy.com/user/wo-qi-xing-chang/

AP-1-5 유튜브 채널

저자의 유튜브 채널 'AI교실 AIRS-Lab'에서는 많은 무료 강좌를 공개하고 있습니다. 또, 매주 월요일 21시부터 인공지능 관련 라이브 강좌가 개최되고 있습니다.

- AI교실 AIRS-Lab

    URL https://www.youtube.com/channel/UCT_HwlT8bgYrpKrEvw0jH7Q

AP-1-6 저자의 X, 인스타그램 계정

저자의 X, 인스타그램 계정입니다. 다양한 AI 관련 정보를 올리고 있으니 꼭 팔로우 해보시길 바랍니다.

- X

    URL https://x.com/yuky_az

- Instagram

    URL https://www.instagram.com/yuky_az/

마지막으로

이 책을 끝까지 읽어주셔서 감사합니다.

AI는 우리를 지원하는 중요한 기술이 되고 있으며, AI를 배우는 것은 실무, 교양을 포함하는 다양한 시점에서 매우 의의가 있는 것입니다. 이 책의 목적은 이러한 AI 기술을 원활하게 배울 수 있는 기회를 제공하고, 가능한 한 많은 분이 AI를 배우는 것의 혜택을 누릴 수 있도록 하는 것입니다. 이 책으로 AI에 대해 친숙한 기술로 느낄 수 있게 되었다면 저자로서 기쁠 따름입니다.

이 책은 제가 강사로 있는 Udemy의 강좌 'AI 퍼펙트 마스터 강좌-Google Colaboratory로 구석구석까지 배우는 실용적인 인공지능/기계 학습-'을 기반으로 합니다. 이 강좌의 운용 경험 없이 이 책을 집필하는 것은 매우 어려웠을 것 같습니다. 항상 강좌를 지지해주는 Udemy 스태프 여러분에게 이 자리를 빌려 감사의 말씀을 드립니다. 또한, 수강생 여러분으로부터 받은 많은 피드백은 이 책을 집필하는 데 많은 도움이 되었습니다. 강좌의 수강생 여러분에게도 감사의 말씀을 드립니다.

또한, 쇼에이사의 미야코시 씨는 이 책을 집필하는 계기를 마련해주시고, 완성을 위해 많은 노력을 기울여주셨습니다. 다시 한번 감사의 말씀을 드립니다. 이 책을 집필하는 데 앞서 자료 정리를 도와준 현 NTT 데이터의 데이터 사이언티스트 가시와다 유키 씨에게도 감사의 말씀을 드립니다.

여러분의 앞으로의 인생에서 이 책의 내용이 어떤 형태로든 도움이 된다면 저자로서 기쁠 따름입니다.

그럼, 다음에 또 만납시다.

2024년 9월 좋은 날

아즈마 유키나가

찾아보기

숫자 · 기호

1차 시각야	235
12시간 규칙	26
90분 규칙	26
ε-greedy법	424, 433

A / B / C

action	418, 419
AdaGrad	186
Adaptive moment estimation, Adam	187
AlphaGo	15, 417
ave_reward	451
average	71
axis	72
batch	180
Brain	432
Calc	56
Cart Pole 문제	415, 427~430
Central Processing Unit	29
CIFAR-10	256, 267, 283, 466, 469, 478, 481, 489~490
CNN	2, 232, 256
CNTK	100
col2im	232, 242, 246~247
columns to images	242
Conditional GAN	409
Convolutional Neural Network	232
CPU	21, 29
Cycle GAN	409~410

D / E / F

DataFrame	82
DCGAN	386
decoder	336
Decoder	357, 363
Deep Convolutional GAN	386
Deep Q-Network	425~426, 432
DeepMind사	15
def	52
DESCR	193
Discriminator	383~384, 388
DQN	426, 431
elif	49
else	49
encoder	336~337
Encoder	357, 363
End of Sentence, EOS	337
evaluate	110
Experience Replay	442
Fashion-MNIST	380
Fixed Target Q-Network	442
Forget gate	302, 304
for 문	49

G / H / I

GAN	3, 346, 383~384, 391
Gated Recurrent Unit	313
Generative Adversarial Networks	384
Generator	383, 384, 388, 397~398
Git	37

GitHub 37
global 54
Google Colaboratory 2, 21~22
Google Home 13
Google 계정 22
Google 번역 14
GoogLeNet 115
GPU 21, 29
gradient descent 165
Graphics Processing Unit 29
GRU 3, 289, 313
GRU 층 314
height_shift_range 270
history 109
horizontal_flip 271
hyperbolic tangent 133
if 문 49
im2col 3, 231, 242~243, 245
image to columns 242
ImageDataGenerator 285
ImageNet 466
import 62
Input gate 302, 304

J / K / L

k 평균법 191, 202, 207
Keras 2, 100, 231, 307, 469
L2 노름 292
LambdaCallback 329
Leaky ReLU 393
load_model 112
log 126
LSTM 3, 289, 292, 301, 306~307
LSTM 층 301, 317
LunarLander 443

M / N / O

matplotlib 41, 72~73, 89~90, 92, 218
max 71
Max 풀링 238, 243, 255, 260
mean area 220
mean radius 220
Memory cell 301~305
MNIST 354, 391
Momentum 185
n_learn 392
Natural Language Processing, NLP 13, 335
NumPy 41, 62
one-hot 표현 258, 325~326, 340
OpenAI Gym 443~444, 446~447
Output gate 302

P / Q / R

pandas 41, 78
petal length 202
petal width 202
pix2pix 409
plot 74
policy 418, 420
predict 111
Python 2, 41, 42
PyTorch 379
Q-Table 421~422, 425~426, 428~430, 461
Q 학습 421, 423
Q값 421~427, 429, 433, 441, 453~454
ReLU 134
Reparametrization Trick 350
Reset gate 314
reshape 89
return 52
reward 418, 420
RMSProp 186

RNN 2~3, 13, 114, 289~293, 295~296, 299, 301, 306~307, 310, 313, 322, 324, 325, 340
SARSA 453

S / T / U

save 112
scalar 142
scikit-learn 100, 102, 191~192
self 65
sepal length 202
sepal width 202
Seq2Seq 336
sequences 295
Series 79~80
shape 62, 66, 83
shear_range 271
show 74
SimpleRNN 307
SimpleRNN층 307
Siri 14
Stable Baselines 443, 445
state 418~419
Stochastic Gradient Descent, SGD 185
StyleGAN2 410
sum 71
Support Vector Machine, SVM 210, 216
tanh 133
Tensor Processing Unit, TPU 29~30
TensorFlow 37
tensorflow.keras.datasets 354
The Iris Dataset 100
Theano 100
Transfer Learning, TL 464
UTF-8 형식 60

V / W / X / Y / Z

VAE 3, 345, 363
validation_split 296
Varietional Autoencoder 348
vector 143
vertical_flip 271
VGG16 467, 479
while 문 50
width_shift_range 269
with 구문 59
zoom_range 271

ㄱ

가시화	373
가중치	128~129, 169
가중치의 경사	175, 177
가짜 데이터	385, 389
강화 학습	2, 15, 415~418
객체 지향	55
갱신량	185
게이트	301
결합 하중	128
경사	123, 167
경사 소실	292
경사 클리핑	292
경사 하강법	123, 165
고객 지원	14
과적합	267
관성	185
교차 엔트로피	164, 395
교차 엔트로피 오차	164, 174~175
글로벌 변수	54
기억 셀	302~303

ㄴ

난수	293, 306, 315, 408
내포 표기	51
네이피어 수 e	125
노이즈	366
노트북	21, 23
뉴런	96~97, 365~366
뉴런 수	356

ㄷ

다중 회귀	192, 199
단순형 세포	232~233
단순 회귀	192, 196

단일 뉴런	128
달 표면 착륙선	416, 443
대수	127
데이터 확장	267
데이터셋	202, 211, 220, 380
도함수	155~156
동영상	12
동영상 표시	448
딥러닝	2, 8, 99

ㄹ

램프 함수	134
로젠블라트, 프랭크	17
로컬	60
루멜하트, 데이비드	18
리셋 게이트	314
리스트	45
리포지터리	37

ㅁ

망각 게이트	302, 304
머신러닝	8, 416
메서드	
__init__() 메서드	302, 304
add() 메서드	55~56, 104
describe() 메서드	84
divide() 메서드	57
fit() 메서드	196, 217, 330
get_action() 메서드	433
head() 메서드	84
iloc() 메서드	86
loc() 메서드	85, 87
multiply() 메서드	55~56
predict() 메서드	111
repeat() 메서드	469, 490

reshape() 메서드	67
sort_values() 메서드	88
subtract() 메서드	57
tail() 메서드	84
train() 메서드	433, 454
모델	327, 336, 338, 357, 366
모델 평가	447
목적 변수	192
문장	322, 340
미니 배치 학습	182
미분	155
민스키, 마빈	18

ㅂ

바이어스	96, 170, 178
바이어스 경사	175, 178
반경	220
배열	62
배치	180
배치 크기	183, 248
배치 학습	181
버전 관리 시스템	37
범례	75
범위	53
범화 성능	279
벡터	142
벡터화	325, 340
변분 오토인코더	345
변수	42
보상	416~417
복잡형 세포	232
볼츠만 머신	116
부동소수점형	43
브로드캐스트	65
비교 연산자	45
비지도 학습	15, 416

ㅅ

사인 커브	299, 322
사전	47
산술 연산자	44
상속	56
상태	418~419
생성 결과	362
생성 모델	2, 346
서포트 벡터 머신	10, 191, 210
설계	16
설명 변수	192
세션	21, 26~27
세트	47
소프트맥스 함수	137, 174
손실 함수	123, 161, 395
순환(재귀형) 신경망	3, 13, 114, 289
스칼라	142
스크래치 코드 셀	35
스텝 함수	130
스트라이드	240
스팸 필터	14
시그마	124
시그모이드 함수	132, 302~303, 395
시냅스	95
시어 강도	271
신경 세포	94~95, 128
신경망 네트워크	10, 96, 432
심층 강화 학습	415~416, 425

ㅇ

아다마르 곱	148
애니메이션	438, 457
언어	13
에이전트	417~418, 431, 435
에포크	180
에포크 수	106, 335

엑스퍼트 시스템	9
역사	17
역전파	97, 116, 123, 139, 183, 291, 366
연산자	44
연쇄 법칙	157
예측	112, 280
오차	279, 351, 406
오차 제곱합	161
오토인코더	345~346, 354, 356~357
오픈 소스 프로젝트	37
온라인 학습	182~183
외부 파일	25
요소	68
유전자	9
유전적 알고리즘	9
이미지	12
이미지 인식	12
이상 검지	15, 349
인공 뉴런	96
인공지능	8, 416
인덱스	69
인수	52
인스턴스	21, 26~27, 55
입력	96
입력 게이트	302, 304
입력의 경사	168, 171, 175, 178
입력층	114

ㅈ

자기 부호화기	346, 354
자연대수	126, 353
자연언어 처리	13, 315
잠재 공간	373
잠재 변수	348~349
재구성 오차	351~352
재귀	114

적대적 생성 네트워크	384
전미분	159
전이 학습	463~464
전처리	102
전체 결합형 신경망	140
전치	150
정규표현	324, 339
정규화 항	351
정답률	287, 406
정밀도	279, 406
정책	418, 420
제1차 AI 붐	17
제2차 AI 붐	18
제3차 AI 붐	18
제4차 AI 붐	19
제로 패딩	239
중간층	114, 123, 176, 356, 363
지도 학습	15, 416
지역 변수	53
진짜 데이터	385

ㅊ

채널	236
챗봇	14
총합	124
최적화 알고리즘	184
출력	96
출력 게이트	303
출력층	114, 129, 168, 356
층간	151

ㅋ

코드 스니펫	35
클래스	56, 431
클래스	

BatchNormalization 클래스 412~413
Brain 클래스 432, 453~454
CalcNext 클래스 56~57
Calc 클래스 55~56
Model 클래스 357
클러스터 분석 202

ㅌ

테스트 데이터 93
텍스트 데이터 322, 338,
텍스트 파일 60
튜링, 앨런 18
튜플 46
트레이드 오프 424

ㅍ

파인 튜닝 463, 465, 478
파지 제어 9
패딩 239
퍼셉트론 18
편도함수 159
편미분 158~159
평가 110, 279
평가 함수 390
평균 면적 220
표준 편차 353, 366
풀링 231, 234, 238
풀링층 113, 234, 469
프레임워크 2
픽셀 236
필터 236

ㅎ

하드웨어 가속기 31
하이퍼볼릭 탄젠트 133
학습 310, 321, 334, 343, 359, 399, 473, 484
학습 계수 292
학습 횟수 392
학습한 모델 4, 299, 312, 321
함수 52
함수
  a_func() 함수 70
  array() 함수 62
  Conv2D() 함수 260
  cross_entropy() 함수 164
  Dense() 함수 104
  dot() 함수 147
  exp() 함수 126
  ImageDataGenerator() 함수 267, 275
  imshow() 함수 77
  linear_model.LinearRegression() 함수 196, 199
  linspace() 함수 73
  log() 함수 127, 164
  max() 함수 255
  MaxPooling2D() 함수 260
  mean_squared_error() 함수 198
  model.summary() 함수 117
  pairplot() 함수 206, 226
  scatter() 함수 76
  Sequential() 함수 104
  SimpleRNN() 함수 295
  sin() 함수 293, 299, 306, 312, 315, 321
  softmax_function() 함수 138
  square() 함수 162
  square_sum() 함수 162
  StandardScaler() 함수 216, 227
  sum() 함수 124, 138, 162, 164
  tanh() 함수 133
  train_test_split() 함수 103, 196

where() 함수	131, 134
합성곱	231, 234~235
합성곱신경망	3, 113, 232~232
합성곱층	113, 235, 237, 469
합성함수	157
항등 함수	135, 354
행동	418~419
행렬	142
행렬곱	142, 145, 245
형	42
형태	66
확률적 경사 하강법	185
환경	432, 438
활성화 함수	96, 123, 130, 354
회귀	191~192
훈련 데이터	93, 180
훈련용 데이터	364, 391
힌튼, 제프리	19

구글 코랩으로 배우는 인공지능 기술 [개정판]
-머신러닝·딥러닝·강화 학습으로 배우는 AI의 기초 기술-

초판 1쇄 인쇄 2025년 03월 20일
초판 1쇄 발행 2025년 03월 25일

저자 : 아즈마 유키나가 | 번역 : 김은철, 유세라 | 펴낸이 : 이동섭

책임편집 : 송정환 | 디자인 : 조세연
기획편집 : 이민규, 박소진 | 영업·마케팅 : 조정훈, 김려홍
e-BOOK : 홍인표, 최정수, 서찬웅, 김은혜, 정희철, 김유빈
라이츠: 서찬웅, 서유림 | 관리 : 이윤미

㈜에이케이커뮤니케이션즈
등록 1996년 7월 9일(제302-1996-00026호)
주소 : 08513 서울특별시 금천구 디지털로 178, 1805호
TEL : 02-702-7963~5 FAX : 0303-3440-2024
홈페이지 : http://www.amusementkorea.co.kr
원고투고 : tugo@amusementkorea.co.kr

ISBN 979-11-274-6239-0 13000

Google Colaboratoryで学ぶ！あたらしい人工知能技術の教科書 第2版
(Google Colaboratory de Manabu! Atarashii Jinkochino Gijutsu no Kyokasho Dai2han: 8609-2)
© 2024 Yukinaga Azuma
Original Japanese edition published by SHOEISHA Co.,Ltd.
Korean translation rights arranged with SHOEISHA Co.,Ltd. through Digital Catapult inc.
Korean translation copyright © 2025 A.K Communications Inc.

이 책의 한국어판 저작권은 일본 SHOEISHA Co.,Ltd.와의 독점 계약으로
㈜에이케이커뮤니케이션즈에 있습니다.
저작권법에 의해 한국에서 보호를 받는 저작물이므로 무단전재와 무단복제를 금합니다.

*잘못된 책은 구입한 곳에서 무료로 바꿔드립니다.